"十三五"普通高等教育规划教材

初级管理会计

CHUJI GUANLI KUAIJI

主　编　杨尚军
副主编　李光宇　崔　隽
参　编　张治强　谷海天　宋　琼

中国财经出版传媒集团
中国财政经济出版社

图书在版编目（CIP）数据

初级管理会计 / 杨尚军主编 . —北京：中国财政经济出版社，2020.9

“十三五”普通高等教育规划教材

ISBN 978-7-5223-0006-1

Ⅰ. ①初… Ⅱ. ①杨… Ⅲ. ①管理会计－高等学校－教材 Ⅳ. ①F234.3

中国版本图书馆 CIP 数据核字（2020）第 168876 号

责任编辑：田明晖　　　　责任校对：胡永立

封面设计：陈宇琰

中国财政经济出版社 出版

URL：http：//www.cfeph.cn

E-mail：cfeph@cfeph.cn

社址：北京市海淀区阜成路甲 28 号　邮政编码：100142

营销中心电话：010-88191537　编辑部门电话：010-88190670

北京密兴印刷有限公司印刷　各地新华书店经销

787×1092 毫米　16 开　20 印张　394 000字

2020 年 9 月第 1 版　2020 年 9 月北京第 1 次印刷

定价：46.00 元

ISBN 978-7-5223-0006-1

（图书出现印装问题，本社负责调换）

本社质量投诉电话：010-88190744

打击盗版举报热线：010-88191661　QQ：2242791300

前　言

第一，学习管理会计的意义。

随着全球化、技术革命、互联网、大数据等的出现，我们进入了一个发展的、不确定的、复合的、模糊的时代。现在的商业环境比以往复杂得多，企业面临着前所未有的机遇与挑战，决策的专业化从未如此关键，但又如此困难。企业必须对变化做出决策，以实现和保护所创造的价值。管理会计正是“有机融合财务与业务活动，在规划、决策、控制和评价方面发挥重要作用的管理活动”，它位于一个组织的核心，处于财务与管理的交叉点上，通过将复杂问题简单化，为非结构化问题提供结构化的解决方案。

管理会计是一门实践性很强的应用学科。在西方国家，特别是美国和英国，管理会计已经完全职业化，就是会计从业人员将管理会计作为一种谋生的职业。管理会计职业化的主体就是从事管理会计工作的从业人员即管理会计师（Management Accountants）。

学习管理会计需要注意，既不能神秘化，“言必称希腊”；也不能扩大化，“管理会计是个筐，什么都能往里装”；更不能庸俗化，比如，讲平衡计分卡就认为，常说的“分数挂帅”，就是一元计分法；“三好学生”，就是三足鼎立计分法；“德智体美劳”，就是五星计分法……，这不是科学地认识管理会计方法的态度。虽然这些都是评价的方法，但观点、认识、思想、理论，这些名词的层次是不一样的，平衡计分卡本身是有理论基础的，也是在绩效管理理论的基础上所应用的一种方法，具有计量的科学理论。

第二，教材内容特色和教学的课时安排。

管理会计课程体系包括初级、中级和高级。

本教材内容和特色：

《初级管理会计》是我们以《管理会计基本指引》和《管理会计应用指引》为基础，进行宣讲、培训、教学、咨询过程中的材料整理而成的，是对两类指引的进一步学习和解读，主要是教授管理会计的基本概念、基本工具方法，初步掌握管理会计的基本概念、应用工具方法的基本技能。行政事业单位因为特殊，其应用指引不作为本教材的内容。

本教材注重学习的规律，内容由浅入深，语言简练，图文并茂，概念、方法有总结、有对比；课堂课下相结合，课堂有练习，课下有习题；注重理论知识与实践相结合，把理论与方法的普适性与实践的特殊性有机结合，有专业理论的介绍，也有实践案例的分析，既有理论思考，也有实践问题的思辨；注重知识的拓展，有知识链接，有特别提示。运用现代科技技术的二维码，扩大知识量和深度。

建议教学学时安排为 32～48 学时，具体内容安排如下：

章	章题	课时
第 1 章	管理会计导论	4～6 课时
第 2 章	战略管理	2～4 课时
第 3 章	预算管理	4～6 课时
第 4 章	成本管理	8 课时
第 5 章	营运管理	4～6 课时
第 6 章	投融资管理	2～4 课时
第 7 章	绩效管理	4～6 课时
第 8 章	风险管理	2～4 课时
第 9 章	管理会计报告与信息系统	2～4 课时
合计		32～48 学时

教材中带△的内容较简单，可以自学；带※的内容较难，可以选学，或者需要在后续课程中学习。

第三，学习的对象以及应该达到的专业素养。

本教材是为本科财经类专业学习管理会计入门课程之用，也可以作为管理干部的培训用书，以及高职高专学生的管理会计课程之用。

管理会计具有技术（Technical）、组织（Organizational）、行为（Behavioral）和情境（Contextual）四个维度，后三个维度统称为“管理情境”。即便是技术维度（管理会计技术方法的现实运用），也强烈地受到组织、行为与情境的影响。这就决定了学员应达到一定的专业素养，应包括：宏观辨识与微观探析、变化观念与平衡思想、证据推理与模型认知、实验探究与创新意识、科学精神与社会责任等五个方面。在《初级管理会计》课程中，这五个方面有其特殊意义：

宏观辨识——宏观环境的把握，特别是经济环境；微观探析——企业经营活动的熟知。

变化观念——人的思维的变化和环境的变化；平衡思想——保证企业人员思想的统一和企业资金链的平衡。

证据推理——管理会计工具方法的运用推理；模型认知——管理会计工具方法模型两个基本模型的认识。

实验探究——经营管理的实践验证；创新意识——创造价值财富意识的培养。

科学精神——管理会计还在不断的发展，需要以科学的精神去探索；社会责任——这不仅仅是企业管理会计的目标，更是我们培养人的目标！

我们提倡“算为管用，算管结合”，通过文字、数字、图表、公式等方式掌握管理会计工具方法并加以灵活运用，帮助学员在变幻莫测的商业世界中辨明方向，评价经济环境，了解业务数据，为创造价值进行科学决策。但需要再一次强调的是，在学习运用管理会计时，不要仅仅盯着应用工具方法，而一定要注意工具方法的应用环境，把人放在第一位，特别是组织的能力——群体的进程技术，头脑风暴、协商指导、团队建设、创造性思维等等，如果群体的进程技术达不到，管理会计工具方法也就无法应用。

教材中一些计算分析采用Excel处理，是为了引导学生早日适应工作环境，要求上课带电脑学习、做作业。

第四，编者分工。

本教材是由高校从事理论教学的教师联合从事实际工作的专家进行校企合作编写的，由杨尚军教授（洛阳理工学院）担任主编，李光宇注册会计师（致同会计师事务所河南分所所长，管理合伙人）、崔隽（洛阳理工学院）担任副主编。具体分工如下：杨尚军教授负责提出全书的编写大纲，编写第1章、第4章、第8章，并进行全书总纂；张治强（洛阳理工学院）编写第2章；崔隽编写第3章、第5章，并制作了全书的PPT；谷海天（洛阳理工学院）编写第6章；宋琼（洛阳理工学院）编写第7章；李光宇编写第9章。杨桦（洛阳理工学院）翻译了英文版书的有关资料，对本书中的外国人名、名词作了翻译和复核；河南科技大学的2018级硕士生刘从容、王贺、杨俊巧、王瑞同学，2019级硕士生王忆非、张新亚、韩淑娜、吕珊珊、卢一凡、张宇杰、申浩辉同学对本书的文字、例题、习题及答案进行了验算和校对。

第五，致谢。

中国财政经济出版社出版过很多精品图书，陪伴了我40年的学习和教学工作，1983年出版余绪缨先生的《管理会计》，是为经典，也是我大学学习的教材，可以说影响了我专业教学的一生。书中的货币时间价值、风险程度、通货膨胀率、资本成本、现金流量计算等等是我第一次接触这些名词和方法，以上也是这本《初级管理会计》教材中的主要内容。

还要感谢东北财经大学崔刚博士副教授、韩山师范学院肖婷婷博士教授、河南财政金融学院李朝芳博士副教授、洛阳理工学院徐江平博士副教授、马腾博士副教授、张自巧博士副教授和曹丽娟博士副教授，我们经常一起探讨有关管理会计的问题，受益匪浅。在本教材的案例选择、内容把握、教学安排等方面也提出了很多建议。

我们研学百家之长，还参考了许多其他教材，在教材的参考文献里面都一一列出，用到的文字、例子、图表，有的直接注明了；有的因为时间长了，无法找到原出处；有的是因为直接注明不方便，在这里一并致谢！由于我们的水平有限，书中难免有不妥之处，还请广大读者批评指正！

感谢出版社的大力支持！也感谢编辑的辛勤劳动！

最后，在大家开启知识探索之旅时，祝大家开卷有益，一帆风顺！

编者

2020年7月

目录

第 1 章 管理会计总论 …… 1

第 1 节 管理会计的产生与发展 …… 3

第 2 节 管理会计与财务会计的联系与区别 …… 8

第 3 节 管理会计基本指引 …… 17

第 2 章 战略管理 …… 32

第 1 节 战略管理概论 …… 34

第 2 节 战略地图 …… 50

第 3 节 价值链管理* …… 55

第 3 章 预算管理 …… 64

第 1 节 预算管理概论 …… 66

第 2 节 滚动预算 …… 79

第 3 节 零基预算 …… 81

第 4 节 弹性预算 …… 84

第 5 节 作业预算 …… 86

第 4 章 成本管理 …… 94

第 1 节 成本管理概论 …… 96

第 2 节 目标成本法 …… 101

第 3 节 标准成本法 …… 106

第 4 节 变动成本法 …… 119

第 5 节 作业成本法 …… 128

第 5 章 营运管理 …… 151

第 1 节 营运管理概论 …… 153

第 2 节　本量利分析 ………………………………………… 157
第 3 节　敏感性分析 ………………………………………… 163
第 4 节　边际分析 ………………………………………… 169
第 5 节　内部转移定价 ………………………………………… 172
第 6 节　多维度盈利能力分析 ………………………………………… 175
第 7 节　标杆管理 ………………………………………… 179

第 6 章　投融资管理 ………………………………………… 186
第 1 节　投融资管理概论 ………………………………………… 188
第 2 节　贴现现金流法 ………………………………………… 192
第 3 节　项目管理 ………………………………………… 202
第 4 节　情景分析 ………………………………………… 214
第 5 节　约束资源优化 ………………………………………… 216

第 7 章　绩效管理 ………………………………………… 223
第 1 节　绩效管理概论 ………………………………………… 225
第 2 节　关键绩效指标法 ………………………………………… 232
第 3 节　经济增加值法 ………………………………………… 234
第 4 节　平衡计分卡 ………………………………………… 247
第 5 节　绩效棱柱模型 ………………………………………… 255

第 8 章　风险管理 ………………………………………… 264
第 1 节　风险管理概论 ………………………………………… 265
第 2 节　风险矩阵 ………………………………………… 278
第 3 节　风险清单 ………………………………………… 281

第 9 章　管理会计报告与信息系统 ………………………………………… 288
第 1 节　企业管理会计报告 ………………………………………… 289
第 2 节　管理会计信息系统 ………………………………………… 293

附录一　一元复利现值系数（P/F，i，n）表 ………………………………………… 306

附录二　普通年金现值系数（P/A，i，n）表 ………………………………………… 308

参考文献 ………………………………………… 310

第1章 管理会计总论

教学目标

学习本章后，你应该能够：

1. 了解管理会计为什么而产生，以及管理会计的发展过程；
2. 写出管理会计与财务会计的联系与区别，界定管理会计；
3. 叙述管理会计的框架，即基本指引的主要内容。

教学要求

知识要点	能力要求	相关知识
管理会计的发展	（1）管理会计的产生 （2）管理会计的发展	（1）管理会计在国外的发展 （2）管理会计在国内的发展
管理会计与财务会计的联系与区别	（1）财务会计的理论与实务 （2）管理会计的理论与实务	（1）管理会计与财务会计的联系 （2）管理会计与财务会计的区别
管理会计基本指引	（1）管理会计基本内容 （2）管理会计有关概念	（1）管理会计四个原则 （2）管理会计四个要素

科学的发生和发展，一开始就是由生产决定的。

——恩格斯

基本概念

管理会计　财务会计　管理会计目标　战略导向原则　融合性原则　适应性原则　成本效益原则　管理会计的主体　管理会计的要素　应用环境　管理会计活动　工具方法　管理会计信息　管理会计报告

导入案例

星巴克

星巴克（Starbucks），年轻人喜欢去的地方。

如果在10年或者20年前，你问消费者是否会为一杯更好的咖啡而支付更高的价格，回答大多是否定的。然而，自从1971年在西雅图帕克市场成立第一家店面以来，星巴克已经成为一个显著的代表。2018年，星巴克的总收入（包括公司销售所有产品的收入）是247.2亿美元，而在1996年只有7亿美元。星巴克获得的净利润从1996年的4 200万美元上升到了2018的年45.18亿美元。总资产即星巴克所拥有的全部资产的账面价值从1996年的不到9亿美元上升到2018年的241.6亿美元。所有这些会计数据表明了各个国家无数星巴克咖啡店管理者所累积的成功经营的体现。管理者就是用这些数据后面的详细信息进行每日的决策并且对业绩进行衡量。

星巴克财务上的成功已经在全世界范围内享有盛誉。在《财富》杂志评选出的100家“最佳雇主”中，星巴克名列第7位。《商业道德》杂志选取星巴克为100家“最佳企业公民”之一。名列2020年《财富》全球最受赞赏公司榜单第6位。2020年全球最具价值500大品牌榜，星巴克排名第28位。

星巴克是怎样做到这些的？顾客李梅梅走进北京星巴克的感受，与走进科威特星巴克的穆罕默德的感受一样，也与走进苏黎世星巴克的弗郎兹的感受一样。在我们步入管理会计领域后，就可以发现答案了。星巴克的所有员工，从吧台服务员到店长再到首席执行官，他们通过财务报表来评价每一家店是否很好地完成了目标。当你学完这本教材时，你就会熟悉管理者用来做决策的会计信息。连同其他信息，你将可以综合运用这些会计信息来制定计划、短期和长期决策以及评价业绩表现，并成为更好的管理者。

管理会计可以帮助管理者在各种状况下做出决策。假设你是管理者，在以下情形中你应该怎样决策呢？

格力电器公司的工程师们已经为一种新型空调制定了生产规范，目前有三种可行的生产方案，究竟哪一种方案成本最低呢？

假如你是极致面膜的一名生产管理者，并且正在为美白面膜制定新的营销方案。市场调查显示，通过在邮箱中发放免费试用品可以增长4%的年销售额。如何对试用品的成本与销售额增加所带来的利润进行比较呢？

一个城市全民健身活动月为市民举办了一系列的体育赛事。作为筹办人员，你必须决定要顺利开展计划中的活动每年需要筹集到多少资金？

麦迪逊公园咖啡馆是一家坐落于中产阶级聚居区的专门供应晚餐的饭店，经营者正打算增设午餐服务。午餐的平均价格定为9美元左右，并且每天大约可接待40位顾客。这个饭店能否以平均成本提供符合质量标准的午餐并获得可观的利润？

亚马逊公司为每年支付 79 美元的顾客的所有订单提供两天的免费货运服务。缴纳的费用和增加的销售利润能超过提供免费货运的成本吗?

为了回答类似上述的各种问题，管理人员会求助于会计信息。拉里·怀特——前任美国管理会计协会的主席，这样总结了管理会计的角色：“管理会计，凭借高道德水准和专业能力，通过为企业活动提供决策支持、计划以及控制来帮助企业组织完成战略目标。”

（改编自亨格瑞等著．潘飞等译．管理会计教程（第 15 版）［M］．北京：机械工业出版社，2012.）

点评：为了价值的决策。

管理会计是为了找到公司价值的凹地，寻找价值增加的方案，进行决策，以实现公司的目标。本章主要介绍管理会计为什么会产生，管理会计和财务会计有什么不同，管理会计的概念框架体系包括什么内容。

第 1 节　管理会计的产生与发展

一、管理会计的产生

经济越发展，会计越重要。20 世纪初，随着经济社会环境的变化，企业竞争的加剧，企业生产经营模式和科技水平，以及管理科学的不断发展，对会计也有了新的要求，不仅仅是为了反映过去，更要求对企业内部进行控制，对企业未来的发展进行筹划，以满足企业决策的需要。

知识链接

对管理会计有影响的管理科学学派

管理科学是从管理实践中产生的，对管理会计有影响的几种学派，见表 1-1。

表 1-1　　战略管理的流派的对比

年　代	管理科学学派	代表人物	观　点
1911 年	科学管理	泰罗（Frederick Winslow Taylor）	以车间管理为观点的时间、动作研究。
20 世纪 20 年代	职能管理	法约尔（Henri Fayol）	提出生产、销售、财会、人事和研究开发五大“经营职能”，计划、组织、指挥、协调和控制五大“管理职能”。

续表

年　代	管理科学学派	代表人物	观　点
20 世纪 40 年代	行为科学管理	梅奥（George Ehon Mayo），麦格雷戈（Douglass McGregor），库尔特·卢因（Kun Lewin）	人和人的行为是管理工作的关键。
20 世纪 50 年代	数量管理（计量学派）	埃尔伍德·斯潘赛·伯法（Elwood Spencer Buffa），霍勒斯·利文森（Horace C. Levencon），希尔希尔（A. V. Hill）	管理为数学程序、概念、符号和模型的演算，根据会计信息，应用运筹学和数理统计的原理和方法，建立数学模型，帮助管理人员进行最优化预决策。
20 世纪 60 年代	系统管理	弗雷蒙特·卡斯特（Fremont E. Kast）、詹姆斯·E. 罗森茨韦克（James E. Rosenzweig）	把管理组织视作一个开放系统，对组织的运行进行了系统分析。
20 世纪 70 年代	灵活管理（权变管理）	琼·伍德沃德（Joanwoodward）、汤·伯恩斯（Tom Burns）、斯托克（G. M. Stalker）等	注重研究组织和环境的关系。

资料来源：李天民．管理会计学［M］．中央广播电视大学出版社，1984：4－6.

二、管理会计发展过程

（一）管理会计在国外的发展

在西方，管理会计萌芽于 20 世纪初，管理会计的发展有许多的划分阶段，一般认为从 20 世纪初到现在，西方管理会计经历了以下四个阶段：

1. 执行性管理会计阶段（20 世纪初～20 世纪 50 年代）

由于生产专业化、社会化程度的提高以及竞争日益激烈，使得企业强烈地意识到，要想在竞争中生存和发展，必须加强内部管理，提高生产效率，以降低成本、费用，获取最大限度的利润。适应该阶段社会经济发展的客观要求，产生了泰罗的科学管理理论。现在公认管理会计的发展起源于泰罗发表的著名的《科学管理原理》，标准成本、预算成本、差异分析这三者被引入到了管理会计中，成为管理会计的重要组成部分，导入案例中做了一定的论述。管理会计在这个时期产生，只是被看作是对科学管理思想的尝试，作为会计体系的一个附加部分而存在的，没有形成完整的理论体系。因此，这个时期的管理会计是有很大局限性的，是处于管理会计发展历程中的初级阶段。

2. 决策性管理会计阶段（20 世纪 50 年代～20 世纪 80 年代）

西方国家的经济出现了很多新的特点，例如科技发展突飞猛进，企业竞争加剧，经济环境的改变促使企业进行改变来适应环境，“经济的重心在于决策”这个思想正是这个阶段提出的。

3. “反思期”的管理会计阶段（20 世纪 80 年代～20 世纪 90 年代）

随着信息经济学、交易成本理论和不确定性理论被广泛引进管理会计领域，加上新技术如电子计算机大量应用于企业流程管理，管理会计向着精密的数量化技术方法方向发展。一批计划决策模型得到发展，流程分析、战略成本管理等理论与方法体系纷纷建立，极大地推动了管理会计在企业的有效应用，管理会计职能转向为内部管理人员提供企业计划和控制信息。但由于管理会计对高新技术发展重视不足，且依旧局限于传统责任范围，这就引起了对管理的反思。为改变这一状况，管理会计学者对新的企业经营环境下管理会计发展进行了探索，质量成本管理、作业成本法、价值链分析以及战略成本管理等创新的管理会计方法层出不穷，初步形成了一套新的成本管理控制体系。管理会计完成了从“为产品定价提供信息”到“为企业经营管理决策提供信息”的转变，由成本计算、标准成本制度、预算控制发展到管理控制与决策阶段。

也是由于信息经济学和代理理论的引进，使管理会计有了新的发展。出现了传统学派和创新学派，两个学派的争论使得“管理会计理论与实践脱节”成为大家关注的问题。这个阶段也出现了价值链和作业管理这两个理论。

知识链接

卡普兰对管理会计的反思

罗伯特·卡普兰（Robert S. Kaplan）在 1986 年出版的《失去关联性：管理会计的兴衰》（Relevance Lost: The Rise and Fall of Management Accounting）一书中指出，全世界公司组织当时使用的管理会计体系中存在两大缺陷。首先，标准成本体系在将间接成本和支持成本（管理费用）分摊到单个的产品、服务和客户时难以发挥作用。这样的错误分摊会在对单个产品和客户的利润水平进行衡量时造成严重偏差。其次，传统的业绩衡量体系仅仅关注财务方面的指标，而没有衡量那些驱动未来财务业绩的非财务指标。20 世纪 80 年代中期，企业界正在引进日本的管理新方法，如：全面质量管理、JIT 生产方式、雇员授权和弹性生产等。原有的财务体系对企业在采用这些管理新方法之后所带来的能力提高无法量化衡量。

作业成本法解决了前面所说的第一个问题，采用这一方法的公司已经可以把间接成本和管理费用精确分摊到使用这些资源的单个产品、服务和客户。作业成本法也可以将成本不按部门和责任中心计算，而是按照具体活动和流程计算。

平衡计分卡则解决了前面所说的第二个问题。虽然作业成本法可以记录活动和产品的成本，但不能测量它们所创造的价值。平衡计分卡提供了一个全面的衡量框架，一个能够将公司实力、为客户创造的价值和由此带来的未来财务业绩建立联系的框架。

所以，这两种途径——作业成本法和平衡计分卡实际上是两种非常不同但却互补的工具。前者关注的是生产和为客户提供产品与服务等作业活动的成本，后者关注的是公司组织如何通过活动创造价值。

4. 主体转变过渡时期的管理会计阶段（20 世纪 90 年代至今）

随着经济全球化和知识经济的发展，世界各国经济联系和依赖程度日益增强，企业之间分工合作日趋频繁，准确把握市场定位、客户需求等尤为重要。在此背景下，管理会计越来越容易受到外部信息以及非财务信息对决策相关性的冲击，企业内部组织结构的变化也迫使管理会计在管理控制方面要有新的突破，需要从战略、经营决策、商业运营等各个层面掌握并有效利用所需的管理信息，为此管理会计以强调价值创造为核心，发展了一系列新的决策工具和管理工具。一些国家也尝试将管理会计引入公共部门管理之中，并随着新公共管理运动的兴起在全世界范围推广。

对战略管理会计的研究增多，但至今管理会计界对战略管理会计的定义和内容，以及方法体系尚未完全达成共识，但大多数学者都比较认可的是管理会计是直接服务于企业战略管理的，是为客户创造价值而存在的，是最终要达到企业价值最大化的目标。

管理会计发展阶段进一步概括，见表 1-2：

表 1-2　　管理会计发展阶段①

时间	阶段	追求目标	背景	代表人物	著作和观点
20 世纪初到 50 年代	追求效率的管理会计时代	追求“效率”，强调把事情做好	1911 年泰罗的《科学管理原理》发表	查特·哈里森（Charter Harrison）	《标准成本》
				奎因坦（H. W. Quaintance）	《管理会计：财务管理入门》
				詹姆斯·麦肯锡（James Oscar Mckinsey）	《管理会计》
				布利斯（Bliss）	《通过会计进行经营管理》
20 世纪 50 年代到 80 年代	追求效益的管理会计时代	追求“效益”，强调把事情做对，把事情做好	“二战”后，科技发展突飞猛进，企业生产规模越来越大	贝格尔（Becker）和格林（Green）	《预算编制与员工行为》
				柯普兰（Caplan）	《管理会计与行为科学》
				查尔斯·T. 亨格瑞②（Charles T. Horngren）	《管理会计教程》
20 世纪 80 年代	管理会计反思时代	价值链优化	高新技术的蓬勃发展和运用，对管理会计过时论的争议	罗伯特·S. 卡普兰（Robert S. Kaplan）	《高级管理会计》
				托马斯·约翰逊（H. Thomas Johnson）和罗伯特·S. 卡普兰	《管理会计的兴衰：相关性消失》
				罗宾·库珀（Robin Cooper）和罗伯特·S. 卡普兰	作业成本法的提出

① 胡玉明. 管理会计研究［M］. 机械工业出版社，2008：6-11.

② 亨格瑞，也有译为霍恩格伦。

续表

时间	阶段	追求目标	背景	代表人物	著作和观点
20 世纪 90 年代	管理会计主体转变的过渡时期	对外部环境变化的适应性	全球化等世界经济环境的不断变化	阿特金森（Atkinson）	管理会计在组织变化中的地位和作用、与组织结构的共生互动性、在决策支持中的作用

知识链接

詹姆斯·麦肯锡

詹姆斯·麦肯锡（James O. Mckinsey，1889－1937，也译为麦金西），美国芝加哥大学商学院教授、麦肯锡公司（Mckinsey&Company）创始人。他对美国会计教育的发展发挥了十分重要的作用，也是管理咨询的开创者。

麦肯锡 1889 年生于密苏里，1912 年获密苏里州立师范学院教育学学士，一年后在阿肯色大学获法律学学士学位。

1914 年，他在刘易斯大学开始他的会计生涯。后进芝加哥大学商学院深造，1919 年获得硕士学位，同年通过了伊利诺伊州的注册会计师的考试。后进入芝加哥大学会计系工作，还被邀在 Flazer and Torbet 公共会计公司里工作。在纽约筹建该公司在纽约的办事处期间，他被邀在哥伦比亚大学作会计学的讲座，1921 年又回到芝加哥大学。

出版的著作有：《1918 年税法指南》（1919），《会计学原理》（1920），《簿记学和会计学》第一册（1920）、第二册（1921），《案例分析》（1922），《财务管理》（1922），《预算控制》（1922），《会计原理》（1929）等等。

麦肯锡积极倡导建立管理会计课程体系，1920 年在芝加哥大学开设“管理会计”讲座，1924 年《管理会计》一书出版。在《管理会计》一书的前言中，他把问题分成 17 个大的方面：①标准与记录的需要和性质；②需要标准和记录控制的组织；③管理报告；④销售控制；⑤购货控制；⑥交易控制；⑦生产控制；⑧人员控制；⑨设备控制；⑩部门控制；⑪投资控制；⑫对责任的控制；⑬费用控制；⑭财务控制；⑮财务和经营计划；⑯所有权控制；⑰利润控制和分配。

1926 年，麦肯锡创立了致力于管理战略咨询的公司——麦肯锡公司，第一次提出管理咨询的理念，开创了管理咨询业的新纪元。

查尔斯·T. 亨格瑞——管理会计的推动者

如今在国外，管理会计的应用已经非常的广泛，管理会计师也已经非常多，在企业，90% 的财务人员从事的都是管理会计工作，大部分时间都用来执行决策性的工作。

（二）管理会计在我国的发展

在我国，虽然管理会计相关理论引入较晚，但实践早已有之，不乏成功探索和有益尝试。如，新中国成立之初，以成本为核心的内部责任会计，包括班组核算、经济活动分析和资金成本归口分级管理等，也属于管理会计的范畴。其过程大体有三个阶段：

1. 引入阶段（20 世纪 70 年代）

此时，我国正处于改革开放的新时期，国内经济环境发生了很大的变化，为了使企业与经济环境相适应，管理会计的决策性优势就由此体现了出来。国内的学者对管理会计进行引进、吸收，出版了大量关于管理会计的书籍，促进了管理会计在中国的传播。

20 世纪 70 年代末期到 80 年代末，我国企业的管理会计实践是以企业内部经济责任制为基础的责任会计体系。

2. 学习阶段（20 世纪 80 年代）

会计专业人员开始开设管理会计的有关课程，使管理会计在中国普及。进入 20 世纪 90 年代之后，我国企业管理会计实践主要是有成本性态分析、盈亏临界点与本量利依存关系、经营决策经济效益的分析评价等。河北邯郸钢铁公司实行的“模拟市场，成本否决”可谓成本管理应用的典范。宝钢集团于 1993 年起推行标准成本制度，历经多年探索，不断完善，在增强员工成本意识、控制成本、支持决策等方面发挥了重要作用。再后来，包括全面预算管理、平衡计分卡等绩效评价方法，标准成本法、作业成本法等成本管理方法在内的管理会计工具方法陆续在我国企业中运用，单位对管理会计的应用意识有所增强，应用水平有所提高。一些企业，如国家开发银行、中国电信、北汽福田、三一重工等专门设置了管理会计机构或岗位，积极开展管理会计工作，取得了较好成效。同时，管理会计在行政事业单位预算编制、执行、决算分析和评价等工作中也得到了一定应用。一些行政事业单位建立了适应单位内部财务和业务部门畅通联系的信息平台，及时掌控预算执行和项目进度，深入开展决算分析与评价，及时发现预算执行中存在的问题并提出改进意见和建议，财政财务管理水平和资金使用效益不断提高。

3. 引领阶段（21 世纪 10 年代末）

2016 年《管理会计基本指引》的发布是管理会计发展的一个里程碑，2017 年开始发布的 34 个《管理会计应用指引》，推动了我国管理会计更高的发展，在国际上从追赶到引领作用的转变凸显。

第 2 节　管理会计与财务会计的联系与区别

在学习管理会计之前，我们已经学习过初级会计学、中级财务会计等会计课程了，财务会计的概念框架已经先入为主了。为了更好地学习管理会计，我们把管理会计和财务会计对照起来学习。

一、管理会计与财务会计的含义

《财政部关于全面推进管理会计体系建设的指导意见》（财会〔2014〕27号）对管理会计（management accounting）的定义：“管理会计是会计的重要分支，主要服务于单位（包括企业和行政事业单位，下同）内部管理需要，是通过利用相关信息，有机融合财务与业务活动，在单位规划、决策、控制和评价等方面发挥重要作用的管理活动。管理会计工作是会计工作的重要组成部分。”

知识链接

有关组织的管理会计定义

1958 年，美国会计学会（AAA）管理会计委员会的定义：“管理会计是运用适当的技术和概念来处理某个主体历史和预期的经济数据，帮助管理当局制定计划，作出合理的决策，从而实现合理的经济目标。”

1982 年，英国成本与管理会计师协会定义：“管理会计是对管理当局提供所需信息的那一部分会计工作，使管理当局得以实现以下目标：①制定方针政策；②对企业的各项活动进行计划和控制；③保护财产的安全；④向企业外部人员（股东等）反映财务状况；⑤向职工反映财务状况；⑥对各个行为的备选方案作出决策。”

1988 年，国际会计师联合会（IFAC）财务与管理会计委员会定义：“管理会计是向管理当局提供用于企业内部计划、评价、控制以及确保企业资源合理使用、经管责任履行所需的财务和经营信息进行确认、计量、归集、分析、编报、解释和传递的过程。”

2008 年，美国管理会计师协会《管理会计公告》的定义：“管理会计是一种深度参与管理决策、制定计划与绩效管理系统、提供财务报告与控制方面的专业知识以及帮助管理者制定并实施组织战略的职业。”

对管理会计的认识是一个开放的和不断深化的过程。

财务会计（financial accounting），是指通过对企业已经完成的资金运动全面系统的核算与监督，以为外部与企业有经济利害关系的投资人、债权人和政府有关部门提供企业的财务状况、盈利水平、现金流量等经济信息为主要目标而进行的经济管理活动。

二、管理会计与财务会计的联系

管理会计是从传统的会计系统中分离出来，与财务会计并列，两者有天然的联系。

（一）目标相同

管理会计和财务会计都是为了企业的目的服务。如图1－1所示：

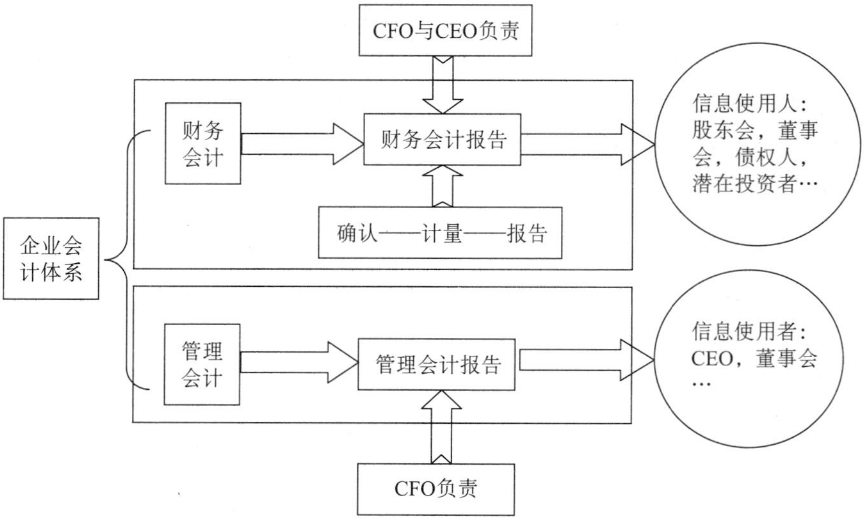

图1－1　会计信息产品

（二）研究对象相同

管理会计和财务会计两者的对象都是资金运动。资金运动的一般过程如图1－2所示。两者的对象虽然相同，但在时间和空间方面的侧重点不同，这在两者的区别中有专门论述。

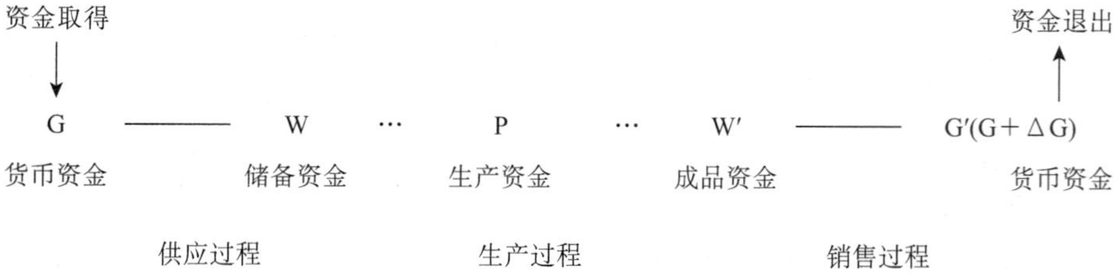

图1－2　工业企业资金运动

管理会计对象的观点

（三）环境

管理会计和财务会计，两者所处的企业内外部环境一样，都是企业的职能部门的工作，甚至是一个机构，两块牌子。

（四）原始资料相同，信息分享

两者的原始资料很多是相同的；管理会计控制的主要方法之一——标准成本制度，一直是财务会计的重要组成部分。

知识图说

管理会计与财务会计的分离

图1－3方框中是财务会计核算的七个专门方法，从核算方法上看，成本核算是管理会计与财务会计分离点，标准成本法（管理）是管理会计产生的起点，也很显然，管理会计与财务会计的原始资料是相同的。

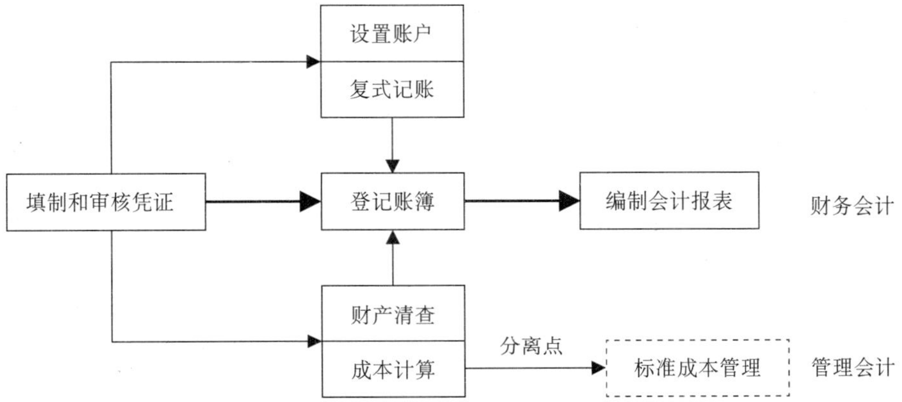

图1－3 管理会计与财务会计的分离点

图1－4中粗线连接的三个方法，填制和审核凭证、登记账簿、编制会计报表，既是方法的有机联系，也是会计的基本循环程序，收集信息——分类信息——综合信息，用会计的专业术语讲是：确认、计量、报告，也就是一般常说的：记录、分类、报告。图中实框为财务会计的方法，虚框为管理会计起源的方法。由此可知，管理会计与财务会计分离是在报告以前，也即两者的报告是不同的。

三、管理会计与财务会计的区别

管理会计与财务会计的根本区别在于，财务会计以财务收支为依据，记录和反映企业资金的增减变化及其结果，是与经营活动结果有关，描述价值创造，数钱的财务会计。而管理会计并不是只盯住过去的、已有的，“夺泥燕口，削铁针头，刮金佛面细搜求，无中觅有。鹌鹑嗉里寻豌豆，鹭鸶腿上劈精肉，蚊子腹内刳脂油”，而是要找到新的价值的凹地，帮助企业价值增值。它主要是利用财务会计资料采用管理会计的特有方法，对企业的经营活动进行规划和控制，达到提高经济效益的目的，是跟经营活动过程有关，帮助创造价值、赚钱的管理会计。

知识图说

管理会计要和企业经营活动过程紧密结合，贴近经济业务，进行业财融合就要了解商业模式。商业模式描述了企业如何创造价值、传递价值、获取价值的基本原理。如图 1-4 所示。

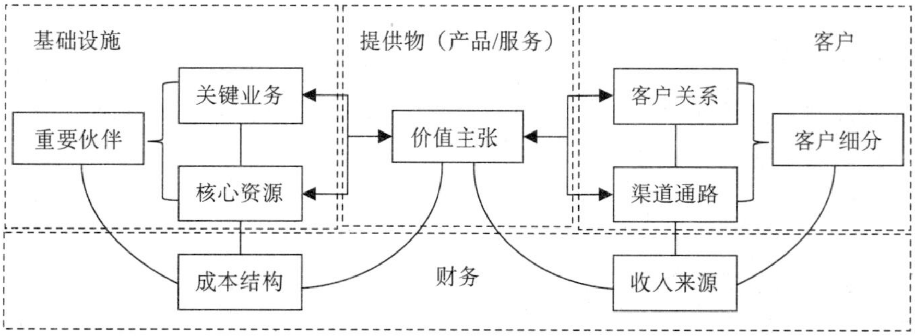

图 1-4　商业模式

财务会计是事后会计，不了解商业模式可以。但是，管理会计不了解商业模式肯定不行。

管理会计和财务会计的区别，不仅体现在工作目的和内容上，更体现在思维方式上，可概括为以下几个方面的不同：

（一）服务对象不同

管理会计主要是满足内部管理的需要，为单位内部管理人员提供有效经营和最优化决策的各种财务与管理信息，为强化单位内部经营管理、提高经济效益服务，属于“内部会计”或“对内报告会计”。

财务会计虽然也对内提供基本的会计信息，但主要侧重于对外部相关单位和人员提供财务信息，比如，为政府的经济决策提供会计信息，为投资者、债权人的投资决策等提供会计信息，属于“外部会计”或“对外报告会计”。

知识图说

罗纳德·哈里·科斯说：“现代企业理论的一个基本命题是，企业是一系列契约（合同）的组合”，如图 1-5 所示：

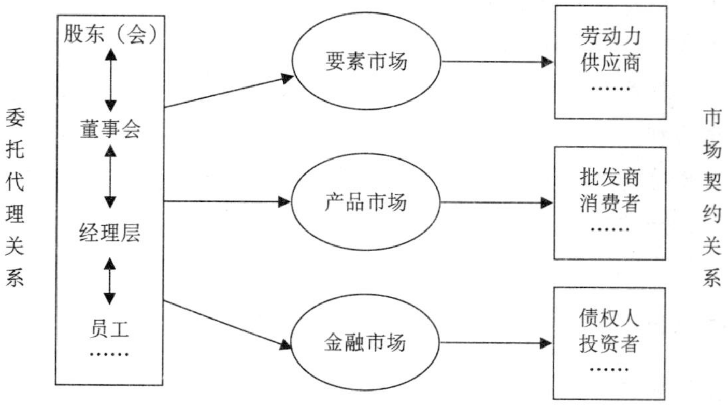

图 1-5　公司科层与市场契约

管理会计是用于决策的目的，是为内部管理服务的；而财务会计是记录资金的运动轨迹，主要为相关的关系者提供信息。从图1-5公司科层与市场契约图上也能看出，管理会计是一种完成任务目标的决策和责任；而财务会计是市场契约建立的一个信息基础，所谓内事不决问管理会计，外事不决看财务会计。

（二）会计职能定位不同

管理会计侧重于“创造价值”，其职能是解析过去、控制现在与筹划未来的有机结合。它渗透于单位管理的全过程，既有助于解析过去，通过对财务会计所提供资料的进一步加工，解析过去的经营情况，使之更好地控制现在、筹划未来；又有助于控制现在，通过及时修正执行过程中出现的偏差，使单位的经济活动严格按照决策预定的目标进行；还有助于规划未来，充分利用所掌握的资料进行定量分析，帮助管理部门客观地掌握情况，从而提高预测与决策的科学性，属于“经营管理型会计”。

财务会计侧重于“记录价值”，职能是核算和监督，通过确认、计量、记录和报告等会计工作程序对单位已经发生的交易或事项进行记录、加工处理，提供并解释历史信息，属于“报账型会计”。

（三）工作程序不同

管理会计工作的程序性较差，没有固定的工作程序可以遵循，企业要根据自己的实际情况设计管理会计工作的流程，这样就导致不同企业间管理会计工作的较大差异。

财务会计工作必须执行固定的会计循环程序，无论从编制凭证，到登记账簿，到编报财务报告，都必须按规定的程序处理，并受会计法规、制度的约束，不得随意变更其工作内容或颠倒工作顺序，同类企业的财务会计工作程序往往也是大同小异的。在图1-3中，图中划粗线连结的“填制与审核凭证→登记账簿→编制会计报表”这三个既是方法，又是会计循环的三个基本步骤。

“填制与审核凭证→登记账簿→编制会计报表”三个步骤，第一步“填制与审核凭证”是会计信息的收集记录过程，对信息进行甄别，进行会计确认、计量；第二步“登记账簿”是会计信息的分类整理过程，按照类别对会计信息进行分类的确认、计量；第三步“编制会计报表”是对会计信息的汇总表述过程，按照会计信息需求者的要求，对会计信息进行汇总报告。会计就是记录、分类和报告，记录——在会计凭证上收集的信息是一条一条的点；分类——在账簿上整理的信息是一类一类的线；报告，在财务报告上汇总成的信息是系统的面。原本乱如麻的信息，被一条条、一类类的分类整理出来，犹如“经”，同前期的“纬”对比编制会计报告，织就了系统的、连续的、全面的会计信息“网”。而这张网的纲就是会计报告，纲举目张。

从一定意义上讲，会计工作是始于会计凭证，成于账簿，终于会计报表；会计信息是始于收集会计信息，成于分类会计信息，终于综合会计信息。

当然，具体的程序还要根据情况而定，比如记账凭证必须根据审核无误的原始凭证进行填制，记账填制的程序为：制单人制单→稽核人复核→负责人审批→出纳付款→记账员记账→整理归档。

（四）方法体系不同

管理会计可选择灵活多样的方法对不同的问题进行分析处理，即使对相同的问题也可根据需要和可能而采用不同的方法进行处理，在信息过程中大量运用现代数学方法。

财务会计的方法比较稳定，见前文图 1－3 所示。按照特定的会计准则和制度核算经济事项，数字运算相对简单。

（五）核算主体不同

管理会计的工作主体可分为多层次，它既可以是整个企业，也可以是企业内部的局部区域或个别部门，甚至是某一生产或经营环节。

而财务会计的工作主体一般是一个层次，即独立核算的企业为主体，从而能够适应财务会计所特别强调的完整反映和监督整个经济过程的要求，以提供反映整个企业的财务状况、经营成果和现金流量的会计信息。虽然企业内部的二级机构也可以是一个会计主体，但通常不以企业内部机构为会计主体对外提供信息。而二级机构成为会计主体恰恰是为了管理会计绩效管理等的需要。

（六）遵循的原则、标准不同

管理会计不受《企业会计准则》的完全限制和严格约束，在工作中可灵活应用现代管理理论作为指导。

财务会计工作必须严格遵守《企业会计准则》，以保证所提供的财务信息报表在时间上的一致性和空间上的统一性，即信息的可比性。

（七）工作的侧重点不同

管理会计侧重点在于针对企业经营管理遇到的特定问题进行分析研究，以便向企业内部各级管理人员提供预测、决策、控制和考核等所需要的信息资料，其具体目标主要为企业内部管理服务。

财务会计的侧重点在于根据日常的业务记录，登记账簿，定期编制有关的财务报表，向企业外界具有经济利害关系的团体、个人报告企业的财务状况（资产负债表）、经营成果（利润表）和现金流量（现金流量表）等，其具体目标主要为外部提供财务报告信息。

（八）核算的信息特征不同

其一，在信息时态上，管理会计信息跨越过去、现在和未来三个时态，即“干了的”“正干的”和“想干的”信息；而财务会计信息则大多为过去时态。

其二，在信息计量尺度上，管理会计虽然主要使用货币计量，也大量采用非货币计量：实物量度、劳动量度、关系量度（如市场占有率等）；而财务会计主要向企业外部利益关系集团提供以货币为计量单位的信息。

其三，在信息全面性、系统性和连续性上，管理会计所提供的信息往往是为满足内部管理的特定要求而有选择的、部分的和不定期的管理信息；而财务会计能定期地向与企业有利害关系的集团或个人提供较为全面的、系统的、连续的和综合的财务信息。

其四，在信息载体格式上，管理会计的信息载体大多为没有统一格式的各种内部报告，而且对报告的种类也没有统一规定；而财务会计的信息载体是有统一格式的凭证系统、账簿系统和报表系统，统一规定财务报告的种类。

（九）信息质量特征不同

我国《企业会计准则》上要求财务会计信息应具有八个质量特征：可靠性、相关性、可理解性、可比性、实质重于形式、重要性、谨慎性、及时性。

我国《管理会计基本指引》上确定的管理会计信息有四个质量特征：相关性、可靠性、及时性、可理解性。不要求可比性、实质重于形式、重要性、谨慎性。

（十）会计报告的期间不同

管理会计面向未来进行预测、决策，因此其报告的编制不受固定会计期间的限制，管理会计报告是根据需要编制的，其时间跨度长、弹性大，可以是十天半月，也可以是三年五载，甚至更久。

财务会计面向过去进行核算和监督，反映一定期间的财务状况、经营成果和资金变动情况，应按照规定的会计期间编制报告，时间跨度相对较短、稳定，一般是一个月、一个季度或一年。

（十一）作用时效不同

管理会计的作用时效不仅限于解析过去“干了算”，而且还在于能动地利用财务会计的资料进行预测和筹划未来“算想干的”，同时控制现在“干着算”，从而横跨过去、现在、未来三个时态。管理会计面向未来的作用时效摆在第一位，而解析过去是为了控制现在和更好地指导未来。因此，管理会计实质上属于“经营型会计”。

财务会计的作用时效主要在于反映过去“干了记”，无论从强调可靠性原则，还是坚持历史成本原则，都可以证明其反映的只能是过去实际已经发生的经济业务。因此，财务会计实质上属于“报账型会计”。

（十二）控制的对象不同

管理会计的控制对象是企业内部的各个责任中心。

财务会计的控制对象是企业生产经营活动的全过程，即资金筹集、资金投入、资金周转、资金退出的资金运动过程。

会计从一问三不知变一问三知

（十三）观念和取向不同

管理会计不仅着重实施管理行为的结果，而且更为关注管理的过程，即事前、事中、事后控制，目的是解析过去、控制现在、筹划未来。

财务会计的重点是真实准确地反映企业生产经营过程中人、财、物要素在供、产、销各个阶段上的分布、使用、消耗情况，十分重视定期报告企业的财务状况和经营成果的质量。

（十四）对会计人员素质的要求不同

鉴于管理会计的方法灵活多样，又没有固定的工作程序可以遵循，其体系缺乏统一性和规范性，所以在很大程度上管理会计的水平取决于会计人员素质的高低。同时，由于管理会计工作需要考虑的因素比较多，涉及的内容也比较复杂，也要求从事这项工作的人员必须具备较宽的知识面和果断的应变能力，具有较强的分析问题、解决问题的能力。

知识链接

CMA、CIMA 和 CGMA

CMA，美国“注册管理会计师”（Certified Management Accountant，简称 CMA）。在 1919 年，美国全国会计师协会（NAA）成立，派生出美国管理会计师协会（The Institute of Management Accountants，简称 IMA），1972 年开始举办 CMA 考试。

CIMA，特许管理会计师（The Chartered Institute of Management Accountants，简称 CIMA）。英国皇家特许管理会计师公会（CIMA），成立于 1919 年。

CGMA，2012 年 CIMA 和美国注册会计师协会（AICPA）联合推出全球特许管理会计师（Chartered Global Management Accountant，缩写 CGMA）。

管理会计与财务会计的区别，可归纳见表 1－3。

表 1－3　管理会计与财务会计的区别

序	不同点	管理会计	财务会计
1	服务对象	对内服务	对外服务
2	会计职能定位	解析过去、控制现在、筹划未来	核算、监督
3	核算程序	没有固定程序	有固定程序
4	核算方法	采用会计、统计、数学等	采用会计方法
5	核算主体	多层次的主体	以企业为主体
6	核算原则	不受会计准则的制约	遵守统一的会计准则
7	核算重点	特定业务	日常业务
8	核算的信息特征	三个时态；多种计量；格式多样等	过去时态；货币计量；统一格式等
9	信息质量特征	相关、可靠、及时、可理解	八个信息质量要求
10	编表时间	不定期编制	定期编制
11	作用时效	筹划未来、控制现在	反映过去
12	控制对象	企业内部的各个责任中心	企业生产经营活动的全过程
13	观念和取向	管理的过程和结果	财务状况和经营成果
14	会计人员素质	较强的分析问题、解决问题的能力	会计处理能力

第3节　管理会计基本指引

一、管理会计的基本框架和内容

（一）管理会计的体系

管理会计指引体系，包括基本指引、应用指引和案例库，用以指导单位管理会计实践。基本指引在管理会计指引体系中起统领作用，是制定应用指引和建设案例库的基础。管理会计体系如图 1－6 所示：

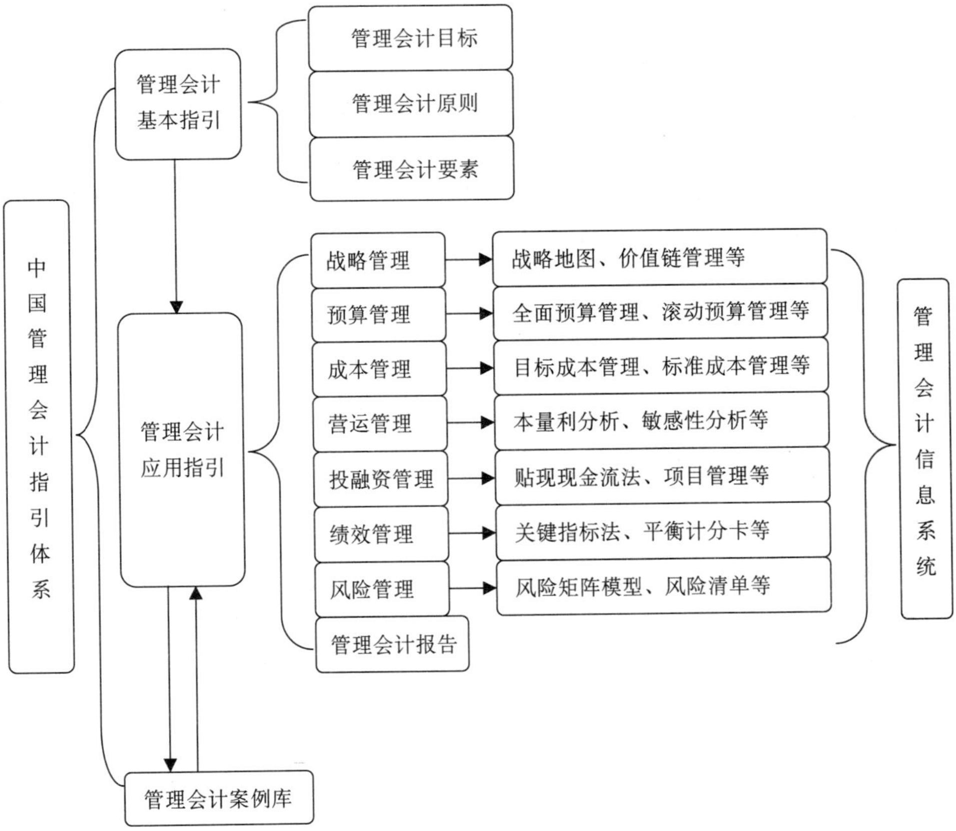

图 1－6　管理会计指引体系

（二）管理会计的目标

目标，指想要达到的境地或标准。

管理会计的目标是通过运用管理会计工具方法，参与单位规划、决策、控制、评价活动并为之提供有用信息，推动单位实现战略规划。

（三）管理会计的原则

原则是行事所依据的法则或者标准。应用管理会计应遵守的四个原则，见表1－4：

表1－4 管理会计原则

原则	描述
战略导向原则	管理会计的应用应以战略规划为导向，以持续创造价值为核心，促进单位可持续发展。
融合性原则	管理会计应嵌入单位相关领域、层次、环节，以业务流程为基础，利用管理会计工具方法，将财务和业务（业财融合）等有机融合。
适应性原则	管理会计的应用应与单位应用环境和自身特征相适应。单位自身特征包括单位性质、规模、发展阶段、管理模式、治理水平等。
成本效益原则	管理会计的应用应权衡实施成本和预期效益，合理、有效地推进管理会计应用。

（四）管理会计的主体

管理会计的主体，是指实现一定管理会计目标的组织。

管理会计应用主体视管理决策主体确定，可以是单位整体，也可以是单位内部的责任中心。详见管理会计与财务会计区别的相关说明。

（五）管理会计的要素

要素，是指构成一个客观事物的存在并维持其运动必要的最小单位，是构成事物必不可少的现象，又是组成系统的基本单元，是系统产生、变化、发展的动因。

管理会计要素，是为实现管理会计目标，对管理会计组成体系基本单位的确定和具体化。管理会计的四要素为：应用环境、管理会计活动、工具方法、信息与报告。下面分别介绍。

二、管理会计应用环境

（一）管理会计的环境及分类

管理会计应用，应充分了解和分析其应用环境。管理会计应用环境，是单位应用管理会计的基础，包括内外部环境。

内部环境主要包括与管理会计建设和实施相关的价值创造模式、组织架构、管理模式、资源保障、信息系统等因素。

外部环境主要包括国内外经济、市场、法律、行业等因素。

（二）单位的组织架构

1. 组织的建立

单位应准确分析和把握价值创造模式，推动财务与业务等的有机融合。

单位应根据组织架构特点，建立健全能够满足管理会计活动所需的由财务、业务等相关人员组成的管理会计组织体系。有条件的单位可以设置管理会计机构，组织开展管理会计工作。

单位应根据管理模式确定责任主体，明确各层级以及各层级内的部门、岗位之间的管理会计责任权限，制定管理会计实施方案，以落实管理会计责任。

单位应从人力、财力、物力等方面做好资源保障工作，加强资源整合，提高资源利用效率效果，确保管理会计工作顺利开展。股份制公司的组织机构一般如图 1－7 所示：

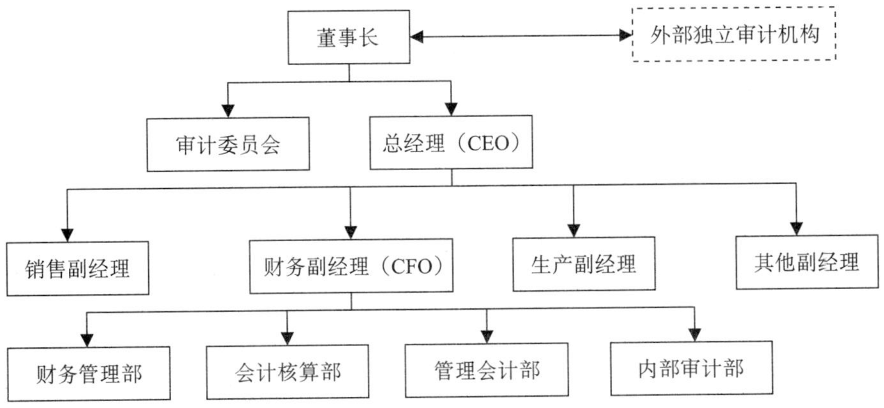

图 1－7　企业的组织机构

2. 组织能力

管理会计部门是一个跨职能的组织、团队，是一群人组成的群体。由此来看，组织能力的提升是保证管理会计工作高效和高质量的关键，需要协调群体目标，共同提高，共同努力，实现目标，正所谓一个人走得快，一群人走得远。而从管理会计工具方法应用的对象看，企业是一个更大的群体组成的，这个群体更需要协调群体目标，以实现企业的目标。

美国《管理会计公告》中有专论《管理跨职能团队》，比如团队生命周期、头脑风暴、领导力、互动分析过程、创造性思维技术等等，简化如图 1－8 所示。

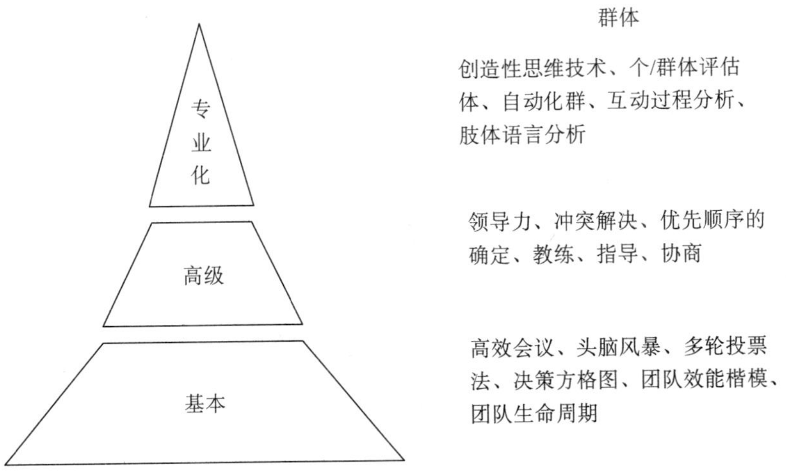

图 1－8　群体进程技术①

① ［美］美国管理会计师协会．刘霄仑主译．管理会计公告（第 1 辑）［M］．北京：人民邮电出版社，2012：61.

对照图1－8，我国管理会计工具方法按照应用的层次分类，见表1－5：

表1－5　管理会计工具方法应用层次

层次	任务导向型工具方法
基本	散布图、指标收集、SWOT、变动成本法等
高级	本量利分析、敏感分析、边际分析、标准成本法等
专业化	战略地图、作业成本、标杆管理、EVA、预算管理、项目管理、风险矩阵、风险清单等

而按照工具方法本身难度和实施的难度分类，见表1－6：

表1－6　管理会计工具方法本身难度和实施的难度

难度	工　具	能力要求	部门
低	变动成本法、本量利分析、贴现现金流法等	一般的财务能力	财务
中	滚动预算、零基预算、标准成本法等	综合的财务能力	跨部门
高	平衡计分卡、战略地图、作业成本、项目管理、EVA等	财务和非财务能力	跨部门

我国《管理会计基本指引》《管理会计应用指引》中对组织能力提升没有专论，也没有明确的技术方法，只是在应用环境中的机构、制度、体系等隐含着一种假设，应用管理会计工具方法在组织上没有问题。但必须明白的是，工具方法都是组织和人应用的，也应用于组织和人，没有人和组织能力的提高，工具方法就是一个毫无生气的死方法，根本不能创造价值。

（三）管理会计专门人才

在管理会计与财务会计区别中，提出了管理会计人员应该具有的素质，因此，应注重管理会计理念、知识培训，加强管理会计人才培养。

（四）管理会计信息系统

单位应将管理会计信息化需求纳入信息系统规划，通过信息系统整合、改造或新建等途径，及时、高效地提供和管理相关信息，推进管理会计实施。

三、管理会计活动

（一）管理会计活动的含义

管理会计活动，是单位利用管理会计信息，运用管理会计工具方法，在规划、决策、控制、评价等方面服务于单位管理需要的相关活动。

（二）管理会计活动的具体内容

管理会计应用，应做好相关信息支持，参与战略规划拟定，从支持其定位、目标设定、实施方案选择等方面，为单位合理制定战略规划提供支撑。

管理会计应用，应融合财务和业务等活动，及时充分提供和利用相关信息，支持单位各层级根据战略规划做出决策。

管理会计应用，应设定定量定性标准，强化分析、沟通、协调、反馈等控制机制，支持和引导单位持续高质高效地实施单位战略规划。

管理会计应用，应合理设计评价体系，基于管理会计信息等，评价单位战略规划实施情况，并以此为基础进行考核，完善激励机制；同时，对管理会计活动进行评估和完善，以持续改进管理会计应用。具体如图 1－9 所示：

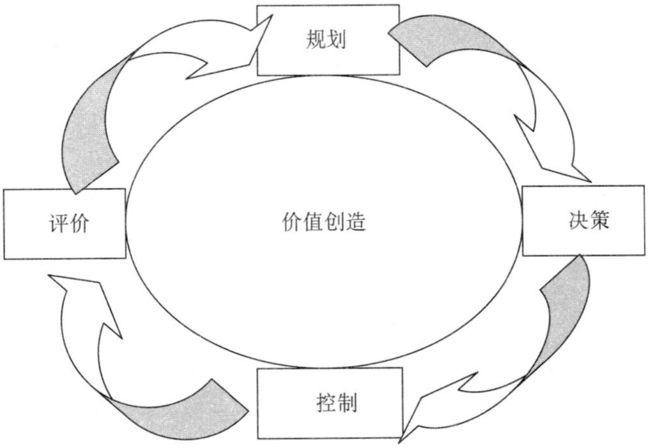

图 1－9　管理会计活动

四、管理会计的工具方法

（一）管理会计的工具方法的内容

管理会计工具方法是实现管理会计目标的具体手段。管理会计工具方法是单位应用管理会计时所采用的战略地图、滚动预算管理、作业成本管理、本量利分析、平衡计分卡等模型、技术、流程的统称。管理会计工具方法具有开放性，随着实践发展不断丰富完善。

（二）管理会计的工具方法的运用领域

管理会计工具方法主要应用于以下领域：战略管理、预算管理、成本管理、营运管理、投融资管理、绩效管理、风险管理等。图 1－6 中已有所列示，具体有：

（1）战略管理领域有：战略地图、价值链管理等；

（2）预算管理领域有：全面预算管理、滚动预算管理、作业预算管理、零基预算管理、弹性预算管理等；

（3）成本管理领域有：目标成本管理、标准成本管理、变动成本管理、作业成本管理、生命周期成本管理等；

（4）营运管理领域有：本量利分析、敏感性分析、边际分析、标杆管理等；

（5）投融资管理领域有：贴现现金流法、项目管理、资本成本分析等；

（6）绩效管理领域有：关键指标法、经济增加值、平衡计分卡等；

（7）风险管理领域有：单位风险管理框架、风险矩阵模型等。

应用管理会计，应结合自身实际情况，根据管理特点和实践需要选择适用的管理会计工具方法，并加强管理会计工具方法的系统化、集成化应用。

知识链接

CIMA 的管理会计工具

英国皇家特许管理会计师公会（The Chartered Institute of Management Accountants，缩写 CIMA）颁布的管理会计工具，见表 1－7。

表 1－7 CIMA 的管理会计工具

类　别	基本工具
公司治理与风险管理	SSC（战略计分卡），ERM（企业风险管理），RHM（风险热度地图），CGMA（职业道德管理反思清单），NST（网络安全工具）
战略规划与执行	SWOT（态势分析法），PEST（宏观环境分析），PESTEL（大环境分析），BSC（平衡计分卡），KB（看板），SM（战略地图），FFM（五力模型）
绩效计量与管理	KPI（关键绩效指标法），BM（标杆管理），PPM（绩效棱柱模型）
规划和预测	RP（滚动计划），ABB（作业预算），SCP（情景与应急规划），CFM（现金流模型）
产品与服务交付	ABC/ABM（作业成本/管理），LM（精益管理），QM（质量管理）
价值认同	VC（价值链分析），CRM（客户关系管理），ERP（企业资源计划），CVM（客户价值管理）

五、管理会计的信息与报告

（一）管理会计的信息

管理会计信息，包括管理会计应用过程中所使用和生成的财务信息和非财务信息。单位应充分利用内外部各种渠道，通过采集、转换等多种方式，获得相关、可靠的管理会计基础信息。单位应有效利用现代信息技术，对管理会计基础信息进行加工、整理、分析和传递，以满足管理会计应用需要。

（二）管理会计信息特征

单位生成的管理会计信息应相关、可靠、及时、可理解。

相关性，也称为有用性，要求提供的管理会计信息应当与管理会计报告使用者的决策需要相关，有助于管理会计报告使用者过去、现在和未来的情况进行分析、控制和规划。

可靠性，管理会计信息应当以客观实际为依据，应用合理的工具方法，保证管理会计信息真实可靠。

及时性，管理会计信息应当迅速反映当前经济环境，保证管理当局对经营情况作出及时的决策。

可理解性，管理会计报告应当清晰明了，便于理解和使用。

（三）管理会计的报告

管理会计报告，是管理会计活动成果的重要表现形式，旨在为报告使用者提供满足管理需要的信息。管理会计报告按期间可以分为定期报告和不定期报告，按内容可以分为综合性报告和专项报告等类别。

单位可以根据管理需要和管理会计活动性质设定报告期间。一般应以公历期间作为报告期间，也可以根据特定需要设定报告期间。

（四）管理会计报告与目标的实现

管理者究竟需要哪种管理会计信息呢？好的管理会计信息通过帮助回答如下三种问题来帮助组织顺利实现目标。

第一是记录评价问题。公司做得好还是不好？业务记录（score keeping）就是对有助于使用者理解和评价组织机构经营业绩的数据进行分类、收集和汇报。业务记录必须准确可靠才有价值。比如，星巴克每年会制作很多评价店铺和分支机构的有关报告。

第二是重点引导问题。哪个领域需要着重研究？重点引导（attention directing）通常包括对比真实经营结果和事前预期的报告。例如，一家星巴克经理发现当期报告获得 120 000 美元的利润，而预期利润是 150 000 美元。随后，这个经理就要寻找这家店面没有完成预算的原因。重点引导信息有助于经理人发现经营问题，比如不完善、效率低下之处；也有助于经理人发现企业经营的优势，以继续保持。

第三是方案选优问题。完成一项工作的诸多方案中，哪一种是最好的？在问题解决（problem solving）方面，会计通常会涉及对不同方案进行评估以得出最优行动方案。例如，星巴克试验在咖啡店中推出各种新商品，经过对每种商品的收入和成本分析之后，管理层决定哪种商品适合推出以及哪种商品需要取消。

三个问题是一个有机的结合。信息的记录评价和重点引导职能密切相关。某一信息对于一位经理来说可能起到记录评价的作用，而对这位经理的上级来说，同样的信息可能发挥重点引导的作用。例如，通过在业绩报告中指出实际结果与计划的差异，可以让经理们知道他们做得如何以及怎样展开行动。公司经营必须每天、每月、每季度、每年定期进行信息的记录评价和重点引导。方案选优时常依赖于定期的信息记录评价和重点引导。但是，当组织机构安排长期计划或者进行非重复性决策时，如零件是自制还是外购、设备是否需要更新、增加还是减少产品种类，常常需要经过特殊处理的信息。比如，星巴克在决定是否要在超级杯的播放过程中插播广告时，就需要这种问题解决型的信息。

本章小结

每一门学科的建立都是从这门学科的概念定义开始的。管理会计有其自己的概念框架，这是和财务会计相区别的“边界”。如果这个“边界”区别不清，那么是无法理解和掌握管理会计的，更不要说科学的运用管理会计了。

本章主要介绍了：

(1) 管理会计的产生及发展过程;
(2) 管理会计与财务会计的联系与区别;
(3) 管理会计基本指引的内容,包括目标、原则、要素、应用环境、工具方法、信息和报告等。

名人名言

一门科学提出的每一种新见解,都包含着这门科学的术语的革命。

——恩格斯

“目标”不管是从一般的还是从特定的意义来看,他总是被认为是一个管理规划的终点。

——管理学家哈德罗·孔茨(Harold Koontz)

在会计领域中,目标可以视为形式结构中假设的一部分,或者视为超过或同于假设水准的一组建议。

——会计学家埃尔登·S·亨德里克森(Eldon S. Hendriksen)

科学管理不是任何一种效率措施,不是一种取得效率的措施;也不是一批或一组取得效率的措施;它不是一种新的成本核算制度;它不是一种新的工资制度;它不是一种计件工资制度;它不是一种分红制度;它不是一种奖金制度;它不是一种报酬职工的方式;它不是时间研究;它不是动作研究……我相信它们,但我强调的是这些措施都不是科学管理,它们是科学管理的有用附件,因而也是其他管理的有用附件。

——弗雷德里克·温斯洛·泰勒(Frederick Winslow Taylor)

练习题

1. 单项选择题

(1) 管理会计是否需要遵守会计准则?(　　)

A. 是　　B. 否
C. 视情况而定　　D. 无法判别

(2) 管理会计报告报送需要(　　)报告。

A. 对外　　B. 对内
C. 即对外也对内　　D. 主要对内

(3) 管理会计指引体系,不包括(　　)。

A. 基本指引　　B. 应用指引
C. 案例库　　D. 解释

2. 多项选择题

(1) 管理会计原则有(　　)。

A. 战略导向原则　　B. 融合性原则
C. 适应性原则　　D. 成本效益原则

(2) 管理会计要素有（　　）。
A. 应用环境　　B. 管理会计活动
C. 工具方法　　D. 信息与报告

(3) 战略管理领域应用的管理会计工具方法包括但不限于（　　）等。
A. 战略地图　　B. 价值链管理
C. 平衡计分卡　　D. 标杆管理

(4) 预算管理领域应用的管理会计工具方法包括但不限于（　　）等。
A. 全面预算管理　　B. 滚动预算管理
C. 作业预算管理　　D. 零基预算管理
E. 弹性预算管理

(5) 成本管理领域应用的管理会计工具方法包括但不限于（　　）等。
A. 目标成本管理　　B. 标准成本管理
C. 变动成本管理　　D. 作业成本管理
E. 生命周期成本管理

(6) 营运管理领域应用的管理会计工具方法包括但不限于（　　）等。
A. 本量利分析　　B. 敏感性分析
C. 边际分析　　D. 标杆管理

(7) 投融资管理领域应用的管理会计工具方法包括但不限于（　　）等。
A. 贴现现金流法　　B. 项目管理
C. 资本成本分析　　D. 战略地图

(8) 绩效管理领域应用的管理会计工具方法包括但不限于（　　）等。
A. 关键指标法　　B. 经济增加值
C. 平衡计分卡　　D. 战略地图

(9) 风险管理领域应用的管理会计工具方法包括但不限于（　　）等。
A. 风险清单　　B. 风险矩阵模型
C. 贴现现金流法　　D. 价值链管理

(10) 管理会计信息特征有（　　）。
A. 相关　　B. 可靠
C. 及时　　D. 可理解

3. 判断题
(1) 管理会计指引体系包括基本指引、应用指引。（　　）
(2) 管理会计工具方法已经成熟，非常完善，不会再发生变化。（　　）
(3) 管理会计报告期以公历期间作为报告期间。（　　）
(4) 管理会计体现了业财融合。（　　）
(5) 管理会计与财务会计有很多区别，所以两者是不同源的。（　　）

4. 问答题
(1) 简述管理会计和财务会计的联系与区别。

（2）管理会计的原则有哪些？

（3）管理会计活动的内容有哪些？

（4）管理会计应用环境是什么？包括什么内容？

5. 填空题

结合本书目录和图 1－6 管理会计指引体系，将正确内容填入图 1－10 的鱼刺图空格中。

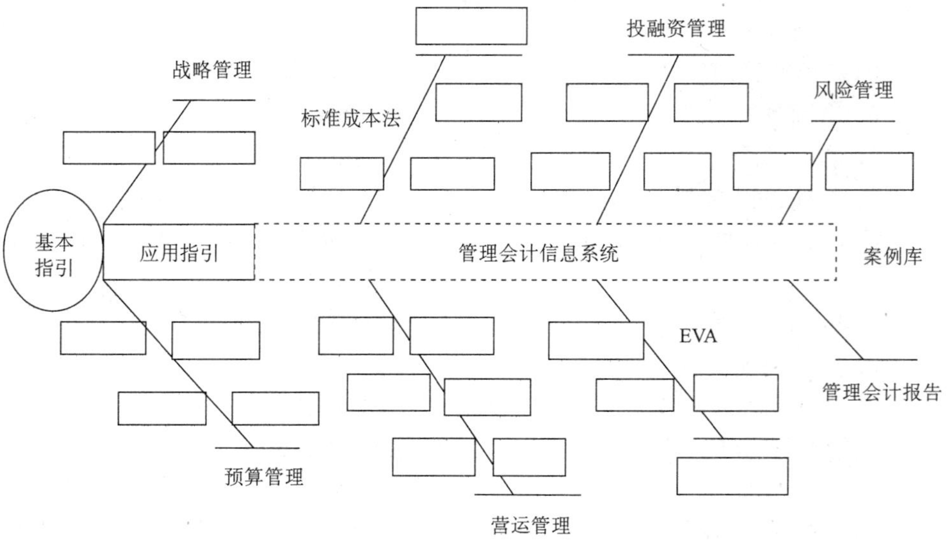

图 1－10　管理会计指引体系鱼刺图

6. 论述题

阅读导入案例，结合本章的学习，谈一谈管理会计的职能。

7. 案例应用分析

阅读材料

资产负债表与企业战略

资产负债表的基本关系是资产等于负债加股东权益。资产负债表虽然是年度、季度、月报表，但里面也能反映战略问题。资产等于负债加股东权益，这是会计概念之间的一种关系，从字面上看这其中并没有战略。但如果把资产进行非常清晰的结构性分析、分解，在形式上稍加变化，马上就能看到它的战略问题。

1. 资产负债表的左边

对于企业资产负债表的左边，如果不按流动资产与非流动资产分类，换个视角将资产结构分为经营资产和投资资产，尤其是当企业拥有具有战略意义的控制性投资资产时，资产负债表就跟企业的战略联系起来了。因为从企业资源扩张角度来看，经营资产是以产品经营为主导往前发展。一个组织如果有控制性投资资产，那么这个组织就有了另外一种发展态势，以集团化管理既可以实现多元化也可以实现区域结构的多样化的发展战略。

由此，企业的资产从战略视角便可以分成两个部分：一部分称为经营资产，另一部分称为投资资产。

这样企业也可以分成三类：

第一类企业是经营主导型或经营型，只关注或主要关注经营活动；

第二类企业是投资主导型，只关注或主要关注投资活动，或者就是投资管理公司，就是集团管理；

第三类是经营与投资并重型。

资产负债表所展示的企业发展战略和扩张战略就非常清晰地显现出来——资产展示了企业实现发展战略的两个能力：一个是由经营资产反映的经营能力，另一个是由控制性投资反映的扩张能力。

2. 资产负债表右边

资产负债表右边，负债和股东权益，这里面也有战略问题。可以把资产负债表右边分成了四大类：经营性负债，金融性负债，股东入资，利润积累。

负债部分分为两类：

第一类叫经营性负债，即由企业经营活动所导致的各种负债，应付票据、应付账款、预收款项、应付职工薪酬、应交税费等都属于经营性负债。

另外一类叫金融性负债，也即有息负债，如各种贷款和企业发行的债券等。在不同的债务结构下，企业风险、企业竞争力也会有区别甚至是根本性的不同，如果不加区分地对债务结构进行单一度量（资产负债率），在企业风险评价上就会有严重的误差。

股东权益部分可以粗线条地把股东权益分解为股东入资和利润积累两个部分：

股本和资本公积可以认为是股东入资（当然这个并不是很准，但它在相当程度上可以看作是股东的贡献）。

利润积累主要包括盈余公积和未分配利润两部分。

这样就把资产负债表右边看成是四类对企业有支持性的资源，也可以把它说成是四大动力：

第一大动力是股东入资；

第二大动力是企业的债务融资；

第三大动力是企业经营过程中形成的负债，核心问题是企业两头吃的能力；

最后一个是利润的贡献。

将这四大动力展开，实际上又是一种战略——企业用谁的资源去发展？

使用这种分析方法，企业的发展战略，在资产负债表左边和右边就非常清晰地展示出来。从财务分析来讲，可以不再去关注企业战略的文字表达，而是看战略落地的结果——报表里边是怎么展示的。通过报表项目可以得到非常清晰的认识。

3. 资产负债表左边和右边的关系

企业的产品、业务、市场在资产负债表的左边反映，所以资产负债表左边更多的是关注企业利润的产生机制——这样的资源结构能不能产生利润，这样的资源结构产生的是持续性的利润还是偶然的利润还是短时间的利润？这些利润由资产负债表左边的具体资源及其结构决定、由市场决定、由业务决定。

企业的风险和危机可以在资产负债表右边反映出来。资产负债表右边是四大动力，四大动力的核心问题又是利益的协调。资产负债表左边看的是各种具体资源，右边则是各种名字，股东的名字、债权人的名字，名字之间的利益就需要协调，协调得怎么样将决定一个组织发展的根本方向。

所以，对资产负债表的挖掘可以得出以下结论：资产负债表左边是管理的问题，右边是治理的问题。资产负债表左边的管理问题涉及业务管理、资产管理、市场管理等等。利益的协调机制是资产负债表右边的问题，是治理的问题。

（资料来源：根据张新民．财务分析的战略视角．在2017年7月28日首届中国上市公司财务安全评价大会暨上市公司财务安全指数发布会上的致辞改编）

问题：

（1）根据文章，分析管理会计如何利用财务会计的资料？

（2）从文章中分析管理会计与财务会计的区别。

复星公司管理会计体系的建立及发展

复星于1992年在上海成立，2007年复星国际有限公司在香港联交所主板上市，其截至2018年6月30日的总资产超过5 600亿元人民币。复星植根中国，在过去二十几年里不断攀登一座座产业巅峰，深耕健康、快乐、富足领域，通过科技引领、持续创新，智造C2M（客户到智造端）幸福生态系统，为全球家庭客户提供高品质的产品和服务，位列2018年福布斯全球上市公司2000强榜单第416位。

复星的管理会计体系发展至今经历了三个阶段——业务数据化、价值可视化、管理创新化，每个阶段既有工作内容的转变，也相应伴随组织结构的调整升级。

1. 业务数据化

信息化、数据化是一切财务分析和辅助决策的前提，搭建底层信息系统是构建整个管理会计体系的基础。这项工作耗时较长且短期内难以看到成效，但对于整个生态体系建设而言却至关重要。在实践过程中，我个人的经验有两点：第一，业务流程的设置要合理，系统开发要与业务高度融合；第二，不要奢求创造出一个完美的系统；第三，始终要坚持“以终为始”，围绕最终客户的需求倒排信息系统功能及流程设计开发。

一个成熟的信息管理系统一定是业务和技术充分融合的产物。举例来说，2013 年初开始建设的投资管理系统，牵头部门首先对业务部门需求进行系统梳理，对于流程设置的建议渗透在整个功能设计及开发过程中，这确保了业务部门愿意积极使用完成后的系统，经过近 5 年的建设，投资管理系统已经成为复星总部的中枢业务系统，实现投资项目全流程的标准化、数据化。一套设计成熟的系统对于提升数据输入的准确性、完整性也有很大的帮助——全面、合理的参数设置有助于准确反映业务的信息，从而让底层数据库承载的信息更加丰富，给后续的深入分析打下良好的基础。

当然，所谓“成熟”也要把握好度。我们始终认为在开发阶段，MVP（Minimum Viable Product）是相对更加高效的方式。因为不论事先考虑的如何周全、调研和访谈如何详尽，我们都无法打造一个成熟到完美的系统，因此与其从一开始花费大量精力思考如何开发一套放之四海而皆准的系统，还不如在基本业务逻辑梳理明确之后先投入使用，持续跟踪使用者的反馈，及时更新迭代。许多流程的问题、数据的问题、体验的问题只有在使用中才能暴露，从而逐步完善。就复星的实践看，在投资管理系统的上线过程中，我们先根据需求开发出一个可用的初级的 1.0 版本，自上而下地推广使用（这点极其重要，许多系统的早期使用体验都比较差，但恰恰早期使用者的反馈对于完善系统和提升体验有非常重要的意义），然后在使用的过程中通过与业务人员的不断沟通和反馈逐步完善系统，进化出 2.0 版本、3.0 版本，不断丰富系统的功能。经过数年的更新和迭代，投资管理系统已经成为一个较为完善的底层业务系统，也为第二阶段的发展奠定了基础。

2. 价值可视化

信息化、数据化基本完成之后，管理会计系统的建立就顺理成章了，这真正意味着我们开始能够通过对财务和业务数据的分析为组织创造价值。

通过数据分析，我们得以准确计算不同地区、不同行业、不同资产类别的回报，基于这些信息调整后续的资产配置策略；我们能够准确评估不同团队的投资业绩，协助人力资源部门进行优化调整；我们能够分析不同业务单元的费用和成本结构，通过对标最佳实践减少不必要的费用，进一步推动降本增效。举例来说，我们每月都会评估各个投资团队的新项目储备情况、新投项目情况、已投项目风险预警、项目退出情况、当年投资回报率以及项目相关费用情况等，从不同维度对所有团队进行排序，包括费用产出比、“红灯”项目处置情况（复星内部有一套“红黄绿灯”投后管理风险预警评价体系，将所有项目根据相应标准分为“绿灯”“黄灯”“红灯”三类，“红灯”意味着出现风险事项，需要管理层重点关注并跟进风险事项解决）等，每个团队都能看到不同维度的排名。信息对称带来的结果就是，排名不佳的团队一定会感受到压力从而及时调整，这对于促进企业内部的良性竞争有积极作用。

数据要经过处理和分析才有价值，挖掘价值是第二阶段的核心。这些有价值的信息能够帮助管理层更加科学地进行决策，不论是提升效率，还是降低成本，都是管理会计真正能为企业创造的价值。

3. 管理创新化

在信息全面对称、对于业务价值充分了解的基础上，组织才能进行有针对性地、有效地管理创新。在以往的管理中，很多举措都是“一刀切”，但事实上不同的业务单元、业务流程的不同阶段以及不同团队的特点都是不一样的，价值可视化之后管理层面的因地制宜才有了实现的可能——该管控的管控，该疏导的疏导。举例来说，我们曾经针对集团差旅费用做过深度统计和分析，结果发现部分团队的差旅费用很高产出却很低——团队成员出差频繁，但不仅项目过会率低，连立项都很少，基于这个情况我们提出一项措施，原则上出差必须与项目对应，定期由团队负责人回顾内部的项目推进情况，以此来管控差旅费用的无效支出。

当然，我们深知管理创新是长期、持续的工作，依然要根据业务的变化不断调整，不断完善。在整个管理会计体系的建设过程中，复星财务团队的组织架构也在不断调整和优化。在我看来，目前的架构与当前复星的业务发展阶段是比较适配的。

复星财务团队主要由支持共享、专业赋能和业务伙伴三部分组成（如图1-11所示）。

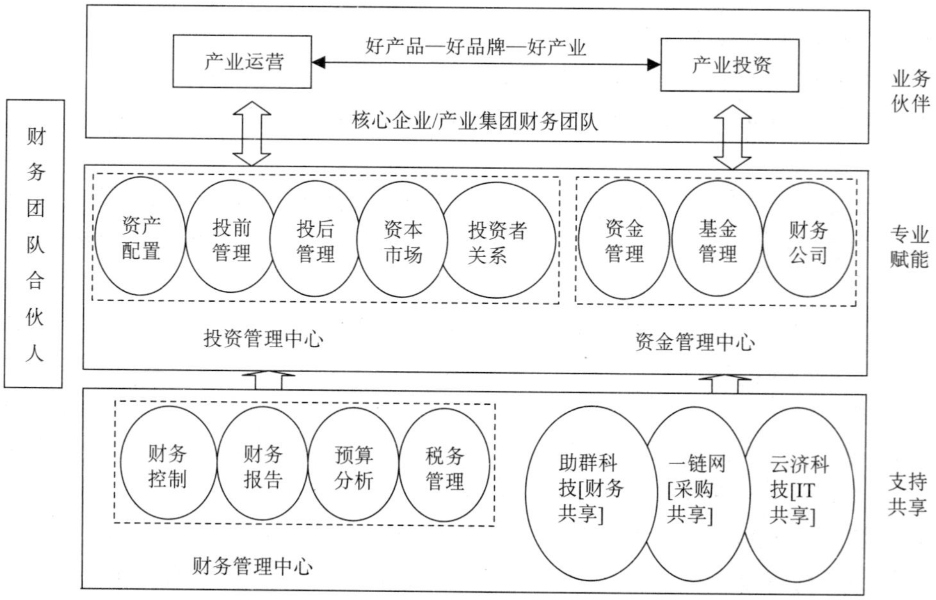

图1-11　复星财务团队构成图

支持共享主要包括IT、财务（共享中心）和采购，除此之外由财务报告、预算分析以及税务管理等组成的财务管理中心也在集团层面支持所有业务单元和核心企业，协助他们进行预算管理和税务筹划等工作，提升共享支持的效率。

专业赋能主要包括投资管理中心和资金管理中心，各自从投资管理和资金管理两方面为业务部门提供专业的支持，既有分工又互相合作。

业务伙伴则深入各个产业的一线（财务 BP，即财务业务伙伴），他们更了解所在业务的特点，在集团大中台的支持下更加灵活地协助各自的业务团队。

到目前为止，尽管复星的管理会计体系已经初步建立，但仍然有大量的工作要做；价值创造、管理创新也是长期和持续的工作，并不能一蹴而就。这些都是我们不断完善和进步的方向。

［资料来源：王灿．管理会计助力复星集团管理创新和价值创造——对话复星国际执行董事、高级副总裁兼首席财务官王灿先生［J］．中国管理会计，2019（1）．］

问题：

（1）根据文章谈一谈业务数据化的必要性。

（2）管理创新的目的是什么？

第 2 章　战略管理

教学目标

学习本章后，你应该能够：

1. 写出战略管理的内涵、原则、应用环境和应用程序；
2. 叙述、构思和运用各个战略管理的工具方法——战略地图等。

教学要求

知识要点	能力要求	相关知识
战略管理	（1）战略管理的应用环境 （2）战略管理的应用程序	（1）战略管理的概念 （2）战略管理的原则
战略管理的工具方法	（1）战略管理工具方法的理解 （2）战略管理工具方法的运用	（1）战略地图 （2）价值链管理

人无远虑，必有近忧。

——论语

基本概念

战略　战略管理　态势分析法　波特五力分析法　波士顿矩阵分析法　营运矩阵分析　战略制定　战略实施　战略评价和控制　战略调整　战略地图　战略地图实施　价值链管理　PEST　政治环境　经济环境　社会环境　文化环境　法律环境　技术环境　教育环境　人口统计环境　产业环境　竞争环境　内部环境

导入案例

《隆中对》

亮躬耕陇亩，好为《梁父吟》。身长八尺，每自比于管仲、乐毅，时人莫之许也。惟博陵崔州平、颍川徐庶元直与亮友善，谓为信然。

时先主屯新野。徐庶见先主，先主器之，谓先主曰："诸葛孔明者，南阳卧龙也，将军岂愿见之乎？"先主曰："君与俱来。"庶曰："此人可就见，不可屈致也。将军宜枉驾顾之。"

由是先主遂诣亮，凡三往，乃见。因屏人曰："汉室倾颓，奸臣窃命，主上蒙尘。孤不度德量力，欲信大义于天下；而智术浅短，遂用猖蹶，至于今日。然志犹未已，君谓计将安出？"

亮答曰："自董卓已来，豪杰并起，跨州连郡者不可胜数。曹操比于袁绍，则名微而众寡。然操遂能克绍，以弱为强者，非惟天时，抑亦人谋也。今操已拥百万之众，挟天子而令诸侯，此诚不可与争锋。孙权据有江东，已历三世，国险而民附，贤能为之用，此可以为援而不可图也。荆州北据汉、沔，利尽南海，东连吴会，西通巴、蜀，此用武之国，而其主不能守，此殆天所以资将军，将军岂有意乎？益州险塞，沃野千里，天府之土，高祖因之以成帝业。刘璋暗弱，张鲁在北，民殷国富而不知存恤，智能之士思得明君。将军既帝室之胄，信义著于四海，总揽英雄，思贤如渴，若跨有荆、益，保其岩阻，西和诸戎，南抚夷越，外结好孙权，内修政理；天下有变，则命一上将将荆州之军以向宛、洛，将军身率益州之众出于秦川，百姓孰敢不箪食壶浆以迎将军者乎？诚如是，则霸业可成，汉室可兴矣。"

先主曰："善！"于是与亮情好日密。

关羽、张飞等不悦，先主解之曰："孤之有孔明，犹鱼之有水也。愿诸君勿复言。"羽、飞乃止。

（西晋 · 陈寿《三国志 · 蜀志 · 诸葛亮传》）

阅读思考：

（1）战略就是确定往"哪里去"的问题，诸葛亮提出刘备的战略目标是什么？

（2）诸葛亮分析刘备的优势、劣势、机会、威胁各有哪些？

《隆中对》阅读思考

点评：谋全局者谋一域。

战略决定战术，只要战略目标正确，越努力越接近成功，正所谓："不谋万世者，不足谋一时；不谋全局者，不足谋一域。"所以，企业要从全局出发，做好战略规划。本章主要介绍战略管理基本内容和战略管理的工具方法。

第1节 战略管理概论

一、战略管理的概述

（一）企业的战略目标

企业的实际工作应该首先明确目标，然后研究实现目标的路径，并考察环境是否满足路径的实施。企业的目标是价值创造，成长性、回报性、风险性是企业价值创造的三要素。

企业是营利性组织，其出发点和归宿是获利。企业一词中的“企”，意为图谋、打算；“业”就是事业。企业一词，顾名思义就是图谋事业，表示企图冒险从事某项获取利润的事业。企业一旦成立，就会面临竞争，并始终处于生存和倒闭、发展和萎缩的矛盾之中。所以，企业的基本目标是生存，核心是发展，最终目标是获利。获利既是出发点，也是归宿。企业管理的目标是生存、发展、获利。

企业平均寿命

1. 生存

企业只有先生存下来，才能获利，才能发展。企业是契约的节点，这些节点的集合就是市场，有商品市场、金融市场、人力资源市场、技术市场等等。

开办企业，企业得到资金，再到市场上购买生产的三要素：劳动手段、劳动对象、劳动力，生产产品，销售商品，即完成 G——W…P…W’——G’ 的资金循环。这个活动最基本的是通过销售产品得到的收入，可以抵补支出，在无外来资金投入的情况下，才能再进行下一个同样规模的循环——称为简单再生产——图形是同位置的圆循环。如图 2－1 所示。

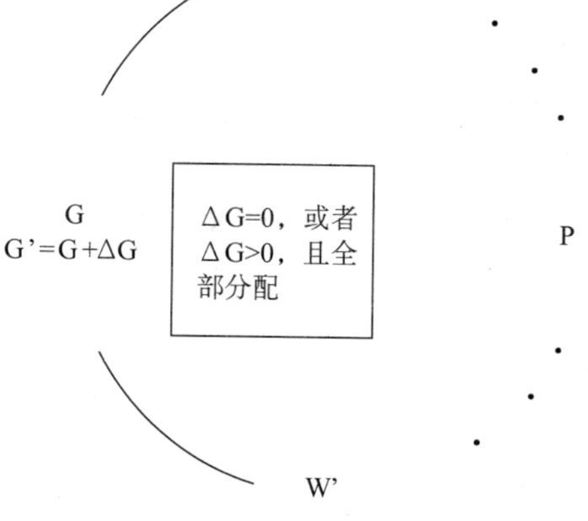

图 2－1 资金循环往复

企业生存下去的最基本条件就是以收抵支，以收抵支是指其收入抵补支出。这样才能进行再循环，可持续发展，会计上称为持续经营假设。

阅读材料

"龟兔赛跑"的启示

《龟兔赛跑》是一则耐人寻味的寓言故事：

有一天，兔子和乌龟比赛跑步。兔子飞快地跑着，乌龟拼命地爬，不一会儿，兔子已经远远地把乌龟甩在了后面。兔子认为比赛太轻松了，它要先休息一会儿，并且自以为是地认为即使自己睡着了，乌龟也不能追上它。然而，乌龟一刻不停、一步一步地爬行，爬行……

可当兔子醒来的时候，乌龟已经撞线，到达终点了。

这则故事教育人们不可轻视他人。虚心使人进步，骄傲使人落后。要踏踏实实地做事情，不要半途而废，才会取得成功。对于乌龟来讲，要懂得坚持，学会等待，等待对手犯错误。冬天的一堆杂草，到了春天也会开出美丽的花朵。

后来在这个经典版本的基础上，演绎了很多版本。例如，快到终点时，中间有一条河，兔子过不去了，乌龟很悠哉地游了过去，又赢了比赛。启示人们要经营自己的长处，乌龟是水陆两栖动物，复合型人才。

再如，假设终点无限的远，最终谁会赢得比赛呢？肯定是乌龟，因为乌龟的寿命长，当然能跑得更远。

人必须首先要活着，才能去奢谈其他美好的东西。鲁迅先生在《伤逝》中说，"人必须活着，爱才有所附丽"。马斯洛的需求层次理论也认为人的生理和安全的需要是最基本的。生存对于企业来讲也是第一要义。

问题：

(1) 对企业制定战略目标，进行战略管理有什么可以借鉴的？

(2) 对我们学习有什么可以借鉴的？

企业的第一目标：生存——弱肉强食

2. 发展

企业发展（Enterprise Development）是指企业面对未来未知环境的适应，使企业得以进一步运行，实现企业目标。企业要根据市场的要求，不断提高生产技术水平，提供消费者需要的产品或者服务，提高市场占有率，才能扩大收入，满足企业发展的目标。扩大产量，提高收入，制造产品需要资源，原材料、机器设备等，就必须筹资。在资金循环中，一是外部资金筹集，二是内部资金筹集，即 $\Delta G>0$，且只进行部分的分配。

在动态环境的竞争中，发展也是一种求生的手段。"商场如战场，商战似兵战"，在激烈复杂的市场竞争中，企业为了获取竞争优势，必须制定和实施一系列克敌制胜的战略。正如《孙子兵法·谋攻》所言："上兵伐谋，其次伐交，其次伐兵，其下攻城。”一个企业的总体战略按照战略方向分，可分为三大类：稳定战略、收缩战略和发展战略。稳定和收缩战略只适应于一些特定的环境，有时甚至是一种情非得已的无奈之举，只是一种度过困境的临时战略。发展战略才是企业最常用的战略。在现有的战略基础上向更高一级的方向发展，不断扩大企业规模，增强其竞争实力。企业可以通过实施一体化战略，如吉利收购沃尔沃、双汇收购史密斯菲尔德等；也可以通过实施多元化战略，如娃哈哈进军白酒业、格力投资新能源汽车等，以实现企业的发展。除此之外，扩大收入，提高市场占有率，也可以通过兼并联合。美国著名学者、诺贝尔经济学奖获得者乔治·施蒂格勒曾指出：“发达国家的大型企业无一不是通过兼并联合发展起来的。”企业一体化战略和多元化战略的实施，一般可以采用内部发展的新建和外部发展的并购两种途径。

3. 获利

企业是一个为获利创建的组织。获利是企业的起始点，有了获利才能实现改善职工生活、改善劳动条件、提高产品质量、扩大市场份额、为国家纳税、减少环境污染等目标，但这些目标都是建立在获利基础上的。

所以，企业最终目标是为了获利，获利既是出发点，也是归宿。

（二）战略管理的概念和目的

战略，是指企业从全局考虑做出的长远性的谋划。

战略管理，是指对企业全局的、长远的发展方向、目标、任务和政策，以及资源配置作出决策和管理的过程。战略管理具有如下特征：

1. 战略管理是企业的综合性管理

战略管理为企业的发展指明基本方向和前进道路，是各项管理活动的精髓。战略管理的对象不仅包括研究开发、生产、人力资源、财务以及市场营销等具体职能，还包括统领各项职能战略的竞争战略和公司层战略。战略管理是一项涉及企业所有管理部门、业务单位及所有相关因素的管理活动。

2. 战略管理是企业的高层次管理

战略管理的核心是对企业现在及未来的整体经营活动进行规划和管理，它是一种关系到企业长远生存发展的管理。战略管理企求的不仅是眼前财富的积累，更是企业长期健康稳定的发展和长久的竞争力。与企业的日常管理和职能管理不同，战略管理必须由企业的高层领导来推动和实施。

3. 战略管理是企业的一种动态性管理

战略管理不是维持现有局面，而是不断改变现存状态，以适应不断变化的环境。而企业的内外部条件和因素总是不断变化的，战略管理必须及时了解、研究和应对变化的情况，对战略进行必要的修正，确保战略目标的实现。因此，企业战略管理活动应具有动态性，即适应企业内外部各种条件和因素的变化进行适当调整或变更。

实施战略管理是为了促进企业加强战略管理，提高企业战略管理的科学性和有效性，推动企业实现战略目标。

企业战略（strategy）指组织如何将自身能力与市场机会相匹配。换句话说，战略描述了一家公司将如何竞争以及管理人员要寻求什么样的机会。公司一般采用两大类战略中的一类。一些公司，如西南航空公司（Southwest Airlines）和 Vanguard（一家共同基金公司）遵循成本领先战略。它们通过提供低价高质量的产品或服务，或明智地管理自己的成本以获取利润，实现成长。而另一些公司，如苹果公司和制药巨头强生公司（Johnson&Johnson）遵循产品差异化战略。它们提供差异化的或独特的产品或服务以吸引顾客来获取利润，实现增长，这些产品或服务的定价通常高于竞争者不受欢迎的产品或服务。

在两种战略间做选择是管理者工作的一个重要部分。管理会计与多个部门密切合作，提供有关竞争优势来源的信息，如本公司相对于其他公司在成本、生产能力或效率上有优势，或本公司能根据产品新增特色（使公司的产品或服务与众不同）的成本来给产品制定更有利的价格，帮助他们制定战略。战略成本管理（strategic cost management）集中描述战略问题的成本管理。

管理会计通过回答下列问题来帮助管理者制定战略：

（1）谁是最重要的顾客？怎样才能有竞争力，并向他们提供价值？亚马逊（Amazon. com）在线售书成功后，巴诺书店（Barnes and Noble）的管理会计概括了加强信息和技术基础设施以及发展在线售书能力的几种方案的成本和收益。类似的成本——收益分析方法引导丰田公司建立柔性计算机集成制造（CIM）工厂，使它能够用同样的设备生产不同的汽车，以应对顾客品位的变化。

（2）市场上存在什么替代产品？它们在特征、价格、成本和质量方面与我们的产品有何不同？例如，惠普公司比较了它的打印机与市场上其他打印机的功能、质量和价格后设计了新的打印机，并估计了新打印机的成本和价格。

（3）最关键的能力是什么？是技术、生产还是营销？如何在新战略中利用它？例如，家乐氏公司（Kellogg Company）利用其品牌声誉推出高利润率的新谷物品种。

（4）有足够的现金支持战略还需要筹集额外的资金吗？例如，宝洁公司（Procter & Gamble）发行新债券和股票，为战略收购剃须刀产品制造商吉列公司（Gillette）提供资金。

但是，除非有效执行，否则再好的设计和再强的能力都是无用的。在以下部分描述管理会计如何帮助管理者采取行动，为顾客创造价值。

（三）战略的层次

企业战略一般分为三个层次，包括选择可竞争的经营领域的总体战略、某经营领域具体竞争策略的业务单位战略（也称竞争战略）和涉及各职能部门的职能战略。如图 2－2 所示：

战略管理的鼻祖：伊戈尔·安索夫

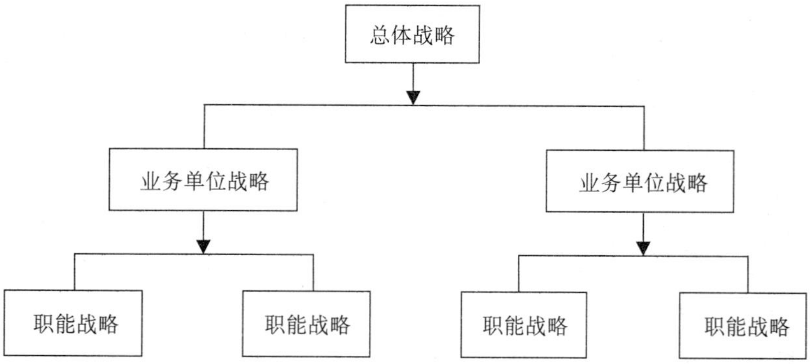

图 2－2　战略层次图

（四）战略管理的原则

企业进行战略管理需要遵循的四项原则有：

（1）目标可行原则。战略目标的设定，应具有一定的前瞻性和适当的挑战性，使战略目标通过一定的努力可以实现，并能够使长期目标与短期目标有效衔接。

（2）资源匹配原则。企业应根据各业务部门与战略目标的匹配程度进行资源配置。

（3）责任落实原则。企业应将战略目标落实到具体的责任中心和责任人，构成不同层级彼此相连的战略目标责任圈。

（4）协同管理原则。企业应以实现战略目标为核心，考虑不同责任中心业务目标之间的有效协同，加强各部门之间的协同管理，有效提高资源使用的效率和效果。

（五）战略管理的工具方法

战略管理领域应用的管理会计工具方法，一般包括战略地图、价值链管理等。

战略管理工具方法，可单独应用，也可综合应用，以加强战略管理的协同性。

知识链接

价值链

1985 年，被称为“竞争战略之父”的迈克尔·波特（Michael E. Porter）在《竞争优势》一书中首次提出了价值链的概念，指出它是对增加一个企业的产品或服务的实用性或价值的一系列作业活动的描述，主要包括企业内部价值链、竞争对手价值链和行业价值链三部分。

波特认为：“每一个企业都是在设计、生产、销售、发送和辅助其产品的过程中进行种种活动的集合体。所有这些活动可以用一个价值链来表明。”

企业的价值创造是通过一系列活动构成的，这些活动可分为基本活动和辅助活动两类，基本活动包括内部后勤、生产作业、外部后勤、市场和销售、服务等；而辅助活动则包括采购、技术开发、人力资源管理和企业基础设施等。这些互不相同但又相互关联的生产经营活动，构成了一个创造价值的动态过程，即价值链。

二、战略管理的应用环境

（一）内外部环境

企业的战略管理要考虑企业所处的内外部环境，正所谓“出门看天色，进门看脸色”，“出门”即是外部环境，“进门”即是内部环境。如图 2－3 所示。

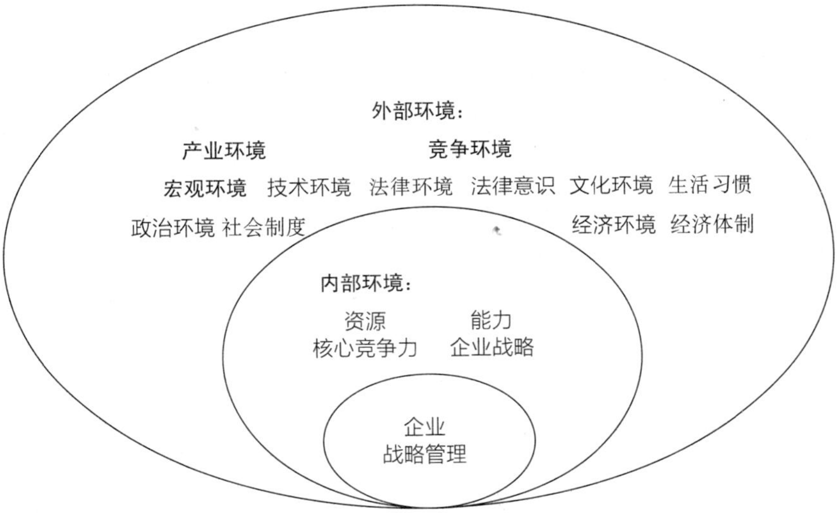

图 2－3 企业战略管理的内外部环境

企业应关注宏观环境（包括政治、经济、社会、文化、法律及技术等因素）、产业环境、竞争环境等对其影响长远的外部环境因素，尤其是可能发生重大变化的外部环境因素，确认企业所面临的机遇和挑战。

1. 外部环境

（1）宏观环境。

政治环境，是指国家治理的条件和氛围等，包括社会制度、政治形势、方针政策、政府机构的设置等。

经济环境，是指特定时空内经济运动的总体状况及其态势，是指企业进行经济活动的宏观经济状况，包括经济体制、经济结构、经济发展状况、通货膨胀、银行贷款利率波动、政府的经济政策和市场竞争状况等，这些因素的发展变化都会对企业的经济活动产生重大影响。

社会环境，是指公司所处的地理位置、气候特征、人口状况、生活习惯等影响公司经济活动的各种环境因素。

文化环境，是指公司所处的生活习惯、风土人情等环境因素。

法律环境，是指对财务管理活动产生影响的各种法律因素，包括法律意识等。

技术环境，是指现有科学技术的发展水平、科研开发能力、专利转让方式等。

特别提示

PEST 为一种企业所处宏观环境分析模型，所谓 PEST，即 P 是政治（politics factors），E 是经济（Economy factors），S 是社会（society factors），T 是技术（technology factors）。

PEST 有时也被称为 STEP、STEEP、PESTE、PESTEL、PESTLE 或 LEPEST（政治 political、经济 economic、社会文化 socio – cultural、科技 technological、法律 legal、环境 environmental）。后又被扩展为 STEEPLE 与 STEEPLED，增加了教育（education）与人口统计（demographics）。如图 2 – 4 所示：

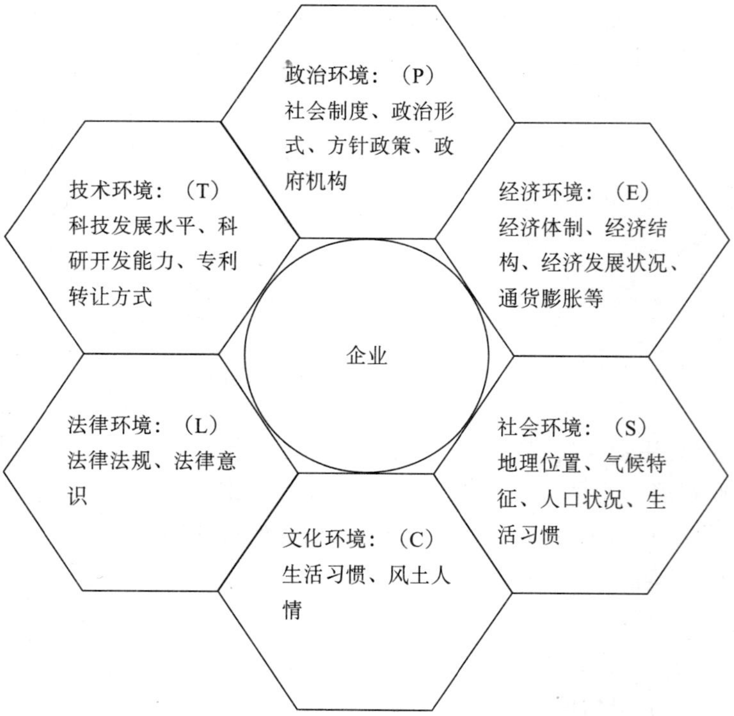

图 2 – 4 宏观环境因素

（2）产业环境。产业环境，是指对处于同一产业内的组织都会发生影响的环境因素。与一般环境不同的是，产业环境只对处于某一特定产业内的企业以及与该产业存在业务关系的企业发生影响。

企业产业环境应重点考虑所处行业或想进入的行业的生产经营规模、产业状况、竞争状况、生产状况、产业布局、市场供求情况、产业政策、行业壁垒和进入障碍、行业发展前景等。

(3) 竞争环境。竞争环境，是指市场上竞争者的数量和类型以及竞争者参与竞争的方式。

了解竞争环境，目的是认识市场状况和市场竞争强度，根据本企业的优势，制定正确的竞争策略。了解竞争对手优势，取长补短，扬长避短，与竞争者在目标市场选择，产品档次，价格，服务策略上有所差别，与竞争对手形成良好的互补经营结构。了解竞争环境，重在认识本企业的市场地位，制定扬长避短的有效策略，取得较高的市场占有率。

2. 内部环境

内部环境，是指企业内部的物质、文化环境的总和，包括本身的历史及现行战略、资源、能力、核心竞争力等内部环境因素，也称企业内部条件。

企业在关注外部环境因素的同时，也应关注企业内部环境因素，确认企业具有的优势和劣势。

(二) 战略管理机构

企业一般应设置专门机构或部门，牵头负责战略管理工作，并与其他业务部门、职能部门协同制定战略目标，做好战略实施的部门协调，保障战略目标得以实现。

(三) 战略制度体系

企业应建立健全战略管理有关制度及配套的绩效激励制度等，形成科学有效的制度体系，切实调动员工的积极性，提升员工的执行力，推动企业战略的实施。

战略管理会计

三、战略管理的应用程序

企业应用战略管理工具方法，一般按照战略分析、战略制定、战略实施、战略评价和控制、战略调整等程序进行。

程序化也称为流程化。什么是流程化？简单地说就是分解“这件事怎么能做成”，即把一件事的发生到结束过程，梳理提炼出关键的节点和流程，把这些步骤固化下来，那么这件事就变成人人都可以操作的“流程”。图 2-5 是战略管理程序及主要组成要素的示意图。

(一) 战略分析

战略分析包括外部环境分析和内部环境分析。

企业进行环境分析时，可应用态势分析法（Strength，Weakness，Opportunity，Threat，简称 SWOT 分析）、波特五力分析和波士顿矩阵分析等方法，分析企业的发展机会和竞争力，以及各业务流程在价值创造中的优势和劣势，并对每一业务流程按照其优势强弱划分等级，为制定战略目标奠定基础。

1. 态势分析法

态势分析法（Strength，Weakness，Opportunity，Threat，简称 SWOT 分析，S 表示优势、W 表示劣势、O 表示机会、T 表示威胁），是旧金山大学教

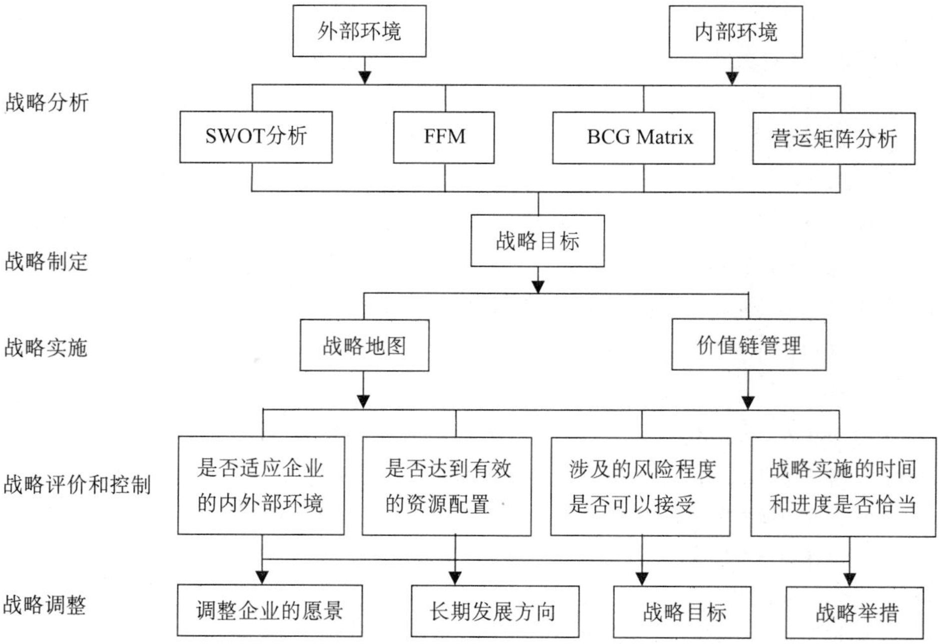

图 2－5　战略管理过程

授海因茨·韦里克（Heinz Weihrich）于 20 世纪 80 年代初提出的战略管理模型理论，是指基于内外部竞争环境和竞争条件下的综合分析，就是将与研究对象密切相关的各种主要内部优势、劣势和外部的机会和威胁等，通过调查列举出来，并依照矩阵形式排列，然后用系统分析的思想，把各种因素相互匹配起来加以分析，从中得出相应结论，而结论通常带有一定的决策性，对制定相应的发展战略、计划以及对策起到支撑作用。如图 2－6 所示：

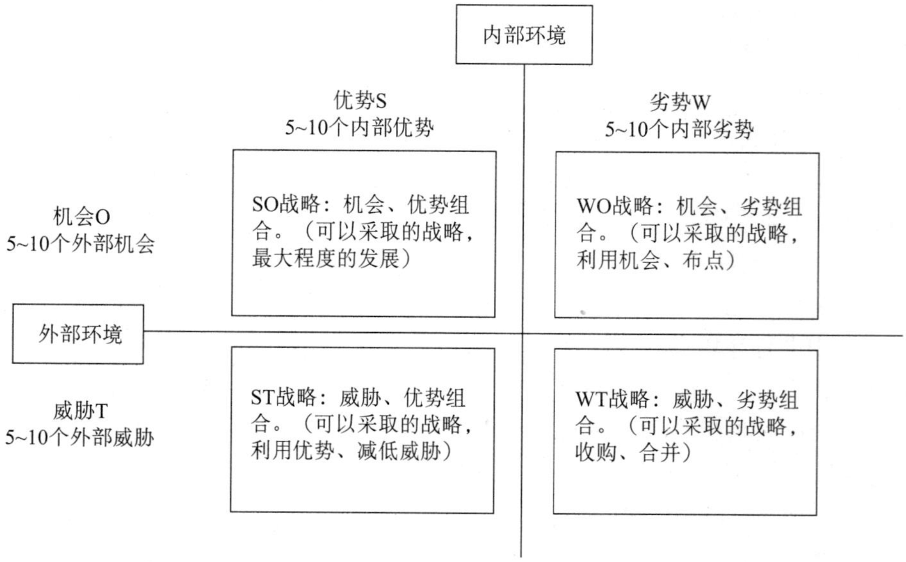

图 2－6　SWOT 矩阵分析

从图 2－6 可以看出，SO 组合的企业具有很好的内部优势以及众多的外部机会，应当采取增长型战略，如开发市场、增加产量等。WO 组合的企业面临着良好的外部机会，却受到内部劣势的限制，应采用扭转型战略，充分利用环境带来的机会，设法消除劣势。WT 组合的企业内部存在劣势，外部面临威胁，应采用防御型战略，进行业务调整，设法避开威胁和消除劣势。ST 组合的企业具有内部优势，但外部环境存在威胁，应采取多种经营战略，利用自己的优势，在多样化经营上寻找长期发展的机会；或进一步增强自身竞争优势，以对抗威胁。

按照态势分析法，战略目标应是一个企业“能够做的”（即企业的强项和弱项）和“可能做的”（即环境的机会和威胁）之间的有机组合。

2. 波特五力分析法

波特五力分析法（Michael Porter’s Five Forces Model，简称 FFM），是指将供应商定价能力、购买者的讨价还价能力、潜在进入者的威胁、替代品的威胁、同行业竞争者的力量作为竞争主要来源的一种竞争力分析方法。如图 2－7 所示：

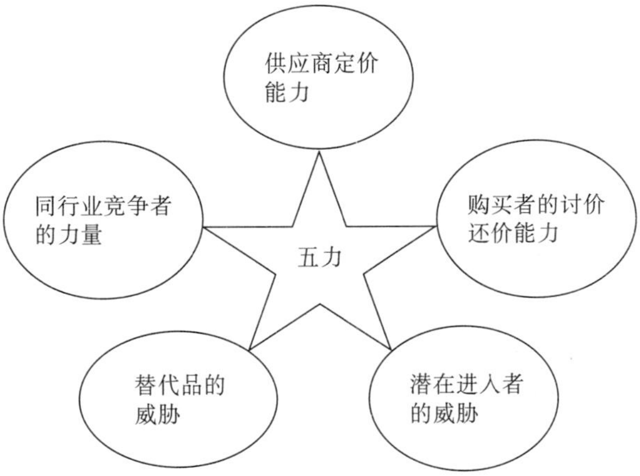

图 2－7　波特五力分析图

知识链接

波特五力分析模型是迈克尔·波特（Michael Porter）于 20 世纪 80 年代初提出。他认为行业中存在着决定竞争规模和程度的五种力量，如图 2－7 所示，这五种力量综合起来影响着产业的吸引力以及现有企业的竞争战略决策。

3. 波士顿矩阵分析法

波士顿矩阵分析法（BCG Matrix），是指在坐标图上，以纵轴表示企业销售增长率，横轴表示市场占有率，将坐标图划分为四个象限，依次为“明星类产品（★）”“问题类产品（?）”“金牛类产品（￥）”“瘦狗类产品（×）”；最后的瘦狗类属于不再投资扩展或即将淘汰的产品。其目的在于通过产品所处不同象限的划分，使企业采取不同决策，以保证其不断地淘汰无发展前景的产品，保持“问号”“明星”“金牛”产品的合理组合，实现产品及资源分配结构的良性循环。其中销售增长率，是指企业所在产业某项业务前后两年市场销售额增长的百分比。这一增长率表示每项经营业务所在市场的相对吸引力。通常用10%作为增长率高、低的界限。市场占有率，是指以企业某项业务的市场份额与这个市场上最大的竞争对手的市场份额之比。这一市场占有率反映企业在市场上的竞争地位。市场占有率的分界线为1.0（在该点本企业某项业务的市场份额与该业务市场上最大竞争对手的市场份额相等），该分界线将市场占有率划分为高、低两个区域。如图2－8所示：

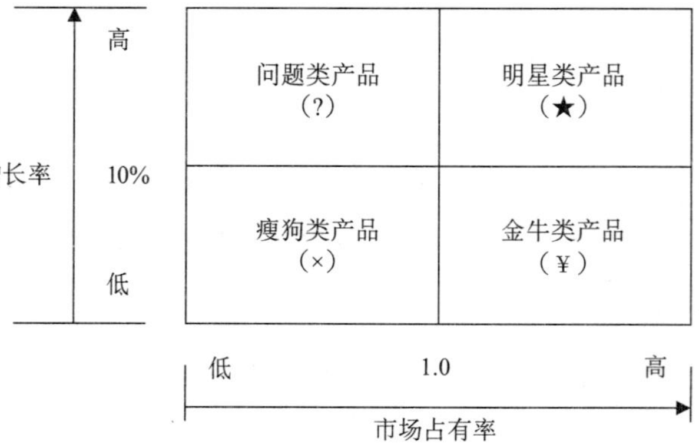

图2－8　波士顿矩阵图

知识链接

波士顿矩阵（BCG Matrix），又称市场增长率—相对市场份额矩阵、波士顿咨询集团法、四象限分析法、产品系列结构管理法等。

波士顿矩阵由美国著名的管理学家、波士顿咨询公司创始人布鲁斯·亨德森（Bruce Henderson）于1970年首创。波士顿咨询公司（Boston Consulting Group或BCG）是一家全球性管理咨询公司，是世界领先的商业战略咨询机构，客户遍及所有行业和地区。

波士顿矩阵认为一般决定产品结构的基本因素有两个：即市场引力与企业实力。

市场引力包括整个市场的销售量（额）增长率、竞争对手强弱及利润高低等。其中最主要的是反映市场引力的综合指标——销售增长率，这是决定企业产品结构是否合理的外在因素。

企业实力包括市场占有率，技术、设备、资金利用能力等，其中市场占有率是决定企业产品结构的内在要素，它直接显示出企业竞争实力。销售增长率与市场占有率既相互影响，又互为条件：市场引力大，市场占有高，可以显示产品发展的良好前景，企业也具备相应的适应能力，实力较强；如果仅有市场引力大，而没有相应的高市场占有率，则说明企业尚无足够实力，则该种产品也无法顺利发展。相反，企业实力强，而市场引力小的产品也预示了该产品的市场前景不佳。

通过以上两个因素相互作用，会出现四种不同性质的产品类型，形成不同的产品发展前景，如图 2－8 所示。图中纵轴起点不是 0，因为销售增长率可为负值。

4. 营运矩阵分析

营运矩阵分析，是指通过横向联系和纵向联系的营运方式，分析企业营运中分权化与集权化的问题，考虑各个管理部门（或岗位）之间的相互协调和相互监督，以更加高效地实现企业营运目标。

营运矩阵分析，基本原理如图 2－9 所示。（具体也可以参看价值链的图示 2－17 和成本控制工作小组的图示 4－4。）

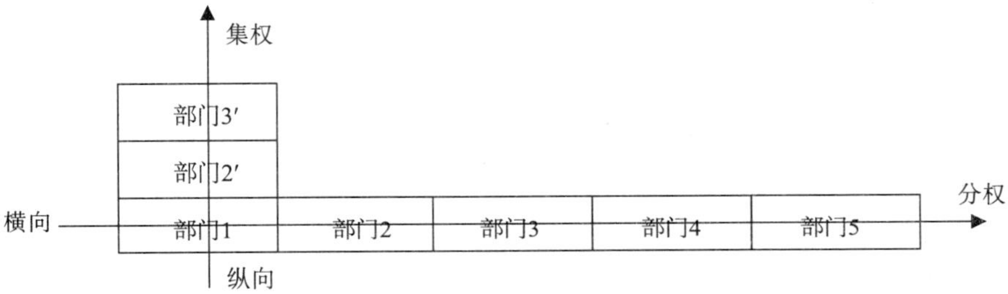

图 2－9　营运矩阵

（二）战略制定

战略制定，是指企业根据确定的愿景、使命和环境分析情况，选择和设定战略目标的过程。

企业的愿景，指企业对未来的设想和展望，希望看到的情景。企业的愿景是依据企业对社会的贡献而形成的企业未来成功和成就的指导性图景。它是一个简洁的陈述，说明一个组织为后代做什么，以及它希望被人如何看待。

企业的使命，指企业存在的目的或理由，并且使该企业的业务与其他类似企业的业务区别开来，使命回答了企业的用户、产品或服务、经营宗旨、发展目标和公众形象等方面的问题。使命，为企业提供行动指南，使命回答了一个问题：企业为什么经营？在回答这个问题时，使命陈述必须准确，易于理解，有激励作用，并且能够转化为具体行动。它表达了企业将如何不断地向愿景迈进，并清晰地展示了企业正试图为其客户和利益相关者做什么。

知识链接

知名企业的使命与愿景

现代管理学之父德鲁克（Peter F. Drucker）说："管理就是界定企业的使命，并激励和组织人力资源去实现这个使命。界定使命是企业家的任务，而激励与组织人力资源是领导力的范畴，二者的结合就是管理。”

德鲁克在定义中提出了“使命”一词。什么是使命呢？使命可以包括三层意思：组织存在的原因、组织的目的；为什么做自己所做的事情；多年以后，你希望人们把关于组织的什么铭记在心。下面是几个知名公司的使命与愿景：

华为

使命：聚焦客户关注的挑战和压力，提供有竞争力的通信解决方案和服务，持续为客户创造最大价值。

愿景：丰富人们的沟通和生活。

使命和愿景也是在不断发展的，华为2018年提出的愿景与使命：把数字世界带入每个人、每个家庭、每个组织，构建万物互联的智能世界。

阿里巴巴

使命：让天下没有难做的生意。

愿景：分享数据的第一平台，员工幸福指数最高的企业，企业存活102年。

腾讯

使命：通过互联网服务提升人类生活品质。使产品和服务像水和电一样源源不断融入人们的生活，为人们带来便捷和愉悦；关注不同地域、不同群体，并针对不同对象提供差异化的产品和服务；打造开放共赢平台，与合作伙伴共同营造健康的互联网生态环境。

愿景：成为最受尊敬的互联网企业。

通用电器（GE）

使命：无边界、快速、远大；以科技及创新改善生活品质，在对顾客、员工、社会与股东的责任之间求取互相依赖的平衡；在我们服务的每一个市场中，要成为数一数二的公司，并且改革公司，拥有小企业一般的活力。

愿景：使世界更光明。

可口可乐

使命：我们致力于为公司股东创造价值，不断改变世界。

愿景：通过生产高质量的饮料为公司、产品包装伙伴以及客户创造价值、进而实现我们的目标。

迪士尼

使命：使人们过得快活。

愿景：成为全球的超级娱乐公司。

明确了企业的愿景、使命以后，企业的目标就随之建立起来了。目标，是对使命的具体化和明确化的阐述，反映企业在完成使命中所追求的最终结果。如图2－10所示：

华润文化理念体系图

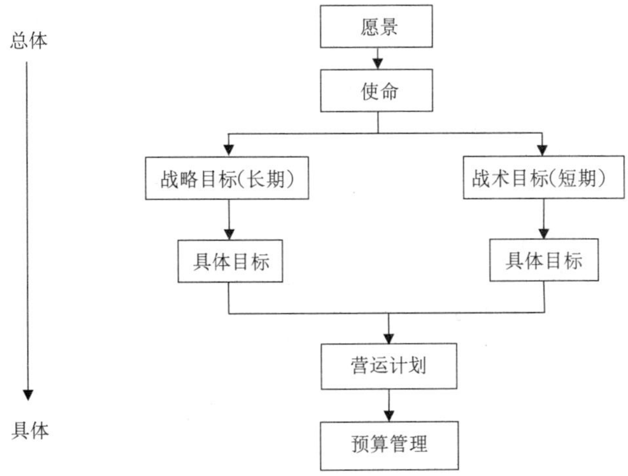

图 2－10　战略的流程

企业可根据对整体目标的保障、对员工积极性的发挥以及企业各部门战略方案的协调等实际需要，选择自上而下、自下而上或上下结合的方法，制定战略目标。

知识链接

SMART 原则

在制定战略目标时，可以使用一套被称作 SMART 的基本原则，它是下列 5 个英文单词首字母的缩写：S（Specific，目标必须是具体的）、M（Measurable，目标必须量化或者行为化的）、A（Attainable，目标要可以达到）、R（Relevant，目标与使命一致）、T（Time－Based，目标要有完成期限），以确保目标的针对性和可操作性。如图 2－11 所示。

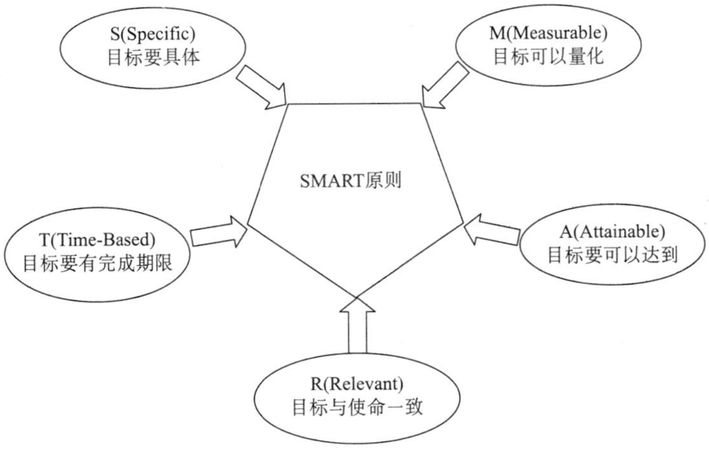

图 2－11　SMART 原则图

企业设定战略目标后，各部门需要结合企业战略目标设定本部门战略目标，并将其具体化为一套关键财务及非财务指标的预测值。为各关键指标设定的目标（预测）值，应与本企业的可利用资源相匹配，并有利于执行人积极有效地实现既定目标。

（三）战略实施

战略实施，是指将企业的战略目标变成现实的管理过程。

企业应加强战略管控，结合使用战略地图、价值链管理等多种管理会计工具方法，将战略实施的关键业务流程化，并落实到企业现有的业务流程中，确保企业高效率和高效益地实现战略目标。

（四）战略评价和控制

战略评价和控制，是指企业在战略实施过程中，通过检测战略实施进展情况，评价战略执行效果，审视战略的科学性和有效性，不断调整战略举措，以达到预期目标。

企业主要应从以下几个方面进行战略评价：

战略是否适应企业的内外部环境；战略是否达到有效的资源配置；战略涉及的风险程度是否可以接受；战略实施的时间和进度是否恰当。

（五）战略调整

战略调整，是指根据企业情况的发展变化和战略评价结果，对所制定的战略及时进行调整，以保证战略有效指导企业经营管理活动。

在如今竞争的环境下，企业战略不是一成不变的，必须是动态的。因为企业的战略优势是变化的，优势取决于：

（1）能否预见竞争对手的行动；

（2）能否预见并影响不断变化的消费者的需求；

（3）能否在一个变化的竞争环境中利用自己的优势；

（4）能否及时调整、执行新战略。

因此，战略的预见性，并迅速调整执行新战略就显得无比重要。战略调整一般包括调整企业的愿景、长期发展方向、战略目标及其战略举措等。

从长远来看，企业在发展中会改变其战略。英国学者约翰逊（G. Johnson）和斯科尔斯（K. Scholes）在1989年指出，这种变化是渐进的。因为从企业的角度来说，渐进的变化易于管理，对企业体制运作的滋扰程度比革命性的变化要小。战略变化形式的演变如图2－12所示。

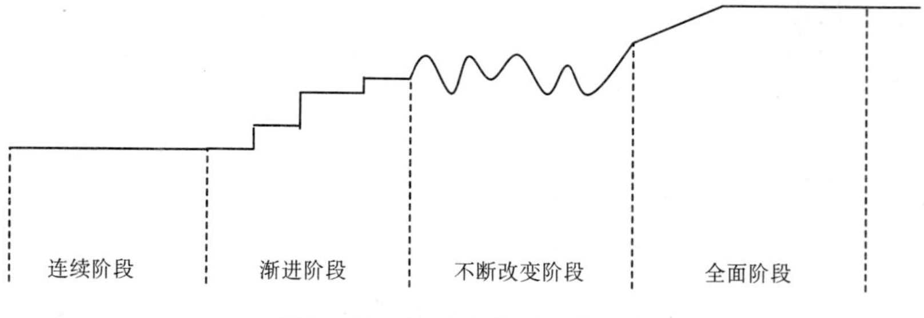

图2－12　战略变化形式的演变

（1）连续阶段：在这个阶段，制定的战略基本上没有发生大的变化，仅有一些小的修正。

（2）渐进阶段：在这个阶段，战略发生缓慢的变化。这种变化可能是零打碎敲性的，也可能是系统性的。

（3）不断改变阶段：在这个阶段，战略变化呈现无方向或无重心的特点。

（4）全面阶段：在这个阶段，战略是在一个较短的时间内发生革命性或转化性的变化。

企业所处的环境不可能变化得很快，所以企业战略不能经常发生质变；环境中的变化也不会很缓慢，企业的渐进变化有可能赶不上前者，如果渐进阶段落在了环境变化后面，企业可能适应不了环境，结果不得不进行革命性的战略调整。

知识链接

战略管理的流派

1999 年，亨利·明茨伯格（Henry Mintzberg）在《斯隆管理评论》上撰文 Reflecting on the Strategy Process，提出了十大战略管理学派。出版了《战略历程——纵览战略管理学派》一书，对十大学派进行了阐述。对比见表 2－1：

表 2－1　战略管理的流派的对比

年　代	战略管理学派	代表人物	对战略形成的看法
20 世纪 50 年代中期	设计学派	阿尔弗雷德·钱德勒（Alfred Chandler）、肯尼斯·安德鲁斯（Kenneth R. Andrews）等	概念的过程
20 世纪 60 年代中期	计划学派	伊戈尔·安索夫（Igor Ansoff）等	正式的过程
20 世纪 70 年代中期	定位学派	迈克尔·波特（Michael E. Porter）等	分析的过程
20 世纪 50 年代初期	企业家学派	富兰克·奈特（Frank Hyneman Knight）、克林斯和摩尔等	预测的过程
20 世纪 40 年代末期	认知学派	赫伯特·西蒙（Herbert A. Simon）	心里的过程
20 世纪 50 年代末期	学习学派	查理·林德罗姆、雷恩·奎因（James Brian Quinn）、彼得·圣吉（Peter M. Senge）等	应急的过程
20 世纪 70 年代初期	权力学派	麦克米伦（Mac Millan）、普费弗和萨兰西克（Pfeffer & Salancik）等	协商的过程
20 世纪 60 年代后期	文化学派	斯诺德格拉斯、费尔德曼	集体思维的过程
20 世纪 70 年代后期	环境学派	汉南和弗里曼（Hannan & Freeman）等	反应的过程
20 世纪 70 年代早期	结构学派	亨利·明茨伯格（Henry Mintzberg）	变革的过程

第2节　战略地图

一、战略地图的概述

（一）战略地图的含义

战略地图（Strategy Map，缩写 SM），是指为描述企业各维度战略目标之间因果关系而绘制的可视化的战略因果关系图。

（二）战略地图的内容

战略地图通常以财务、客户、内部业务流程、学习与成长等四个维度为主要内容，就是平衡计分卡的四个维度，如图 2－13 所示：

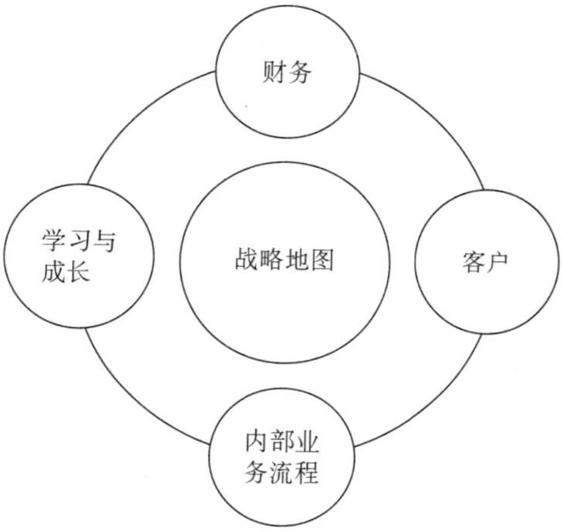

图 2－13　战略地图

通过分析各维度的相互关系，绘制战略因果关系图。企业可根据自身情况对各维度的名称、内容等进行修改和调整。

企业应用战略地图工具方法，应注重通过战略地图的有关路径设计，有效使用有形资源和无形资源，高效实现价值创造；应通过战略地图实施将战略目标与执行有效绑定，引导各责任中心按照战略目标持续提升业绩，服务企业战略实施。

企业应用战略地图工具方法，应遵循战略管理一节中对应用环境的一般要求。

企业应用战略地图工具方法，一般按照战略地图设计和战略地图实施等程序进行。

罗伯特·卡普兰

二、战略地图的设计

战略地图的设计，一般流程如图 2－14 所示：

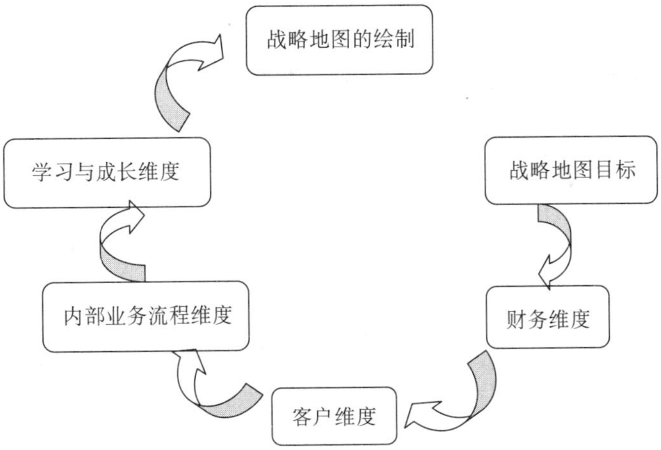

图 2－14　战略地图的设计流程

（一）战略地图目标

企业设计战略地图，一般按照设定战略目标、确定业务改善路径、定位客户价值、确定内部业务流程优化主题、确定学习与成长主题、进行资源配置、绘制战略地图等程序进行。

企业进行战略目标设定，应遵循战略管理一节的有关要求。

企业应根据已设定的战略目标，对现有客户（服务对象）和可能的新客户以及新产品（新服务）进行深入分析，寻求业务改善和增长的最佳路径，提取业务和财务融合发展的战略主题。

（二）财务维度

在财务维度，战略主题一般可划分为两个层次：

第一层次一般包括生产率提升和营业收入增长等；

第二层次一般包括创造成本优势、提高资产利用率、增加客户机会和提高客户价值等。

企业应对现有客户进行分析，从产品（服务）质量、技术领先、售后服务和稳定标准等方面确定、调整客户价值定位。

（三）客户维度

在客户价值定位维度，企业一般可设置客户体验、双赢营销关系、品牌形象提升等战略主题。

（四）内部业务流程维度

企业应根据业务提升路径和服务定位，梳理业务流程及其关键增值（提升服务形象）活动，分析行业关键成功要素和内部营运矩阵，从内部业务流程的管理流程、创新流程、客户管理流程、遵循法规流程等角度确定战略主题，并将业务战略主题进行分类归纳，制定战略方案。

（五）学习与成长维度

任何目标都需要“人”来实现。企业应根据业务提升路径和服务定位，分析创新和人力资本等无形资源在价值创造中的作用，识别学习与成长维度的关键要素，并相应确立激励制度创新、信息系统创新和智力资本利用创新等战略主题，为财务、客户、内部业务流程维度的战略主题和关键业绩指标（Key Performance Indicator，简称 KPI）提供有力支撑。

西尔斯公司战略地图设计

（六）战略地图的绘制

根据各维度战略主题，企业应分析其有形资源和无形资源的战略匹配度，对各主题进行战略资源配置。同时应关注企业人力资源、信息资源、组织资源等在资源配置中的定位和价值创造中的作用。

企业可应用平衡计分卡的四维度划分绘制战略地图，以图形方式展示企业的战略目标及实现战略目标的关键路径。具体绘制程序如下：

（1）确立战略地图的总体主题。总体主题是对企业整体战略目标的描述，应清晰表达企业愿景和战略目标，并与财务维度的战略主题和 KPI 对接。

（2）根据企业的需要，确定四维度的名称。把确定的四维度战略主题对应画入各自战略地图内，每一主题可以通过若干 KPI 进行描述。

（3）将各个战略主题和 KPI 用路径线链接，形成战略主题和 KPI 相连的战略地图。

在绘制过程中，企业应将战略总目标（财务维度）、客户价值定位（客户维度）、内部业务流程主题（内部流程维度）和学习与成长维度与战略 KPI 链接，形成战略地图。

企业所属的各责任中心的战略主题、KPI 相应的战略举措、资源配置等信息一般无法都绘制到一张图上，一般采用绘制对应关系表或另外绘制下一层级责任中心的战略地图等方式来展现其战略因果关系。如图 2－15 所示：

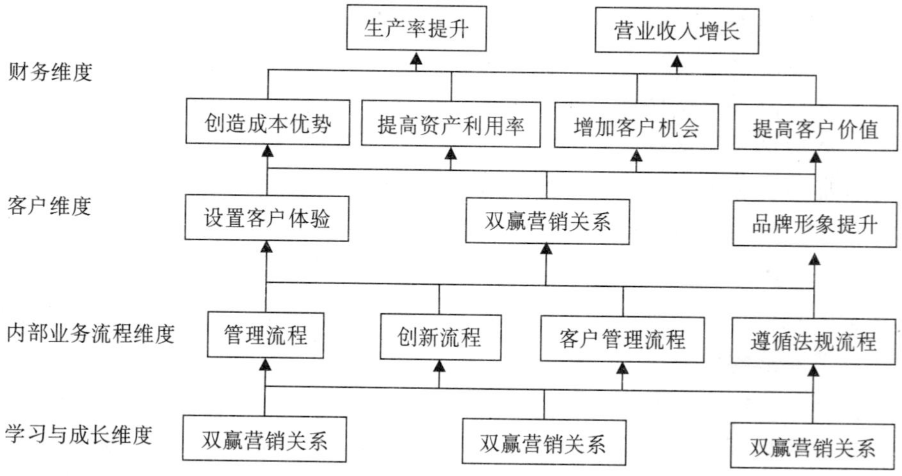

图 2－15　战略因果关系图

知识链接

皇家特许管理会计师公会（CIMA）和美国注册会计师协会（AICPA）的全球特许管理会计师（Chartered Global Management Accountant，缩写 CG-

MA）考试用书上通用的战略地图工具，如图 2－16 所示：

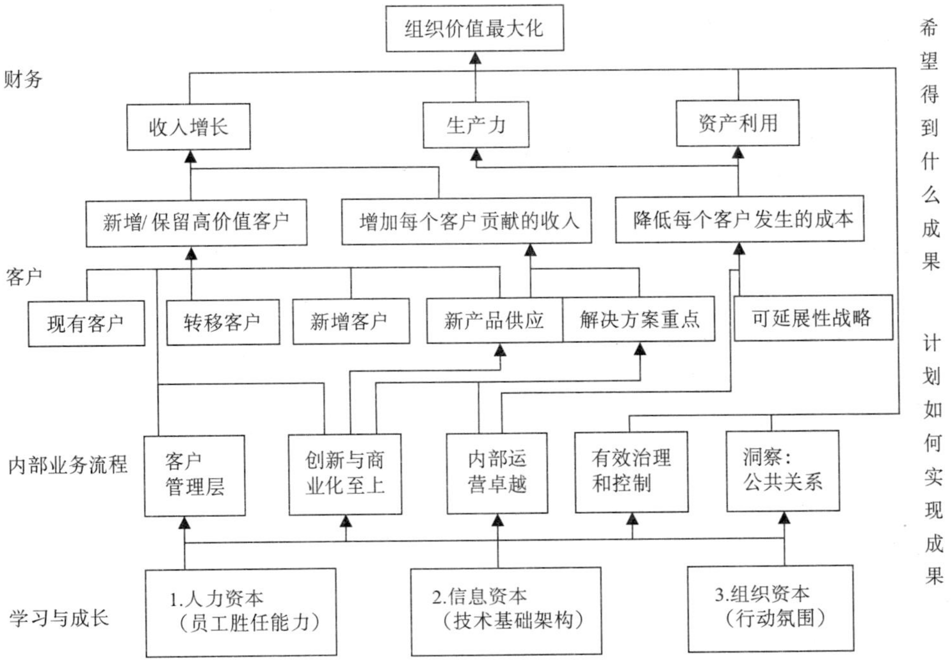

图 2－16　通用战略地图

三、战略地图的实施

（一）战略地图的含义

战略地图实施，是指企业利用管理会计工具方法，确保企业实现既定战略目标的过程。战略地图实施一般按照战略 KPI 设计、战略 KPI 责任落实、战略执行、执行报告、持续改善、评价激励等程序进行。

企业应用战略地图，应设计一套可以使各部门主管明确自身责任与战略目标相联系的考核指标，即进行战略 KPI 设计。

（二）战略 KPI 的分解

企业应对战略 KPI 进行分解，落实责任并签订责任书。具体可按以下程序进行：

1. 将战略 KPI 分解为责任部门的 KPI

企业应从最高层开始，将战略 KPI 分解到各责任部门，再分解到责任团队。每一责任部门、责任团队或责任人都有对应的 KPI，且每一 KPI 都能找到对应的具体战略举措。企业可编制责任表，描述 KPI 中的权、责、利和战略举措的对应关系，以便实施战略管控和形成相应的报告。

每一责任部门的负责人可根据上述责任表，将 KPI 在本部门进行进一步分解和责任落实，层层建立战略实施责任制度。

2. 签订责任书

企业应在分解明确各责任部门 KPI 的基础上，签订责任书，以督促各执行部门落实责任。责任书一般由企业领导班子（或董事会）与执行层的各部门签订。责任书应明确规定一定时期内（一般为一个年度）要实现的KPI任务、相应的战略举措及相应的奖惩机制。

企业应以责任书中所签任务为基础，按责任部门的具体人员和团队情况，对任务KPI进一步分解，并制定相应的执行责任书，进行自我管控和自我评价。同时，以各部门责任书和职责分工为基础，确定不同执行过程的负责人及协调人，并按照设定的战略目标实现日期，确定不同的执行指引表，采取有效战略举措，保障KPI实现。

（三）战略执行报告

企业应编制战略执行报告，反映各责任部门的战略执行情况，分析偏差原因，提出具体管控措施。

（1）每一层级责任部门应向上一层级责任部门提交战略执行报告，以反映战略执行情况，制定下一步战略实施举措。

（2）战略执行报告一般可分为以下三个层级：①战略层（如董事会）报告，包括战略总体目标的完成情况和原因分析；②经营层报告，包括责任人的战略执行方案中相关指标的执行情况和原因分析；③业务层报告，包括战略执行方案下具体任务的完成情况和原因分析。

（3）企业应根据战略执行报告，分析责任人战略执行情况与既定目标是否存在偏差，并对偏差进行原因分析，形成纠偏建议，作为责任人绩效评价的重要依据。

（四）战略执行情况分析

企业应在对战略执行情况进行分析的基础上，进行持续改善，不断提升战略管控水平。

与既定目标相比，发现问题并进行改善。企业应根据战略执行报告，将战略执行情况与管控目标进行比对，分析偏差，及时发现问题，提出解决问题的具体措施和改善方案，并采取必要措施。企业在进行偏差分析时，一般应关注以下问题：①所产生的偏差是否为临时性波动；②战略KPI分解与执行是否有误；③外部环境是否发生重大变化，从而导致原定战略目标脱离实际情况。

（五）战略的修正

企业应在分析这些问题的基础上，找出发生偏差的根源所在，及时进行纠正。

达成既定目标时，考虑如何提升。达成战略地图上所列的战略目标时，企业一般可考虑适当增加执行难度，提升目标水平，按持续改善的策略与方法进入新的循环。

企业应按照战略管理一节中战略评价的有关要求，对战略实施情况进行评价，并按照绩效管理一节的有关要求进行激励，引导责任人自觉地、持续地积极工作，有效利用企业资源，提高企业绩效，实现企业战略目标。

（六）战略地图工具方法的评价

战略地图的主要优点是：能够将企业的战略目标清晰化、可视化，并与战略 KPI 和战略举措建立明确联系，为企业战略实施提供了有力的可视化工具。

其主要缺点是：需要多维度、多部门的协调，实施成本高，并且需要与战略管控相融合，才能真正实现战略实施。

第 3 节　价值链管理*

一、价值链的含义和内容

（一）价值链的含义

价值链（value chain），指使企业的产品或服务增值的一系列经营活动。一个产品从开始到使客户满意，大致经过研发，产品、服务或流程的设计，生产，市场营销，配送，客户服务等一系列过程。

（1）研发，形成对新产品、服务或流程的构想并付诸实践；

（2）产品、服务或流程的设计，对产品的具体设计和技术要求；

（3）生产，协调和配置资源以生产产品或提供服务；

（4）市场营销，使个人或团体了解产品或服务的价值和特点的方式（例如广告和销售）；

（5）配送，企业向客户提供产品或服务的机制；

（6）客户服务，向客户提供支持活动。

价值链，是由美国哈佛商学院战略学家迈克尔·波特提出的，其分析如图 2－17 所示。

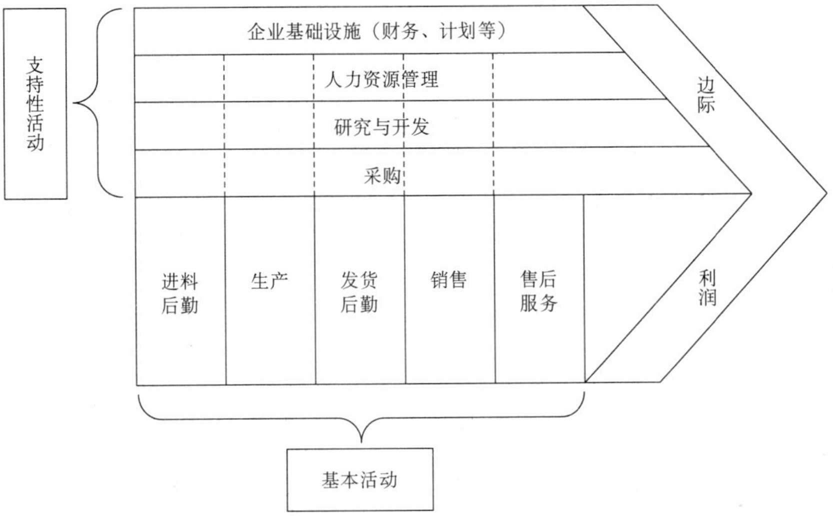

图 2－17　价值链图

分析图中，价值链把企业内外价值增加的活动分为基本活动和支持性活动，基本活动涉及企业生产、销售、进料后勤、发货后勤、售后服务。支持性活动涉及人事、财务、计划、研究与开发、采购等，基本活动和支持性活动构成了企业的价值链。

不同的企业参与的价值活动中，并不是每个环节都创造价值，实际上只有某些特定的价值活动才真正创造价值，这些真正创造价值的经营活动，就是价值链上的“战略环节”。企业要保持的竞争优势，实际上就是企业在价值链某些特定的战略环节上的优势。运用价值链的分析方法来确定核心竞争力，就是要求企业密切关注组织的资源状态，要求企业特别关注和培养在价值链的关键环节上获得重要的核心竞争力，以形成和巩固企业在行业内的竞争优势。企业的优势既可以来源于价值活动所涉及的市场范围的调整，也可来源于企业间协调或合用价值链所带来的最优化效益。

价值链列示了总价值，并且包括价值活动和利润。价值活动是企业所从事的物质上和技术上的界限分明的各项活动，这些活动是企业创造对买方有价值的产品的基石。利润是总价值与从事各种价值活动的总成本之差。

（二）价值活动分类

价值链中不同的活动对价值的形成是不一样的，按照价值活动分类型分可以为两大类：基本活动和支持性活动。

基本活动是涉及产品的物质创造及其销售、转移买方和售后服务的各种活动。

支持性活动是辅助基本活动，并通过提供采购投入、技术、人力资源以及各种公司范围的职能支持基本活动。

（三）价值链的原则

企业进行价值链管理需要遵循的原则：

（1）价值性原则，无价值活动要砍去，缩短价值创造链。

企业经营活动链的价值性分类如图 2－18 中所示：

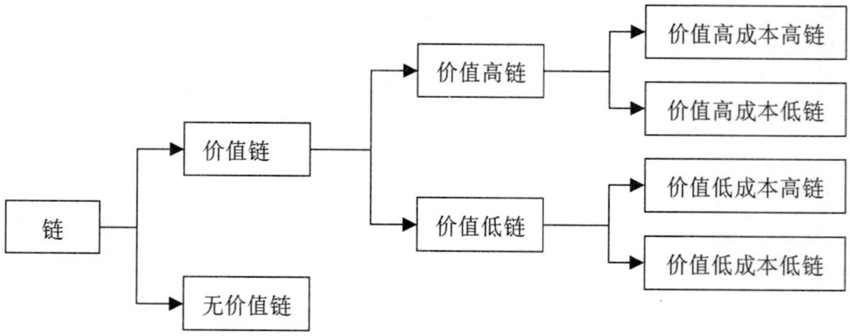

图 2－18　经营活动链的价值性

价值链就是一条增值链，对于无价值链需要去掉，对于价值高成本高链和价值低链需要整合的，1＋1 大于 2，两个价值低的链整合可能会成为一个价值高的链。

（2）整体性原则，价值链不应是某个分支的增值，而应着眼于价值链的整合，着眼于整个价值链的增值。

（3）协同性原则，各个活动要以企业最终利润为目标进行协作。

二、价值链工具方法各环节的工作

就一个企业的成功而言，并不是所有的活动都处于同等重要的地位。高级管理者必须判断哪些活动能使企业获得并保持竞争优势。例如，戴尔公司把设计活动视为一个项目取得成功的决定性因素，因为该公司的设计特色使其产品具有更高的品质。除此之外，有效的制造、销售流程设计也降低了制造成本，加快了产品的供应速度。当然，戴尔公司也执行了价值链上的其他活动，但是它更注重成为计算机市场上最佳的流程设计者。

一般而言，价值链中各个环节的工作内容，可以简单以生产环节为区分界限进行说明：

1. 生产环节

管理会计人员在整个价值链中起着至关重要的作用，其中最重要的是在生产环节。在这一阶段，管理会计人员计量生产的成本并帮助追踪不断改进的生产流程所带来的影响。管理会计人员帮助计划成本并通过利用预算和业绩报告帮助控制生产过程。

2. 生产前环节

在价值链上生产活动之前发生的两种活动中，会计也有着重要的影响。例如，会计人员在研发阶段特别是设计阶段估计可能产生的收入和利润，利用这些数据，管理人员决定应该把哪项设计付诸生产，哪项产品应该放弃。这些数据还可以帮助管理人员和工程师通过改进生产和流程的设计来减少产品或服务的生命周期成本。管理会计人员可以在决定购买昂贵的设备前为管理人员提供有利于降低成本的反馈意见。

3. 生产后环节

管理会计人员在价值链上生产之后的各个环节中也起着重要的作用。例如，营销决策对销售收入有着重大的影响，而宣传活动的成本也是十分重要的。因此，管理会计人员就要比较增加的成本和消耗的费用。

此外，会计信息也会影响配送商品和服务方面的决策。公司应该直接销售给零售商还是销售给批发商？应该利用什么运输工具——火车还是汽车？管理会计人员能为每项决策提供有关成本的重要信息。

最后管理会计人员还能为客户服务活动提供成本数据，如保证、修理费用和退货成本。管理会计人员还可以通过成本——效益分析为客户提供更好的服务。如上所述，成本管理贯穿着价值链的整个过程，并发挥着重要的作用。

三、价值链工具方法的应用

（一）价值链工具方法应用举例

应该注意到，以顾客为中心，每一个价值链的功能都应该强调为顾客创造价值。成功的企业永远不会忽视顾客需求的重要性。例如，星巴克责任报告中最重要的原则就是“无论何时都要积极地满足顾客”。对于零售业的沃尔玛来说，顾客同样是核心。沃尔玛的创始人兼前任董事会主席山姆·沃尔顿（Sam Walton）曾说过：“我们只有一个老板，那就是顾客。顾客只需把自己的钱花在别的地方，就可以让公司里包括董事会主席在内的任何一个人失业。”

【例2－1】 计算价值链上的各个环节中的成本是对星巴克至关重要的管理环节。假设你是星巴克的管理会计人员，针对下面列举的每项活动，请问其执行的是价值链的哪部分活动，以及在这个活动中对管理者有用的是哪些会计信息？

（1）工艺工程师负责研究缩短焙烧咖啡豆的时间和更好的保留咖啡豆风味的方法。

（2）建立一个送货上门的电子订货系统来销售咖啡。

（3）购买阿拉伯咖啡豆并运送到公司的加工车间。

（4）成立专门小组，研究调查建立一条卡布其诺咖啡饮品新生产线的可行性。

（5）为电子订货的顾客开通一条热线，收集有关产品质量和供货速度的反馈意见。

（6）公司所属的每家零售店向顾客提供有关咖啡制品生产工序的信息。

管理会计的回答：

（1）研发或设计。不论是产品设计还是这里所说的工艺设计，都是设计活动的一部分。管理人员需要有关不同种备选产品的成本信息以制定决策。

（2）配送。这里开发了一条向顾客提供产品的新途径。管理者需要衡量送货上门产生的收益和成本。

（3）生产。咖啡豆的买价和运输及装运成本都是生产阶段产生的成本的一部分。星巴克只购买优良的咖啡豆，但是公司始终关注支付的价格和运输成本。

（4）研究与开发。在管理人员最终决定设计和生产新产品之前，这些成本（主要是工资）就已经发生了。针对卡布奇诺市场预测收入和成本可以帮助管理者设计一种既有市场竞争力又有盈利能力的产品。

（5）客户服务。这些成本包括产品售出之后的所有支出。在这个例子中，客户服务成本包括星巴克为获得有关产品质量和供货速度的反馈而产生的成本。管理者要权衡热线的成本和由此产生的收益。

（6）市场营销。这一阶段的成本是为了提升现有或潜在客户对产品的了解和评价而产生的。这些活动就像很多广告一样，很容易得出成本但是很难计算产生的收益。

（二）价值链工具方法的评价

价值链工具方法的主要优点：

（1）利润目标简单明了，资料容易取得。价值链强调从利润目标开始对能够创造价值的活动或者因素进行分解，以找出价值真正的来源和关键环节。

（2）价值链将价值创造活动分为基本活动和支持活动，基本活动是实现价值创造的直接活动，而支持活动是完成基本活动的必备条件，各类活动的性质非常明确。

其主要缺点：

（1）价值链更多的关注在短期提高企业竞争能力，对长期发展和短期盈利之间的矛盾没有关注。

（2）价值链关注的是内部管理对价值创造的影响，对外部的关注不够。

（3）价值链分析以利润为目标，利润是一个绝对指标，并不能反映企业使用资产的效率。

本章小结

自古不谋万世者，不足谋一时；不谋全局者，不足谋一域。战略管理就是谋万世，谋全局，决定了事业最后的结果。目标明确了企业前进的方向，也有激励、凝聚和考核作用。特别是战略目标，关系到企业的未来的生存和发展，因此，合理制定企业的战略就无比重要。

制定战略管理要“上知天文下知地理”，分析企业内外部的环境，企业的优势、劣势，知己知彼，否则制定的战略就是海市蜃楼。

本章主要介绍了：

（1）战略管理的概念、原则和应用程序；

（2）战略地图的含义、原则、方法和运用。

名人名言

战略管理不是一个魔术盒，也不只是一套技术。战略管理是分析式思维，是对资源的有效配置。计划不只是一堆数字。战略管理中最为重要的问题是根本不能被数量化的。

——彼得·德鲁克（Peter F. Drucker）

战略就是创造一种独特、有利的定位，涉及各种不同的运营活动。

——迈克尔·波特（Michael E. Porter）

战略是定位、取舍和建立活动之间的一致性，就是企业在竞争中做出取舍，其实质是确定什么可以不做。

——迈克尔·波特（Michael E. Porter）

战略是确定企业基本长期目标，以及为实现这些目标而采取的行动路线和资源分配方式。

——钱德勒（Chandle）

所谓战略，就是一种方式：通过该方式，一个公司在运用自己的有关实力来更好满足顾客需求的同时，将尽力使其自身有效地区别于竞争对手。

——大前研一（Kenichi Ohmae）

练　习　题

1. 单项选择题

（1）在财务维度，战略主题的第一层次一般包括（　　）。

A. 营业收入增长　　B. 创造成本优势

C. 提高资产利用率　　D. 产品（服务）质量

（2）企业一般设置客户体验、双赢营销关系、品牌形象提升等战略主题属于（　　）维度。

A. 财务　　B. 客户

C. 内部业务流程　　D. 学习与成长

（3）企业设置生产率提升、营业收入增长、创造成本优势、提高资产利用率、增加客户机会等战略主题属于（　　）维度。

A. 财务　　B. 客户

C. 内部业务流程　　D. 学习与成长

（4）波士顿矩阵分析法横轴和纵轴为（　　）。

A. 市场占有率和销售增长率　　B. 市场占有率和利润增长率

C. 销售增长率和利润增长率　　D. 利润增长率和市场占有率

（5）将供应商定价能力、购买者的讨价还价能力、潜在进入者的威胁、替代品的威胁、同行业竞争者的力量作为竞争力分析方法，称为（　　）。

A. 战略分析　　B. 波特五力分析法

C. SWOT 分析　　D. 波士顿矩阵分析

2. 多项选择题

（1）企业战略一般包括（　　）。

A. 总体战略　　B. 业务单位战略

C. 各职能部门的职能战略　　D. 竞争战略

（2）企业进行战略环境分析的方法一般有（　　）。

A. 态势分析法　　B. 波特五力分析

C. 波士顿矩阵分析　　D. 平衡计分法

（3）战略地图维度的主要内容通常有（　　）。

A. 财务　　B. 客户

C. 内部业务流程　　D. 学习与成长

(4) 战略执行报告一般包括（　　）报告。

A. 战略层　　B. 经营层报告

C. 业务层报告　　D. 责任中心

(5) SWOT 分析是指（　　）的分析。

A. S 优势　　B. W 劣势

C. O 机会　　D. T 威胁

3. 判断题

(1) 战略是指对企业全局的、长远的发展方向、目标、任务和政策，以及资源配置作出决策和管理的过程。（　　）

(2) 战略管理是指为描述企业各维度战略目标之间因果关系而绘制的可视化的战略因果关系图。（　　）

(3) 总体战略是可竞争经营领域的战略，也称竞争战略。（　　）

(4) 企业的战略目标由于都是长期目标，所以可以不必拘泥于目标的可行性。（　　）

4. 问答题

(1) 态势分析法中的四个战略内容有哪些？

(2) 波特五力分析法的五力内容包括什么？

5. 案例应用分析

阅读材料

十大不可违背的规则——海航的教训

海航集团的惨败是这几年我国企业铺摊上规模、借债发展的一个经典“缩影”。海航的发展神话（三次荣登 500 强）曾让国人为他竖大拇指。结果好景不长，今天却沦落到“离倒闭还有多远”的地步。海航的失败违背了企业经营的十大规则。

第一，为大而大，盲目扩张多元化。其本质就是干了自己不擅长的事。海航最多时横跨八大产业，即航空、旅业、商业、物流、实业、机场、置业、酒店。最疯狂的时候一年内投出 500 亿美元。人称海航人天天沉浸在“并购的狂欢节”之中。

第二，严重负债经营。目前公开的债务高达 7 365 亿元（人民币）。2018 年的利息支付就有 320 亿元之多。财务费用之高严重侵蚀了公司经营利润。如，2017 年净利润只有 81.27 亿元，而财务费用高达 288.74 亿元。据彭博社称，海航 2017 年的利息成本位列亚洲第一，超过软银以及中石油。在外部环境宽松、产业处上升阶段、企业竞争力强增长强劲三种条件同时具备情况下，负债经营可提高净资产收益率（规则二）。反之，则会侵蚀利润。反观，海航集团扩张时所处的环境正处“最坏的时代”。无疑会让经营“雪上加霜”。

理性规则是：坚持主业。在保持垄断和产业创新地位的基础上可延伸至关联产业多元化（并慎之又慎地选择）（规则一）。无疑海航集团远离了这一规则。

第三，管理能力与扩张能力不匹配。海航集团最多时拥有725家公司，控股和持股26家上市公司，40万员工。柳传志在总结联想的经验教训时说“项目好，没有人不干；项目有前景，不能盈利不干；项目好，不符合战略目标不干。”海航给我们一种感觉“捡到篮子里就是菜”，什么都想要，什么都想干。人才的培训、组织体系的成熟、管理体系的完善都需要一个不可逾越的过程（规则三）。用“现上轿，现扎耳朵眼”的思路来解决复杂的管理问题是行不通的。

第四，在错误的时机大举并购。市场经济条件下，经济运行呈周期性变化。因此，经济大势就分上行期和下行期。这是不以人的意志为转移的。当下行期到来之际，经济活动应该收缩（规则四）。结果，我们的海航盲目学习“李嘉诚超低收购的策略”。李嘉诚当时成功了，今天海航用此策可能不灵了。俗话说，此一时，彼一时。例如，在“去杠杆、保外汇”的情况，海航开始大举举债国内外并购，这和产业政策正好背道而驰。由此可见，海航深陷危机属意想之外，情理之中。

第五，照搬国外经验。2016年王健董事长在一次高层会议上说“从世界500强企业中的美国企业的成长历史来看，绝大多数都是经过数次，甚至数十次的兼并整合而成长起来。”并购确实是企业实现超常规发展迅速做大做强的不二法门。但是，并购在扩张的同时也隐含着两大“雷区”，一是产业协同性；二是文化整合（规则五）。在这两大“雷区”常常“爆雷”，即并购因两大“雷区”未能逾越而失败。海航的并购的复杂性远远超过人们想象，即子公司、孙公司、孙孙公司层层去并购，在主业还不太稳固的情况下如此大规模并购，结果只能是乱成“一锅粥”，达到不可收拾的地步。

第六，跨界经营。海航最近做出战略性的决定，即收缩战线，只仅保留海航航旅、海航物流两大板块，海航资本或仅保留租赁、信托业务，其他业务板块都将剥离出去。这是吃了大亏，撞了“南墙”后，头脑清醒的表现。不过代价实在太大了。这个时代，客观上讲不需要巨型企业，只需要专业化高品质产品的提供商。“大”不过是为虚荣者定制的一套“华而不实”的外衣。专业化、高技术、高品质才是真正的经营之道（规则六）。

第七，经营不计成本。在香港有一块地叫九龙启德，海航以88.37亿港元拍下，是起拍价的几乎一倍。目前为了自救又以低于这个价格出售。老百姓讲得好“这叫折腾着玩”。海航不计成本并购拍卖的企业和地块不止这一期。由此可见，已经到了一种非常理性的程度。在经营过程中，不论长期、中期、还是短期，盈利是根本目标。从这个意义上讲，经营活动中，第一是成本控制，第二是成本控制，第三还是成本控制（规则七）。

第八，乌托邦式理想企业王国。海航对外宣称，我们要在海航飞机降落的地方都能住上自己的酒店。做企业可以有梦想，但不能理想化。所有企业的成功都适应了市场需求，或满足了市场需求。而不是经营者坐在办公室里的种种假设。因此，企业家的第一要务是研究市场或市场需求，而不是研究理想。只有经营者的假设的被市场验证的企业才能生存下来（规则八）。

第九，复制不能复制的机会。海航从 1993 年至 2015 年，虽然也走过弯路，但由于及时调整而获得了巨大的发展。因此，他们把这段时间所形成的成功定式理想化地认为是“永世法则”，想继续复制。不料，时代变化，环境变化，消费者变化，科技飞速发展，但是经营者并没有认识到这一点。或理论上认识到了，行动上并没有认识到。还在做梦般地、异想天开地去复制过去的成功。适应环境，顺应环境，主动自我调整、“变轨”才能成为“百年老店”。“百年老店”也会“倒”，如，柯达、诺基亚等。哲学讲得好，世界上没有同一条“河”（规则九）。

第十，企业经营是一种大“道”。老子讲“人法地、地法天、天法道、道法自然”。老子在说，在自然界和人类社会，所有事物都有其自身的规律，即所谓“道”。只有遵循“道”的人和组织才能成功；持续不断遵循“道”的人和组织才能持续不断成功（规则十）。

（资料来源：郭彧．海航的惨败给中国企业上了一课——10 大不可违背的规则. http://www.yidianzixun.com/article/0Kjd4Dv3/amp）

问题：

（1）这 10 个方面，哪些方面是战略上的失误？

（2）分析一下专业化和多元化发展各有何利弊？

第3章 预算管理

教学目标

学习本章后，你应该能够：

1. 写出预算管理的框架，即概念、内容、原则、工具方法、应用环境，以及预算编制、预算执行和预算考核的内容；

2. 叙述、构思和运用各个预算管理的工具方法——滚动预算、弹性预算、零基预算和作业预算。

教学要求

知识要点	能力要求	相关知识
预算管理	（1）预算管理的理论 （2）预算管理的运用	（1）预算管理内容 （2）预算管理原则 （3）预算管理的应用环境
预算管理的工具方法	（1）预算管理工具方法的理论 （2）预算管理工具方法的运用	（1）滚动预算 （2）零基预算 （3）弹性预算 （4）作业预算

预算是按财务项目——比如收入和费用以及资本预算，或者按非财务项目——比如直接工时、材料、实物销售量和生产量等来表明预期的成果。

——著名管理学家哈德罗·孔茨

基本概念

预算　预算管理　经营预算　专门决策预算　财务预算　战略导向原则　过程控制原则　融合性原则　平衡管理原则　权变性原则　业务计划　预算控制　滚动预算　滚动频率　零基预算　增量预算　弹性预算　固定预算　业务量　列表法　作业预算

导入案例

预算——沉默的企业宪法

毛泽东说："凡事'预则立，不预则废'，没有事先计划和准备，就不可能取得战争的胜利。"① 一个单位要运营，没有预算不行。

著名管理学家哈德罗·孔茨（Harold Koontz）对预算的解释为："预算是按财务项目——比如收入和费用以及资本预算，或者按非财务项目——比如直接工时、材料、实物销售量和生产量等来表明预期的成果。"② 且可简单理解为是"'数字化'的规划"或"'美元化的'计划"。③

在西方，企业家把预算尊称为"沉默的企业宪法。"宪法在《辞海》中的解释是："国家的根本大法。"而我国《宪法》第十四条第二款就规定有："国家厉行节约，反对浪费"。节约也是会计的原则，毛泽东指出："节省每一个铜板为着战争和革命事业，为着我们的经济建设，是我们的会计制度的原则。"④老话常说："吃不穷，穿不穷，计划不周要变穷"，"有时常为无时想"，这些都是把预算看作是控制支出的工具，但是新的预算观念却是将其看成"使企业的资源获得最佳生产率和获利率的一种方法。"据统计，西方中型企业实行预算管理的比例高达90%以上。

预算是计划工作的结果，它既是决策的具体化，又是控制经济活动的依据，预算管理是管理控制系统的重要组成部分。1920年，美国通用汽车公司（General Motors Corporation，缩写为GM）就把预算管理作为"对分部责任进行集中控制"的重要工具，认为它可以完成三个任务：第一，它提供每一分部每年度经营目标同高层管理部门目标的比较，可据此协调各部分预期业绩同公司整体财务政策的关系；第二，它提供实际业绩与预期目标的比较，以便管理当局及时调整经营策略；第三，它使得高层管理者可以用统一的业绩标准在各部门之间分配资源和管理费用，激励各部门依照公司的目标实行分权管理。

有了预算，不执行、不考核，等于没有预算，把预算当成了摆设。有句顺口溜说得好：

预算就是纸上画，画好之后墙上挂，

挂好之后众人夸，不如领导一句话。

国际著名的德勤会计师事务所首席执行官白礼德（Bill G. Parrett）曾说："企业业绩考核制度比资产负债表更为重要。我们审核过许多破产企业，这

① 毛泽东选集（第二卷）[M]. 北京：人民出版社，1991：495.

② [美] 哈德罗·孔茨，西里尔·奥唐奈著. 中国人民大学工业经济系译. 管理学 [M]. 贵阳：贵州人民出版社，1982：767.

③ [美] 哈德罗·孔茨，西里尔·奥唐奈著. 中国人民大学工业经济系译. 管理学 [M]. 贵阳：贵州人民出版社，1982：161.

④ 毛泽东选集（第一卷）[M]. 北京：人民出版社，1991：134.

些企业都有健全的财务报表，包括资产负债表，但恰恰没有资产经营责任制度，也就是业绩考核制度。”

（资料来源：杨尚军．会计物语［M］．西南交通大学出版社，2008.）

阅读思考：

（1）你有没有年度收支计划？有没有进行预算管理？

（2）请做一个邀请你父母到洛阳看牡丹的旅游预算。

点评：预算决定目标。

预算管理经过多年的发展已形成系统的知识体系，一切管理活动都要接受预算的指导，所以，预算管理是实现目标的保证，是执行的宪法，是考核的标准。

第1节　预算管理概论

你可能有很多财务目标。为了实现这些目标，你需要为将来的花费做安排。例如，你有可能考虑做一份兼职来支付下一学年的学费。你需要节省或者挣多少钱才足够支付这些费用呢？回答这一问题的方法之一就是编制预算表。预算可以清晰地显示和下一学年有关的各项费用，例如学费和书费。此外，你还需要一定的费用用于日常开销，例如住宿费、伙食费和衣服饰品。除此之外，可能还有交通费用和休闲娱乐费用。开学以后，你就可以使用该预算作为日常花销的指南。

相似地预算也常用于企业的经营活动。例如，著名的户外用品乐斯菲斯公司（The North Face）全年赞助专业和业余登山运动员的登山探险运动。这些项目都需要对旅途费用做出预算，就和你为旅行做规划一样。

乐斯菲斯公司还使用预算计划与户外服装和设备生产相关的制造费用。例如，预算需要确定生产的外套数量、雇用的员工数量以及采购的材料数量。预算给公司提供了整个年度的通盘策略。本章将向你展示预算如何用于财务规划和控制。

一、预算管理的概述

（一）预算的起源与发展

预算的理念，最早可追溯到1215年英王签署的《大宪章》。《大宪章》规定：“英王未获得议会同意不得征税。”

预算（budget）一词源于拉丁文“Bulga”，意为“运送食物的皮袋”，后来，预算指收集财政部长在议会上宣读的预算演讲稿的公事包。最后它包括皮包中的文件和预算演讲稿。[①]

在 19 世纪中期，英国财政大臣有一种习惯，即在提出下年度税收需求时，常在与议员们面前，打开公文包展示其需求数字，因此，财政大臣的公文包意指下年度的岁入岁出预算数。约在 1870 年时，Budget 一字即正式出现在财政大臣公文包中的文件上，这就是预算制度的最初来源。其实，议会议来议去都是议钱，有财政社会学之父称誉的鲁道夫·葛德雪（Rudolf Goldscheid）说得明白："将国家身上一切迷惑人的意识形态伪装剥去之后，剩下的躯壳就是预算。"

19 世纪末期美国企业把预算应用于广告费用的分配上。随后通用汽车公司和杜邦化学公司率先将预算引入企业管理，以计划、协调和控制企业的经营活动。

预算管理作为一项管理工具真正的开始运用于企业始于 20 世纪的美国。1911 年，科学管理的创始人泰勒（F. W. Taylor）在其著作《科学管理原理》中所阐述了科学管理理论，要达到最高的工作效率的重要手段是用科学化的、标准化的管理方法代替经验管理。科学管理理论成为早期预算管理理论的基石。

1921 年，由美国政府颁布的《预算与会计法案》（The Budgetand Accounting Act）标志着预算控制思想的开端，随着该法案的实施和推进，预算管理被广泛的接受和运用，成为企业管理的重要工具之一。

1922 年，麦西金（James O. Mckinsey）出版《预算管理》（Budgetary control，也译为《预算控制》）一书，从控制的角度详细的介绍了预算管理理论及方法，并将以前零散的、非系统性的预算发展成为具有科学性、系统性的经营工具，标志着企业预算管理理论的形成。参看第 1 章第 1 节中对麦肯锡的简介。

1952 年，由维恩·刘易斯（Verne B. Lewis）在《预算编制理论新解》中首次提出了零基预算的概念。

1970 年，美国得克萨斯仪器公司（TI）的彼得·派尔（Peter A. Pyhrr），首先将原用于政府预算的零基预算法应用于公司费用预算的编制，随后零基预算法在企业中得到迅速的推广与普及。

随着科学技术的进步与发展，预算管理理论也随之丰富与发展。

（二）预算管理的概念

预算（budget），是经一定程序审核批准的资金收支计划。在本章导入案例中已经有学者对预算做出了定义，也指出了预算的作用。

许多人总是把预算这个词和限制花费联系在一起，比如，管理者总是给出机构内各部门的支出预算，然后期望这些部门把它们的支出控制在预算规定的范围内。但是，大部分商业组织不仅仅是用预算限制支出。预算可以使

① ［美］迈克尔·查特菲尔德著．文硕，董晓柏等译．会计思想史［M］．上海：立信会计出版社，2017：224.

公司根据计划来运营，使管理者可以明智地采取措施来避免一些问题，并充分利用机遇。预算为公司提供了全面的财政情况，使财务活动和运营活动能充分结合起来。预算提供了一个重要的双向沟通的渠道，组织中的高层领导可以把决策和期望传达下去，同时下层员工能把实际能力和优势表达出来。预算也用来评价业绩。管理者把预算作为一个基准——比较实际业绩与估计或期望业绩的一个标准。预算把计划放在管理者意识的最前面。很多看似健康的企业的最终倒闭，就是因为它们的管理者没能草拟、监控预算以及随环境的变化调整预算。同时，人们总是在争论预算的价值，就如同下面的例子中暗示的那样，绝大多数管理者继续将预算作为行之有效的成本管理工具。

预算管理（budget management），是指企业以战略目标为导向，通过对未来一定期间内的经营活动和相应的财务结果进行全面预测和筹划，科学、合理配置企业各项财务和非财务资源，并对执行过程进行监督和分析，对执行结果进行评价和反馈，指导经营活动的改善和调整，进而推动实现企业战略目标的管理活动。

预算是用货币收支描绘企业未来愿景，是战略落地的最佳工具，具有承上启下的作用，如图 3－1 所示：

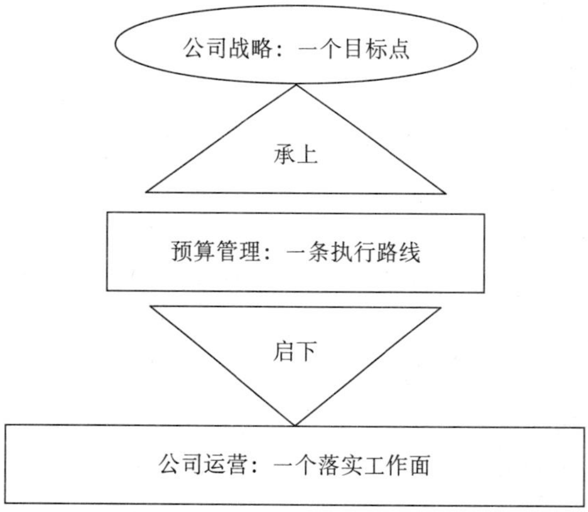

图 3－1　预算的作用

从战略目标到预算管理，是一个从总体到具体的过程。由图 3－1 分析可知，预算管理主要有四个方面的具体作用：

（1）落实战略目标，使其具体化。预算流程为企业实现既定目标提供了一个框架。没有预算所提供的总体的行动框架，管理者的决策制定无章可循，企业营运也十分困难。

（2）沟通管理层和执行层，保证目标上下一致。编制预算是一个上下、左右沟通和协调过程，为实现预算目标，企业各方也必须相互沟通、彼此协调各自的行动，为实现企业目标而努力。

（3）预算是监督检查执行层的标准。通过比较实际结果和预算，可以明确发现是否偏离了目标轨迹，及时分析，采取措施，保证预算的完成；如果分析后发现环境改变较大，还需要修正，或者调整预算。

（4）预算也是考核执行层业绩的依据。预算一旦确定，也是一个契约，执行层的管理者就要承担相应的责任，必须努力完成自己负责的那一部分，才能保证整体企业目标的实现。通过比较实际与预算的差异，可以评估预算完成的好坏，考核管理者的业绩。

知识图说

企业是契约的节点

罗纳德·哈里·科斯说过："现代企业理论的一个基本命题是，企业是一系列契约（合同）的组合"。企业是契约关系的集合体，在企业经营活动中，与法人、自然人都存在契约关系。如图3－2所示：

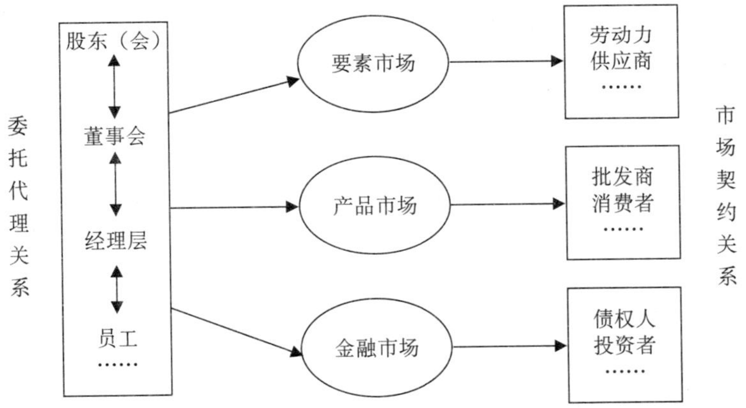

图3－2　公司科层与市场契约

契约，简而言之是指标明责权利的文书。每一个契约的节点都是为了企业的目标而形成，必然都会发生费用，都应该有预算进行控制，都应该进行预算的考核。

（三）预算管理的内容

预算管理的内容主要包括经营预算、专门决策预算和财务预算。

经营预算（也称业务预算），是指与企业日常业务直接相关的一系列预算，包括销售预算、生产预算、采购预算、费用预算、人力资源预算等。

专门决策预算，是指企业重大的或不经常发生的、需要根据特定决策编制的预算，包括投融资决策预算等。

财务预算，是指与企业资金收支、财务状况或经营成果等有关的预算，包括资金预算、预计资产负债表、预计利润表等。如图3－3所示：

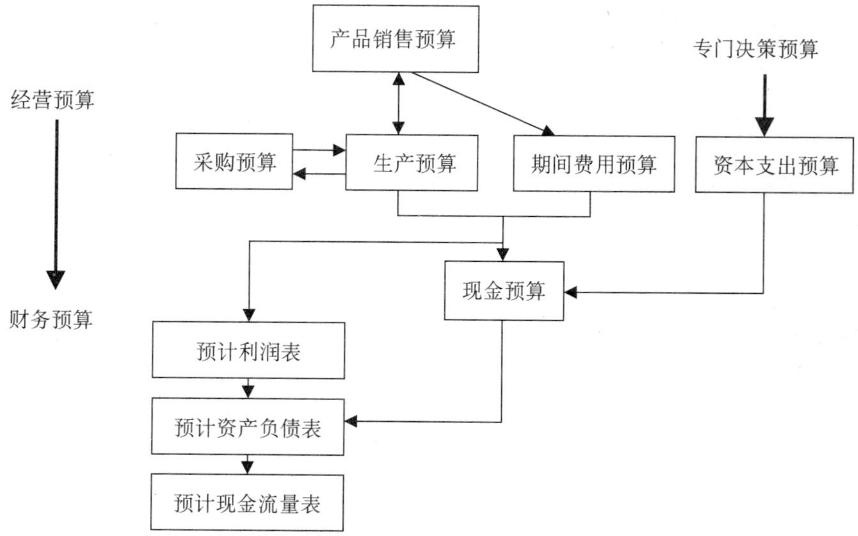

图 3－3　财务预算内容及其之间的关系图

看到图 3－3 预算管理的各个组成部分。尽管这个过程看起来非常机械，但请记住总的结构框架。预算的编制过程将产生有关企业价值链的各个方面的关键决策。因此，在最后预算选定前，预算的第一稿决定以后各稿。在最终定稿前这样的循环将重复许多次。

为了说明如何做预算，以 GL&KJ 公司为例。GL&KJ 公司是当地一家生产设计师品牌的生产商。

【例 3－1】 GL&KJ 公司有关的具体资料在各预算编制时分别给出，编制全面预算中的有关预算如下：

（1）销售预算。

预算的起点和基础。预测销售量，确定销售收入；制定赊销政策，确定赊销比，测出现金收入。

资料：1 月份，甲产品销售量 1 000 件，售价 500 元/件，现销占 70%，赊销期一年。以前赊销款 81 000 元，1 月收回。

则：预计销售收入 = 1 000 × 500 = 500 000（元）

预计现金收入 = 500 000 × 70% = 350 000（元）

（2）生产预算。

以销售量为基础，以销定产。

资料：1 月期初库存 100 件，期末库存 120 件。

则：预计生产量 = 预计销售量 + 预计期末库存 － 期初库存

= 1 000 + 120 － 100 = 1 020（件）

然后，根据产量，确定成本项目直接材料、直接人工和制造费用预算。

（3）直接材料预算。

资料：1 月初材料库存 150 千克，月末 200 千克，80% 付现，月初无应收账款；甲产品成本标准等资料见表 3－1。

表 3－1　甲产品成本标准及期间费用

项 目	直接材料	直接人工	变动制造费用	固定制造费用	期间费用
用量标准	10 kg	20 h	20 h		
价格标准	10 元/kg	8 元/h	3 元/h		
合 计（元）	100	160	60	6 000	18 000

则：甲产品的材料成本＝预计生产量×材料成本标准
＝1 020×100＝102 000（元）
甲产品的材料耗用量＝预计生产量×标准用量
＝1 020×10＝10 200（千克）
材料采购量＝预计耗用量＋预计期末库存－期初库存
＝10 200＋200－150＝10 250（千克）
采购资金＝采购量×单价
＝10 250×10＝102 500（元）
采购的现金支出＝102 500×80% ＝82 000（元）
（4）直接人工预算。
资料：工资 100% 付现，则：
甲产品的生产工时＝1 020×20＝20 400（小时）
标准成本＝20 400×8＝163 200（元）
职工薪酬的现金支出＝163 200×100% ＝163 200（元）
（5）制造费用预算。
资料：变动制造费用 50% 付现，固定制造费用 40% 付现，则：
变动制造费用＝1 020×20×3＝61 200（小时）
变动制造费用现金支出＝61 200×50% ＝30 600（元）
固定制造费用现金支出＝6 000×40% ＝2 400（元）
（6）期末期初存货预算。
资料：根据生产预算和直接材料预算，则：
材料库，期初 150 千克，成本 1 200 元；期末 200 千克，成本 1 600 元。
成品库，期初 100 件，期末 120 件。如期初甲产品单位完成成本同本月一样，为 326 元。
（7）期间费用预算。
期间费用一般不会变动很大。
资料：管理费用 8 000 元，销售费用 10 000 元，都按付现 50%。
期间费用的现金支出＝（8 000＋10 000）×50% ＝9 000（元）
（8）现金预算。
①现金收入：根据销售预算和上期赊销款回款情况得：
现金收入＝350 000＋81 000＝431 000（元）
②现金支出：根据各预算汇总：
付现材料款＝82 000（元）

付现职工薪酬 =163 200（元）

付现变动制造费用 =30 600（元）

付现固定制造费用 =2 400（元）

付现期间费用 =9 000（元）

合计　　　　287 200 元

③现金结余：143 800 元

④融资：不需要

(9) 预计利润表预算。

根据计算的有关资料，编制预计利润表见表 3－2：

表 3－2　　　　预计利润表　　　　单位：元

完全成本法		变动成本法	
项目	金额	项目	金额
营业收入	500 000	营业收入	500 000
减：营业成本	326 000	减：直接材料	100 000
其中：直接材料	100 000	直接人工	160 000
直接人工	160 000	变动制造费用	60 000
变动制造费用	60 000	边际贡献	180 000
固定制造费用	6 000[注]	减：固定制造费用	6 000
期间费用	18 000	期间费用	18 000
利润	156 000	利润	156 000

注：完全成本法的固定制造费用，是在假设期初库存商品成本为 326 元/件情况下计算出来的。产销不平衡，完全成本法和变动成本法的固定成本是应该不相等的，具体分析见第 4 章有关分析。

随堂练习

假如你是梦想公司的财务经理，练习现金预算的基本编制方法，将表 3－3 填列完整。

表 3－3　　　　现金预算

项　目	一季度	二季度	三季度	四季度	合 计
期初余额	8 000				
加：现销收入					321 000
可动用现金小计	88 000				
加：银行借款			—	—	22 000
减：支出：					
采购材料	35 000	45 000		35 000	
销售费用		30 000	30 000		113 000
购置设备	8 000	8 000	10 000		36 000
支付股利	2 000	2 000	2 000	2 000	
小 计		85 000		55 000	
减：归还借款			5 000	17 000	
归还利息			375	1 325	
期末余额	5 000	5 000	5 625	7 300	

（四）预算管理的原则

企业进行预算管理的原则：

（1）战略导向原则。预算管理应围绕企业的战略目标和业务计划有序开展，引导各预算责任主体聚焦战略、专注执行、达成绩效。

（2）过程控制原则。预算管理应通过及时监控、分析等把握预算目标的实现进度并实施有效评价，对企业经营决策提供有效支撑。

（3）融合性原则。预算管理应以业务为先导、以财务为协同，将预算管理嵌入企业经营管理活动的各个领域、层次、环节。

（4）平衡管理原则。预算管理应平衡长期目标与短期目标、整体利益与局部利益、收入与支出、结果与动因等关系，促进企业可持续发展。

（5）权变性原则。预算管理应刚性与柔性相结合，强调预算对经营管理的刚性约束，又可根据内外环境的重大变化调整预算，并针对例外事项进行特殊处理。

（五）预算管理的工具方法

预算管理领域应用的管理会计工具方法，一般包括滚动预算、零基预算、弹性预算、作业预算等。

企业可根据其战略目标、业务特点和管理需要，结合不同工具方法的特征及适用范围，选择恰当的工具方法综合运用。

企业可整合预算与战略管理领域的管理会计工具方法，强化预算对战略目标的承接分解；整合预算与成本管理、风险管理领域的管理会计工具方法，强化预算对战略执行的过程控制；整合预算与营运管理领域的管理会计工具方法，强化预算对生产经营的过程监控；整合预算与绩效管理领域的管理会计工具方法，强化预算对战略目标的标杆引导。

企业应用预算管理工具方法，一般按照预算编制、预算控制、预算调整、预算考核等程序进行。如图 3－4 所示：

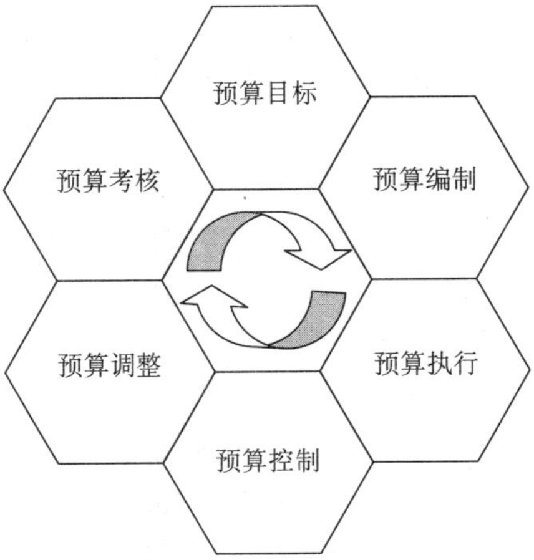

图 3－4　预算工具方法的程序

二、预算管理的应用环境

（一）预算基础环境

企业实施预算管理的基础环境包括战略目标、业务计划、组织架构、内部管理制度、信息系统等。如图3－5所示：

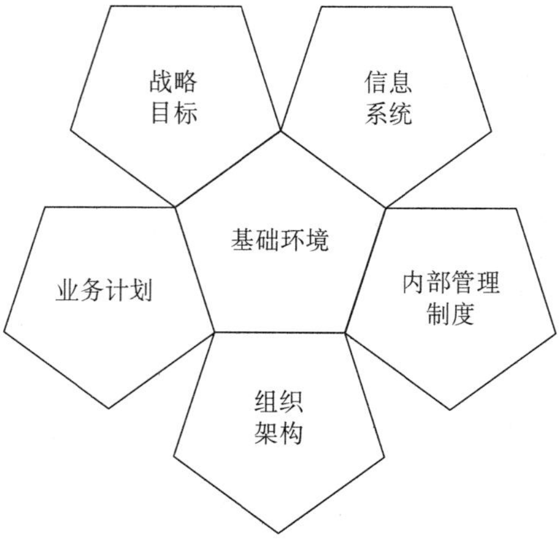

图3－5　预算的基础环境

（二）预算目标和业务计划

企业应按照战略目标，确立预算管理的方向、重点和目标。

企业应将战略目标和业务计划具体化、数量化作为预算目标，促进战略目标落地，也即战略目标是“上天”目标，抬头可望；业务计划是“地下”目标，迈步可行。

业务计划，是指按照战略目标对业务活动的具体描述和详细计划。

（三）预算机构的设立

企业可设置预算管理委员会等专门机构组织、监督预算管理工作。该机构的主要职责包括：审批公司预算管理制度、政策，审议年度预算草案或预算调整草案并报董事会等机构审批，监控、考核本单位的预算执行情况并向董事会报告，协调预算编制、预算调整及预算执行中的有关问题等。

预算管理的机构设置、职责权限和工作程序应与企业的组织架构和管理体制互相协调，保障预算管理各环节职能衔接，流程顺畅。

（四）预算制度的建立和信息系统

企业应建立健全预算管理制度、会计核算制度、定额标准制度、内部控制制度、内部审计制度、绩效考核和激励制度等内部管理制度，夯实预算管理的制度基础。

企业应充分利用现代信息技术，规范预算管理流程，提高预算管理效率。

预算管理的原理同标准成本管理原理是相同的，可参阅图1－1。

三、预算编制

企业应建立和完善预算编制的工作制度，明确预算编制依据、编制内容、编制程序和编制方法，确保预算编制依据合理、内容全面、程序规范、方法科学，确保形成各层级广泛接受的、符合业务假设的、可实现的预算控制目标。

企业一般按照分级编制、逐级汇总的方式，采用自上而下、自下而上、上下结合或多维度相协调的流程编制预算。预算编制流程与编制方法的选择应与企业现有管理模式相适应。

预算编制完成后，应按照相关法律法规及企业章程的规定报经企业预算管理决策机构审议批准，以正式文件形式下达执行。

预算审批包括预算内审批、超预算审批、预算外审批等。预算内审批事项，应简化流程，提高效率；超预算审批事项，应执行额外的审批流程；预算外审批事项，应严格控制，防范风险。

四、预算执行

预算执行一般按照预算控制、预算调整等程序进行。

（一）预算控制

预算控制，是指企业以预算为标准，通过预算分解、过程监督、差异分析等促使日常经营不偏离预算标准的管理活动。

企业应建立预算授权控制制度，强化预算责任，严格预算控制。

企业应建立预算执行的监督、分析制度，提高预算管理对业务的控制能力。

企业应将预算目标层层分解至各预算责任中心。预算分解应按各责任中心权、责、利相匹配的原则进行，既公平合理，又有利于企业实现预算目标。

企业应通过信息系统展示、会议、报告、调研等多种途径及形式，及时监督、分析预算执行情况，分析预算执行差异的原因，提出对策建议。

知识链接

预算控制和战略控制

在第 2 章第 1 节中介绍了战略控制的内容，预算控制和战略控制是有区别的，两者差异概括如下，见表 3－4：

表 3－4　预算控制与战略控制的差异

预算控制	战略控制
期间一般为一年以内	期间较长，从几年到十几年以上
定量方法	定性和定量方法

续表

预算控制	战略控制
重点是内部	重点是内部和外部
一般在预算期结束后采用纠正行为	不断纠正行为

（二）预算调整

年度预算经批准后，原则上不作调整。企业应在制度中严格明确预算调整的条件、主体、权限和程序等事宜，当内外战略环境发生重大变化或突发重大事件等，导致预算编制的基本假设发生重大变化时，可进行预算调整。

执行——控制——调整——完善，在执行中思考，在执行中完善，执行的问题要在执行中解决。

预算松弛

五、预算考核

预算考核主要针对定量指标进行考核，是企业绩效考核的重要组成部分。

企业应按照公开、公平、公正的原则实施预算考核。

企业应建立健全预算考核制度，并将预算考核结果纳入绩效考核体系，切实做到有奖有惩、奖惩分明。

预算考核主体和考核对象的界定应坚持上级考核下级、逐级考核、预算执行与预算考核职务相分离的原则。

预算考核以预算完成情况为考核核心，通过预算执行情况与预算目标的比较，确定差异并查明产生差异的原因，进而据以评价各责任中心的工作业绩，并通过与相应的激励制度挂钩，促进其与预算目标相一致。

六、利用 Excel 编制预算

在制定预算时，公司经常使用各种计算机方法。最常使用的两种方法是：

（1）电子数据表软件，例如微软的 Excel；

（2）能够利用的综合预算和计划软件系统，如金蝶和用友软件。

Excel 可以通过汇总组织内各个链接表中的预算信息而减轻预算的编制工作。此外，还可以在 Excel 中分析备选经营方案以及各种提议变更的影响。预算计划软件系统在预算编制过程使用网络将数千个员工联系在一起。员工可以通过网页输入预算数据，并最终汇总整合到公司的总体预算中。通过这种方法，公司可以快速整合高层战略和低层的经营目标。

个人电脑上的 Excel 是强大而灵活的预算工具。Excel 的一个明显优点是几乎不会产生计算错误。电子表格的实际价值在于，它可以建立一个组织的数学模型（财务计划模型），这种模型可以以非常低的成本重复使用，并且可以对可能的预计销售额、成本动因、成本函数等的变化做出调整。

回忆本章中 GL&KJ 公司的例子，假设 GL&KJ 公司是采用 Excel 做了全面预算。为使对预算调整的简单化，公司的总预算可以用相互联系的 Excel 表来编制。销售预算见表 3－5。

表 3－5　　　　GL&KJ 公司预算表 1（行、列标号由 Excel 给出）

	A	B	C	D	E	F
1	GL&KJ 公司销售预算					
2	截至 20××年 12 月 31 日的年度					
3	季度					
4		一	二	三	四	年度
5	预计销售量（件）	2 700	2 000	3 000	2 300	10 000
6	每件销售价格	500.00	500.00	500.00	500.00	500.00
7	销售总额	1 350 000	1 000 000	1 500 000	1 150 000	5 000 000
8						
9	销售当期收款占销售额百分比			70%		
10	销售后期收款占销售额百分比			30%		
11		70%	30%			
12	预计现金收入表					
13	期初应收账款①	90 000				90 000
14	第 1 季度销售现金收入②	945 000	405 000			1 350 000
15	第 2 季度销售现金收入③		700 000	300 000		1 000 000
16	第 3 季度销售现金收入④			1 050 000	450 000	1 500 000
17	第 4 季度销售现金收入⑤	—	—	—	805 000	805 000
18	现金收入总额⑥	1 035 000	1 105 000	1 350 000	1 255 000	4 745 000

①来自上一年第 4 季度销售的现金收入。

②1 350 000 元×70%；1 350 000 元×30%。

③1 000 000 元×70%；1 000 000 元×30%。

④1 500 000 元×70%；1 500 000 元×30%。

⑤1 150 000 元×70%。

⑥第 4 季度末收到的销售额，作为应收账款显示在公司年末资产负债表上。

销售预算由预计销售数量与其销售价格的乘积形成。预计第一季度销售数量放在单元格 B5，第一季度的销售总额（B7）为“＝B5×B6”，拉动 B7 单元格向右到第四季度，表格会自动复制相同的公式，这种方法使 Excel 极为灵活，因为你能改变表 3－5 中的任何预算数据，Excel 软件将自动重新计算整个销售预算中的所有数据。

在销售预算之后编制预计现金收入表，GL&KJ 公司的预计现金收入表如预算表 3－4 所示。该表可用于以后的现金预算。现金收入由前期发生的赊销收入和当期发生的销售收入组成，即包括收回前期应收账款和本期的现销收入。在 GL&KJ 公司，根据经验显示，销售收入的 70% 在发生的当季度收到，剩下的 30% 在下一季度收到。例如，第 1 季度 1 350 000 元销售收入的 70%（945 000 元）于第 1 季度收到，剩下的 30%（405 000 元）于第 2 季度收取。

有了销售预算之后，应该编制生产预算，由公式：预计生产量 = 预计销售量 + 预计期末库存 - 期初库存来编制。一个季度的生产需求量受到预计期末存货水平的影响，因此，存货应该仔细地规划。过多的存货势必会导致资金紧张，并且带来短缺问题，管理部门认为期末存货量应该等于下一季度销售量的 20%，算是比较合适的。见表 3-6。

表 3-6　　　GL&KJ 公司预算表 2（行、列标号由 Excel 给出）

	A	B	C	D	E	F
1	GL&KJ 公司生产预算					
2	截至 20××年 12 月 31 日的年度					
3						单位：件
4		季度				
5		一	二	三	四	年度
6	预计销售量（预算表 1）	2 700	2 000	3 000	2 300	10 000
7	加：预计期末产成品存货①	400	600	460	300（假定）	300
8	总需要量	3 100	2 600	3 460	2 600	10 300
9	减：期初产成品存货②	100	400	600	460	100
10	生产需要量	3 000	2 200	2 860	2 140	10 200
19						

注：①下一季度销售量的 20%，假定年末存货量。
②每季度的期初存货量与上一季度期末存货量相同。

全面预算的每一张计算表、经营预算和财务预算都能用电子表格来完成。各张计算表可通过合适的单元格地址相联系，正如预算输入数据（见表 3-5）与生产预算（见表 3-6）相联系一样。理想情况下，全面预算中的所有单元格应如销售预算一样使用公式，而不是数字。这样，如果需要，就可以通过简单地改变表 3-5 中的预算数据对每一个预算输入进行性敏感性分析。

第一次在电子表格内做全面预算很费时，之后，使用敏感性分析在时间节约程度及计划能力方面，就比手工方法强得多了。但如果全面预算模型没有很好地文档化，建立模型以外的人员若想修改电子表格模型，就可能会出现很多问题。所有的假设都应在电子表格或一个独立的预算编制文件中有所描述。而且目前 Excel 可以多人共同在线编辑，可以分部门进行预算调整，提高预算管理水平。

艾伦·格林斯潘的故事与全面预算

第2节 滚动预算

一、滚动预算的概述

(一) 滚动预算的概念

滚动预算，是指企业根据上一期预算执行情况和新的预测结果，按既定的预算编制周期和滚动频率，对原有的预算方案进行调整和补充，逐期滚动，持续推进的预算编制方法，使计划赶上变化。

(二) 滚动预算的编制期

预算编制周期，是指每次预算编制所涵盖的时间跨度。

滚动频率，是指调整和补充预算的时间间隔，一般以月度、季度、年度等为滚动频率。

滚动预算一般由中期滚动预算和短期滚动预算组成。中期滚动预算的预算编制周期通常为 3 年或 5 年，以年度作为预算滚动频率。短期滚动预算通常以 1 年为预算编制周期，以月度、季度作为预算滚动频率。

二、滚动预算的应用环境

企业应用滚动预算工具方法，应遵循预算管理一节中对应用环境的一般要求，如图 3 – 5 所示。

企业应用滚动预算工具方法，应具备丰富的预算管理经验和能力。

企业应建立先进、科学的信息系统，及时获取充足、可靠的外部市场数据和企业内部数据，以满足编制滚动预算的需要。

企业应重视预算编制基础数据，统一财务和非财务信息标准，确保预算编制以可靠、翔实、完整的基础数据为依据。

三、滚动预算的应用程序

(一) 滚动预算的程序和原则

企业应遵循预算管理一节中的应用程序如图 3 – 3 所示，实施滚动预算管理。

企业应研究外部环境变化，分析行业特点、战略目标和业务性质，结合企业管理基础和信息化水平，确定预算编制的周期和预算滚动的频率。

(二) 滚动预算的编制

企业应遵循重要性原则和成本效益原则，结合业务性质和管理要求，确定滚动预算的编制内容。

企业通常可以选择编制业务滚动预算，对于管理基础好、信息化程度高的企业，还可选择编制资本滚动预算和财务滚动预算。

企业应以战略目标和业务计划为依据，并根据上一期预算执行情况和新的预测信息，经综合平衡和结构优化，作为下一期滚动预算的编制基础。

企业应以战略目标和业务计划为基础，研究滚动预算所涉及的外部环境变化和内部重要事项，测算并提出预算方案。

企业实行中期滚动预算的，应在中期预算方案的框架内滚动编制年度预算。第一年的预算约束对应年度的预算，后续期间的预算指引后续对应年度的预算。见表3－7：

表3－7　　中期（连续）滚动预算

项目	20×0年	20×1年					20×2年	
	12月	1月	2月	3月	…	12月	1月	2月
第一次滚动	实际	预算	预算	预算	预算	预算	预算	预算
	调整	实际	预算	预算	预算	预算	预算	预算
第二次滚动		调整	实际	预算	预算	预算	预算	预算

短期滚动预算服务于年度预算目标的实施。企业实行短期滚动预算的，应以年度预算为基础，分解编制短期滚动预算。

企业应分析影响预算目标的各种动因之间的关系，建立预算模型，生成预算编制方案。

特别提示

“T＋3”滚动预算

在实践中，“T＋3”滚动预算采用“上月实际数＋后3个月精确滚动预算＋剩余期间滚动预算”模式，见表3－8。“压茬进行，无缝滚动”，手里面干着现在的，眼睛盯着3个月的，心中想着后9个月的，正合一句老话：“吃着碗里的，看着锅里的，盯着地里的。”

表3－8　　短期滚动预算

项目	上年12月	1月	2月	3月	4月	…	12月
1月	实际	精确	精确	精确	剩余期间滚动预算		
2月		实际	精确	精确	精确	剩余期间滚动预算	
3月			实际	精确	精确		

企业应对比分析上一期的预算信息和预算执行情况，结合新的内外部环境预测信息，对下一期预算进行调整和修正，持续进行预算的滚动编制。

企业可借助数据仓库等信息技术的支撑，实现预算编制方案的快速生成，减少预算滚动编制的工作量。

企业应根据预算滚动编制结果，调整资源配置和管理要求。

（三）滚动预算工具方法的评价

滚动预算的主要优点是：通过持续滚动预算编制、逐期滚动管理，实现动态反映市场、建立跨期综合平衡，从而有效指导企业营运，强化预算的决策与控制职能。

其主要缺点是：

（1）预算滚动的频率越高，对预算沟通的要求越高，预算编制的工作量越大；

（2）过高的滚动频率容易增加管理层的不稳定感，导致预算执行者无所适从。

第 3 节　零基预算

一、零基预算的概述

（一）零基预算的概念

零基预算，是指企业不以历史期经济活动及其预算为基础，以零为起点，从实际需要出发分析预算期经济活动的合理性，经综合平衡，形成预算的预算编制方法。零基预算是相对于增量预算的一种预算编制方法。

增量预算，是指以历史期实际经济活动及其预算为基础，结合预算期经济活动及相关影响因素的变动情况，通过调整历史期经济活动项目及金额形成预算的预算编制方法。

特别提示

增量预算是假设基期的活动及水平是合理的，并且与预算期的活动有增减量的关系。

【例 3－2】 GL&KJ 公司销售部的上年销售费用见表 3－9。如本年销售量预算增长 10%，假设销售费用和销售量成正比例变动，上年的经营活动都还存在，请按增量预算方式编制预算。

解：根据增量预算工具方法的含义，编制增量预算见表 3－9。

表 3－9　　销售费用增量预算

项　目	上年实际	本年增量预算
职工薪酬	300 000	330 000
折旧费	100 000	110 000
网络、通信及邮电费用	60 000	66 000
水费	10 000	11 000

续表

项　目	上年实际	本年增量预算
电费	30 000	33 000
暖气费	30 000	33 000
广告费	600 000	660 000
场地租赁费及运杂费	700 000	770 000
样品费	10 000	11 000
差旅费	200 000	220 000
修理费	50 000	55 000
其他	10 000	11 000
合 计（元）	2 100 000	2 310 000

增量预算的编制非常简单，也容易理解，但显然编制假设不科学，预算粗糙，结果不容易细化执行和控制。

（二）零基预算的适用范围

零基预算适用于企业各项预算的编制，特别是不经常发生的预算项目或预算编制基础变化较大的预算项目。

二、零基预算的应用环境

企业应用零基预算工具方法，应遵循预算管理中对应用环境的一般要求，如图 3－5 所示。

企业应结合预算项目实际情况、预算管理要求和应用成本选择使用零基预算工具方法。

企业应用零基预算工具方法，应明确预算管理责任部门和预算编制责任部门。预算管理责任部门负责组织各部门确定和维护各预算项目的编制标准，组织各具体预算项目的编制；预算编制责任部门具体负责本部门业务计划和预算的编制。

三、零基预算的应用程序

（一）零基预算的程序

企业应用零基预算工具方法编制预算，一般按照明确预算编制标准、制定业务计划、编制预算草案、审定预算方案等程序进行。如图 3－6 所示：

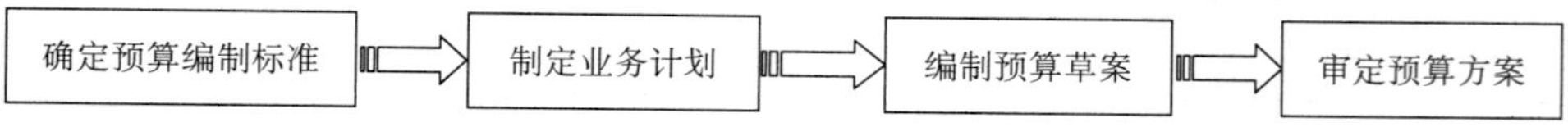

图 3－6　零基预算的程序

1. 确定预算编制标准

企业应搜集和分析对标单位、行业等外部信息，结合内部管理需要形成企业各预算项目的编制标准，并在预算管理过程中根据实际情况不断分析评价、修订完善预算编制标准。

2. 制定业务计划

预算编制责任部门应依据企业战略、年度经营目标和内外环境变化等安排预算期经济活动，在分析预算期各项经济活动合理性的基础上制定详细、具体的业务计划，作为预算编制的基础。

3. 编制预算草案

预算编制责任部门应以相关业务计划为基础，根据预算编制标准编制本部门相关预算项目，并报预算管理责任部门审核。

4. 审定预算方案

预算管理责任部门应在审核相关业务计划合理性的基础上，逐项评价各预算项目的目标、作用、标准和金额等，按战略相关性、资源限额和效益性等进行综合分析和平衡，汇总形成企业预算草案，上报企业预算管理委员会等专门机构审议后报董事会等机构审批。

5. 举例

【例 3－3】 以【例 3－2】为例，零基预算要先判断业务有没有变化？业务量的变化情况？再编制预算。

解：根据零基预算工具方法的含义，编制零基预算见表 3－10 所示。

表 3－10　　销售费用零基预算

项　目	业务变化	本年预算
职工薪酬	人员不变	300 000
折旧费	不变	100 000
网络、通信及邮电费用	不变	60 000
水费	不变	10 000
电费	不变	30 000
暖气费	不变	30 000
广告费	加大	1 000 000
场地租赁费及运杂费	增加展览次数	1 000 000
样品费	增加	20 000
差旅费	增加	220 000
修理费	不变	50 000
其他	不变	10 000
合 计（元）		2 830 000

（二）零基预算工具方法的评价

零基预算的主要优点：

（1）以零为起点编制预算，不受历史期经济活动中的不合理因素影响，能够灵活应对内外环境的变化，预算编制更贴近预算期企业经济活动需要；

（2）有助于增加预算编制透明度，有利于进行预算控制。

其主要缺点：

（1）预算编制工作量较大、成本较高；

（2）预算编制的准确性受企业管理水平和相关数据标准准确性影响较大。

特别提示

杰克·韦尔奇“死结”

通用电气前总裁杰克·韦尔奇曾对预算管理深恶痛绝：“预算是美国公司的祸根，它根本不应该存在。制定预算就等于追求最低绩效。你永远只能得到员工最低水平的贡献，因为每个人都在讨价还价，争取制定最低指标。”

这就是管理上俗称的杰克·韦尔奇“死结”，“年初抢指标、年末抢花钱”就是“杰克韦尔奇死结”的最直接描述，而零基预算是解决杰克·韦尔奇死结的有效办法。

第4节　弹性预算

一、弹性预算的概述

（一）弹性预算的概念

弹性预算，是指企业在分析业务量与预算项目之间数量依存关系的基础上，分别确定不同业务量及其相应预算项目所消耗资源的预算编制方法。弹性预算是相对于固定预算的一种编制方法。

固定预算，是指以预算期内正常的、最可能实现的某一业务量水平为固定基础，不考虑可能发生的变动的预算编制方法。

业务量，是指企业销售量、产量、作业量等与预算项目相关的弹性变量。

（二）弹性预算的适用范围

弹性预算适用于企业各项预算的编制，特别是市场、产能等存在较大不确定性，且其预算项目与业务量之间存在明显的数量依存关系的预算项目。

比如，在经济不断下滑的年份，连锁酒店必须做出艰难决定，努力实现利润目标。经常会遇到酒店的服务发生变化。一些连锁洲际酒店及度假村在客房里不再提供针线包、漱口水和浴帽，而是要求顾客在前台索要这些物品。洲际酒店集团（InterContinental Hotels Group PLC，IHG）停止向忠诚计划会员的房间送报纸；万豪国际集团（Marriott International Inc）削减早餐品种；丽思卡尔顿酒店（Ritz - Carlton）减少其餐厅、水疗中心及零售商店的营业时间。此外，许多连锁酒店降低了租金。弹性预算业绩报告可以帮助酒店管理人员分析上述变动如何影响经营净收益。业绩报告分离了业务量差异、收入和开支差异，以帮助识别预计经营净收益与实际结果差异的根本原因。

二、弹性预算的应用环境

企业应用弹性预算工具方法，应遵循预算管理中对应用环境的一般要求，见上文图 3 - 5 所示。

企业应用弹性预算工具方法，应合理识别与预算项目相关的业务量，长期跟踪、完整记录预算项目与业务量的变化情况，并对二者的数量依存关系进行深入分析。

企业应用弹性预算工具方法，应成立由财务、战略和有关业务部门组成的跨部门团队。

企业应合理预测预算期的可能业务量，借助信息系统或其他管理会计工具方法，匹配和及时修订弹性定额。

三、弹性预算的应用程序

（一）弹性预算的程序

企业应用弹性预算工具方法，一般按照以下程序进行：

（1）确定弹性预算适用项目，识别相关的业务量并预测业务量在预算期内可能存在的不同水平和弹性幅度；

（2）分析预算项目与业务量之间的数量依存关系，确定弹性定额；

（3）构建弹性预算模型，形成预算方案；

（4）审定预算方案。

企业选择的弹性预算适用项目一般应与业务量有明显数量依存关系，且企业能有效分析该数量依存关系，并积累了一定的分析数据。企业在选择成本费用类弹性预算适用项目时，还要考虑该预算项目是否具备较好的成本性态分析基础。

企业应分析、确定与预算项目变动直接相关的业务量指标，确定其计量标准和方法，作为预算编制的起点。

企业应深入分析市场需求、价格走势、企业产能等内外因素的变化，预测预算期可能的不同业务量水平，编制销售计划、生产计划等各项业务计划。

企业应逐项分析、认定预算项目和业务量之间的数量依存关系、依存关系的合理范围及变化趋势，确定弹性定额。确定弹性定额后，企业应不断强化弹性差异分析，修正和完善预算项目和业务量之间的数量依存关系，并根据企业管理需要增补新的弹性预算定额，形成企业弹性定额库。

（二）弹性预算的编制

企业通常采用公式法或列表法构建具体的弹性预算模型，形成基于不同业务量的多套预算方案。

1. 公式法

公式法下弹性预算的基本公式为：

预算总额 = 固定基数 + Σ（与业务量相关的弹性定额 × 预计业务量）

应用公式法编制预算时，相关弹性定额可能仅适用于一定业务量范围内。当业务量变动超出该适用范围时，应及时修正、更新弹性定额，或改为列表法编制。

2. 列表法

列表法，是指企业通过列表的方式，在业务量范围内依据已划分出的若干个不同等级，分别计算并列示该预算项目与业务量相关的不同可能预算方案的方法。

【例3－4】 以【例3－1】资料为例，请按1 000件销售量的10%为间隔，编制5个间隔期销售量的弹性预算。

解：根据表3－1及有关资料，编制弹性预计利润表见表3－11：

表3－11　弹性预计利润表　单位：元

项　目	800件	900件	1 000件	1 100件	1 200件
营业收入	400 000	450 000	500 000	550 000	600 000
减：直接材料	80 000	90 000	100 000	110 000	120 000
直接人工	128 000	144 000	160 000	176 000	192 000
变动制造费用	48 000	54 000	60 000	66 000	72 000
边际贡献	144 000	162 000	180 000	198 000	216 000
减：固定制造费用	6 000	6 000	6 000	6 000	6 000
期间费用	18 000	18 000	18 000	18 000	18 000
利润	120 000	138 000	156 000	174 000	192 000

企业预算管理责任部门应审核、评价和修正各预算方案，根据预算期最可能实现的业务量水平确定预算控制标准，并上报企业预算管理委员会等专门机构审议后报董事会等机构审批。

（三）工具方法评价

弹性预算的主要优点：考虑了预算期可能的不同业务量水平，更贴近企业经营管理实际情况。

其主要缺点：

（1）编制工作量大；

（2）市场及其变动趋势预测的准确性、预算项目与业务量之间依存关系的判断水平等会对弹性预算的合理性造成较大影响。

第5节　作业预算

一、作业预算概述

作业预算，是指基于“作业消耗资源、产出消耗作业”的原理，以作业管理为基础的预算管理方法。

作业、资源费用等有关定义会在第 4 章作业成本法一节中详细介绍。

作业预算主要适用于具有作业类型较多且作业链较长、管理层对预算编制的准确性要求较高、生产过程多样化程度较高，以及间接或辅助资源费用所占比重较大等特点的企业。

二、应用环境

企业应用作业预算工具方法，应遵循预算管理和作业成本法章节中对应用环境的一般要求。

企业应具有满足作业管理、资源费用管理要求的信息系统，能通过外部市场和企业内部可靠、完整、及时地获取作业消耗标准、资源费用标准等基础数据。

三、应用程序

企业应遵循预算管理一节中的应用程序，实施作业预算管理。

企业编制作业预算一般按照确定作业需求量、确定资源费用需求量、平衡资源费用需求量与供给量、审核最终预算等程序进行。

（一）作业需求量

企业应根据预测期销售量和销售收入预测各相关作业中心的产出量（或服务量），进而按照作业与产出量（或服务量）之间的关系，分别按产量级作业、批别级作业、品种级作业、客户级作业、设施级作业等计算各类作业的需求量。作业类别的划分参见作业成本法一节中的内容。企业一般应先计算主要作业的需求量，再计算次要作业的需求量。

1. 产量级作业

该类作业的需求量一般与产品（或服务）的数量成正比例变动，有关计算公式如下：

产量级作业需求量 = Σ各产品（或服务）预测的产出量（或服务量）× 该产品（或服务）作业消耗率

2. 批别级作业

该类作业的需求量一般与产品（或服务）的批次数成正比例变动，有关计算公式如下：

批别级作业需求量 = Σ各产品（或服务）预测的批次数 × 该批次作业消耗率

3. 品种级作业

该类作业的需求量一般与品种类别的数量成正比例变动，有关计算公式如下：

品种级作业需求量 = Σ各产品（或服务）预测的品种类别数 × 该品种类别作业消耗率

4. 客户级作业

该类作业的需求量一般与特定类别客户的数量成正比例变动，有关计算公式如下：

客户级作业需求量 = Σ预测的每类特定客户数 × 该类客户作业消耗率

5. 设施级作业

该类作业的需求量在一定产出量（或服务量）规模范围内一般与每类设施投入量成正比例变动，有关计算公式如下：

设施级作业需求量 = Σ预测的每类设施能力投入量 × 该类设施作业消耗率

作业消耗率，是指单位产品（或服务）、批次、品种类别、客户、设施等消耗的作业数量。

（二）资源费用需求量

企业应依据作业消耗资源的因果关系确定作业对资源费用的需求量。有关计算公式如下：

资源费用需求量 = Σ各类作业需求量 × 资源消耗率

资源消耗率，是指单位作业消耗的资源费用数量。

（三）平衡资源费用需求量与供给量

企业应检查资源费用需求量与供给量是否平衡，如果没有达到基本平衡，需要通过增加或减少资源费用供给量或降低资源消耗率等方式，使两者的差额处于可接受的区间内。

资源费用供给量，是指企业目前经营期间所拥有并能投入作业的资源费用数量。

企业一般以作业中心为对象，按照作业类别编制资源费用预算。有关计算公式如下：

资源费用预算 = Σ各类资源需求量 × 该资源费用预算价格

资源费用的预算价格一般来源于企业建立的资源费用价格库。

企业应收集、积累多个历史期间的资源费用成本价、行业标杆价、预期市场价等，建立企业的资源价格库。

（四）审核预算

作业预算初步编制完成后，企业应组织相关人员进行预算评审。预算评审小组一般应由企业预算管理部门、运营与生产管理部门、作业及流程管理部门、技术定额管理部门等组成。评审小组应从业绩要求、作业效率要求、资源效益要求等多个方面对作业预算进行评审，评审通过后上报企业预算管理决策机构进行审批。

（五）执行预算

企业应按照作业中心和作业进度进行作业预算控制，通过把预算执行的过程控制精细化到作业管理层次，把控制重点放在作业活动驱动的资源上，实现生产经营全过程的预算控制。

企业作业预算分析主要包括资源动因分析和作业动因分析。资源动因分析主要揭示作业消耗资源的必要性和合理性，发现减少资源浪费、降低资源消耗成本的机会，提高资源利用效率；作业动因分析主要揭示作业的有效性和增值性，减少无效作业和不增值作业，不断地进行作业改进和流程优化，提高作业产出效果。

（六）作业预算工具方法的评价

作业预算的主要优点：

（1）基于作业需求量配置资源，避免了资源配置的盲目性；

（2）通过总体作业优化实现最低的资源费用耗费，创造最大的产出成果；

（3）作业预算可以促进员工对业务和预算的支持，有利于预算的执行。

作业预算的主要缺点：

预算的建立过程复杂，需要详细地估算生产和销售对作业和资源费用的需求量，并测定作业消耗率和资源消耗率，数据收集成本较高。

本章小结

预算是企业的“宪法”，是资金的计划，是保证企业目标实现的具体化。合理、科学的预算可以调动执行者的能动性，不合理的预算则会耗费资源，成为制定者和执行者讨价还价的“数字游戏”，正是：“只有几文钱，你也求，他也求，给谁是好？”

本章主要介绍了：

（1）预算管理的基本内容、应用环境、应用程序；

（2）预算管理的四种工具方法：滚动预算、弹性预算、零基预算和作业预算，以及方法的运用。

名人名言

全面预算管理是为数不多的几个能把企业的所有关键问题融合于一个体系之中的管理控制方法之一。

——著名管理学家戴维·奥利

会计信息之所以复杂，其原因之一是每个人对信息的反映是不一样的。

——威廉·R. 斯科特

一味追求利润率，无异于把市场拱手让与竞争对手。

——彼得·德鲁克

练　习　题

1. 单项选择题

(1) 下列属于业务预算的是（　　）。

A. 资金预算　　B. 预计资产负债表

C. 预计利润表　　D. 费用预算

(2) 下列属于财务预算是（　　）。

A. 资金预算　　B. 销售预算

C. 采购预算　　D. 费用预算

(3) 以零为基础编制的预算是（　　）。

A. 滚动预算　　B. 零基预算

C. 弹性预算　　D. 作业预算

(4) 以分析业务量与预算项目之间数量依存关系的基础上，分别确定不同业务量及其相应预算项目所消耗资源的预算编制称为（　　）。

A. 滚动预算　　B. 零基预算

C. 弹性预算　　D. 作业预算

(5) 以过去活动为基础编制的预算是（　　）。

A. 滚动预算　　B. 零基预算

C. 弹性预算　　D. 增量预算

2. 多项选择题

(1) 预算管理的内容主要包括（　　）。

A. 经营预算　　B. 专门决策预算

C. 财务预算　　D. 弹性预算

(2) 财务预算包括（　　）。

A. 资金预算　　B. 预计资产负债表

C. 预计利润表　　D. 费用预算

(3) 预算管理的原则主要包括（　　）原则。

A. 战略导向　　B. 过程控制

C. 融合性　　D. 平衡管理

E. 权变性原则

(4) 预算管理领域应用的管理会计工具方法，一般包括（　　）。

A. 滚动预算　　B. 零基预算

C. 弹性预算　　D. 作业预算

3. 判断题

(1) 经营预算（也称业务预算），是指与企业日常业务直接相关的一系列预算，包括销售预算、生产预算、采购预算、费用预算、现金预算、人力资源预算等。　　（　　）

（2）增量预算也称固定预算。（　　）

（3）弹性预算是指企业不以历史期经济活动及其预算为基础，从实际需要出发分析预算期经济活动的合理性，经综合平衡，形成预算的预算编制方法。（　　）

（4）零基预算是相对于固定预算的一种预算编制方法。（　　）

4. 问答题

（1）简述滚动预算的主要优缺点？

（2）简述零基预算和增量预算的区别？零基预算的主要优缺点？

（3）简述弹性预算和固定预算的区别？弹性预算的主要优缺点？

5. 计算题

（1）资料同【例 3－1】，请按 1 000 件销售量为基础以 5% 为间隔，填制 3 个间隔期销售量的弹性预算。见表 3－12：

表 3－12　　弹性预计利润表　　单位：元

项　目			
营业收入			
减：直接材料			
直接人工			
变动制造费用			
边际贡献			
减：固定制造费用			
期间费用			
利润			

（2）河洛公司 20××年末的长期借款余额为 1 200 万元，短期借款余额为 200 万元。该公司的最佳现金持有量为 500 万元，如果资金不足，可向银行借款。假设：银行要求借款和偿还本金的金额是 10 万元的整数倍；新增借款发生在季度期初，偿还借款本金发生在季度期末，先偿还短期借款；借款利息按季度平均计提，并在季度期末偿还。如短期借款年利率为 8%，长期借款的年利率为 12%。河洛公司的现金预算有关资料见表 3－13：

表 3－13　　现金预算的部分内容　　单位：万元

项　目	一季度	二季度	三季度	四季度
现金余缺	－5 500		—	－450
长期借款	6 000	0	5 000	0
短期借款	230	0	0	
偿还短期借款	0	150	280	0
支付短期借款利息				—
支付长期借款利息			—	
期末现金余额		503	—	

要求：计算分析，完成表中数据（—为无关数据，省略）。

6. 案例应用分析

阅读材料

零基预算——忘记历史的预算

列宁说："忘记历史就意味着背叛。"可是在会计上，就有一个预算方法，就要忘记历史，不考虑历史分析，重打旗鼓另开张的零基预算（zero-based）方法。

有这样一个零基预算应用的案例：

1979年，美国三里岛核电站发生了事故，美国政府和公众对核电的支持一落千丈。但通用电气公司（GE）核业务部门仍按早期的业绩，乐观的预计每年有3张反应堆订单。CEO韦尔奇（Jack Welch）强令他们按零订单做年度计划，最终转型技术服务。韦尔奇感叹道："听起来很简单……我发现，让人们从现实，而不是从经验或愿望出发看待形势，实在很不容易。"

在预算的制定时，传统的预算方法总是从历史出发，进行趋势分析，很容易发生锚定效应，既指对某个对象作出估计是，会受某些特定的起始值——像船昨天落锚的地点一样——的影响。如果这些锚定的位置有误，那么估计值就会发生偏差。也就是说，预算往往与初始"参照值"密切相关。1620年，科学家弗朗西斯·培根（Francis Bacon）说："人类的理解力一旦接受了一个观点……就会把所有的东西都搜集来支持和同意这个观点。"通用电气公司核业务部门的预算就是一个例子，为了改变其不足，需要采用更科学的预算编制方法，这就是零基预算方法，即韦尔奇的要求的方法。

零基预算的基本特征是不受以往预算安排和预算执行情况的影响，一切预算收支都建立在成本效益分析的基础上，根据需要和可能来编制预算。通俗的讲零基预算就是不讲"曾经富过"或"为企业立过战功"，一切要先归零，从零开始，各单位都在一个起跑线上。由此可知，零基预算与传统的调整预算法截然不同，有以下三个主要区别：

（1）预算的基础不同。传统预算法的编制基础是前期结果，本期的预算额是根据前期的实际调整确定的。零基预算的基础是零，本期的预算额是根据本期经济活动的重要性和可供分配的资金量确定的。

（2）预算编制分析的对象不同。传统预算法重点对新增加的业务活动进行成本效益分析，而对性质相同的业务活动不作分析研究。零基预算法则不同，它要对预算期内所有的经济活动进行成本——效益分析。

（3）预算的着眼点不同。传统预算法主要以金额高低为重点，着重从货币角度控制预算金额的增减。零基预算除重视金额高低外主要的是从业务活动的必需性以及重要程度来分配有限的资金。

在实践中，最难的还是科学确定预算目标值。目标值确定的是否准确科学合理，直接关系到预算的执行和考核结果是否客观公正。要通过科学的预算制定，调动执行预算的积极性，实现考核目标，充分挖掘企业发展的潜能，提升管理水平和综合素质，推动企业跨入或接近国际先进行列。

（资料来源：杨尚军．会计物语［M］．西南交通大学出版社，2008.）

问题：

（1）零基预算的本质特征是什么？

（2）零基预算与传统预算有何区别？

第4章　成本管理

教学目标

学习本章后，你应该能够：

1. 写出成本管理的内涵、原则、应用环境、应用程序；

2. 叙述、构思和运用各个成本管理的工具方法——目标成本法、标准成本法、变动成本法、作业成本法等。

教学要求

知识要点	能力要求	相关知识
成本管理	（1）成本管理的理论 （2）成本管理的运用	（1）成本管理的含义 （2）成本管理的原则 （3）成本管理的应用环境 （4）成本管理的应用程序
成本管理工具方法	（1）成本管理工具方法的理论 （2）成本管理工具方法的运用	（1）目标成本法 （2）标准成本法 （3）变动成本法 （4）作业成本法

在企业内部，只有成本。

——美国管理大师彼得·德鲁克

基本概念

成本管理　融合性原则　适应性原则　成本效益原则　重要性原则
成本预测　成本决策　成本计划　成本控制　成本核算　成本分析
成本考核　目标成本法　市场容许成本　标准成本法　标准成本
成本差异　直接材料成本标准　价格差异　数量差异　直接人工成本标准
工资率差异　效率差异　变动制造费用　耗费差异　能量差异
变动成本法　成本性态　边际贡献　作业　作业链　作业成本法

导入案例

捞浮财与挖底财

有一个大富翁洛克菲勒与一滴焊料的故事：

约翰·D. 洛克菲勒（John D. Rockefeller）是美国的“石油大王”，说其家财万贯一点都不为过，一滴焊料实在太不起眼了，但洛克菲勒却看上了。一次，洛克菲勒视察美孚石油公司一个包装出口火油的工厂，发现封装每只油罐用40滴焊料。他注意良久，他伸出两指，你想到了什么？V？不是V，而是二。他对工人说：“能不能减两滴，你有没有试过用38滴焊料？”经过当场试验，用38滴不行，偶有漏油，但用39滴焊料却没有一只漏油。于是，洛克菲勒当场决定，39滴焊料是美孚石油公司各工厂的统一用料标准。

焊料在产品成本中是变动成本，一滴焊料的成本降低会使总成本有巨大的下降。

按成本变动与业务量之间的依存关系可将成本划分为固定成本与变动成本。亨格瑞把固定成本与变动成本的比率称为经营杠杆率①。对于固定成本，在一定时期和一定业务量范围内，业务量的增减变动都不会影响成本的升降。而变动成本的总额要随业务量的升而升、降而降。也即当一个企业在一定规模时，固定成本是变化不大的，压固定成本是很难的，效果也不大，如控制电话费、差旅费等办公费用，像一层层刮油一样，会计上形象地称为“捞浮财”。而变动成本总额是随着业务量变动而变动的，单位变动成本是不变的，如果在生产工艺等上有所改进，使材料等变动成本降低一些，那么变动成本总额就会以业务量的倍数加速下降，从根本上降低了成本，会计上称为“挖底财”。这就为企业加强成本控制，进一步降低成本，增加产品竞争力打下了基础，也为企业正确地进行最优管理决策和改善经营管理提供依据，有助于企业实现最佳经济效益。

——杨尚军．会计物语［M］．西南交通大学出版社，2008.

阅读思考：

（1）如果要大幅度降低焊料，要从哪里入手？

（2）分析一下你的生活费开支，哪些是一个月里面的必需费用——固定费用，哪些是随一些业务变化的变动费用？

点评：成本是价值尺度。

收入－成本＝利润，所以，成本的高低就决定了利润的多少。加强成本

① ［美］查尔斯·T·亨格瑞等著．潘飞等译．管理会计教程（第15版）［M］．北京：机械工业出版社，2012：44. 不同于财务管理上的经营杠杆率。

管理，寻找成本管理的工具方法，降低成本是企业永恒的主题。

第1节　成本管理概论

一、成本管理的概述

（一）成本的概念和作用

成本，是指企业生产一定数量产品或者提供一定时间劳务所发生的资源耗费。

成本的经济实质

成本并不是经济活动，它是经济活动的一个结果。从成本中可以投射出经济活动的各项目的构成水平和效率。因此，在经济管理工作中，成本有着重要的作用，主要表现在以下4个方面。

1. 成本是补偿生产耗费的价值尺度

从企业的角度而言，企业的首要目标是生存，成本是企业能够维持生产经营活动在原有规模之上顺利进行的资金补偿的最低尺度。企业生产产品发生的耗费，通过销售产品取得收入来补偿，才能实现生存的目标，进而实现发展壮大的目标；如果企业不能按照成本来补偿生产耗费，企业的经营就会出现亏损，或是出现经营的资金短缺。

企业是自负盈亏的商品生产者和经营者，追求盈利乃是其天性。企业一定时期的经营成果主要是其销售收入，它是补偿企业的生产耗费，实现盈利的基本来源，企业盈利实际上也就是其销售收入与其成本之间的差额，公式表示为：

利润＝收入－成本

因此，成本是企业区分生产经营中的耗费与所获得盈利的分水岭，企业销售收入超过其经营成本（此处为全部成本）的差额，就是企业盈利，超过越多，盈利越大。反之，则是企业亏损。从这一意义上而言，成本的高低决定着企业的生死存亡，成本是企业实现盈利的天然界线。

对于整个社会而言也是这样，社会要存在、要发展，就不会停止消费，从而也不能停止生产。为了保证社会再生产的不断进行，就必须补偿在生产过程中所发生的耗费。成本是维持社会简单再生产价值补偿的标准，如果一个社会所投入生产的价值低于其成本标准，则社会生产就只能在萎缩的条件下进行，从而会出现倒退；如果一个社会所投入生产的价值高于其成本标准，则社会生产就不仅能够保证简单再生产的需要，还能实现扩大再生产。在简单再生产的基础之上进行扩大再生产，是社会再生产的本质特征之一。

2. 成本是评价经济管理质量的综合性指标

成本归集了生产过程中产品对象发生的各项费用，是一项综合反映企业各方面工作情况的经济指标，企业经营管理中各方面工作的业绩都可以直接或间接地通过成本指标得到反映。例如，产品设计的好坏，生产工艺的合理程度，固定资产的利用水平，原材料消耗的节约与浪费，劳动生产率的高低，产品质量的高低，产品产量的增减以及供、产、销各个环节的工作是否衔接协调等，都可通过相关的成本指标直接或间接地反映出来。

3. 成本是制定产品价格的基本依据

根据马克思主义的劳动价值学说，产品价格是产品价值的货币表现，产品价格应大体上符合其价值，产品在制定价格时都应遵循价值规律的基本要求。一般是，根据计算的成本，并通过成本间接、相对地掌握产品的价值。因此，成本就成了制定产品价格的基本依据。定价决策中最常用的方法是成本加成定价法，公式为：

产品价格 = 成本 + 成本 × 加成率 = 成本（1 + 加成率）

其中：加成率 =（目标售价 − 成本）÷ 成本 × 100%

产品的定价是一项复杂的工作，影响的因素很多，如国家的价格政策及其他经济政策、各种产品的比价关系、产品在国内外市场上的供求关系及市场竞争的态势、企业的经营战略等。所以，产品成本只是制定产品价格所必须考虑的一项基本因素。

特别提示

在价格问题上，经济学家明确地指出：成本并不决定价格[①]。经济学家认为价格是由商品的供求关系决定的。经济学家约翰·斯图亚特·穆勒说："如果生产成本对供给没有影响，那么，它就不会影响竞争成本。"[②]

4. 成本是企业资源配置决策的重要信息

努力提高在市场上的竞争能力和经济效益是社会主义市场经济条件下对企业的客观要求。而要做到这一点，企业首先必须进行正确的生产经营决策。进行生产经营决策需要考虑的因素很多，成本是其中应考虑的主要因素之一。这是因为在价格等因素一定的前提下，成本的高低直接影响着企业盈亏与盈利的多少。同时，较低的成本还可以使企业在市场竞争中处于有利的地位。

知识链接

成本效益原则

人们在决策时，成本与收益的平衡点一般是方案可行与否的"旋转门"，这就是成本收益原则。所谓成本收益原则是指某项目的所费同所得，即投入

① [英] 杰·白蒂（J. Batty）. 高级成本会计学 [M]. 陈炳权，译. 北京：轻工业出版社，1983.
② [美] 保罗·A. 萨缪尔森，威廉·D. 诺德豪斯. 经济学下 [M]. 12 版. 北京：中国发展出版社，1992.

产出之比或之差，是否合乎决策评价标准的原则。成本收益原则（Principle of benefit over cost）是经济学中一个最基本的理性概念，理性经济人的行为均受此限制，其一向被认为是经济决策的“黄金定律”，且无时不在，无处不有。

同时，成本是综合反映企业工作质量的指标，因而企业可以通过对成本的计划、控制、监督、考核和分析等来促使企业及其企业内部单位加强经济核算，努力改进管理，降低成本，提高经济效益。例如，通过正确确定和认真执行企业以及企业内部各单位的成本计划指标，可以事先控制成本水平和监督各项费用的日常开支，促使企业及企业内部各单位努力降低各种耗费；又如，通过成本的对比和分析，可以及时发现在物化劳动和活劳动消耗上的节约或浪费情况，总结经验，找出工作中的薄弱环节，采取措施挖掘潜力，合理地使用人力、物力和财力，从而降低成本，提高经济效益。

阿尔钦－艾伦定理：成本也会影响消费

（二）成本管理的概念和原则

成本管理，是指企业在营运过程中实施成本预测、成本决策、成本计划、成本控制、成本核算、成本分析和成本考核等一系列管理活动的总称。加强成本管理，提高企业成本管理水平，是为了提升企业竞争能力。

企业进行成本管理，一般应遵循以下原则：

（1）融合性原则。成本管理应以企业业务模式为基础，将成本管理嵌入业务的各领域、各层次、各环节，实现成本管理责任到人、控制到位、考核严格、目标落实。

（2）适应性原则。成本管理应与企业生产经营特点和目标相适应，尤其要与企业发展战略或竞争战略相适应。

（3）成本效益原则。成本管理应用相关工具方法时，应权衡其为企业带来的收益和付出的成本，避免获得的收益小于其投入的成本。

（4）重要性原则。成本管理应重点关注对成本具有重大影响的项目，对于不具有重要性的项目可以适当简化处理。

（三）成本管理的工具方法

成本管理领域应用的管理会计工具方法，一般包括目标成本法、标准成本法、变动成本法、作业成本法等。管理的思想也是不断发展的，管理思想是成本核算方法发展的理论基础，根据企业内外部环境变化的脉络和企业管理思想演进路径[①]，成本核算与控制的发展阶段，如图 4－1 所示：

① 科学管理由泰罗提出，回看第 1 章导入案例和本章练习题中的阅读材料；1954 年彼得·德鲁克《管理实践》一书出版，提出了“目标管理”概念；1987 年罗宾·库伯和罗伯特·卡普兰发表了《成本会计怎样系统地歪曲了产品成本》的文章，提出了“成本动因”理论。

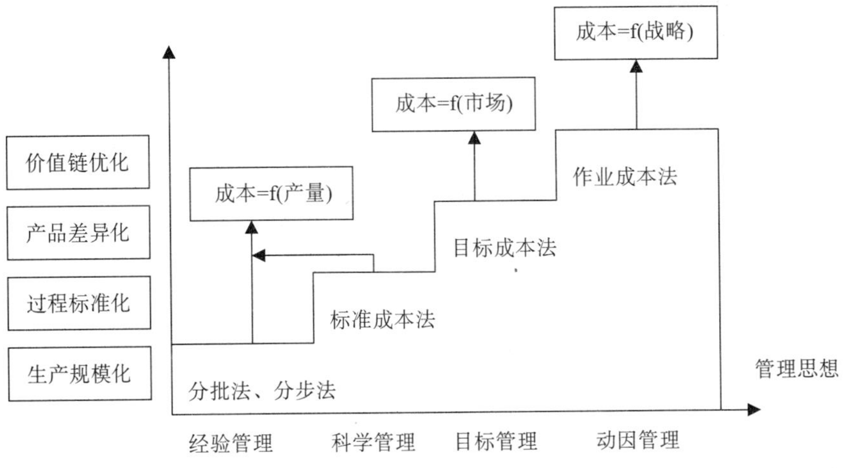

图 4－1　成本核算与控制方法的发展图[①]

企业应结合自身的成本管理目标和实际情况，在保证产品的功能和质量的前提下，选择应用适合企业的成本管理工具方法或综合应用不同成本管理工具方法，以更好地实现成本管理的目标。

综合应用不同成本管理工具方法时，应以各成本管理工具方法具体目标的兼容性、资源的共享性、适用对象的差异性、方法的协调性和互补性为前提，通过综合运用成本管理的工具方法实现最大效益。

二、成本管理的应用环境

企业应根据其内外部环境选择适合的成本管理工具方法。外部环境见第2章战略管理环境的内容，主要是新技术带来的新理论等方面。内部环境包括：

（1）企业应建立健全成本管理的制度体系，一般包括费用审报制度、定额管理制度、责任成本制度等。

（2）企业应建立健全成本相关原始记录，加强和完善成本数据的收集、记录、传递、汇总和整理工作，确保成本基础信息记录真实、完整。

（3）企业应加强存货的计量验收管理，建立存货的计量、验收、领退及清查制度。

（4）企业应充分利用现代信息技术，规范成本管理流程，提高成本管理的效率。

三、成本管理的应用程序

企业应用成本管理工具方法，一般按照事前管理、事中管理、事后管理等程序进行，如图 4－2 所示：

① 毛洪涛，王德昌．成本控制方法演进进程及启示［J］．会计之友，2013（9）下：16.

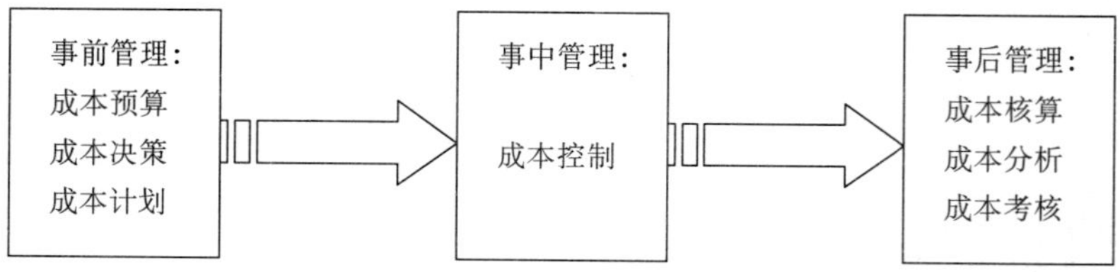

图 4－2　成本管理应用程序

（一）事前成本管理阶段

事前成本管理阶段，主要是对未来的成本水平及其发展趋势所进行的预测与规划，一般包括成本预测、成本决策和成本计划等步骤。

成本预测，是以现有条件为前提，在历史成本资料的基础上，根据未来可能发生的变化，利用科学的方法，对未来的成本水平及其发展趋势进行描述和判断的成本管理活动。

成本决策，是在成本预测及有关成本资料的基础上，综合经济效益、质量、效率和规模等指标，运用定性和定量的方法对各个成本方案进行分析并选择最优方案的成本管理活动。

成本计划，是以营运计划和有关成本数据、资料为基础，根据成本决策所确定的目标，通过一定的程序，运用一定的方法，针对计划期企业的生产耗费和成本水平进行的具有约束力的成本筹划管理活动。

（二）事中成本管理阶段

事中成本管理阶段，主要是对营运过程中发生的成本进行监督和控制，并根据实际情况对成本预算进行必要的修正，即成本控制步骤；

成本控制，是成本管理者根据预定的目标，对成本发生和形成过程以及影响成本的各种因素条件施加主动的影响或干预，把实际成本控制在预期目标内的成本管理活动。

（三）事后成本管理阶段

事后成本管理阶段，主要是在成本发生之后进行的核算、分析和考核，一般包括成本核算、成本分析和成本考核等步骤。

成本核算，是根据成本核算对象，按照国家统一的会计制度和企业管理要求，对营运过程中实际发生的各种耗费按照规定的成本项目进行归集、分配和结转，取得不同成本核算对象的总成本和单位成本，向有关使用者提供成本信息的成本管理活动。

成本分析，是利用成本核算提供的成本信息及其他有关资料，分析成本水平与构成的变动情况，查明影响成本变动的各种因素和产生的原因，并采取有效措施控制成本的成本管理活动。

成本考核，是对成本计划及其有关指标实际完成情况进行定期总结和评价，并根据考核结果和责任制的落实情况，进行相应奖励和惩罚，以监督和促进企业加强成本管理责任制，提高成本管理水平的成本管理活动。

阅读材料

当今多变的环境使得成本管理成为企业竞争的必要环节。传统意义上的成本管理，往往是应对成本竞争压力、市场需求减少、流动性不足和信贷收缩的防御性措施。但是面对快速变化的全球商业环境，公司逐渐采取更加主动的方式进行成本管理，将其作为促进企业成长的战略举措，并通过结构性成本优势来实现稳定的利润。德勤首期双年成本调查报告中对中国公司的调查结果也显示了这样的趋势。被调查公司的成本管理，大多是出于取得竞争优势（65%）或者促进增长（64%）的目的，此外，47%的公司是出于提升国际业务组合的业绩。相比之下，只有17%的被调查公司的成本管理动因是应对市场需求的显著下降，32%是由于自身在竞争中的成本劣势，35%是由于政策变化，另有36%是由于流动性不足或者信贷收紧。

与其他地区相比，在中国公司中利用成本管理来取得竞争优势并促进增长显得尤为重要。调查显示，在亚太其他国家中只有58%的公司是为取得竞争优势而进行成本管理，在美国这一比例为57%，在欧洲和拉丁美洲各为46%。类似的，在亚太其他国家中有53%的公司主要为促进业绩增长而进行成本管理，在美国这一比例为43%，在拉美地区和欧洲各为36%。

但是，尽管成本管理对于中国公司有重要的战略意义，只有35%的上述公司实现了成本管控目标，仅仅有12%的上述公司能够在实现成本管控目标的同时保持10%以上的销售增长率。相比之下，亚太地区其他国家中有28%的公司实现了成本控制目标，在欧洲这一比例为44%；在欧洲公司中，同时实现成本控制目标和业绩增长的公司比例为7%，在美国这一比例为14%。

（资料来源：德勤：2017首期双年成本调查报告——亚太区成本改进实务与发展趋势 https://www2.deloitte.com/cn/zh/pages/strategy - operations/articles/cost - improvement - practices - and - trends - in - asia - pacific.html）

第2节 目标成本法

一、目标成本法的概念

目标成本法，是指企业以市场为导向，以目标售价和目标利润为基础确定产品的目标成本，从产品设计阶段开始，通过各部门、各环节乃至与供应商的通力合作，共同实现目标成本的成本管理方法。在市场的竞争中，产品的价格和成本的关系，如图4－3所示：

目标的再认识

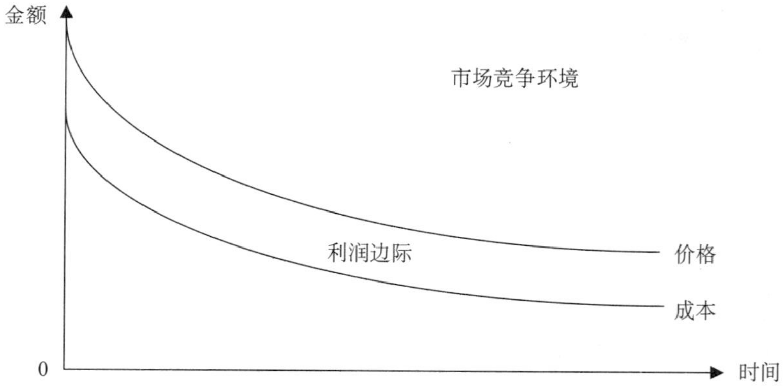

图 4－3　价格降低—成本降低关系①

目标成本法的背景故事

由图 4－3 可知，在产品价格由于竞争不断降低的情况下，为了保持利润边际，必须进行目标成本管理。

目标成本法一般适用于制造业企业成本管理，也可在物流、建筑、服务等行业应用。

知识链接

承诺定律

承诺未必可以保证一定做到，但是如果你没有做出承诺，就算你做到了也没有价值。

二、目标成本法的应用环境

企业应用目标成本法，应遵循成本管理一节中对应用环境的一般要求。

企业应用目标成本法，要求处于比较成熟的买方市场环境，且产品的设计、性能、质量、价值等呈现出较为明显的多样化特征。

企业应以创造和提升客户价值为前提，以成本降低或成本优化为主要手段，谋求竞争中的成本优势，保证目标利润的实现。

企业应成立由研究与开发、工程、供应、生产、营销、财务、信息等有关部门组成的跨部门团队，负责目标成本的制定、计划、分解、下达与考核，并建立相应的工作机制，有效协调有关部门之间的分工与合作。如图 4－4 所示：

企业能及时、准确取得目标成本计算所需的产品售价、成本、利润以及性能、质量、工艺、流程、技术等方面各类财务和非财务信息。

① ［美］美国管理会计师协会．刘霄仑主译．管理会计公告（第 2 辑）［M］．北京：人民邮电出版社，2013：313.

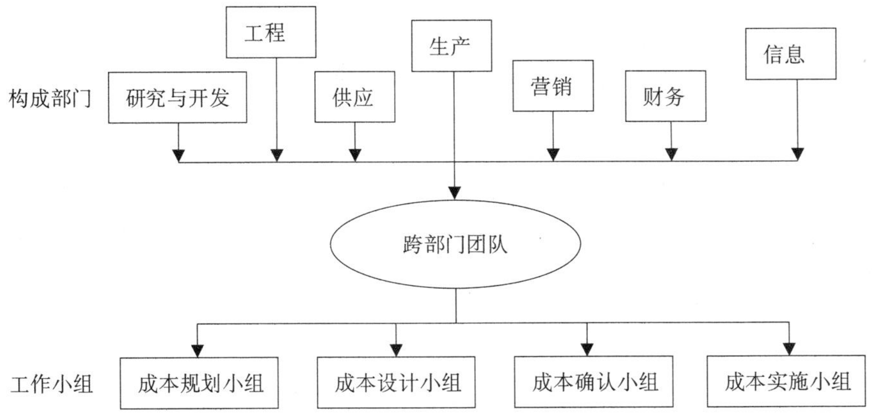

图 4－4　构成部门和工作小组

三、目标成本法的应用程序

（一）目标成本的基本程序

应用目标成本法一般需经过目标成本的设定、分解、达成到再设定、再分解、再达成多重循环，以持续改进产品方案。

企业应用目标成本法，一般按照确定应用对象、成立跨部门团队、收集相关信息、计算市场容许成本、设定目标成本、分解可实现目标成本、落实目标成本责任、考核成本管理业绩以及持续改善等程序进行。基本程序如图 4－5 所示：

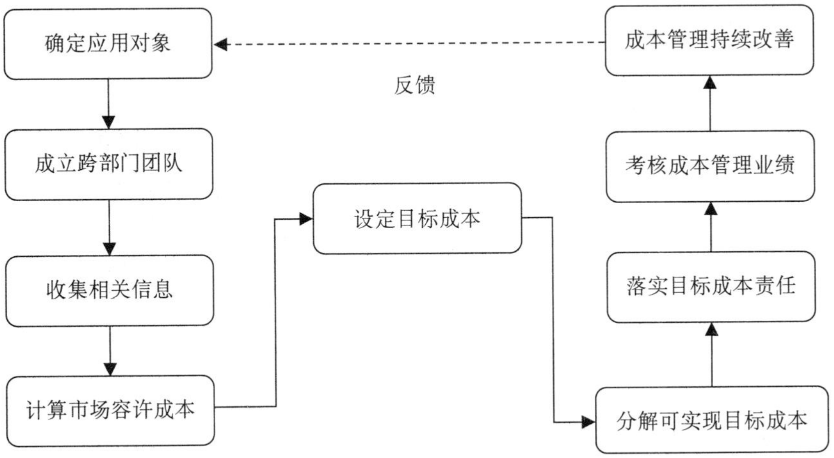

图 4－5　目标成本的基本程序

（二）目标成本的程序

1. 确定应用对象

企业应根据目标成本法的应用目标及其应用环境和条件，综合考虑产品的产销量和盈利能力等因素，确定应用对象。

企业一般应将拟开发的新产品作为目标成本法的应用对象，或选择那些功能与设计存在较大的弹性空间、产销量较大且处于亏损状态或盈利水平较低、对企业经营业绩具有重大影响的老产品作为目标成本法的应用对象。

2. 目标成本的基本工作

企业负责目标成本管理的跨部门团队之下，可以建立成本规划、成本设计、成本确认、成本实施等小组，各小组根据管理层授权协同合作完成相关工作，如图4－4所示。

（1）成本规划小组由业务及财务人员组成，负责设定目标利润，制定新产品开发或老产品改进方针，考虑目标成本等。该小组的职责主要是收集相关信息、计算市场驱动产品成本等。

（2）成本设计小组由技术及财务人员组成，负责确定产品的技术性能、规格，负责对比各种成本因素，考虑价值工程，进行设计图上成本降低或成本优化的预演等。该小组的职责主要是可实现目标成本的设定和分解等。

（3）成本确认小组由有关部门负责人、技术及财务人员组成，负责分析设计方案或试制品评价的结果，确认目标成本，进行生产准备、设备投资等。该小组的职责主要是可实现目标成本设定与分解的评价和确认等。

（4）成本实施小组由有关部门负责人及财务人员组成，负责确认实现成本策划的各种措施，分析成本控制中出现的差异，并提出对策，对整个生产过程进行分析、评价等。该小组的职责主要是落实目标成本责任、考核成本管理业绩等。

3. 目标成本的相关信息

目标成本法的应用需要企业研究与开发、工程、供应、生产、营销、财务和信息等部门收集与应用对象相关的信息。这些信息一般包括：

（1）产品成本构成及料、工、费等财务和非财务信息；

（2）产品功能及其设计、生产流程与工艺等技术信息；

（3）材料的主要供应商、供求状况、市场价格及其变动趋势等信息；

（4）产品的主要消费者群体、分销方式和渠道、市场价格及其变动趋势等信息；

（5）本企业及同行业标杆企业产品盈利水平等信息；

（6）其他相关信息。

4. 目标成本的计算与确定

市场容许成本，是指目标售价减去目标利润之后的余额。

目标售价的设定应综合考虑客户感知的产品价值、竞争产品的预期相对功能和售价，以及企业针对该产品的战略目标等因素。

目标利润的设定应综合考虑利润预期、历史数据、竞争地位分析等因素。

企业应将容许成本与新产品设计成本或老产品当前成本进行比较，确定差异及成因，设定可实现的目标成本。计算公式：

目标成本＝目标售价－目标利润

＝目标售价×（1－销售利润率）

公式中，指标可以是单位值，也可以是总值。

企业一般采取价值工程、拆装分析、流程再造、全面质量管理、供应链全程成本管理等措施和手段，寻求消除当前成本或设计成本偏离容许成本差异的措施，使容许成本转化为可实现的目标成本。

5. 目标成本的分解

企业应按主要功能对可实现的目标成本进行分解，确定产品所包含的每一零部件的目标成本。在分解时，首先应确定主要功能的目标成本，然后寻求实现这种功能的方法，并把主要功能和主要功能级的目标成本分配给零部件，形成零部件级目标成本。同时，企业应将零部件级目标成本转化为供应商的目标售价。如图 4－6 所示：

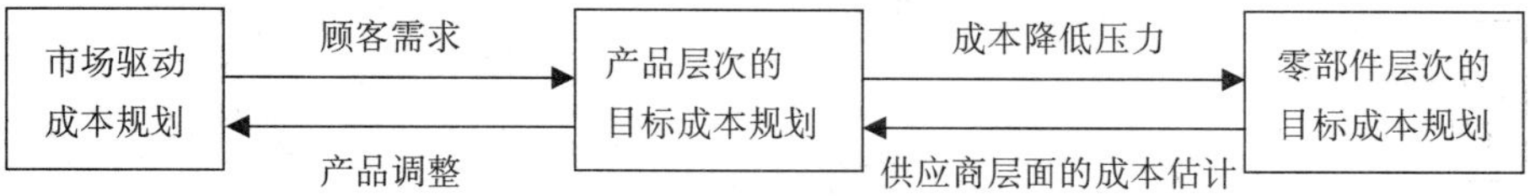

图 4－6　目标成本法的过程

6. 目标成本的落实

企业应将设定的可实现目标成本、功能级目标成本、零部件级目标成本和供应商目标售价进一步量化为可控制的财务和非财务指标，落实到各责任中心，形成各责任中心的责任成本和成本控制标准，并辅之以相应的权限，将达成的可实现目标成本落到实处。

7. 目标成本的考核

企业应依据各责任中心的责任成本和成本控制标准，按照业绩考核制度和办法，定期进行成本管理业绩的考核与评价，为各责任中心和人员的激励奠定基础。

8. 目标成本的改善

企业应定期将产品实际成本与设定的可实现目标成本进行对比，确定其差异及其性质，分析差异的成因，提出消除各种重要不利差异的可行途径和措施，进行可实现目标成本的重新设定、再达成，推动成本管理的持续优化。

（三）举例

【例 4－1】 GL&KJ 公司 A 产品实际成本为 4 000 元，确定的目标成本为 3 300 元，开发重点和实施策略等为已知资料，如图 4－7 所示。要求：进行分析目标成本分解和目标成本实施过程。

解：

（1）确定目标成本 3 300 元；

（2）分析实际成本 4 000 元减目标成本 3 300 元，需要降低的成本为 700 元；

（3）开发的重点方向有材料成本、加工成本、管理成本三个，降低的成本经过分析计算分别为 100 元、260 元和 340 元；

（4）实施的策略（本题为了简化，仅说明策略，不再计算成本额）。

经过上述步骤，确定的目标成本法的实施过程，如图 4－7 所示：

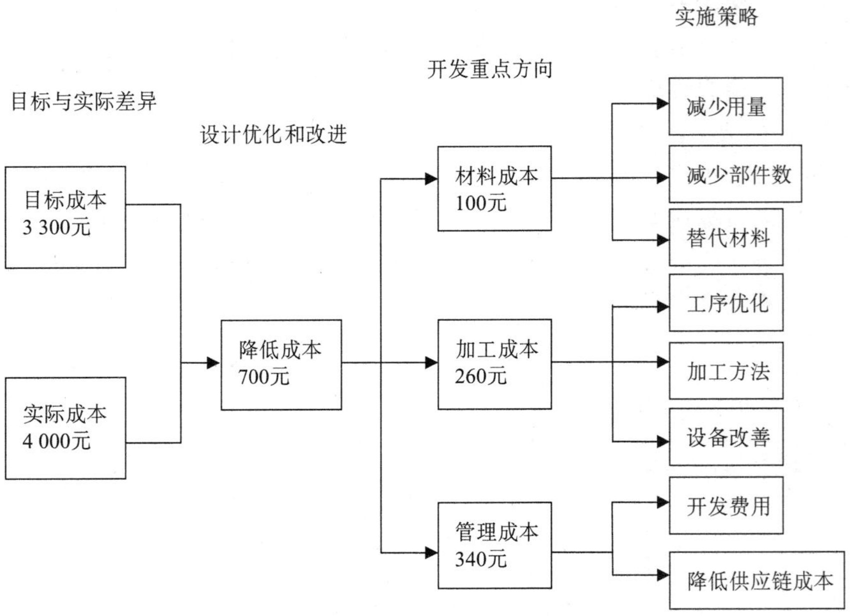

图 4－7　目标成本法的实施过程

根据目标成本，确定降低的成本额，提出缩减成本的成本目标，再决定具体实施方案。

（四）工具方法评价

目标成本法的主要优点是：

（1）突出从原材料到产品出货全过程成本管理，有助于提高成本管理的效率和效果；

（2）强调产品寿命周期成本的全过程和全员管理，有助于提高客户价值和产品市场竞争力；

（3）谋求成本规划与利润规划活动的有机统一，有助于提升产品的综合竞争力。

其主要缺点是：其应用不仅要求企业具有各类所需要的人才，更需要各有关部门和人员的通力合作，管理水平要求较高。

第 3 节　标准成本法

知识链接

标准成本——管理会计的起源

1903 年，“科学管理之父”泰罗（Frederick Winslow Taylor）出版了《工

厂管理》一书，提出了产品的标准操作程序及时间定额，成为标准成本（standard cost）制度产生的基础。

1911 年，美国会计师查特·哈里森（Charter Harrison）第一次设计出一套完整的标准成本制度。他在 1918 年发表一系列文章，介绍了一套分析成本差异的公式，并对账户、分类账及成本分析单叙述的十分详细。从此标准成本会计就脱离实验阶段而进入实施阶段，以后逐渐完善和广泛使用。

标准成本法的体系包括标准成本制定、差异分析和账务处理三个部分。而成本差异分析是最核心内容，其目的是找出差异原因，控制成本以标准成本为目标值，实现目标成本管理的目的，应用如图 4－8 所示。

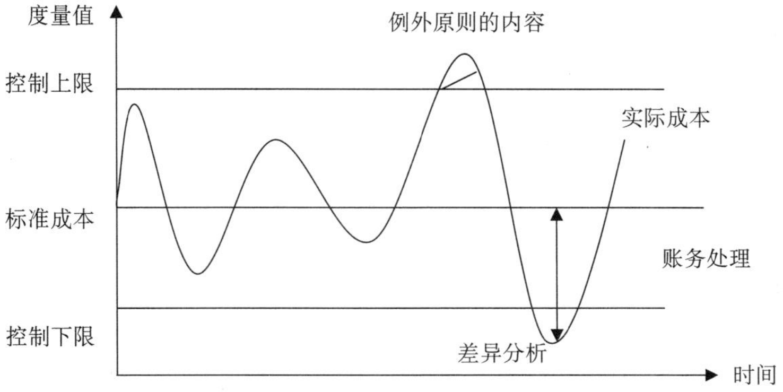

图 4－8　标准成本控制图

在图 4－8 中，只要差异在控制幅度内以标准为中心正常波动，差异是可以接受的，不用去管它；当超过控制值，就要加强控制，以使成本回到控制幅度内。如虽在控制幅度内波动，却不以标准值为中心波动，就要分析看看是否标准成本制定的不准了。

著名会计学家余绪缨教授认为，标准成本法“把严密的事先计算引进会计体系中来，实行事先计算与事后分析的结合，可以看作是会计发展史上的一个重要里程碑，为会计服务于企业管理开创了一条新路。”① 管理会计的出现改变了会计由“干了记”为“算着干”，体现了算为管用，算管结合。

标准成本的使用，是会计由记录型向控制型转变的分水岭，对管理会计具有重要的奠基性作用。

（杨尚军．会计物语［M］．西南交通大学出版社，2008.）

一、标准成本法的概念

（一）标准成本法的含义

标准成本法，是指企业以预先制定的标准成本为基础，通过比较标准成本与实际成本，计算和分析成本差异、揭示成本差异动因，进而实施成本控

① 余绪缨编著．管理会计［M］．北京：中国财政经济出版社，1990：3.

制、评价经营业绩的一种成本管理方法。

标准成本，是指在正常的生产技术水平和有效的经营管理条件下，企业经过努力应达到的产品成本水平。

成本差异，是指实际成本与相应标准成本之间的差额。当实际成本高于标准成本时，形成超支差异；当实际成本低于标准成本时，形成节约差异。

（二）标准成本法的目标

企业应用标准成本法的主要目标，是通过标准成本与实际成本的比较，揭示与分析标准成本与实际成本之间的差异，并按照例外管理的原则，对不利差异予以纠正，以提高工作效率，不断改善产品成本。

（三）标准成本法的应用范围

标准成本法一般适用于产品及其生产条件相对稳定，或生产流程与工艺标准化程度较高的企业。

二、标准成本法的应用环境

企业应用标准成本法，应遵循成本管理一节中对应用环境的一般要求。

企业应用标准成本法，要求处于较稳定的外部市场经营环境，且市场对产品的需求相对平稳。

企业应成立由采购、生产、技术、营销、财务、人力资源、信息等有关部门组成的跨部门团队，负责标准成本的制定、分解、下达、分析等。

企业能够及时、准确地取得标准成本制定所需要的各种财务和非财务信息。

三、标准成本法的应用程序

企业应用标准成本法，一般按照确定应用对象、制定标准成本、实施过程控制、成本差异计算与动因分析，以及修订与改进标准成本等程序进行。

为了实现成本的精细化管理，企业应根据标准成本法的应用环境，结合内部管理要求，确定应用对象。标准成本法的成本对象可以是不同种类、不同批次或不同步骤的产品。

（一）标准成本的制定

企业制定标准成本，可由跨部门团队采用“上下结合”的模式进行，经企业管理层批准后实施。

在制定标准成本时，企业一般应结合经验数据、行业标杆或实地测算的结果，运用统计分析、工程试验等方法，按照以下程序进行：

（1）就不同的成本或费用项目，分别确定消耗量标准和价格标准；

（2）确定每一成本或费用项目的标准成本；

（3）汇总不同成本项目的标准成本，确定产品的标准成本。

产品标准成本通常由直接材料标准成本、直接人工标准成本和制造费用标准成本构成。每一成本项目的标准成本应分为用量标准（包括单位产品消耗量、单位产品人工小时等）和价格标准（包括原材料单价、小时工资率、小时制造费用分配率等）。

1. 直接材料成本标准的制定

直接材料成本标准，是指直接用于产品生产的材料成本标准，包括标准用量和标准单价两方面。

制定直接材料的标准用量，一般由生产部门负责，会同技术、财务、信息等部门，按照以下程序进行：

（1）根据产品的图纸等技术文件进行产品研究，列出所需的各种材料以及可能的替代材料，并说明这些材料的种类、质量以及库存情况；

（2）在对过去用料经验记录进行分析的基础上，采用过去用料的平均值、最高与最低值的平均数、最节省数量、实际测定数据或技术分析数据等，科学地制定标准用量。

制定直接材料的标准单价，一般由采购部门负责，会同财务、生产、信息等部门，在考虑市场环境及其变化趋势、订货价格以及最佳采购批量等因素的基础上综合确定。

直接材料标准成本的计算公式如下：

直接材料标准成本 = 单位产品的标准用量 × 材料的标准单价

材料按计划成本核算的企业，材料的标准单价可以采用材料计划单价。

2. 直接人工成本标准的制定

直接人工成本标准，是指直接用于产品生产的人工成本标准，包括标准工时和标准工资率。

制定直接人工的标准工时，一般由生产部门负责，会同技术、财务、信息等部门，在对产品生产所需作业、工序、流程工时进行技术测定的基础上，考虑正常的工作间隙，并适当考虑生产条件的变化，生产工序、操作技术的改善，以及相关工作人员主观能动性的充分发挥等因素，合理确定单位产品的工时标准。

制定直接人工的标准工资率，一般由人力资源部门负责，根据企业薪酬制度等制定。

直接人工标准成本的计算公式如下：

直接人工标准成本 = 单位产品的标准工时 × 小时标准工资率

3. 制造费用成本标准的制定

制造费用成本标准应区分变动制造费用项目和固定制造费用项目分别确定。

（1）变动制造费用的制定。变动制造费用，是指通常随产量变化而成正比例变化的制造费用。变动制造费用项目的标准成本根据标准用量和标准价格确定。

变动制造费用的标准用量可以是单位产量的燃料、动力、辅助材料等标准用量，也可以是产品的直接人工标准工时，或者是单位产品的标准机器工时。标准用量的选择需考虑用量与成本的相关性，制定方法与直接材料的标准用量以及直接人工的标准工时类似。

变动制造费用的标准价格可以是燃料、动力、辅助材料等标准价格，也可以是小时标准工资率等。制定方法与直接材料的价格标准以及直接人工的标准工资率类似。

变动制造费用的计算公式如下：

$$\text{变动制造费用项目标准成本}=\text{变动制造费用项目的标准用量}\times\text{变动制造费用项目的标准价格}$$

（2）固定制造费用的制定。固定制造费用，是指在一定产量范围内，其费用总额不会随产量变化而变化，始终保持固定不变的制造费用。固定制造费用一般按照费用的构成项目实行总量控制；也可以根据需要，通过计算标准分配率，将固定制造费用分配至单位产品，形成固定制造费用的标准成本。

制定固定费用标准，一般由财务部门负责，会同采购、生产、技术、营销、财务、人事、信息等有关部门，按照以下程序进行：

①依据固定制造费用的不同构成项目的特性，充分考虑产品的现有生产能力、管理部门的决策以及费用预算等，测算确定各固定制造费用构成项目的标准成本；

②通过汇总各固定制造费用项目的标准成本，得到固定制造费用的标准总成本；

③确定固定制造费用的标准分配率，标准分配率可根据产品的单位工时与预算总工时的比率确定。

其中，预算总工时，是指由预算产量和单位工时标准确定的总工时。单位工时标准可以依据相关性原则在直接人工工时或者机器工时之间做出选择。

固定制造费用标准成本的计算顺序及公式如下：

固定制造费用标准成本由固定制造费用项目预算确定；

$$\text{固定制造费用总成本}=\sum\text{固定制造费用项目标准成本}$$

$$\text{固定制造费用标准分配率}=\frac{\text{单位产品的标准工时}}{\text{预算总工时}}$$

$$\text{固定制造费用标准成本}=\text{固定制造费用总成本}\times\text{固定制造费用标准分配率}$$

企业应在制定标准成本的基础上，将产品成本及其各成本或费用项目的标准用量和标准价格层层分解，落实到部门及相关责任人，形成成本控制标准。

各归口管理部门（或成本中心）应根据相关成本控制标准，控制费用开支与资源消耗，监督、控制成本的形成过程，及时分析偏离标准的差异并分析其成因，并及时采取措施加以改进。

在标准成本法的实施过程中，各相关部门（或成本中心）应对其所管理的项目进行跟踪分析。

生产部门一般应根据标准用量、标准工时等，实时跟踪和分析各项耗用差异，从操作人员、机器设备、原料质量、标准制定等方面寻找差异原因，采取应对措施，控制现场成本，并及时反馈给人力资源、技术、采购、财务等相关部门，共同实施事中控制。

采购部门一般应根据标准价格，按照各项目采购批次，揭示和反馈价格差异形成的原因，控制和降低总采购成本。

企业应定期将实际成本与标准成本进行比较和分析，确定差异数额及性质，揭示差异形成的动因，落实责任中心，寻求可行的改进途径和措施。

（二）标准成本差异的分析

成本差异的计算与分析一般按成本或费用项目进行。

1. 直接材料成本差异分析

直接材料成本差异，是指直接材料实际成本与标准成本之间的差额，该项差异可分解为直接材料价格差异和直接材料数量差异。

直接材料价格差异，是指在采购过程中，直接材料实际价格偏离标准价格所形成的差异；直接材料数量差异，是指在产品生产过程中，直接材料实际消耗量偏离标准消耗量所形成的差异。差异为正值，为超支，称为不利差异；差异为负值，为节约，称为有利差异。单位产品成本差异分析的有关计算公式如下：

直接材料成本差异 = 实际成本 − 标准成本

= 实际耗用量 × 实际单价 − 标准耗用量 × 标准单价

直接材料成本差异 = 直接材料价格差异 + 直接材料数量差异

直接材料价格差异 = 实际耗用量 ×（实际单价 − 标准单价）

直接材料数量差异 =（实际耗用量 − 标准耗用量）× 标准单价

如图 4－9 所示：

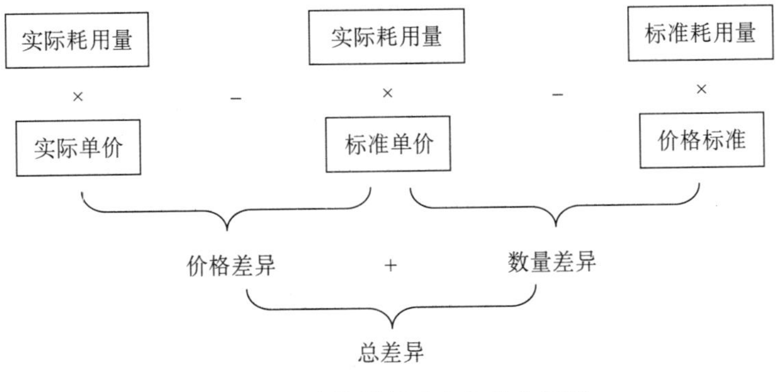

图 4－9　直接材料成本差异分析图

特别提示

标准成本与成本标准，两个词从词义上讲是有差异的，标准成本可以指单位产品标准成本，也可以指一定产量下产品的标准成本。成本标准只能指单位产品的标准成本。标准数量与数量标准、标准价格与价格标准等等皆然。

知识图说

材料差异可以用图 4－10 分析，在图中 Q 为材料耗用量，P 为材料价格，

Q_0、P_0为标准值，Q_1、P_1为实际值。

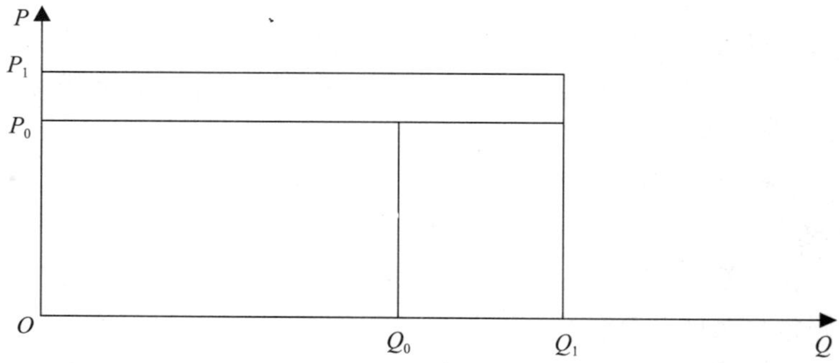

图 4－10　标准成本差异分析图

连环替代法和差额分析法的对比分析

用差额分析法分析如下：

材料量差：$(Q_1 - Q_0) \times P_0$

材料价差：$Q_1 \times (P_1 - P_0)$

随堂练习

如果材料成本项目的标准成本和实际成本的情况分别如图 4－11、图 4－12 和图 4－13 所示，在图上划线分别标出 3 个图示中的量差和价差，分析并标出是有利差异，还是不利差异（用＋或－表示）。

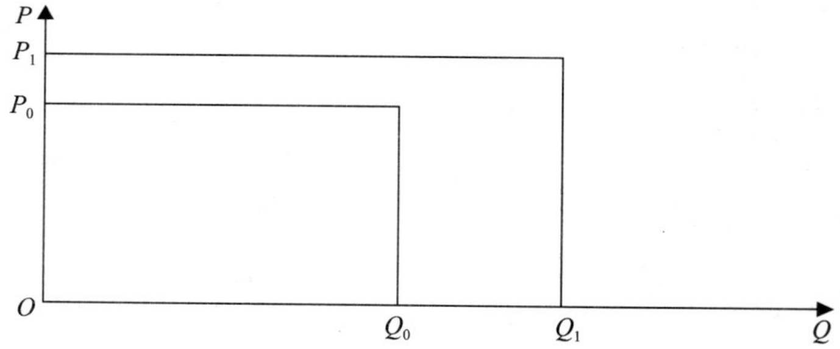

图 4－11　差额分析

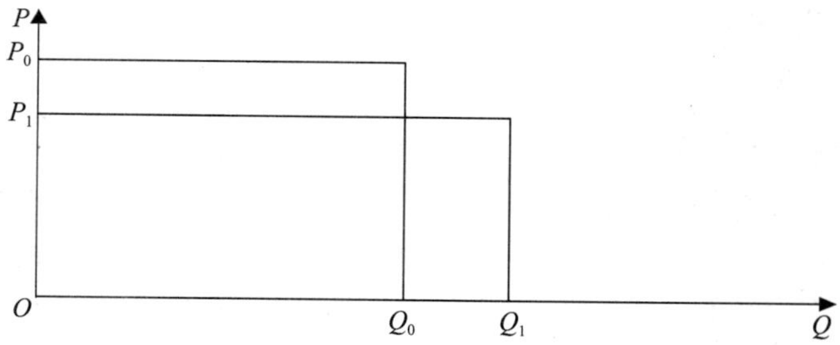

图 4－12　差额分析

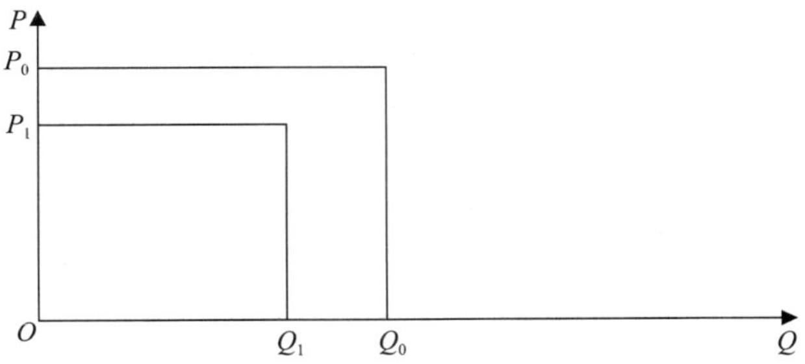

图 4－13 差额分析

2. 直接人工成本差异分析

直接人工成本差异，是指直接人工实际成本与标准成本之间的差额，该差异可分解为工资率差异和人工效率差异。

工资率差异，是指实际工资率偏离标准工资率形成的差异，按实际工时计算确定；人工效率差异，是指实际工时偏离标准工时形成的差异，按标准工资率计算确定。单位产品成本差异分析有关计算公式如下：

直接人工成本差异＝实际成本－标准成本

＝实际工时×实际工资率－标准工时×标准工资率

直接人工成本差异＝直接人工工资率差异＋直接人工效率差异

直接人工工资率差异＝实际工时×（实际工资率－标准工资率）

直接人工效率差异＝（实际工时－标准工时）×标准工资率

3. 变动制造费用项目的差异分析

变动制造费用项目的差异，是指变动制造费用项目的实际发生额与变动制造费用项目的标准成本之间的差额，该差异可分解为变动制造费用项目的价格差异和数量差异。

变动制造费用项目的价格差异，是指燃料、动力、辅助材料等变动制造费用项目的实际价格偏离标准价格的差异；变动制造费用项目的数量差异，是指燃料、动力、辅助材料等变动制造费用项目的实际消耗量偏离标准用量的差异。变动制造费用项目成本差异的计算和分析原理与直接材料和直接人工成本差异的计算和分析相同。

4. 固定制造费用项目成本差异分析

固定制造费用项目成本差异，是指固定制造费用项目实际成本与标准成本之间的差额。其计算公式如下：

固定制造费用项目成本差异＝固定制造费用项目实际成本－固定制造费用项目标准成本

（1）固定制造费用成本二因素分析法。二因素分析法是将固定制造费用差异分为耗费差异和能量差异的分析法。如图 4－14 所示。

图 4－14 中，固定制造费用耗费差异为固定制造费用实际数直线和预算数直线的差。

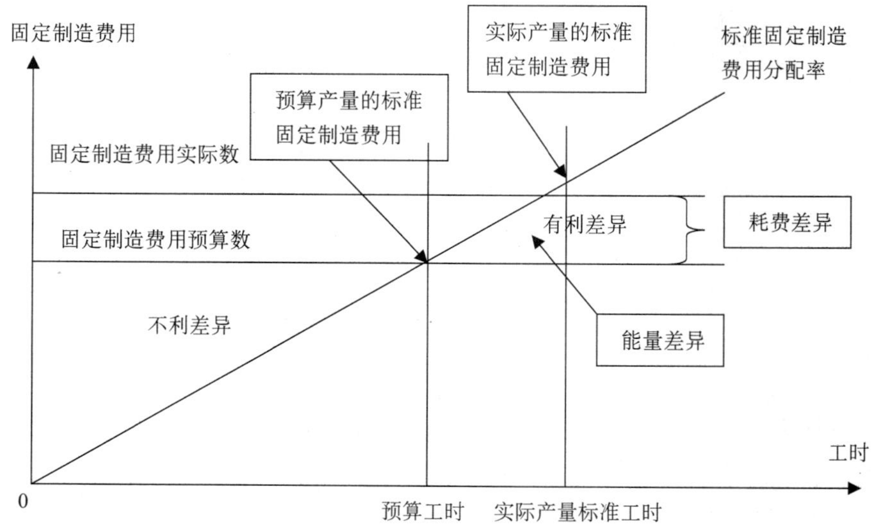

图 4－14　固定制造费用成本二因素差异分析图

固定制造费用能量差异为预算固定制造费用、标准固定制造费用分配率、实际产量标准工时线围出的三角形。

二因素分析的计算公式为：

固定制造费用耗费差异＝固定制造费用实际数－固定制造费用预算数
＝实际产量×单位实际工时×固定制造费用实际分配率－预算产量×单位标准工时×固定制造费用标准分配率

固定制造费用能量差异＝固定制造费用预算数－固定制造费用标准成本
＝（生产能量－实际产量×单位标准工时）×固定制造费用标准分配率
＝（预算产量×单位标准工时－实际产量×单位标准工时）×固定制造费用标准分配率
＝（预算产量－实际产量）×单位标准工时×固定制造费用标准分配率

（2）三因素分析法。三因素分析法是将固定制造费用的成本差异分为耗费差异、效率差异和闲置能量差异 3 部分。耗费差异的计算与二因素分析法相同。不同的是将二因素分析法中的“能量差异”进一步分解为两部分：一部分是实际工时未达到标准能量而形成的闲置能量差异；另一部分是实际工时脱离标准工时而形成的效率差异。如图 4－15 所示。

图 4－15 中，预算固定制造费用、标准固定制造费用分配率、实际产量标准工时线围出的三角形代表了固定制造费用能量差异。

能量差异分解的闲置能量差异在图中为预算固定制造费用、标准固定制造费用分配率、实际工时线围出的三角形。

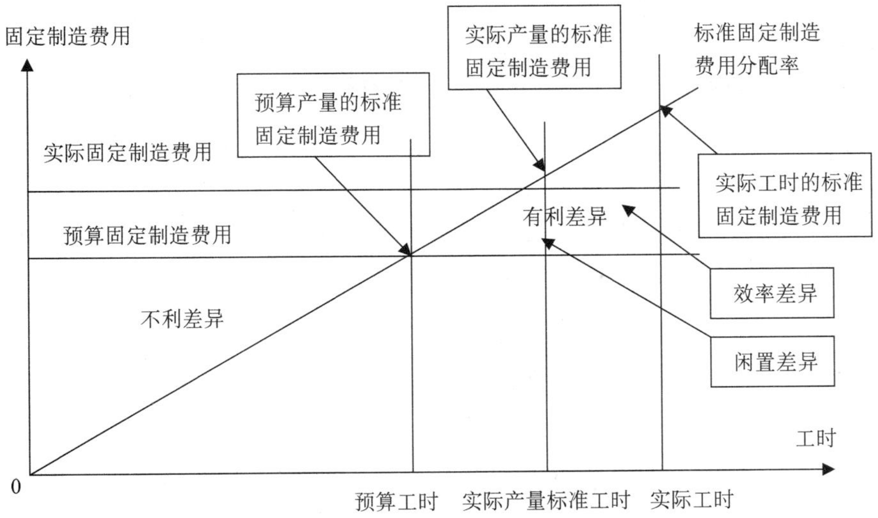

图 4－15　固定制造费用成本三因素差异分析图

效率差异为预算固定制造费用、标准固定制造费用分配率、实际产量标准工时、实际工时线围出的四边形。

有关计算公式如下。

耗费差异＝固定制造费用实际数－固定制造费用预算数

＝固定制造费用实际数－固定制造费用标准分配率×生产能量

＝实际产量×实际工时×固定制造费用实际分配率

－预算产量×标准工时×固定制造费用标准分配率

闲置能量差异＝固定制造费用预算数－实际工时×固定制造费用标准分配率

＝(生产能量－实际产量×单位实际工时)×固定制造费用标准分配率

＝(预算产量×单位标准工时－实际产量×单位实际工时)×固定制造费用标准分配率

效率差异＝(实际产量×单位实际工时－实际产量×单位标准工时)×固定制造费用标准分配率

算为管用，算管结合。企业应根据固定制造费用项目的性质，分析差异的形成原因，并将之追溯至相关责任中心。

在成本差异的分析过程中，企业应关注各项成本差异的规模、趋势及其可控性。对于反复发生的大额差异，企业应进行重点分析与处理。

企业可将生成的成本差异信息汇总，定期形成标准成本差异分析报告，并针对性地提出成本改进措施。

为保证标准成本的科学性、合理性与可行性，企业应定期或不定期对标准成本进行修订与改进。

一般情况下，标准成本的修订工作由标准成本的制定机构负责。企业应至少每年对标准成本进行测试，通过编制成本差异分析表，确认是否存在因标准成本不准确而形成的成本差异。当该类差异较大时，企业应按照标准成本的制定程序，对标准成本进行调整。

除定期测试外，当外部市场、组织机构、技术水平、生产工艺、产品品种等内外部环境发生较大变化时，企业也应及时对标准成本进行调整。

（三）举例

【例4-2】 GL&KJ公司每月正常生产甲产品的产量为1 000件，甲产品的标准成本资料见表4-1。

表4-1 标准成本资料表

项　目	标准成本	单位耗用标准
直接材料	0.1kg×150元/kg	15
直接人工	5工时×4元/工时	20
变动制造费用	6 000元÷1 000件=5工时×1.2元/工时	6
固定制造费用	5 000元/1 000件	5

本月实际生产甲产品800件，实际资料见表4-2。

表4-2 实际成本资料表

项　目	实际成本	单位耗用标准
直接材料	0.11kg×140元/kg	15.4
直接人工	5.5工时×3.9元/工时	21.45
变动制造费用	4 000元÷800件=5.5工时×（5÷5.5）元/工时	5
固定制造费用	5 000元/800件	6.25

要求：分析各项成本差异。

甲产品差异分析如下。

(1) 单件材料成本差异分析。

直接材料数量差异=（实际耗用量-标准耗用量）×标准单价

=（0.11-0.1）×150=1.5（元）

直接材料价格差异=实际耗用量×（实际单价-标准单价）

=（140-150）×0.11=-1.1（元）

直接材料成本差异=数量差异+价格差异

=1.5-1.1=0.4（元）

(2) 单件人工成本差异分析。

直接人工效率差异=（实际工时-标准工时）×标准工资率

=（5.5-5）×4=2（元）

直接工资率差异=实际工时×（实际工资率-标准工资率）

=（3.9-4）×5.5=-0.55（元）

直接人工成本差异=人工效率差异+工资率差异

=2-0.55=1.45（元）

(3) 单件变动制造费用差异分析。

变动费用效率差异 =（实际工时 − 标准工时）× 变动费用标准分配率

=（5.5 − 5）× 1.2 = 0.6（元）

变动费用耗费差异 = 实际工时 ×（变动费用实际分配率 − 变动费用标准分配率）

=（5 ÷ 5.5 − 1.2）× 5.5 = −1.6（元）

变动费用成本差异 = 变动费用效率差异 + 变动费用耗费差异

= 0.6 − 1.6 = −1（元）

（4）固定制造费用差异分析。

固定制造费用实际数 = 实际产量 × 单位实际工时 × 实际分配率

= 800 × 5.5 × 5 000 ÷ 4 400

= 5 000（元）　①

固定制造费用预算数 = 预算产量 × 单位标准工时 × 标准分配率

= 5 000 元 = 1 000 × 5 工时 × 1 元/工时　②

固定制造费用实际工时标准数 = 实际产量 × 单位实际工时 × 标准分配率

= 800 件 × 5.5 工时 × 1 元/工时 = 4 400（元）　③

固定制造费用标准成本 = 实际产量 × 单位标准工时 × 标准分配率

= 800 件 × 5 工时 × 1 元/工时 = 4 000 元　④

固定制造费用耗费差异 = ① − ② = 0

固定制造费用闲置能量差异 = ② − ③ = 5 000 − 4 400 = 600（元）

固定制造费用效率差异 = ③ − ④ = 4 400 − 4 000 = 400（元）

固定制造费用能量差异 = ② − ④ = 闲置能量差异 + 效率差异

= 600 + 400 = 1 000（元）

固定制造费用成本差异 = 0 + 1 000 = 0 + 600 + 400 = 1 000（元）

甲产品总差异 = 800 ×（0.4 + 1.45 − 1）+ 1 000 = 1 680（元）

最后，在财务会计上还要进行账务处理，标准成本法的体系从标准成本制定、差异分析和账务处理才算完成。对比图 4 − 2 成本管理程序，标准成本法体系如图 4 − 16 所示：

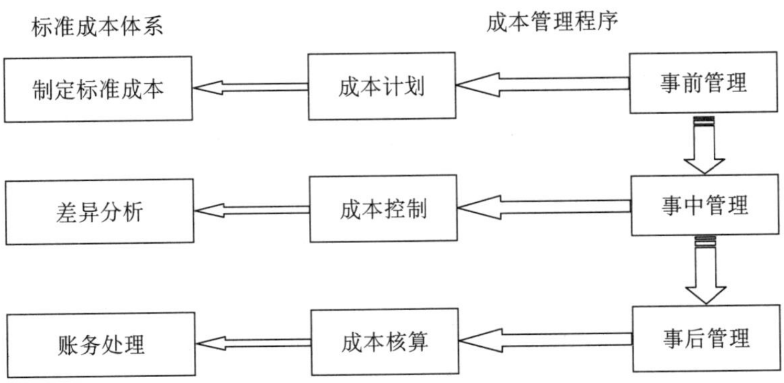

图 4 − 16　标准成本体系与成本管理程序

随堂练习

直接人工标准成本和实际成本资料见表4-3，计算有关指标，并填列。

表4-3　　直接人工差异计算表

项目	工时	工资率	合计
标准成本	8	30	
实际成本	7	35	
差　　异	效率差异 =	工资率差异 =	

知识图说

经常听到这样一个故事：制定标准就像摘苹果，苹果太高，够不着，摘苹果的人就不够了，game over；太低，不用使劲就够着了，so easy。造成标准制定过高，执行标准者不会参与游戏（game），专业的名词称为博弈；标准制定过低，制定标准者也不会参与博弈。

因为标准是人为确定的，就会出现：叫你能完成你就能完成，完不成也能完成；叫你完不成你就完不成，完成也能完不成。这就是标准的副作用。

先看单一指标分析，有越大越好的指标，如成果类的指标；也有越小越好的指标，如消耗类指标。这里以成本为例，如图4-17所示：

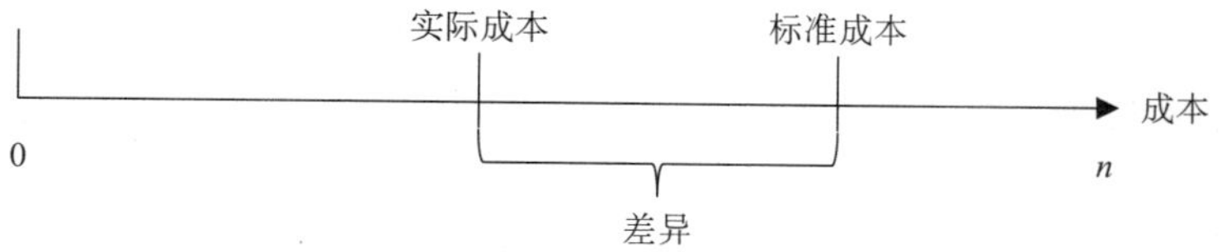

图4-17　成本定额完成情况分析

虽然标准是事先制定的，但是这个事先也是主观的“事先”。因此，实际和标准的差异就有了人为的因素了：

第一，让出现正差异，还是负差异？

第二，出现差异大，还是差异小？

第三，让差异进完工产品成本，还是进在产品成本，即进入利润表，还是资产负债表？

第四，是当期及时处理，还是以后处理？

复合指标分析，使责任更明晰，分析更复杂，副作用也就更大。

（四）标准成本法工具方法评价

标准成本法的主要优点是：

（1）能及时反馈各成本项目不同性质的差异，有利于考核相关部门及人员的业绩；

（2）标准成本的制定及其差异和动因的信息可以使企业预算的编制更为科学和可行，有助于企业的经营决策。

其主要缺点是：

（1）要求企业产品的成本标准比较准确、稳定，在使用条件上存在一定的局限性；

（2）对标准管理水平较高，系统维护成本较高；

（3）标准成本需要根据市场价格波动频繁更新，导致成本差异可能缺乏可靠性，降低成本控制效果。

第4节　变动成本法

一、变动成本法的概述

（一）变动成本法的概念

变动成本法，是指企业以成本性态分析为前提条件，仅将生产过程中消耗的变动生产成本作为产品成本的构成内容，而将固定生产成本和非生产成本作为期间成本，直接由当期收益予以补偿的一种成本管理方法。

回看一下本章开始的导入案例，案例中定义了成本性态，其是指成本与业务量之间的相互依存关系。按照成本性态，成本可划分为固定成本、变动成本和混合成本。

1. 固定成本

固定成本，是指在一定范围内，其总额不随业务量变动而增减变动，但单位成本随业务量增加而相对减少的成本。如图4－18所示：

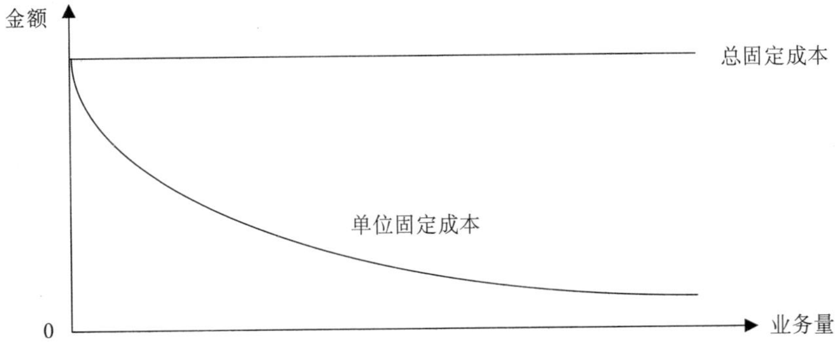

图4－18　固定成本性态图

固定成本还可以进一步划分为酌量性固定成本和约束性固定成本。

酌量性固定成本，也称选择性固定成本，是指管理者的决策可以改变其支出数额的固定成本，如新产品开发费、广告费、职工培训费等。基本特征是，其数额的大小直接取决于企业管理者根据企业的经营状况所作出的决策。

约束性固定成本，是指管理者的决策无法改变其支出数额的固定成本，如厂房及机器设备按直线法计提的折旧费、房屋及设备租金、不动产税、财产保险费、照明费、行政管理人员的薪金等。约束性固定成本反映的是形成和维持企业最起码生产经营能力的成本，也是企业经营业务必须负担的最低成本，因此又称经营能力成本。

固定成本的固定是相对的，是在一定范围内的固定，这个“一定范围内”即一定的区间，称为相关范围。超过了相关范围，固定成本就会发生变化，比如扩建厂房，增加购置设备，折旧就会增加等等，形成了新的相关范围，在新的相关范围内有新的固定成本。

2. 变动成本

变动成本，是指在一定范围内，其总额随业务量变动发生相应的正比例变动，而单位成本保持不变的成本。如图 4－19 所示：

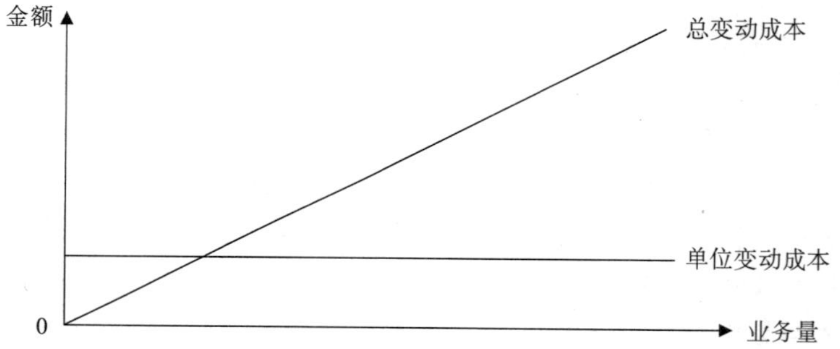

图 4－19　变动成本性态图

变动成本也可进一步划分为酌量性变动成本和约束性变动成本。变动成本也有相关范围。

随堂练习

根据表中资料，计算并填制下表 4－4。

表 4－4　**成本性态分析计算表**

序号	业务量	总固定成本	单位固定成本	单位变动成本	总变动成本
1	200	10 000		50	
2	500	10 000		50	
3	1 000		10		50 000
4	2 000		5		100 000

3. 混合成本

混合成本，是指总额随业务量变动但不成正比例变动的成本。

混合成本根据其发生的情况，可以分为三类：

（1）半变动成本，在业务量为零时，成本不为零，变动部分则是在基数成本的基础上随业务量的增长而正比例增长的成本。如企业的电话费、水费、电费、煤气费、机器设备维修保养费等就属于这类成本。

（2）半固定成本，又称阶梯式混合成本，是其总额会随产量呈阶梯式变动的成本。这类成本的特点是在一定业务量范围内其成本不随业务量的变动而变动，类似固定成本，当业务量突破这一范围，成本就会跳跃上升，并在新的业务量变动范围内固定不变，直到出现另一个新的跳跃为止。如企业化验员、保养工、质检员、运货员等人员的工资等就属于这类成本。

（3）延伸变动成本，业务量在一定相关范围内为固定成本，超过这个范围为变动成本。例如，在正常产量情况下给员工支付固定月工资，当产量超过正常水平后则需支付加班费，这种人工成本就属于延期变动成本。

综上所述，变动成本法及相关概念，以及与完全成本法的区别，如图4－20所示：

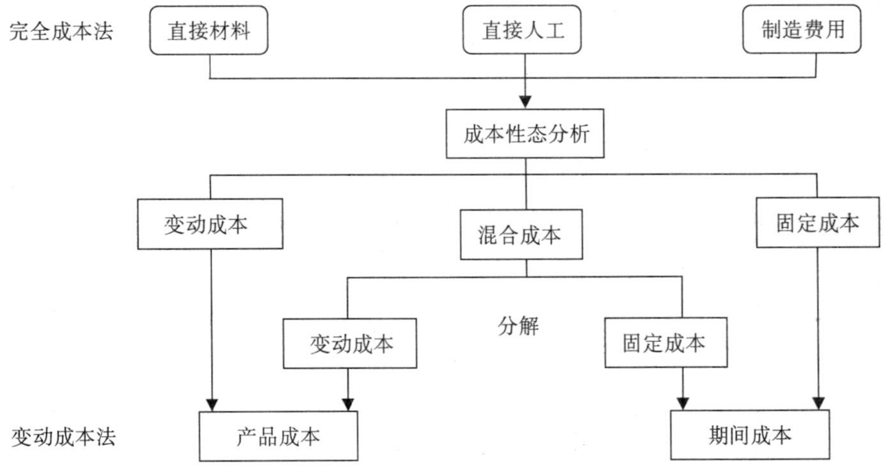

图4－20　变动成本法的相关概念及与完全成本法的区别

特别提示

一般讲直接材料、直接人工都是变动成本，制造费用中包含有变动成本、固定成本和混合成本项目。但因为薪酬制度中有计件工资、计时工资、保底加提成等方式，还有奖金、补助等等，所以直接人工要根据薪酬制度的情况进行分析，本教材假设直接人工为计件工资制，为变动成本。

变动成本法通常用于分析各种产品的盈利能力，为正确制定经营决策、科学进行成本计划、成本控制和成本评价与考核等工作提供有用信息。

（二）变动成本法的适用范围

变动成本法一般适用于同时具备以下特征的企业：

（1）企业固定成本比重较大，当产品更新换代的速度较快时，分摊计入产品成本中的固定成本比重大，采用变动成本法可以正确反映产品盈利状况；

（2）企业规模大，产品或服务的种类多，固定成本分摊存在较大困难；

（3）企业作业保持相对稳定。

二、变动成本法的应用环境

企业应用变动成本法，应遵循成本管理一节中对应用环境的一般要求。

企业应用变动成本法所处的外部环境，一般应具备以下特点：

（1）市场竞争环境激烈，需要频繁进行短期经营决策。

（2）市场相对稳定，产品差异化程度不大，以利于企业进行价格等短期决策。

企业应保证成本基础信息记录完整，财务会计核算基础工作完善。

企业应建立较好的成本性态分析基础，具有划分固定成本与变动成本的科学标准，以及划分标准的使用流程与规范。

企业能够及时、全面、准确地收集与提供有关产量、成本、利润以及成本性态等方面的信息。

三、变动成本法的应用程序

（一）成本性态和分解方法

企业应用变动成本法，一般按照成本性态分析、变动成本计算、损益计算等程序进行。

成本性态分析，是指企业基于成本与业务量之间的关系，运用技术方法，将业务范围内发生的成本分解为固定成本和变动成本的过程。

混合成本的分解方法主要包括：高低点法、回归分析法、账户分析法（也称会计分析法）、技术测定法（也称工业工程法）、合同确认法，前两种方法需要借助数学方法进行分解，后三种方法可通过直接分析认定。

1. 高低点法

企业以过去某一会计期间的总成本和业务量资料为依据，从中选取业务量最高点和业务量最低点，将总成本进行分解，得出成本模型。如图 4－21 所示：

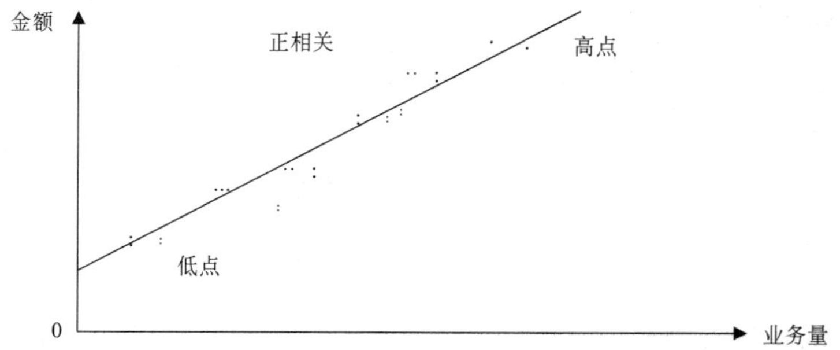

图 4－21　高低点图

计算公式如下：

单位变动成本 =（最低点业务量的成本 - 最高点业务量的成本）÷（最低点业务量 - 最高点业务量）

固定成本总额 = 最高点业务量的成本 - 单位变动成本 × 最高点业务量

或：　　　　 = 最低点业务量的成本 - 单位变动成本 × 最低点业务量

【例 4-3】 GL&KJ 公司维修成本资料见表 4-5。

表 4-5　　成本资料表

期（年）	20×1	20×2	20×3	20×4	20×5	20×6	20×7	20×8
工时（千工时）	22	23	19	12	9	7	11	14
成本（千元）	23	25	20	20	15	14	14	16

要求：用高低点法分解成本。

解：

选择高低点，(23，25)(7，14)

设：固定成本为 a，变动成本为 b，建立方程：

$$\begin{cases} 25 = a + 23b \\ 14 = a + 7b \end{cases}$$

计算得：$a = 9.187$，$b = 0.687$

则：$y = 9.187 + 0.687x$

随堂练习

GL&KJ 公司混合成本资料见表 4-6。要求：分解成本；若第 8 期的产量为 80 件，成本为多少？

表 4-6　　成本资料表

期	1	2	3	4	5	6	7
产量（件）	55	40	60	59	60	70	65
成本（千元）	400	450	590	570	600	660	670

特别提示

高低点的选择，一定要以业务量为基础选择，不是以成本的高低选择的高低点；业务量和成本是一一对应关系，也不能按业务量选一对高低点，成本选一对高低点。

如果高点的业务量对应几个成本点时，选成本最高的点；低点的业务量对应几个成本点时，选成本最低的点。

在计算时，若 $a < 0$，应再选择次高点，或者次低点，进行计算。

通过计算可知，高低点法计算较为简单，但结果代表性较差。

2. 回归分析法

企业根据过去一定期间的业务量和混合成本的历史资料，应用最小二乘法原理，计算最能代表业务量与混合成本关系的回归直线，借以确定混合成本中固定成本和变动成本的方法。

计算公式如下：

假设混合成本符合总成本模型，即：

$Y = a + bX$

式中：a 为固定成本部分；

b 为单位变动成本。

知识链接

回归分析法公式的简捷求法：

回归方程：$y = a + bx$

两边求和：$\sum y = na + b\sum x$

每项乘 x：$\sum xy = a\sum x + b\sum x^2$

解联立方程：$\begin{cases} \sum y = na + b\sum x \\ \sum xy = a\sum x + b\sum x^2 \end{cases}$

即可求得 a、b。

【例 4－4】 以【例 4－3】资料，按回归分析法计算 a、b 值，列出回归分析方程。

解：首先，进行资料分析见表 4－7。

表 4－7　　回归分析工作底稿

期（年）	工时 x（千工时）	成本 y（千元）	xy	x^2
20×1	22	23	506	484
20×2	23	25	575	529
20×3	19	20	380	361
20×4	12	20	240	144
20×5	9	15	135	81
20×6	7	14	98	49
20×7	11	14	154	121
20×8	14	16	224	196
$n=8$	$\sum x = 117$	$\sum y = 147$	$\sum xy = 2312$	$\sum x^2 = 1965$

然后，将表中数据代入上述 a、b 值的公式，求得：

$b=0.644$

$a=8.957$

则：$y=8.957+0.644x$

结论：回归分析法的结果较为精确，但计算较为复杂。

3. 账户分析法

企业根据有关成本账户及其明细账的内容，结合其与产量的依存关系，判断其比较接近的成本类别，将其视为该类成本。

账户分析法较为简便易行，但比较粗糙且带有主观判断。

4. 技术测定法

企业根据生产过程中各种材料和人工成本消耗量的技术测定来划分固定成本和变动成本。

技术测定法仅适用于投入成本和产出数量之间有规律性联系的成本分解。

5. 合同确认法

企业根据订立的经济合同或协议中关于支付费用的规定，来确认并估算哪些项目属于变动成本，哪些项目属于固定成本。

合同确认法一般要配合账户分析法使用。

（二）变动成本法的运用

在变动成本法下，为加强短期经营决策，按照成本性态，企业的生产成本分为变动生产成本和固定生产成本，非生产成本分为变动非生产成本和固定非生产成本。其中，只有变动生产成本才构成产品成本，其随产品实体的流动而流动，随产量变动而变动。

在变动成本法下，利润的计算通常采用贡献式利润表，基本格式见下文表4－11。

该表一般应包括营业收入、变动成本、边际贡献、固定成本、利润等项目。其中，变动成本包括变动生产成本和变动非生产成本两部分，固定成本包括固定生产成本和固定非生产成本两部分。

边际贡献，也称边际利润、贡献毛益、边际收益、创利额等，指销售收入减去变动成本后的差额。

贡献式利润表中损益计算包括以下两个步骤：

1. 计算边际贡献总额

边际贡献总额＝营业收入总额－变动成本总额
　　　　　　＝销售单价×销售量－单位变动成本×销售量
　　　　　　＝（销售单价－单位变动成本）×销售量
　　　　　　＝单位边际贡献×销售量

根据公式，可绘制图，如图4－22所示：

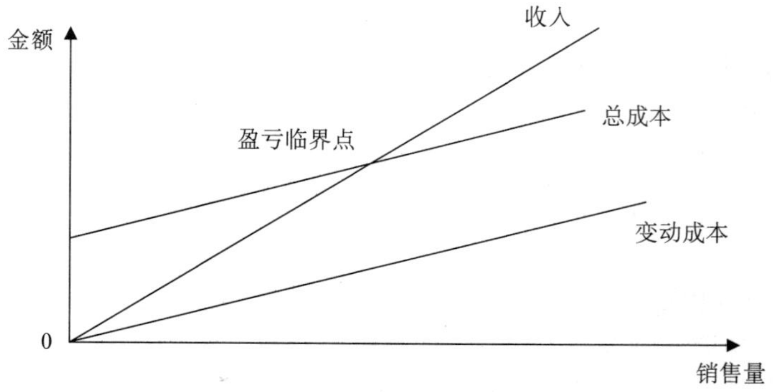

图 4－22　边际贡献式本量利图

2. 计算当期利润

利润 = 边际贡献总额 － 固定成本总额

随堂练习

根据资料，练习变动成本的运用，请补充下表 4－8 内容。

表 4－8　　变动成本运用练习

公司	销售量	销售额	变动成本总额	单位贡献边际	固定成本	利润
G		1 000		2	300	100
L	150	900			250	50
K	100		500	4		200
J		2 600	1 820	3		180

阅读材料

在财务会计上，用完全成本法计算产品成本时会出现销售量一样的情况下，利润不一样，为什么呢？举例如下，企业生产销售甲产品，单位售价 100 元/件，单位变动成本 30 元/件，固定成本为 2 000 元，其他资料见表 4－9，按照完全成本法计算填制表 4－10（存货采用加权平均法）。

表 4－9　　数量表

项目	1 期	2 期	3 期
期初	0	100	100
生产量	200	100	0
销售量	100	100	100
期末库存	100	100	0

表 4－10　　　完全成本利润表

项目	1 期	2 期	3 期
收入	10 000	10 000	10 000
总成本	200×30＋2 000	4 000＋100×30＋2 000	4 500＋2 000
减：发出成本	4 000	4 500	6 500
存货成本	4 000	4 500	0
利润	6 000	5 500	3 500

表 4－10 中，三期销售量完全一样，但利润有变化，为什么呢？从表 4－10 中可以看出，是因为期末库存的变化，固定成本在发出成本和存货成本之间分摊造成的，如第一期固定成本在发出成本和存货成本中平均分配。完全成本法在销售量不变的情况下，由于存货的变化，利润会发生变化。

这个道理会计人员好理解，但对于非会计人员就从逻辑上解释不清了。那么，有没有一种符合逻辑的方法解决这个问题呢？有，这就是变动成本法，把影响利润差异的固定成本在当期损益中直接扣减，就解决了这个问题。见表 4－11：

表 4－11　　　变动成本利润表

项目	1 期	2 期	3 期
收入	10 000	10 000	10 000
减：变动成本	3 000	3 000	3 000
边际贡献	7 000	7 000	7 000
减：固定成本	2 000	2 000	2 000
利润	5 000	5 000	5 000

对比两表，在销售量一样的情况下，第一期完全成本法比变动成本法利润多 1 000 元，为什么？因为期末存货 100 件“吸”收了 1 000 元固定成本，造成利润 1 000 元的差量；第二期完全成本法还是比变动成本法多 500 元利润，为什么？道理同上；而第三期完全成本法比变动成本法利润少了 1 500 元，为什么？因为完全成本法把前面吸收的 1 500 元“呼”出来了！所以完全成本法也称为吸收成本法，或者吸纳成本法。

随堂练习

GL&KL 公司生产销售 A 产品，单位售价 50 元/件，单位变动成本 20 元/件，固定成本为 5 000 元，其他资料见表 4－12。要求：按照变动成本法填制表 4－13。

表 4－12　　　　数　量　表

项目	1月	2月	3月
期初	10	110	110
生产量	200	100	0
销售量	100	100	110
期末库存	110	110	0

表 4－13　　　　变动成本利润表

项目	1月	2月	3月
营业收入			
减：变动成本			
边际贡献			
减：固定成本			
利润			

（三）变动成本工具方法评价

变动成本法的主要优点是：

（1）区分固定成本与变动成本，有利于明确企业产品盈利能力和划分成本责任；

（2）保持利润与销售量增减相一致，促进以销定产；

（3）揭示了销售量、成本和利润之间的依存关系，使当期利润真正反映企业经营状况，有利于企业经营预测和决策。

其主要缺点是：

（1）计算的单位成本并不是完全成本，不能反映产品生产过程中发生的全部耗费；

（2）不能适应长期决策的需要。

第5节　作业成本法

一、作业成本法的概述

（一）作业成本法的概念

作业成本法（Activity Based Costing，缩写 ABC），是指以“作业消耗资源、产出消耗作业”为原则，按照资源动因将资源费用追溯或分配至各项作业，计算出作业成本，然后再根据作业动因，将作业成本追溯或分配至各成本对象，最终完成成本计算的成本管理方法。产出，指成本计算对象，包括产品和劳务。如图 4－23 所示：

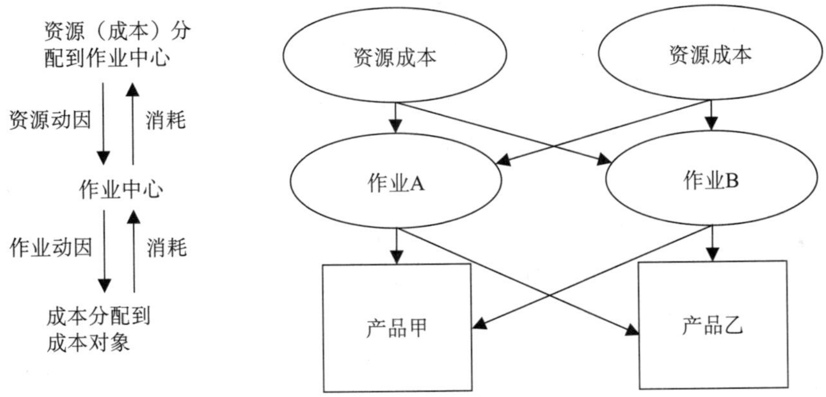

图 4－23　作业成本法的原理

费用分配和整合的过程

知识链接

作业成本法的背景及起源

近二三十年来，在电子技术革命的基础上产生了高度自动化的先进制造企业，带来了管理观念和管理技术的巨大变革，适时制采购与制造系统，以及与其密切相关的零库存、单元制造、全面质量管理等崭新的管理观念与技术应运而生。在先进的制造环境下，许多人工已被机器取代，因此，直接人工成本的比例大大下降，固定制造费用大幅度上升。20 世纪 30 年代的间接费用仅占直接人工成本的 50%～60%，而 21 世纪的今天大多数公司的间接费用是直接人工成本的 4～5 倍；以往直接人工成本占产品成本的 40%～50%，今天却不到 10%，甚至仅占产品成本的 3%～5%。如图 4－24 所示：

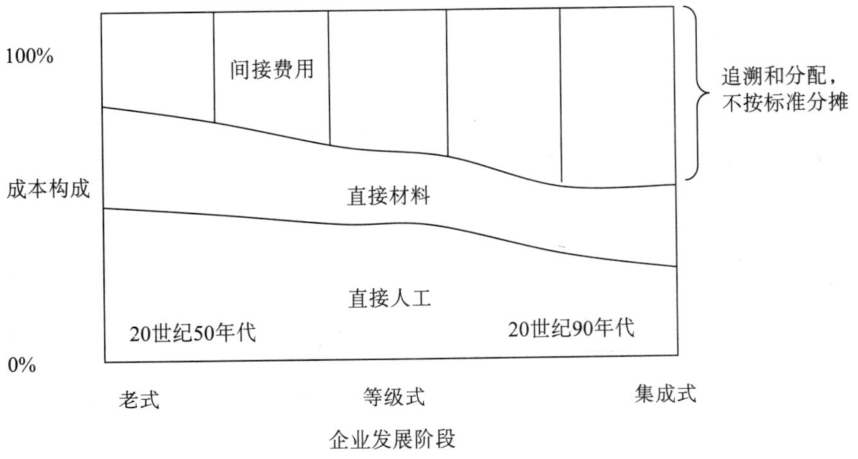

图 4－24　间接费用正在取代直接费用①

① ［美］美国管理会计师协会．刘霄仑主译．管理会计公告（第 3 辑）［M］．北京：人民邮电出版社，2013：6.

产品成本结构如此重大的变化，使得传统的“数量基础成本计算”（如以工时、机器工时为基础的成本分摊方法）不能正确地反映产品的消耗，从而不能正确地核算企业自动化的效益，不能为企业决策和控制提供正确有用的会计信息；其最终后果是企业总体获利水平下降。

作业成本法起源于美国，首先由埃里克·科勒（Eric L. Kohler）提出。科勒发现水力发电生产过程中，直接成本比重很低、间接成本很高，从根本上冲击了传统的按照工时比例分配间接费用的成本核算方法。后来，斯拖布斯（G. T. Staubus）对ABC理论做了进一步研究。20世纪末，由于计算机为主导的生产自动化、智能化程度日益提高，直接人工费用普遍减少，间接成本相对增加，明显突破了制造成本法中“直接成本比例较大”的假定，导致了ABC研究的全面兴起，代表者是哈佛大学的卡普兰教授（Robert S. Kaplan）。

资源费用，是指企业在一定期间内开展经济活动所发生的各项资源耗费。资源费用既包括房屋及建筑物、设备、材料、商品等有形资源的耗费，也包括信息、知识产权、土地使用权等各种无形资源的耗费，还包括人力资源耗费以及其他各种税费支出等。

作业，是指企业基于特定目的重复执行的任务或活动，是连接资源和成本对象的桥梁。一项作业既可以是一项非常具体的任务或活动，也可以泛指一类任务或活动。

按消耗对象不同，作业可分为主要作业和次要作业。主要作业是被产品、服务或客户等最终成本对象消耗的作业。次要作业是被原材料、主要作业等介于中间地位的成本对象消耗的作业。

成本对象，是指企业追溯或分配资源费用、计算成本的对象物。

成本对象可以是工艺、流程、零部件、产品、服务、分销渠道、客户、作业、作业链等需要计量和分配成本的项目。

不同企业的作业构成具有较大的差别。对于制造业企业来说，其作业一般包括进货作业、生产作业、营销作业、发货作业、服务作业，以及财务等管理作业、职员招聘等人力资源管理作业、产品开发和工艺流程改进等技术开发作业，如图4-25所示。

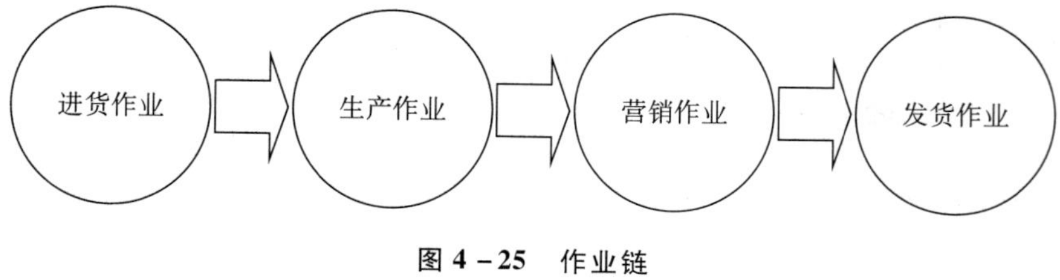

图4-25　作业链

上述各种作业，围绕满足顾客需要，形成了一系列由此及彼、由内到外、前后有序、环环相扣的集合体，这一作业的集合体就被称为作业链。

特别提示

作业链就是价值链，就是成本链，无效率的作业，只有成本发生，没有价值创造，就要去掉，壮士断腕坚决去掉，流程再造，这才是作业管理的精髓所在。如图 4－26 所示：

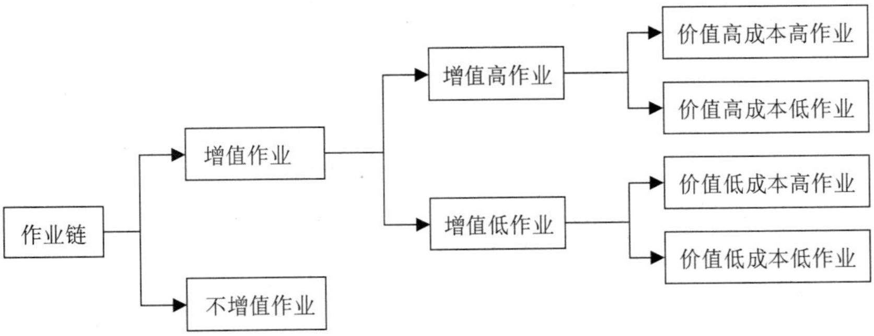

图 4－26　作业链的价值

不增值作业必须去除，价值高成本高作业和增值低作业是需要整合的。由于企业内部各个部门的责任不同，形成了不同的责任中心，因此企业追求的，对利润中心来说应该是有利润的作业，对成本中心来说应该是成本低的作业。

成本动因，是指诱导成本发生的原因，是成本对象与其直接关联的作业和最终关联的资源之间的中介。

按其在资源流动中所处的位置和作用，成本动因可分为资源动因和作业动因。

（二）作业成本法的目标

作业成本法的应用目标包括：

（1）通过追踪所有资源费用到作业，然后再到流程、产品、分销渠道或客户等成本对象，提供全口径、多维度的更加准确的成本信息；

（2）通过作业认定、成本动因分析以及对作业效率、质量和时间的计量，更真实地揭示资源、作业和成本之间的联动关系，为资源的合理配置以及作业、流程和作业链（或价值链）的持续优化提供依据；

（3）通过作业成本法提供的信息及其分析，为企业更有效地开展规划、决策、控制、评价等各种管理活动奠定坚实基础。

（三）作业成本法的适用范围

作业成本法一般适用于具备以下特征的企业：作业类型较多且作业链较长；同一生产线生产多种产品；企业规模较大且管理层对产品成本准确性要求较高；产品、客户和生产过程多样化程度较高；间接或辅助资源费用所占比重较大等。

二、作业成本法的应用环境

企业应用作业成本法，应遵循成本管理一节中对应用环境的一般要求。

企业应用作业成本法所处的外部环境，一般应具备以下特点之一：一是客户个性化需求较高，市场竞争激烈；二是产品的需求弹性较大，价格敏感度高。

企业应用作业成本法应基于作业观，即企业作为一个为最终满足客户需要而设计的一系列作业的集合体，进行业务组织和管理。

企业应成立由生产、技术、销售、财务、信息等部门的相关人员构成的设计和实施小组，负责作业成本系统的开发设计与组织实施工作。

企业应能够清晰地识别作业、作业链、资源动因和成本动因，为资源费用以及作业成本的追溯或分配提供合理的依据。

企业应拥有先进的计算机及网络技术，配备完善的信息系统，能够及时、准确提供各项资源、作业、成本动因等方面的信息。

三、作业成本法的应用程序

企业应用作业成本法，一般按照资源识别及资源费用的确认与计量、成本对象选择、作业认定、作业中心设计、资源动因选择与计量、作业成本汇集、作业动因选择与计量、作业成本分配、作业成本信息报告等程序进行。

（一）资源识别及资源费用的确认与计量

资源识别及资源费用的确认与计量，是指识别出由企业拥有或控制的所有资源，遵循国家统一的会计制度，合理选择会计政策，确认和计量全部资源费用，编制资源费用清单，为资源费用的追溯或分配奠定基础。

资源费用清单一般应分部门列示当期发生的所有资源费用，其内容要素一般包括发生部门、费用性质、所属类别、受益对象等。

资源识别及资源费用的确认与计量应由企业的财务部门负责，在基础设施管理、人力资源管理、研究与开发、采购、生产、技术、营销、服务、信息等部门的配合下完成。

（二）成本对象选择

在作业成本法下，企业应将当期所有的资源费用，遵循因果关系和受益原则，根据资源动因和作业动因，分项目经由作业追溯或分配至相关的成本对象，确定成本对象的成本。

企业应根据国家统一的会计制度，并考虑预算控制、成本管理、营运管理、业绩评价以及经济决策等方面的要求确定成本对象。

（三）作业认定

作业认定，是指企业识别由间接或辅助资源执行的作业集，确认每一项作业完成的工作以及执行该作业所耗费的资源费用，并据以编制作业清单的过程。

作业认定的内容主要包括对企业每项消耗资源的作业进行识别、定义和划分，确定每项作业在生产经营活动中的作用、同其他作业的区别以及每项作业与耗用资源之间的关系。

作业认定一般包括以下两种形式：

（1）根据企业生产流程，自上而下进行分解。

（2）通过与企业每一部门负责人和一般员工进行交流，自下而上确定他们所做的工作，并逐一认定各项作业。

企业一般应将两种方式相结合，以保证全面、准确认定作业。

作业认定的具体方法一般包括调查表法和座谈法。调查表法，是指通过向企业全体员工发放调查表，并通过分析调查表来认定作业的方法。座谈法，是指通过与企业员工的面对面交谈，来认定作业的方法。

企业一般应将两种方法相结合，以保证全面、准确认定全部作业。

企业对认定的作业应加以分析和归类，按顺序列出作业清单或编制出作业字典。作业清单或作业字典一般应当包括作业名称、作业内容、作业类别、所属作业中心等内容。

（四）作业中心设计

作业中心设计，是指企业将认定的所有作业按照一定的标准进行分类，形成不同的作业中心，作为资源费用追溯或分配对象的过程。

作业中心可以是某一项具体的作业，也可以是由若干个相互联系的能够实现某种特定功能的作业的集合。

企业可按照受益对象、层次和重要性，将作业分为以下 5 类，并分别设计相应的作业中心：

（1）产量级作业，是指明确地为个别产品（或服务）实施的、使单个产品（或服务）受益的作业。该类作业的数量与产品（或服务）的数量成正比例变动。包括产品加工、检验等。

（2）批别级作业，是指为一组（或一批）产品（或服务）实施的、使该组（或批）产品（或服务）受益的作业。该类作业的发生是由生产的批量数而不是单个产品（或服务）引起的，其数量与产品（或服务）的批量数成正比变动。包括设备调试、生产准备等。

（3）品种级作业，是指为生产和销售某种产品（或服务）实施的、使该种产品（或服务）的每个单位都受益的作业。该类作业用于产品（或服务）的生产或销售，但独立于实际产量或批量，其数量与品种的多少成正比例变动。包括新产品设计、现有产品质量与功能改进、生产流程监控、工艺变换需要的流程设计、产品广告等。

（4）客户级作业，是指为服务特定客户所实施的作业。该类作业保证企业将产品（或服务）销售给个别客户，但作业本身与产品（或服务）数量独立。包括向个别客户提供的技术支持活动、咨询活动、独特包装等。

（5）设施级作业，是指为提供生产产品（或服务）的基本能力而实施的作业。该类作业是开展业务的基本条件，其使所有产品（或服务）都受益，但与产量或销量无关。包括管理作业、针对企业整体的广告活动等。

（五）资源动因选择与计量

资源动因是引起资源耗用的成本动因，它反映了资源耗用与作业量之间的因果关系。资源动因选择与计量为将各项资源费用归集到作业中心提供了依据。

企业应识别当期发生的每一项资源消耗，分析资源耗用与作业中心作业量之间的因果关系，选择并计量资源动因。

企业一般应选择那些与资源费用总额呈正比例关系变动的资源动因作为资源费用分配的依据。

特别提示

作业成本法（ABC）改进了传统成本模型，将单个作业作为基本成本对象，但它仍假设了作业量水平与成本之间存在线性关系。

事实上，某些成本的变化与作业的变化并不严格成正比，因为管理者会做出审慎决策来调整或保留资源。这种在作业增加和减少时成本行为的不对称性，称为“成本粘性”（Anderson，Banker and Janakiraman，2003）。粘性成本发生，是由于管理者必须对增加或减少资源做出决定。销售增长时，必须增加资源以适应增长；销售下滑时，必须管理闲置资源——它们不会自行消失。①

（六）作业成本归集

作业成本归集，是指企业根据资源耗用与作业之间的因果关系，将所有的资源成本直接追溯或按资源动因分配至各作业中心，计算各作业总成本的过程。

作业成本汇集应遵循以下基本原则：

（1）对于为执行某种作业直接消耗的资源，应直接追溯至该作业中心；

（2）对于为执行两种或两种以上作业共同消耗的资源，应按照各作业中心的资源动因量比例分配至各作业中心。

为便于将资源费用直接追溯或分配至各作业中心，企业还可以按照资源与不同层次作业的关系，将资源分为如下五类：

（1）产量级资源，包括为单个产品（或服务）所取得的原材料、零部件、人工、能源等。

（2）批别级资源，包括用于生产准备、机器调试的人工等。

（3）品种级资源，包括为生产某一种产品（或服务）所需要的专用化设备、软件或人力等。

（4）顾客级资源，包括为服务特定客户所需要的专门化设备、软件和人力等。

① 马克·安德森，于东宁．王平译．经济低迷期的成本管理［J］．中国管理会计，2019（1）．

（5）设施级资源，包括土地使用权、房屋及建筑物，以及所保持的不受产量、批别、产品、服务和客户变化影响的人力资源等。

（七）作业动因选择与计量

对产量级资源费用，应直接追溯至各作业中心的产品等成本对象。对于其他级别的资源费用，应选择合理的资源动因，按照各作业中心的资源动因量比例，分配至各作业中心。

企业为执行每一种作业所消耗的资源费用的总和，构成该种作业的总成本。

作业动因是引起作业耗用的成本动因，反映了作业耗用与最终产出的因果关系，是将作业成本分配到流程、产品、分销渠道、客户等成本对象的依据。

当作业中心仅包含一种作业的情况下，所选择的作业动因应该是引起该作业耗用的成本动因；当作业中心由若干个作业集合而成的情况下，企业可采用回归分析法或分析判断法，分析比较各具体作业动因与该作业中心成本之间的相关关系，选择相关性最大的作业动因，即代表性作业动因，作为作业成本分配的基础。

作业动因需要在交易动因、持续时间动因和强度动因间进行选择。其中，交易动因，是指用执行频率或次数计量的成本动因，包括接受或发出订单数、处理收据数等；持续时间动因，是指用执行时间计量的成本动因，包括产品安装时间、检查小时等；强度动因，是指不易按照频率、次数或执行时间进行分配而需要直接衡量每次执行所需资源的成本动因，包括特别复杂产品的安装、质量检验等。

企业如果每次执行所需要的资源数量相同或接近，应选择交易动因；如果每次执行所需要的时间存在显著的不同，应选择持续时间动因；如果作业的执行比较特殊或复杂，应选择强度动因。

对于选择的作业动因，企业应采用相应的方法和手段进行计量，以取得作业动因量的可靠数据。

（八）作业成本分配

作业成本分配，是指企业将各作业中心的作业成本按作业动因分配至产品等成本对象，并结合直接追溯的资源费用，计算出各成本对象的总成本和单位成本的过程。

作业成本分配一般按照以下两个程序进行：

1. 分配次要作业成本至主要作业，计算主要作业的总成本和单位成本

企业应按照各主要作业耗用每一次要作业的作业动因量，将次要作业的总成本分配至各主要作业，并结合直接追溯至次要作业的资源费用，计算各主要作业的总成本和单位成本。有关计算公式如下：

（1）计算分配率：

$$次要作业成本分配率=\frac{次要作业总成本}{该作业动因总量}$$

（2）分配次要作业成本：

$$\text{某主要作业分配的次要作业成本}=\text{该主要作业耗用的次要作业动因量}\times\text{该次要作业成本分配率}$$

（3）计算总成本：

$$\text{主要作业总成本}=\text{直接追溯至该作业的资源费用}+\text{分配至该主要作业的次要作业成本之和}$$

（4）计算单位成本：

$$\text{主要作业单位成本}=\frac{\text{主要作业总成本}}{\text{该主要作业动因总量}}$$

2. 分配主要作业成本至成本对象，计算各成本对象的总成本和单位成本

企业应按照各主要作业耗用每一次要作业的作业动因量，将次要作业成本分配至各主要作业，并结合直接追溯至成本对象的单位水平资源费用，计算各成本对象的总成本和单位成本。有关计算公式如下：

（1）分配主要作业成本：

$$\text{某成本对象分配的主要作业成本}=\text{该成本对象耗用的主要作业成本动因量}\times\text{主要作业单位成本}$$

（2）计算总成本：

$$\text{某成本对象总成本}=\text{直接追溯至该成本对象的资源费用}+\text{分配至该成本对象的主要作业成本之和}$$

（3）计算单位成本：

$$\text{某成本对象单位成本}=\frac{\text{该成本对象总成本}}{\text{该成本对象的产出量}}$$

（九）应用举例

【例4－5】 GL&KJ企业同时生产甲、乙、丙3种产品：甲产品每批大量生产1 000件，每年生产10批；乙产品每批生产200件，每年生产100批；丙产品是一种新的、工艺较复杂的产品，每批生产100件，每年生产50批。该公司对产品生产成本分3个成本项目进行核算：直接材料、直接人工、制造费用，其中直接材料、直接人工直接计入有关产品成本，制造费用分设成本库，按成本动因进行分配。作业成本库主要包括以下部分：材料准备、设备调整准备、设备维修、质量检验等。

（1）产品直接成本构成见表4－14。

表4－14　直接成本构成表　　单位：元

成本项目	甲产品	乙产品	丙产品	合计
直接材料	400 000	200 000	150 000	750 000
直接人工	100 000	100 000	50 000	250 000
合　计	500 000	300 000	200 000	1 000 000

（2）产品制造费用构成见表 4-15。

表 4-15　　制造费用构成及成本动因表　　单位：元

制造费用项目	金额	成本动因	费用分配标准
间接人工：			
设备调整准备	300 000	生产批次	生产总批次
材料准备	450 000	移动次数	移动总次数
检验人员	280 000	检验次数	检验总次数
设备维修人员	350 000	机器工时	机器总工时
车间管理人员	500 000	—	直接总成本
小　计	1 880 000		
其他制造费用：			
机器动力	380 000	机器工时	机器总工时
供暖和照明	60 000	—	直接总成本
厂房折旧	150 000	—	直接总成本
机器设备折旧	600 000	机器工时	机器总工时
设备维修用材料	4 000	机器工时	机器总工时
材料处理设备折旧	16 000	移动次数	移动总次数
检验设备折旧	20 000	检验次数	检验总次数
小　计	1 230 000		
合　计	3 110 000		

（3）费用产生的成本动因见表 4-15。有关成本动因资料如下：①甲、乙、丙产品的单位机器工时小时分别为：2 工时/件、4 工时/件、5 工时/件；②每批次需要一次标准的设备调整准备工作；③每批的标准检验次数为：甲产品每批 50 次、乙产品每批 5 次、丙产品每批 4 次；④甲、乙、丙产品每批材料移动次数分别为：40 次、25 次、50 次。

要求：

（1）根据资料，采用作业成本法计算分配甲、乙、丙产品的成本。无动因费用按直接总成本分配费用。

（2）同时为了更好学习掌握作业成本法，结合管理会计和财务会计，作出相关会计分录。

解：计算过程如下。

（1）单位作业费用分配，即按每一产品相关的作业分配。

①直接成本项目单位作业费用分配见表 4-16。

表 4－16　　直接成本项目单位作业费用分配表

项　目	年产量	直接材料		直接人工	
		总成本	单位成本	总成本	单位成本
甲产品	10 000	400 000	40	100 000	10
乙产品	20 000	200 000	10	100 000	5
丙产品	5 000	150 000	30	50 000	10
合计	—	750 000	—	250 000	—

根据分配表 4－16，编制会计分录：

借：基本生产成本——甲产品　500 000
　　　　　　　　——乙产品　300 000
　　　　　　　　——丙产品　200 000
　贷：原材料　750 000
　　　应付职工薪酬——短期薪酬——工资　250 000

②机器动力单位作业费用分配见表 4－17。

表 4－17　　机器动力单位作业费用分配表

项　目	单位机器工时费用（工时/件）	年产量/件	总机器工时	分配率/元/工时	分配额/元
甲产品	2	10 000	20 000	3.04	60 800
乙产品	4	20 000	80 000	3.04	243 200
丙产品	5	5 000	25 000	3.04	76 000
合　计	—	—	125 000	3.04	380 000

根据分配表 4－17，编制会计分录：

借：基本生产成本——甲产品　60 800
　　　　　　　　——乙产品　243 200
　　　　　　　　——丙产品　76 000
　贷：制造费用——机器动力（电费）　380 000

或可直接一次分配（后面的费用都可根据具体情况，进行一次分配，不再赘述），编制会计分录：

借：基本生产成本——甲产品　60 800
　　　　　　　　——乙产品　243 200
　　　　　　　　——丙产品　76 000
　贷：应付账款（或银行存款）　380 000

③机器设备折旧费用单位作业分配见表 4－18。

表 4－18　　机器设备折旧单位作业费用分配表

项　目	单位机器工时费用/（工时/件）	年产量/件	总机器工时	分配率/元/工时	分配额/元
甲产品	2	10 000	20 000	4.8	96 000
乙产品	4	20 000	80 000	4.8	384 000
丙产品	5	5 000	25 000	4.8	120 000
合　计	—	—	125 000	4.8	600 000

根据分配表 4－18，编制会计分录：

借：基本生产成本——甲产品　　96 000
　　　　　　　　——乙产品　　384 000
　　　　　　　　——丙产品　　120 000
　贷：制造费用——机器设备折旧　　600 000

④设备维修人员及材料费单位作业分配见表 4－19。

表 4－19　　设备维修人员及材料单位作业费用分配表

项　目	单位机器工时费用/（工时/件）	年产量/件	总机器工时	分配率/元/工时	分配额/元
甲产品	2	10 000	20 000	2.832	56 640
乙产品	4	20 000	80 000	2.832	226 560
丙产品	5	5 000	25 000	2.832	70 800
合　计	—	—	125 000	2.832	354 000

根据分配表 4－19，编制会计分录：

借：基本生产成本——甲产品　　56 640
　　　　　　　　——乙产品　　226 560
　　　　　　　　——丙产品　　70 800
　贷：制造费用——设备维修人员　　350 000
　　　　　　　——设备维修材料　　4 000

（2）批别作业费用分配，即按一批产品相关的作业分配。

①设备调整准备费用按调整准备次数分配，见表 4－20。

表 4－20　　设备调整准备费用分配表

项　目	批　数	分配率/元/批	分配额/元
甲产品	10	1 875	18 750
乙产品	100	1 875	187 500
丙产品	50	1 875	93 750
合　计	160	1 875	300 000

根据分配表4－20，编制会计分录：

借：基本生产成本——甲产品　　18 750

　　　　　　　——乙产品　　187 500

　　　　　　　——丙产品　　93 750

　贷：制造费用——设备调整准备　　300 000

②材料准备及材料处理设备折旧费用按每批材料移动次数分配，见表4－21。

表4－21　　材料准备及材料处理设备折旧费用分配表

项　目	批　数	材料移动次数/次/批	合计次数	分配率/元/次	分配额/元
甲产品	10	40	400	86.2963	34 518.52
乙产品	100	25	2 500	86.2963	215 740.74
丙产品	50	50	2 500	86.2963	215 740.74
合计	—	—	5 400	86.2963	466 000

根据分配表4－21，编制会计分录：

借：基本生产成本——甲产品　　34 518.52

　　　　　　　——乙产品　　215 740.74

　　　　　　　——丙产品　　215 740.74

　贷：制造费用——材料准备　　450 000

　　　　　　——材料处理设备折旧　　16 000

③质量检验费按标准检验次数分配，见表4－22。

表4－22　　质量检验人员及设备折旧费用分配表

项　目	批　数	检验次数/次/批	合计次数	分配率/元/次	分配额/元
甲产品	10	50	500	250	125 000
乙产品	100	5	500	250	125 000
丙产品	50	4	200	250	50 000
合　计	—	—	1 200	250	300 000

根据分配表4－22，编制会计分录：

借：基本生产成本——甲产品　　125 000

　　　　　　　——乙产品　　125 000

　　　　　　　——丙产品　　50 000

　贷：制造费用——检验人员　　280 000

　　　　　　——检验设备折旧　　20 000

（3）维持性作业费用分配，即按使某一部门或机构受益的作业分配。

①厂房折旧费按产品的直接成本分配，见表4－23。

表 4－23　　厂房折旧费用分配表　　单位：元

项　目	直接成本总额	分配率	分配额
甲产品	500 000	0.15	75 000
乙产品	300 000	0.15	45 000
丙产品	200 000	0.15	30 000
合　计	1 000 000	0.15	150 000

根据分配表 4－23，编制会计分录：

借：基本生产成本——甲产品　　75 000
　　　　　　　　——乙产品　　45 000
　　　　　　　　——丙产品　　30 000
　贷：制造费用——厂房折旧　　150 000

②车间管理人员人工按产品的直接成本分配，见表 4－24。

表 4－24　　车间管理人员人工费用分配表　　单位：元

项　目	直接成本总额	分配率	分配额
甲产品	500 000	0.5	250 000
乙产品	300 000	0.5	150 000
丙产品	200 000	0.5	100 000
合　计	1 000 000	0.5	500 000

根据分配表 4－24，编制会计分录：

借：基本生产成本——甲产品　　250 000
　　　　　　　　——乙产品　　150 000
　　　　　　　　——丙产品　　100 000
　贷：制造费用——设备调整准备　　500 000

③供暖和照明费用按产品直接成本分配，见表 4－25。

表 4－25　　供暖和照明费用分配表　　单位：元

项　目	直接成本总额	分配率	分配额
甲产品	500 000	0.06	30 000
乙产品	300 000	0.06	18 000
丙产品	200 000	0.06	12 000
合　计	1 000 000	0.06	60 000

根据分配表 4－25，编制会计分录：

借：基本生产成本——甲产品　　30 000
　　　　　　　　——乙产品　　18 000
　　　　　　　　——丙产品　　12 000
　贷：制造费用——设备调整准备　　60 000

（4）按作业成本法编制产品成本计算单，见表 4－26。

表 4－26　　作业成本法产品成本计算单　　单位：元

项　目	甲产品		乙产品		丙产品	
	单位成本	总成本	单位成本	总成本	单位成本	总成本
单位作业：						
直接材料	40	400 000	10	200 000	30	150 000
直接人工	10	100 000	5	100 000	10	50 000
机器动力	6.08	60 800	12.16	243 200	15.2	76 000
机器设备折旧	9.6	96 000	19.2	384 000	24	120 000
设备维修费	5.66	56 640	11.33	226 560	14.16	70 800
批别作业：						
设备调整准备	1.88	18 750	9.39	187 500	18.75	93 750
材料准备	3.45	34 518.52	10.78	215 740.74	43.15	215 740.74
质量检验	12.5	125 000	6.25	125 000	10	50 000
维持性作业：						
厂房折旧	7.5	75 000	2.25	45 000	6	30 000
车间管理人员人工	25	250 000	7.5	150 000	20	100 000
供暖和照明	3	30 000	0.9	18 000	2.4	12 000
合　计	124.67	1 246 708.52	94.75	1 895 000.74	193.66	968 290.74

根据完工产品入库单，编制会计分录：

借：库存商品——甲产品　　1 246 708.52
　　　　　　——乙产品　　1 895 000.74
　　　　　　——丙产品　　968 290.74
　贷：基本生产成本——甲产品　　1 246 708.52
　　　　　　　　——乙产品　　1 895 000.74
　　　　　　　　——丙产品　　968 290.74

（十）作业成本信息报告

作业成本信息报告的目的，是通过设计、编制和报送具有特定内容和格式要求的作业成本报表，向企业内部各有关部门和人员提供其所需要的作业成本及其他相关信息。

作业成本报表的内容和格式应根据企业内部管理需要确定。作业成本报表提供的信息一般应包括以下内容：

（1）企业拥有的资源及其分布以及当期发生的资源费用总额及其具体构成的信息；

（2）每一成本对象总成本、单位成本及其消耗的作业类型、数量及单位作业成本的信息，以及产品盈利性分析的信息；

（3）每一作业或作业中心的资源消耗及其数量、成本以及作业总成本与单位成本的信息；

（4）与资源成本分配所依据的资源动因以及作业成本分配所依据的作业动因相关的信息；

（5）资源费用、作业成本以及成本对象成本预算完成情况及其原因分析的信息；

（6）有助于作业、流程、作业链（或价值链）持续优化的作业效率、时间和质量等方面非财务信息；

（7）有助于促进客户价值创造的有关增值作业与非增值作业的成本信息及其他信息；

（8）有助于业绩评价与考核的作业成本信息及其他相关信息；

（9）上述各类信息的历史或同行业比较信息。

（十一）作业成本法工具方法评价

通过分析，可知作业成本法与传统成本法的区别，见表 4－27：

表 4－27　　作业成本法与传统成本法的区别

项　目	作业成本法	传统成本法
成本动因	多个成本动因：作业基础动因和数量基础动因（视何者最能准确计算成本而选择）	最多三个成本动因：只有数量基础动因具有普适性
间接费用	间接费用先分配到各项作业中，然后再分配给产品或服务	间接费用先分配到各部门，再分配给产品或服务
重心	重心放在解决部门间的成本计算和流程问题上	重心放在让各部门经理负责部门内的各项成本和流程改进

作业成本法的主要优点是：

（1）能够提供更加准确的各维度成本信息，有助于企业提高产品定价、作业与流程改进、客户服务等决策的准确性；

（2）改善和强化成本控制，促进绩效管理的改进和完善；

（3）推进作业基础预算，提高作业、流程、作业链（或价值链）管理的能力。作业成本法既是一种成本计算方法，也是一种管理手段，算为管用，算管结合。作业成本法和作业管理的关系，如图 4－27 所示。

其主要缺点是：部分作业的识别、划分、合并与认定，成本动因的选择以及成本动因计量方法的选择等均存在较大的主观性，操作较为复杂，开发和维护费用较高。

综上所述，每种成本管理的工具方法，都有不同的思维侧重点，或者说是出发点，比如变动成本法就是边际理论的思维等，其他几种工具方法如图 4－28 所示：

估时作业成本法

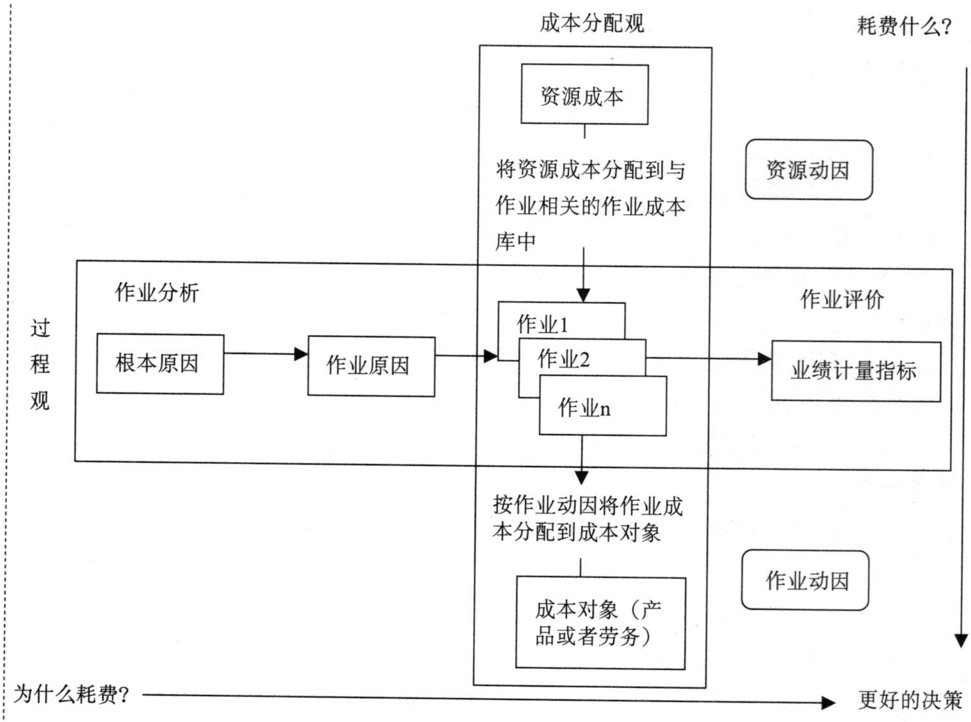

图 4－27　作业成本法和作业管理的关系①

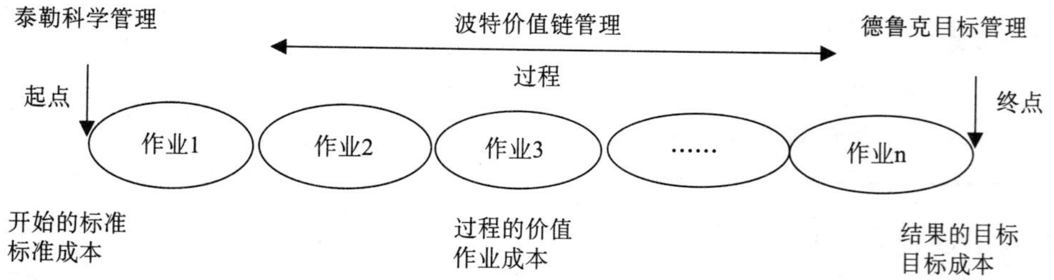

图 4－28　不同思维着重点的成本管理工具方法

根据本章的介绍，四个成本管理工具方法之间的联系，可以概括见表 4－28。

① 根据郭晓梅．高级管理会计理论与实务（第二版）［M］．大连：东北财经大出版社，2016：55 和美国管理会计师协会．刘霄仑主译．管理会计公告（第 2 辑）［M］．北京：人民邮电出版社，2013：14 分析制图。

表 4-28　　四个成本管理工具方法的联系

工　具		主要目的	成本项目（期间费用）	重　点
目标成本	核算	保证目标利润实现	制造费用和直接成本	成本降低
	管理	战略成本管理	管理费用、制造费用和直接成本	成本消减
标准成本	核算	标准成本	制造费用和直接成本	差异计算
	管理	差异控制	制造费用和直接成本	业绩考核
变动成本	核算	区分变动与固定成本	制造费用和直接成本	成本分解
	管理	量本利分析	管理费用、制造费用和直接成本	量本利的依存关系
作业成本	核算	产品盈利能力分析	制造费用	确定费用分配方法
	管理	流程再造	管理费用、制造费用和直接成本	流程改进

从四种工具方法的应用结果看，都是要使成本降低，由于各个方法的思维方式不一样，所以成本管理工具方法可以结合或者组合应用。

本章小结

成本是企业劳动手段、劳动对象和活劳动的耗费，是一个补偿生产耗费的价值尺度，成本的高低可以反映企业的工作业绩和经济效益，在收入一定的情况下，成本就是影响企业经济效益高低的决定因素。成本是企业决策的重要信息，成本收益原则也就成为经济决策的“黄金定律”。也因此成本管理必须加强，“深淘滩，低作堰”，寻找可行方法，不断降低企业成本。

本章主要介绍了：

(1) 成本管理的含义、原则、应用环境和应用程序；

(2) 目标成本法的含义、应用环境和应用程序；

(3) 标准成本法的含义、标准成本的制定、差异的分析等；

(4) 变动成本法的含义、变动成本、固定成本、混合成本的概念、混合成本的分解方法和变动成本法的应用等。

(5) 作业成本法的含义、应用程序，作业、成本动因的概念，以及作业成本法的成本计算等。

名人名言

如果一班学生能在经济学课程中真正理解成本以及成本的所有方面，那么，这门课便算取得了真正的成功。

——美国经济学家 J. M. 克拉克（J. M. Clark）

成本计算是按一定的对象，连续地归集和分配费用的过程。

——娄尔行

由于成本会计运用于多种目的，它一般很难与管理会计区别开来。

——查尔斯·T. 亨格瑞

多挣钱的方法只有两个：不是多卖，就是降低管理费。

——克莱斯勒汽车公司总裁李·艾柯卡

省钱就是挣钱。

——美国石油大王约翰·洛克菲勒

价值是生产费用对效用的关系。价值首先用来解决某种物品是否应该生产的问题，即这种物品的效用是否能抵偿生产费用的问题。

——恩格斯

企业家就是做两件事，一是营销，二是削减成本，其他都可以不做。成本控制不仅仅是一个单纯的不花钱或缩减花钱的问题，而更应该是一门如何花钱的艺术。

——美国管理大师彼得·德鲁克

每一个企业都是在设计、生产、销售、发送和辅助其产品的过程中进行种种活动的集合体。所有这些活动可以用一个价值链来表明。

——迈克尔·波特

练　习　题

1. 单项选择题

（1）材料价格差异等于（　　）。

A. 实际数量×（实际价格－标准价格）

B. 标准数量×（实际价格－标准价格）

C. （实际数量－标准数量）×标准价格

D. （实际数量－标准数量）×实际价格

（2）材料数量差异等于（　　）。

A. 实际数量×（实际价格－标准价格）

B. 标准数量×（实际价格－标准价格）

C. （实际数量－标准数量）×标准价格

D. （实际数量－标准数量）×实际价格

（3）人工工资率差异等于（　　）。

A. 实际工时×（实际工资率－标准工资率）

B. 标准工时×（实际工资率－标准工资率）

C. （实际工时－标准工时）×标准工资率

D. （实际工时－标准工时）×实际工资率

（4）人工效率差异等于（　　）。

A. 实际工时 ×（实际工资率 - 标准工资率）
B. 标准工时 ×（实际工资率 - 标准工资率）
C.（实际工时 - 标准工时）×标准工资率
D.（实际工时 - 标准工时）×实际工资率
(5) 变动费用耗费差异等于（　　）。
A. 标准工时 ×（变动费用实际分配率 - 变动费用标准分配率）
B. 实际工时 ×（变动费用实际分配率 - 变动费用标准分配率）
C.（实际工时 - 标准工时）×变动费用标准分配率
D.（实际工时 - 标准工时）×变动费用实际分配率
(6) 变动费用效率差异等于（　　）。
A. 标准工时 ×（变动费用实际分配率 - 变动费用标准分配率）
B. 实际工时 ×（变动费用实际分配率 - 变动费用标准分配率）
C.（实际工时 - 标准工时）×变动费用实际分配率
D.（实际工时 - 标准工时）×变动费用标准分配率
(7) 固定制造费用耗费差异等于（　　）。
A. 固定制造费用实际数 - 固定制造费用预算数
B. 固定制造费用预算数 - 固定制造费用标准成本
C.（实际工时 - 实际产量标准工时）×固定制造费用标准分配率
D.（实际工时 - 标准工时）×固定费用实际分配率
(8) 固定制造费用能量差异等于（　　）。
A. 固定制造费用实际数 - 固定制造费用预算数
B. 固定制造费用预算数 - 固定制造费用标准成本
C.（实际工时 - 实际产量标准工时）×固定制造费用标准分配率
D.（实际工时 - 标准工时）×固定费用实际分配率
(9) 固定制造费用效率差异等于（　　）。
A. 固定制造费用实际数 - 固定制造费用预算数
B. 固定制造费用预算数 - 固定制造费用标准成本
C.（实际工时 - 实际产量标准工时）×固定制造费用标准分配率
D.（实际工时 - 标准工时）×固定费用实际分配率
(10) 在作业成本法下，分配作业成本的标准是（　　）。
A. 生产工时　　B. 生产工人工资
C. 机器工时　　D. 成本动因

2. 多项选择题

(1) 成本管理的原则包括（　　）。
A. 融合性原则　　B. 适应性原则
C. 成本效益原则　　D. 重要性原则
(2) 成本管理的应用工具包括（　　）。
A. 目标成本法　　B. 标准成本法
C. 变动成本法　　D. 作业成本法

(3) 企业应用成本管理工具方法的程序包括（　　）。

A. 事前管理　　B. 事中管理

C. 事后管理　　D. 全面管理

(4) 标准成本法的主要内容包括（　　）。

A. 标准成本的制定　　B. 成本差异的计算和分析

C. 成本差异的账务处理　　D. 成本习性划分

(5) 闲置能量差异等于（　　）。

A. 固定制造费用实际数 - 固定制造费用预算数

B. 固定制造费用预算数 - 固定制造费用标准成本

C. （生产能量 - 实际工时）×固定制造费用标准分配率

D. 固定制造费用预算 - 实际工时×固定制造费用标准分配率

(6) 作业成本法下，制造业企业常见的基本作业类型有（　　）。

A. 生产作业　　B. 营销作业

C. 服务作业　　D. 进货作业

(7) 一般来说，作业成本法适用于下列（　　）等企业。

A. 会计电算化程度较高的企业　　B. 作业类型较多的企业

C. 生产自动化程度较低的企业　　D. 制造费用占成本比重较高的企业

(8) 以下各项属于成本动因的有（　　）。

A. 产量　　B. 采购次数

C. 搬运次数　　D. 搬运距离

3. 判断题

(1) 在进行作业分析时，作业项目应与传统的职能部门保持一致。（　　）

(2) 采用作业成本法分配制造费用时，应与采用传统的成本计算方法分配制造费用的结果相等。（　　）

(3) 在作业成本法下，分配间接费用的基础，可以是财务指标，也可以是非财务指标，如订单张数、检验次数等。（　　）

(4) 成本动因只能是一项作业。（　　）

(5) 作业成本法只适用于制造业企业。（　　）

4. 简答题

(1) 简述标准成本法的内容。

(2) 标准成本的分类有哪几种？

(3) 简述作业成本法计算成本的程序。

(4) 什么是成本动因？为什么说只有控制了成本动因，才是真正控制了成本？

(5) 试说明企业的作业是如何分类的。

5. 计算分析题

(1) 目的：练习采用标准成本法的差异分析。

GL&KL 公司计划生产 120 件甲产品，材料成本标准 10 元×10 元/千克，直接人工成本标准 10 工时×5 元/工时，本月实际生产 100 件，单位实际成本为 11×8 元/千克，直接人工费共为 5 000 元，工时 900 个，固定费用 6 000

元，生产能量 1 200 工时。试分析其差异？

（2）目的：练习采用标准成本法的差异分析。

资料：某企业生产甲产品，其标准成本资料见表 4－29：

表 4－29　　甲产品标准成本单

项　目	价格标准	数量标准	金额（元/件）
直接材料	9 元/千克	50 千克/件	450
直接人工	4 元/小时	45 小时/件	180
变动制造费用	3 元/小时	45 小时/件	135
固定制造费用	2 元/小时	45 小时/件	90
合　计			855

甲产品正常生产能量为 1 000 小时。本月实际生产量为 20 件，实际耗用材料 900 千克，实际人工工时 950 小时，实际成本分别为：直接材料 9 000 元；直接人工 3 325 元；变动性制造费用 2 375 元；固定制造费用 2 850 元，总计为 17 550 元。

要求：

①分别计算各成本项目的成本差异和各个分差异，其中固定制造费用采用三因素法。

②同时结合管理会计和财务会计，编制基本生产成本发生、产品完工入库和差异结转的会计分录，各差异按照年终一次计入当期损益法处理。

（3）目的：练习采用作业成本法计算产品成本。

资料：某厂生产甲、乙两种产品，甲产品每批大量生产 500 件，每年生产 10 批；乙产品每批生产 100 件，每年生产 40 批。该公司对产品生产成本分 3 个成本项目进行核算：直接材料、直接人工、制造费用，其中直接材料、直接人工直接计入有关产品成本，制造费用分设成本库，按成本动因进行分配。作业成本库主要包括以下部分：材料准备、设备调整准备、设备维修、质量检验等。有关产量、成本资料见表 4－30、表 4－31。

表 4－30　　直接成本构成表　　单位：元

成本项目	甲产品	乙产品	合　计
直接材料	80 000	120 000	200 000
直接人工	20 000	30 000	50 000
合　计	100 000	150 000	250 000

表 4－31　　制造费用构成表　　单位：元

制造费用项目	金　额
间接人工：	
设备调整准备	10 000
材料准备	30 000

续表

制造费用项目	金 额
检验人员	25 000
设备维修人员	35 000
车间管理人员	50 000
小 计	150 000
其他制造费用：	
机器动力	64 000
供暖和照明	8 000
厂房折旧	20 000
机器设备折旧	40 000
设备维修用材料	1 000
材料处理设备折旧	4 000
检验设备折旧	2 000
小 计	139 000
合 计	289 000

有关成本动因资料如下：①甲、乙产品的单位机器工时小时分别为：1工时/件、0.5工时/件；②每批次需要一次标准的设备调整准备工作；③每批的标准检验次数为：甲产品每批20次、乙产品每批5次；④甲、乙产品每批材料移动次数分别为：10次、6次。

要求：

①采用作业成本法计算各产品总成本和单位成本。同时结合管理会计和财务会计，作出相关会计分录。

②比较作业成本法与传统制造成本法计算的各产品总成本和单位成本结果的差异，并分析原因。

第 5 章 营运管理

教学目标

学习本章后，你应该能够：

1. 写出营运管理的内涵、应用环境、应用程序；

2. 叙述、构思和应用各个营运管理的工具方法——本量利分析、敏感分析、边际分析和标杆管理。

教学要求

知识要点	能力要求	相关知识
营运管理	（1）营运管理的应用环境 （2）营运管理的应用程序	（1）营运管理的概念 （2）营运管理的原则
营运管理工具方法	（1）营运管理工具方法的理解 （2）营运管理工具方法的运用	（1）本量利分析 （2）敏感分析 （3）边际分析 （4）标杆管理 （5）内部转移定价 （6）多维度盈利能力分析

任何计划都是尺度、准则、灯塔、路标。

——列宁

基本概念

营运管理　PDCA 管理原则　营运计划　系统性原则　平衡性原则　灵活性原则　本量利分析　保本分析　营运预测　敏感分析　单因素敏感分析　多因素敏感分析　边际分析　边际贡献分析　内部转移定价　多维度盈利能力分析　标杆管理

导入案例

标杆法

标杆法的出现是基于对预算管理的否定。美国一本叫《超越预算》（Beyond Budgeting）的书。这本书通篇否定预算管理，提出一大堆预算管理的弊端，其中重要的一条是，预算是想象未来，而未来是不可预知的。与其想象一个未来，不如看看眼前的标杆。把跑在你前面的人作为你明年的目标，就叫“标杆法”，也称为“对标”。听起来非常有道理，其实做起来很难，难在哪里？

第一，你追赶目标时，目标也在奔跑，可能永远追不上甚至差距更大，实际你比自己进步了很多，但标杆法不看进步只看差距。只要没追上，跑了也白跑。

第二，即使你没有奔跑也可能追上目标，因为标杆自己摔倒了。这功劳应该归功于标杆，但实际上算给了你这个没有奔跑的人，因为你终究追上了甚至超过了标杆。目标管理没有引导奔跑而是寄托于标杆摔倒，不看到自己的进步只看到自己差距，本身就不是正向引导，因此，也失去了目标管理的意义。

但是“标杆法”也有不足之处。一是因为大家享有的资源不一样，好东西都给他们，不给你，你怎么追？二是不同的企业有不同的起点和境遇，相互之间基本上没有可比性，任何成功都不可以复制。

而预算管理就是欣赏别人前先欣赏自己，每年给自己定个新目标，每年看到自己进步。

阅读思考：

（1）如果你是一个做手机企业的CEO，你会选择哪个企业为标杆？

（2）你在学习初级管理会计上有什么目标？如果学院里面有一个同学考过了CMA，你会不会以她为标杆？

点评：榜样的力量是无穷。

企业营运管理，就要有一个目标，以目标做横向对比，容易发现自己的不足，找到前进的方向，实现企业的经营目标。本章主要介绍营运管理及其工具方法。

第 1 节　营运管理概论

一、营运管理的概述

(一) 营运管理的概念

营运管理，是指为了实现企业战略和营运目标，各级管理者通过计划、组织、指挥、协调、控制、激励等活动，实现对企业生产经营过程中的物料供应、产品生产和销售等环节的价值增值管理。加强营运管理，是企业提高营运效率和质量，实现营运目标的有效手段。

(二) 营运管理的原则

企业进行营运管理，应区分计划（Plan）、实施（Do）、检查（Check）、处理（Act）等四个阶段（简称 PDCA 管理原则），如图 5－1 所示：

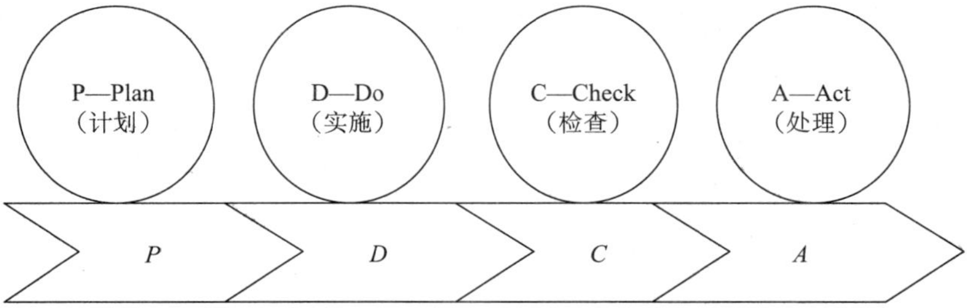

图 5－1　PDCA 管理原则循环图

PDCA 形成闭环管理，使营运管理工作更加条理化、系统化、科学化。

(三) 营运管理的工具方法

营运管理领域应用的管理会计工具方法，一般包括本量利分析、敏感性分析、边际分析和标杆管理等。

企业应根据自身业务特点和管理需要等，选择单独或综合运用营运管理工具方法，以更好地实现营运管理目标。

PDCA 循环的起源

二、营运管理的应用环境

企业营运管理的应用环境包括组织架构、管理制度和流程、信息系统以及相关外部环境等。

(一) 组织架构

为确保营运管理的有序开展，企业应建立健全营运管理组织架构，明确各管理层级或管理部门在营运管理中的职责，有效组织开展营运计划的制定审批、分解下达、执行监控、分析报告、绩效管理等日常营运管理工作。

（二）管理制度和流程

企业应建立健全营运管理的制度体系，明确营运管理各环节的工作目标、职责分工、工作程序、工具方法、信息报告等内容。

（三）信息系统

企业应建立完整的业务信息系统，规范信息的收集、整理、传递和使用等，有效支持管理者决策。

外部环境包括宏观环境（包括政治、经济、社会、文化、法律及技术等因素）、产业环境、竞争环境等外部环境因素，见第2章战略管理环境有关内容。

三、工具方法应用的程序

企业应用营运管理工具方法，一般按照营运计划的制定、营运计划的执行、营运计划的调整、营运监控分析与报告、营运绩效管理等程序进行。

（一）营运计划的制定

1. 营运计划的概念

营运计划，是指企业根据战略决策和营运目标的要求，从时间和空间上对营运过程中各种资源所做出的统筹安排，主要作用是分解营运目标，分配企业资源，安排营运过程中的各项活动。

营运计划按计划的时间可分为长期营运计划、中期营运计划和短期营运计划；按计划的内容可分为销售、生产、供应、财务、人力资源、产品开发、技术改造和设备投资等营运计划。

2. 营运计划的原则

制定营运计划应当遵循以下原则：

（1）系统性原则。企业在制定计划时不仅应考虑营运的各个环节，还要从整个系统的角度出发，既要考虑大系统的利益，也要兼顾各个环节的利益。

（2）平衡性原则。企业应考虑内外部环境之间的矛盾，有效平衡可能对营运过程中的研发、生产、供应、销售等存在影响的各个方面，使其保持合理的比例关系。

（3）灵活性原则。企业应当充分考虑未来的不确定性，在制定计划时保持一定的灵活性和弹性。

企业在制定营运计划时，应以战略目标和年度营运目标为指引，充分分析宏观经济形势、行业发展规律以及竞争对手情况等内外部环境变化，同时还应评估企业自身研发、生产、供应、销售等环节的营运能力，客观评估自身的优势和劣势以及面临的风险和机会等。

企业在制定营运计划时，应开展营运预测，将其作为营运计划制定的基础和依据。

营运预测，是指通过收集整理历史信息和实时信息，恰当运用科学预测方法，对未来经济活动可能产生的经济效益和发展趋势做出科学合理的预计和推测的过程。

3. 营运计划的工具方法

企业应用多种工具方法制定营运计划的，应根据自身实际情况，选择单独或综合应用预算管理领域、平衡计分卡、标杆管理等管理会计工具方法；同时，应充分应用本量利分析、敏感性分析、边际分析等管理会计工具方法，为营运计划的制定提供具体量化的数据分析，有效支持决策。

4. 营运计划的编制方式

企业应当科学合理地制定营运计划，充分考虑各层次营运目标、业务计划、管理指标等方面的内在逻辑联系，形成涵盖各价值链的、不同层次和不同领域的、业务与财务相结合的、短期与长期相结合的目标体系和行动计划。

企业应采取自上而下、自下而上或上下结合的方式制定营运计划，充分调动全员积极性，通过沟通、讨论达成共识。

5. 营运计划的审批

企业应根据营运管理流程，对营运计划进行逐级审批。企业各部门应在已经审批通过的营运计划基础上，进一步制定各自的业务计划，并按流程履行审批程序。

企业应对未来的不确定性进行充分的预估，在科学营运预测的基础上，制定多方案的备选营运计划，以应对未来不确定性带来的风险与挑战。

（二）营运计划的执行

经审批的营运计划应以正式文件的形式下达执行。企业应逐级分解营运计划，按照横向到边、纵向到底的要求分解落实到各所属企业、部门、岗位或员工，确保营运计划得到充分落实。

经审批的营运计划应分解到季度、月度，形成月度的营运计划，逐月下达、执行。各企业应根据月度的营运计划组织开展各项营运活动。

企业应建立配套的监督控制机制，及时记录营运计划执行情况，进行差异分析与纠偏，持续优化业务流程，确保营运计划有效执行。

企业应在月度营运计划的基础上，开展月度、季度滚动预测，及时反映滚动营运计划所对应的实际营运状况，为企业资源配置的决策提供有效支持。

（三）营运计划的调整

营运计划一旦批准下达，一般不予调整。宏观经济形势、市场竞争形势等发生重大变化，导致企业营运状况与预期出现较大偏差的，企业可以适时对营运计划做出调整，使营运目标更加切合实际。

企业在营运计划执行过程中，应关注和识别存在的各种不确定因素，分析和评估其对企业营运的影响，适时启动调整原计划的有关工作，确保企业营运目标更加切合实际，更合理地进行资源配置。

企业在做出营运计划调整决策时，应分析和评估营运计划调整方案对企业营运的影响，包括对短期的资源配置、营运成本、营运效益等的影响以及对长期战略的影响。

企业应建立营运计划调整的流程和机制，规范营运计划的调整。营运计划的调整应由具体执行的所属企业或部门提出调整申请，经批准后下达正式文件。

（四）营运监控分析与报告

1. 营运监控分析

为了强化营运监控，确保企业营运目标的顺利完成，企业应结合自身实际情况，按照日、周、月、季、年等频率建立营运监控体系；并按照 PDCA 管理原则，不断优化营运监控体系的各项机制，做好营运监控分析工作。

企业的营运监控分析，是指以本期财务和管理指标为起点，通过指标分析查找异常，并进一步揭示差异所反映的营运缺陷，追踪缺陷成因，提出并落实改进措施，不断提高企业营运管理水平。

营运管理监控的基本任务是发现偏差、分析偏差和纠正偏差。

（1）发现偏差。企业通过各类手段和方法，分析营运计划的执行情况，发现计划执行中的问题。

（2）分析偏差。企业对营运计划执行过程中出现的问题和偏差原因进行研究，采取针对性的措施。

（3）纠正偏差。企业根据偏差产生的原因采取针对性的纠偏对策，使企业营运过程中的活动按既定的营运计划进行，或者按照本指引第 5 章对营运计划进行必要的调整。

企业营运监控分析应至少包括发展能力、盈利能力、偿债能力等方面的财务指标，以及生产能力、管理能力等方面的非财务内容，并根据所处行业的营运特点，通过趋势分析、对标分析等工具方法，建立完善营运监控分析指标体系。

企业营运分析的一般步骤包括：

（1）明确营运目的，确定有关营运活动的范围；

（2）全面收集有关营运活动的资料，进行分类整理；

（3）分析营运计划与执行的差异，追溯原因；

（4）根据差异分析采取恰当的措施，并进行分析和报告。

2. 营运监控报告

企业应将营运监控分析的对象、目的、程序、评价及改进建议形成书面分析报告。分析报告按照分析的范围及内容可以分为综合分析报告、专题分析报告和简要分析报告；按照分析的时间分为定期分析报告和不定期分析报告。

企业应建立预警、督办、跟踪等营运监控机制，及时对营运监控过程中发现的异常情况进行通报、预警，按照 PDCA 管理原则督促相关责任人将工作举措落实到位。

企业可以建立信息报送、收集、整理、分析、报告等日常管理机制，保证信息传递的及时性和可靠性；建立营运监控管理信息系统、营运监控信息报告体系等，保证营运监控分析工作的顺利开展。

（五）营运绩效管理

企业可以开展营运绩效管理，激励员工为实现营运管理目标做出贡献。

企业可以建立营运绩效管理委员会、营运绩效管理办公室等不同层级的绩效管理组织，明确绩效管理流程和审批权限，制定绩效管理制度。

企业可以以营运计划为基础，制定绩效管理指标体系，明确绩效指标的定义、计算口径、统计范围、绩效目标、评价标准、评价周期、评价流程等内容，确保绩效指标具体、可衡量、可实现、相关以及具有明确期限。

绩效管理指标应以企业营运管理指标为基础，做到无缝衔接、层层分解，确保企业营运目标的落实。

第 2 节　本量利分析

一、本量利分析的概述

（一）本量利分析的概念

本量利分析（cost - volume - profit analysis，CVP），是指以成本性态分析和变动成本法为基础，运用数学模型和图式，对成本、利润、业务量与单价等因素之间的依存关系进行分析，发现变动的规律性，为企业进行预测、决策、计划和控制等活动提供支持的一种方法。其中，“本”是指成本，包括固定成本和变动成本；“量”是指业务量，一般指销售量；“利”一般指营业利润。

可以看一下亚马逊公司的例子，公司正在考虑两种促进收入和利润增长的方法。第一种方法是投入电视广告，第二种方法是对大订单免运费。为了评估第一种方法，公司将电视广告投入两个市场——Minneapolis、Minnesota 和 Portland，Oregon。公司把固定广告成本的增长从边际贡献的增长中扣除来计算利润。受电视广告影响的利润与大订单免运费（大于 99 美元的订单）的利润相比，后者更受欢迎也更盈利，以至于两年后亚马逊公司将标准降低为 49 美元，后来又降为 25 美元。这个项目的每一步，亚马逊公司都用本量利分析法来决定免运费得到的额外收入是否可以抵消增长的运输成本。

（二）本量利分析的基本公式

本量利分析的基本公式如下：

营业利润 =（单价 - 单位变动成本）× 业务量 - 固定成本

（三）本量利分析的应用范围

本量利的发展

管理者使用本量利分析，研究这些要素在产品的销售量、售价、单位变动成本或固定成本发生变化时的性态以及它们之间的关系。因为高固定成本的企业必须特别注意决策背后的“假设”，因为做出错误选择的后果可能是灾难性的。航空公司和汽车制造公司等就是高固定成本的著名公司的例子。当公司有高固定成本时，仅仅为了实现盈亏平衡就需要大量的收入。例如，在航空业，公司的固定成本很高，以至于大多数航空公司的利润来自每个航班最后 2 ~ 5 个登记的乘客！因此，当航空公司的收入下降时，公司可能就会被迫宣布破产。本量利（CVP）分析会帮助管理者最小化此类风险。

本量利分析主要用于企业生产决策、成本决策和定价决策，也可以广泛地用于投融资决策等。

企业在营运计划的制定、调整以及营运监控分析等程序中通常会应用到本量利分析。

企业应用本量利分析，应遵循营运管理对应用环境的一般要求。

二、本量利分析的应用程序

本量利分析方法通常包括盈亏平衡分析、目标利润分析、敏感性分析、边际分析等。

盈亏平衡分析（也称保本分析），是指分析、测定盈亏平衡点，以及有关因素变动对盈亏平衡点的影响等，是本量利分析的核心内容。盈亏平衡分析的原理是，通过计算企业在利润为零时处于盈亏平衡的业务量，分析项目对市场需求变化的适应能力等。

盈亏平衡分析包括单一产品的盈亏平衡分析和产品组合的盈亏平衡分析。

（一）单一产品的盈亏平衡分析

单一产品的盈亏平衡分析通常采用以下方法：

1. 公式法

$$盈亏平衡点的业务量=\frac{固定成本}{单价-单位变动成本}$$

盈亏平衡点的销售额 = 单价 × 盈亏平衡点的业务量

$$或\quad 盈亏平衡点的销售额=\frac{固定成本}{1-变动成本率}$$

$$或\quad 盈亏平衡点的销售额=\frac{固定成本}{边际贡献率}$$

边际贡献率 = 1 − 变动成本率

企业的业务量等于盈亏平衡点的业务量时，企业处于保本状态；企业的业务量高于盈亏平衡点的业务量时，企业处于盈利状态；企业的业务量低于盈亏平衡点的业务量时，企业处于亏损状态。

管理者可能想知道必须销售多少件才能实现盈亏平衡，或者获取一定的利润？管理者可能会问自己：公司扩展在新产品上的业务，会对成本、收入和利润有什么影响？这些问题都有一个共同的“假设”主题：如果销售更多的产品怎么样？如果开始在网络直播平台上（比如天猫、淘宝、京东等直播平台）销售产品会怎么样？考察这些假设的可能性和备选方案的结果，有助于管理者做出更好的决策。

【例 5－1】 GL&KL 公司生产销售 A 产品，单位售价 50 元/件，单位变动成本 20 元/件，固定成本为 5 000 万元。计算盈亏平衡点的业务量、销售额、变动成本率和边际贡献率。

解：盈亏平衡点（保本点）的业务量 = 5 000 ÷（50 − 20）≈ 167（万件）

盈亏平衡点（保本点）的销售额 $=50\times167\approx8\,350$（万元）

变动成本率 $=20\div50\times100\%=40\%$

边际贡献率 $=1-40\%=60\%$

保本点分析可以帮助 GL&KL 公司管理者回答这样的问题：为了避免损失，我们要出售多少商品？

随堂练习

根据表中资料，计算并填制表 5－1。

表 5－1　　盈亏平衡分析计算表

序号	固定成本	单价	单位变动成本	边际贡献率	盈亏平衡点（量）	盈亏平衡点（额）
1	10 000	100	50			
2	12 000	100		60%		
3	10 000		50	40%		
4		100		30%	300	

2. 图示法

企业可以使用本量利关系图进行分析。本量利关系图按照数据的特征和目的分类，可以分为传统式、贡献毛益式和利量式三种图形。

传统式本量利关系图绘制方法

（1）传统式本量利关系图是最基本、最常见的本量利关系图形，如图 5－2 所示。

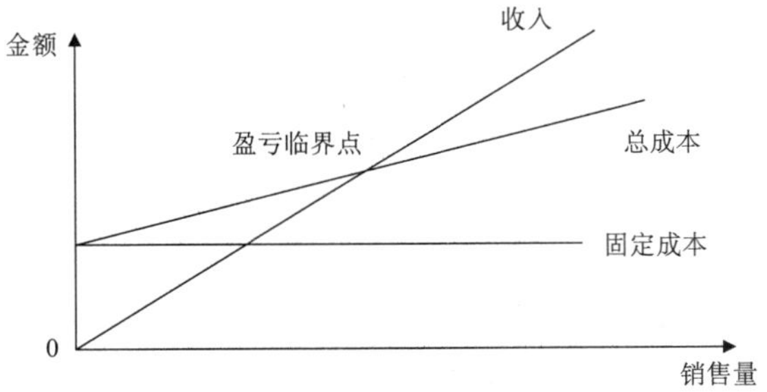

图 5－2　传统式本量利关系图

贡献毛益式本量利关系图绘制方法

（2）贡献毛益式本量利关系图是将固定成本置于变动成本之上，能够反映贡献毛益形成过程的图形，如图 5－3 所示。

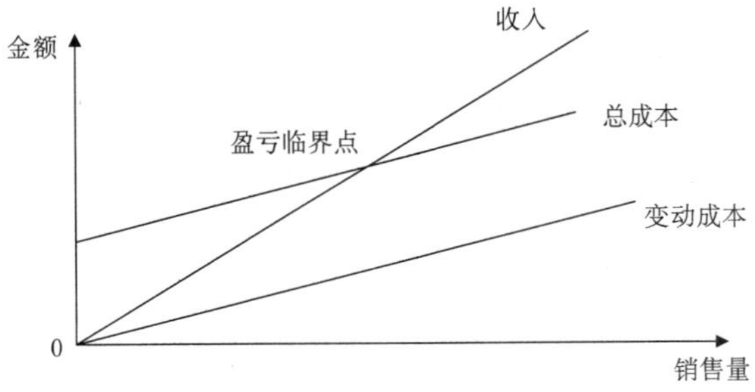

图 5－3　贡献毛益式本量利关系图

利量式本量利关系图绘制方法

（3）利量式本量利关系图是反映利润与销售量之间依存关系的图形，如图 5 – 4 所示。

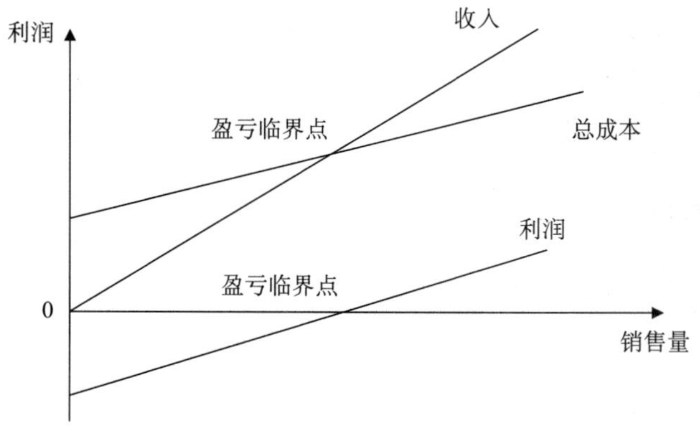

图 5 – 4　利量式本量利关系图

（二）产品组合的盈亏平衡分析

产品组合的盈亏平衡分析通常采用以下方法：

产品组合的盈亏平衡分析是在掌握每种单一产品的边际贡献率的基础上，按各种产品销售额的比重进行加权平均，据以计算综合边际贡献率，从而确定多产品组合的盈亏平衡点。

$$某种产品的销售额权重 = \frac{该产品的销售额}{各种产品的销售额合计}$$

$$盈亏平衡点的销售额 = \frac{固定成本}{1 - 综合变动成本率}$$

或　　$$盈亏平衡点的销售额 = \frac{固定成本}{综合边际贡献率}$$

综合边际贡献率 = 1 – 综合变动成本率

【例 5 – 2】 GL&KL 公司生产销售 A、B 两个产品，有关资料分别为销售量 200 万件和 300 万件，单位售价 50 元/件、100 元/件，单位变动成本 20 元/件、50 元/件，固定成本为 5 000 万元。计算盈亏平衡点的业务量、销售额、变动成本率和边际贡献率。

方法一：

A 产品边际贡献率 = 1 – 40% = 60%

B 产品边际贡献率 = 1 – 50% = 50%

A 产品销售额 = 50 × 200 = 10 000（万元）

B 产品销售额 = 100 × 300 = 30 000（万元）

A 产品比重 = 50 × 200 ÷ 40 000 = 0.25

B 产品比重 = 100 × 300 ÷ 40 000 = 0.75

综合边际贡献率 = 60% × 0.25 + 50% × 0.75 = 52.5%

盈亏平衡点的销售额 = 5 000 ÷ 52.5% = 95.24（万元）

方法二：

可以把 A、B 产品按照 2 ∶ 3 组合成一个联合单位，则：

联合单位单价 =50 ×2 +100 ×3 =400 （元）

联合单位变动成本 =20 ×2 +50 ×3 =190 （元）

盈亏平衡点的联合单位业务量 =5 000 ÷ （400 －190） ≈23.81 （万件）

盈亏平衡点的联合单位销售额 =400 ×23.81 =95.24 （万元）

企业销售额高于盈亏平衡点时，企业处于盈利状态；企业销售额低于盈亏平衡点时，企业处于亏损状态。企业通常运用产品组合的盈亏平衡点分析优化产品组合，提高获利水平。

（三） 目标利润分析

目标利润分析是在本量利分析方法的基础上，计算为达到目标利润所需达到的业务量、收入和成本的一种利润规划方法，该方法应反映市场的变化趋势、企业战略规划目标以及管理层需求等。实现目标利润的业务量，或者销售额，也称为保利点（量）或者（额）。

目标利润分析包括单一产品的目标利润分析和产品组合的目标利润分析。单一产品的目标利润分析重在分析每个要素的重要性。产品组合的目标利润分析重在优化企业产品组合。

企业应结合市场情况、宏观经济背景、行业发展规划以及企业的战略发展规划等确定目标利润。

企业要实现目标利润，在假定其他因素不变时，通常应提高销售数量或销售价格，降低固定成本或单位变动成本。

1. 单一产品的目标利润分析公式

因为：目标利润 = （单价 － 单位变动成本） ×实现目标利润的业务量 － 固定成本

所以：$$实现目标利润的业务量 = \frac{目标利润 + 固定成本}{单价 - 单位变动成本}$$

实现目标利润的销售额 = 单价 × 实现目标利润的业务量

或 $$实现目标利润的销售额 = \frac{目标利润 + 固定成本}{边际贡献率}$$

（1） 如果目标是相对值，即为目标利润率，根据公式：

固定成本 =（单价 － 单位变动成本）× 实现目标利润的业务量 － 目标利润

两边都除以销售额，则可得公式：

$$实现目标利润率的销售额 = \frac{固定成本}{1 - 变动成本率 - 目标利润率}$$

（2） 如果考虑所得税税率影响，根据税后利润 = 利润总额 × （1 － 所得税税率），则有保利点的公式：

$$实现目标利润的业务量 = \frac{\dfrac{目标利润}{1 - 所得税税率} + 固定成本}{单价 - 单位变动成本}$$

或　实现目标利润的销售额 $=\dfrac{\dfrac{\text{目标利润}}{1-\text{所得税税率}}+\text{固定成本}}{\text{边际贡献率}}$

【例5-3】 GL&KL公司生产销售A产品，单位售价50元/件，单位变动成本20元/件，固定成本为5 000万元，如果公司的目标利润为1 000万元。计算实现目标利润的业务量和销售额。

解：

实现目标利润的业务量（保利点）=（1 000+5 000）÷（50-20）

=200（万件）

实现目标利润的销售额（保利点）=50×200=10 000（万元）

或者　实现目标利润的销售额（保利点）=（1 000+5 000）÷60%

=10 000（万元）

GL&KL公司在应用该工具方法进行如何提高销售量的策略分析时，可以根据市场情况的变化对销售价格进行调整，降价通常可能促进销售量的增加，提价通常可能使销售量下降；在市场需求极为旺盛的情况下，可以通过增加固定成本支出（如广告费、租赁设备等）、扩大生产能力来扩大销售量。

2. 产品组合的目标利润分析

在单一产品的目标利润分析基础上，依据分析结果进行优化调整，寻找最优的产品组合。基本分析公式如下：

$$\text{实现目标利润的销售额}=\frac{\text{综合目标利润}+\text{固定成本}}{1-\text{综合变动成本率}}$$

$$\text{实现目标利润率的销售额}=\frac{\text{固定成本}}{1-\text{综合变动成本率}-\text{综合目标利润率}}$$

公司在应用该工具方法进行优化产品产量结构的策略分析时，在既定的生产能力基础上，可以提高具有较高边际贡献率的产品的产量。产品组合的有关计算，也可参见第4.4节的有关内容。

目标利润分析可以帮助GL&KL公司回答这样的问题：为了赚取1000万元，公司要出售多少商品？

（四）本量利分析工具方法的评价

本量利分析的主要优点是：可以广泛应用于规划企业经济活动和营运决策等方面，简便易行、通俗易懂和容易掌握。

其的主要缺点是：仅考虑单因素变化的影响，是一种静态分析方法，且对成本性态较为依赖。要进行CPV分析，必须正确区分固定成本与变动成本。但是一项成本是固定成本还是变动成本取决于决策的时期。

时间越短，就有更大比例的总成本被认为是固定的。例如，假设一架美国航空公司的飞机一小时后起飞，现在还有20个座位没有售出。一位潜在乘客带着一张竞争对手公司的可转换机票赶到。美国公司利用空座位（向顾客提供免费饮料的成本）多搭载一位乘客的变动成本可以忽略不计。只有一个小时飞机就要起飞了，实际上所有的成本（如员工成本和行李处理成本）都是固定成本。或者，假设美国航空公司必须决定是否在下一年继续提供这种特殊的航班。如果因为上一年很少有顾客乘坐，美国航空公司决定取消这种航班，那么许多成本（包括员工成本、行李处理成本和机场费）将被视作变动的：在一年内，如果不再运营这种航班，美国公司将不必发生这些成本。把成本分为变动或固定时，常常要考虑相关范围时期长度和特定决策情形。

第3节　敏感性分析

一、敏感性分析的概述

敏感性分析（sensitivity analysis），是指对影响目标实现的因素变化进行量化分析，以确定各因素变化对实现目标的影响及其敏感程度。

敏感性分析可以分为单因素敏感性分析和多因素敏感性分析。

敏感性分析具有广泛适用性，有助于识别、控制和防范短期营运决策、长期投资决策等相关风险，也可以用于一般经营分析。

企业在营运计划的制定、调整以及营运监控分析等程序中通常会应用到敏感性分析，敏感性分析也常用于长期投资决策等。

企业应用敏感性分析，应遵循营运管理对应用环境的一般要求。

敏感性分析是一种“假设”技术，管理者用它来考察如果达不到初始预测的数据，或者基础假设发生变动时结果将会怎样变化。敏感性分析回答这样的问题：

如果销售量比预测数少5%，营业利润会有什么变化？

如果单位变动成本增加10%，营业利润又会怎样？等等。

这可以帮助公司在投资项目前，将可能发生的结果直观表示出来。例如，飞机制造公司为了补偿数十亿美元的新飞机设计与开发成本，使用CVP分析评估需要销售多少架飞机。然后，管理者做敏感性分析，检验他们的结论对不同假设（如飞机市场规模、售价以及他们认为可以抢占的市场份额）的敏感性。

二、敏感性分析在短期营运决策中的应用程序

（一）应用程序

短期营运决策中的敏感性分析主要应用于目标利润规划。

短期营运决策中的敏感性分析的应用程序一般包括确定短期营运决策目标、根据决策环境确定决策目标的基准值、分析确定影响决策目标的各种因素、计算敏感系数、根据敏感系数对各因素进行排序等程序。

1. 确定短期营运决策目标

在利润规划敏感性分析中，利润规划的决策目标是利润最大化，有关公

式如下：

利润 = 销售量 ×（单价 − 单位变动成本）− 固定成本总额

2. 根据决策环境确定决策目标的基准值

在确定利润基准值时，企业通常根据正常状态下的产品销售量、定价和成本状况，使用本量利公式测算目标利润基准值。

3. 分析确定影响决策目标的各种因素

企业根据本量利公式分析和识别影响利润基准值的因素，包括销售量、单价、单位变动成本和固定成本。

4. 计算敏感系数

企业在进行敏感性分析时，可视具体情况和以往经验选取对利润基准值影响较大的因素进行分析。

5. 根据敏感系数对各因素进行排序

企业在进行因素分析时，通过计算各因素的敏感系数，衡量因素变动对决策目标基准值的影响程度。企业可以进行单因素敏感性分析或多因素敏感性分析。

（二）单因素敏感性分析

单因素敏感性分析，是指每次只变动一个因素而其他因素保持不变时所做的敏感性分析。敏感系数反映的是某一因素值变动对目标值变动的影响程度，有关公式如下：

$$某因素敏感系数 = \frac{目标值变动百分比}{因素值变动百分比}$$

【例 5 −4】 以【例 5 −3】资料为例，单位售价、单位变动成本、固定成本按有利方向分别变动 10%，分析：（1）盈亏平衡点的敏感分析；（2）目标利润的敏感分析。

解：（1）盈亏平衡点的敏感分析：

①单位售价增加 10%，由 50 元/件到 55 元/件，则：

盈亏平衡点销售量 = 5 000 ÷（55 − 20）≈ 143（万件）

盈亏平衡点销售量变化 =（143 − 167）÷ 167 × 100% = 14.4%

单位售价敏感系数 = 14.4% ÷ 10% = 4.4

②单位变动成本下降 10%，由 20 元/件到 18 元/件，则：

盈亏平衡点销售量 = 5 000 ÷（50 − 18）≈ 156（万件）

盈亏平衡点销售量变化 =（156 − 167）÷ 167 × 100% = 6.6%

单位变动成本敏感系数 = 6.6% ÷ 10% = 0.66

③固定成本下降 10%，由 5 000 万元到 4 500 万元，则：

盈亏平衡点销售量 = 4 500 ÷（50 − 20）= 150（万件）

盈亏平衡点销售量变化 =（150 − 167）÷ 167 × 100% = 10.2%

固定成本敏感系数 = 10.2% ÷ 10% = 1.02

（2）目标利润的敏感分析：

①销售量增加 10%，由 200 万件到 220 万件，则：

利润 = 220 × （50 − 20） − 5 000 = 1 600（万元）

利润变化 = （1 600 − 1 000） ÷ 1 000 × 100% = 160%

销售量敏感系数 = 160% ÷ 10% = 16

②单位售价增加 10%，由 50 元/件到 55 元/件，则：

利润 = 200 × （55 − 20） − 5 000 = 2 000（万元）

利润变化 = （2 000 − 1 000） ÷ 1 000 × 100% = 100%

单位售价敏感系数 = 100% ÷ 10% = 10

③单位变动成本下降 10%，由 20 元/件到 18 元/件，则：

利润 = 200 × （50 − 18） − 5 000 = 1 400（万元）

利润变化 = （1 400 − 1 000） ÷ 1 000 × 100% = 140%

单位变动成本敏感系数 = 140% ÷ 10% = 14

④固定成本下降 10%，由 5 000 万元到 4 500 万元，则：

利润 = 200 × （50 − 20） − 4 500 = 1 500（万元）

利润变化 = 1 500 ÷ 1 000 × 100% = 150%

固定成本敏感系数 = 150% ÷ 10% = 15

在本题的假设下，敏感程度依次为单价、销售量、固定成本、变动成本。

利用在预算管理章节学习的电子表格 Excel，使管理者能系统、有效地进行以 CVP 为基础的敏感性分析，并检验单价、单位变动成本、固定成本以及目标营业利润等因素变动的影响及其相互关系。

【例 5－5】 在【例 5－3】中售价已知为 50 元，在任何给定的固定成本和单位变动成本水平下，使用 Excel 电子表格，GL&KL 公司就可以立刻知道要实现特定水平的目标营业利润需要销售多少产品？

GL&KL 公司 CVP 关系的电子表格分析

	A	B	C	D	E	F
1	以 50 元售价获得目标营业利润					
2	需要销售的件数（万件）					
3		单位	0	14 000 000 元	15 000 000 元	18 000 000 元
4	固定成本	变动成本	（盈亏平衡点）			
5	40 000 000	22	142	192①	196	207
6	40 000 000	20	133	180	183	193
7	40 000 000	18	125	168	171	181
8	45 000 000	22	160	210	214	225
9	45 000 000	20	150	196	200	210
10	45 000 000	18	140	184	187	196
11	50000 000	22	178	228	232	242
12	50 000 000	20	166	213	216	226
13	50 000 000	18	156	200	203	212
14						
15	①需要的销售件数 = $\frac{\text{固定成本}}{\text{单价} - \text{单位变动成本}}$					
16						

GL&KL 公司能够利用这些信息和敏感性分析，以及对销量的现实预测，来决定企业的经营和发展。

随堂练习

GL&KL 公司生产销售 B 产品，单位售价 100 元/件，单位变动成本 50 元/件，固定成本为 5 000 万元，所得税税率 20%。如果公司的目标税后利润为 1 000 万元。计算保利点的单一因素敏感分析，并填制下表 5 - 2。

表 5 - 2　　敏感分析计算表

项目	单价	单位变动成本	固定成本	所得税税率	保利点（量）	保利点（量）变化	敏感系数
变动前							
单价下降 10%							
单位变动成本上升 10%							
固定成本上升 10%							
所得税税率上升 10%							

在目标利润规划中，目标值为目标利润，变动因素为销售量、单价、单位变动成本和固定成本。敏感系数的绝对值越大，该因素越敏感。

（三）多因素敏感性分析

多因素敏感性分析，是指假定其他因素不变时，分析两种或两种以上不确定性因素同时变化对目标的影响程度所做的敏感性分析。

企业在进行目标利润规划时，通常以利润基准值为基础，测算销售量、单价、单位变动成本和固定成本中两个或两个以上的因素同时发生变动时，对利润基准值的影响程度。

企业应根据敏感系数绝对值的大小对其进行排序，按照有关因素的敏感程度优化规划和决策。

有关因素只要有较小幅度变动就会引起利润较大幅度变动的，属于敏感性因素；有关因素虽有较大幅度变动但对利润影响不大的，属于弱敏感性因素。

在短期利润规划决策中，销售量、单价、单位变动成本和固定成本都会对利润产生影响，应重点关注敏感性因素，及时采取措施，加强控制敏感性因素，确保利润规划的完成。

【例 5 - 6】 以【例 5 - 3】资料为例，计算填制下表 5 - 3。

表 5 - 3　　敏感分析计算表

项目	-30%	-20%	-10%	0	10%	20%	30%
销售量				1 000	1 600		
单价				1 000	2 000		
单位变动成本			1 400	1 000			
固定成本			1 500	1 000			

按照表 5－3 作图，如图 5－5 所示：

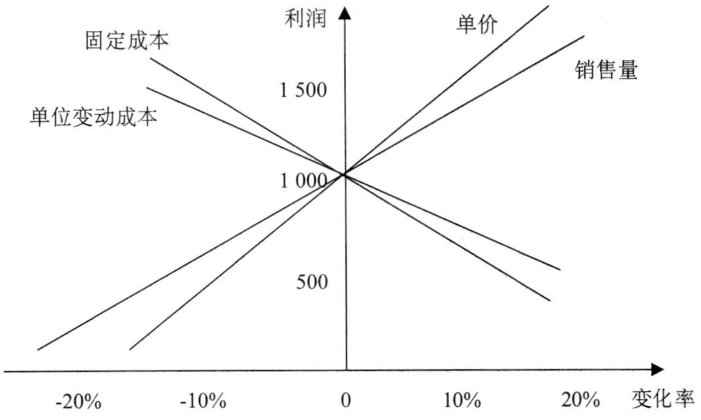

图 5－5　敏感分析图

（四）因素的临界值分析

在对利润规划进行敏感性分析时，企业应确定导致盈利转为亏损的有关变量的临界值，即确定销售量和单价的最小允许值、单位变动成本和固定成本的最大允许值，有关公式如下：

$$销售量的最小允许值 = \frac{固定成本}{单价 - 单位变动成本}$$

$$单价的最小允许值 = \frac{单位变动成本 \times 销售量 + 固定成本}{销售量}$$

$$单位变动成本的最大允许值 = \frac{单价 \times 销售量 - 固定成本}{销售量}$$

固定成本的最大允许值 =（单价 - 单位变动成本）×销售量

也即利润等于 0 时，某一因素的值。

公式中，各因素互为关系，所谓最小、最大允许值是在其他因素已知的情况下的临界值。某因素发生了变化，其他因素的临界值也随之会发生变化。

【例 5－7】 以【例 5－3】资料为例，计算保利点下各因素的临界值。

解：保利点下各因素临界值，也即利润等于 1 000 时，某一因素的值。根据各指标的公式，计算如下：

销售量的最小允许值 =（5 000 + 1 000）÷（50 - 20）

= 200（万件）

验证：（50 - 20）×200 - 5 000 = 1 000（元）

单价的最小允许值 =（20 × 200 + 5 000 + 1 000）÷200

= 50（元）

验证：（50 - 20）×200 - 5 000 = 1 000（元）

单位变动成本的最大允许值 =（50 × 200 - 5 000 - 1 000）÷200

= 20（元）

验证：（50 - 20）×200 - 5 000 = 1 000（元）

固定成本的最大允许值 = （单价 - 单位变动成本） × 销售量

= （50 - 20） × 200

= 6 000（元）

验证：（50 - 20） × 200 - 5 000 = 1 000（元）

【例 5-8】 以【例 5-3】资料为例，计算销售量在 200 万件和 300 万件下，保本时各因素的临界值。

解：（1）销售量为 200 万件时：

单价的最小允许值 = （20 × 200 + 5 000） ÷ 200

= 45（元）

验证：（45 - 20） × 200 - 5 000 = 0（元）

单位变动成本的最大允许值 = （50 × 200 - 5 000） ÷ 200

= 25（元）

验证：（50 - 25） × 200 - 5 000 = 0（元）

固定成本的最大允许值 = （单价 - 单位变动成本） × 销售量

= （50 - 20） × 200

= 6 000（元）

验证：（50 - 20） × 200 - 6 000 = 0（元）

（2）销售量为 300 万件时：

单价的最小允许值 = （20 × 300 + 5 000） ÷ 300

= 36.67（元）

验证：（30.67 - 20） × 300 - 5 000 = 0（元）

单位变动成本的最大允许值 = （50 × 300 - 5 000） ÷ 300

= 33.33（元）

验证：（50 - 33.33） × 300 - 5 000 = 0（元）

固定成本的最大允许值 = （单价 - 单位变动成本） × 销售量

= （50 - 20） × 300

= 9 000（元）

验证：（50 - 20） × 300 - 9 000 = 0（元）

三、敏感分析在长期投资决策中的应用程序

（一）应用程序

长期投资决策中的敏感性分析，是指通过衡量投资方案中某个因素的变动对该方案预期结果的影响程度，做出对项目投资决策的可行性评价。

长期投资决策敏感性分析的一般步骤可以参考短期营运决策中的敏感性分析的应用程序。

（二）基本指标和分析内容

长期投资决策模型中决策目标的基准值通常包括净现值、内含报酬率、投资回收期、现值指数等。

企业通常需要结合行业和项目特点，参考类似投资的经验，对决策目标基准值的影响因素进行识别和选取。决策目标基准值的影响因素通常包括项目的期限、现金流和折现率。

长期投资决策中的敏感性分析，通常分析项目期限、折现率和现金流量等变量的变化对投资方案的净现值、内含报酬率等产生的影响。

以净现值为目标值进行敏感性分析的，可以计算投资期内的年现金净流量、有效使用年限和折现率的变动对净现值的影响程度；也可以计算净现值为零时的年现金净流量和有效使用年限的下限。

以内含报酬率为基准值进行敏感性分析，可以计算投资期内的年现金净流量和有效使用年限变动对内含报酬率的影响程度。

上述部分是《中级管理会计》课程中的主要内容，需要深入分析，本教材不再做介绍。

（三）敏感性分析工具方法评价

敏感性分析的主要优点：方法简单易行，分析结果易于理解，能为企业的规划、控制和决策提供参考。

其主要缺点：对决策模型和预测数据具有依赖性，决策模型的可靠程度和数据的合理性，会影响敏感性分析的可靠性。

第 4 节　边际分析

一、边际分析的概述

边际（margin），是指可变因素变动一个量时，引起其他相关可变因素变动的程度量。比如上文【例 4－2】中标准成本在业务量变化 1 个量时，变动标准成本的变动为 41（15＋20＋6）元，即为变动成本的边际。

边际可用来回答“如果……那么”式的问题：如果预计收入在盈亏平衡点之上，那么收入下跌多大幅度时才能达到盈亏平衡点？收入下跌可能是由于市场营销不充分，或竞争者提供了更好的产品等引起的。

边际分析，是指分析某可变因素的变动引起其他相关可变因素变动的程度的方法，以评价既定产品或项目的获利水平，判断盈亏临界点，提示营运风险，支持营运决策。

边际

企业在营运管理中，通常在进行本量利分析、敏感性分析的同时运用边际分析工具方法。

企业在营运计划的制定、调整以及营运监控分析等程序中通常会应用到边际分析。

企业应用边际分析，应遵循营运管理一节中对应用环境的一般要求。

二、边际分析的应用程序

边际分析工具方法主要有边际贡献分析、安全边际分析等。

（一）边际贡献分析

边际贡献分析，是指通过分析销售收入减去变动成本总额之后的差额，衡量产品为企业贡献利润的能力。边际贡献分析主要包括边际贡献和边际贡献率两个指标。

边际贡献总额是产品的销售收入扣除变动成本总额后给企业带来的贡献，进一步扣除企业的固定成本总额后，剩余部分就是企业的利润，相关计算公式如下：

边际贡献总额 = 销售收入 - 变动成本总额

单位边际贡献 = 单价 - 单位变动成本

边际贡献率，是指边际贡献在销售收入中所占的百分比，表示每 1 元销售收入中边际贡献所占的比重。公式为：

边际贡献率 = 边际贡献总额 ÷ 销售收入 × 100%

= 单位边际贡献 ÷ 单价 × 100%

企业面临资源约束，需要对多个产品线或多种产品进行优化决策或对多种待选新产品进行投产决策的，可以通过计算边际贡献以及边际贡献率，评价待选产品的盈利性，优化产品组合。

1. 企业进行单一产品决策时，评价标准如下

当边际贡献总额大于固定成本时，利润大于 0，表明企业盈利；

当边际贡献总额小于固定成本时，利润小于 0，表明企业亏损；

当边际贡献总额等于固定成本时，利润等于 0，表明企业保本。

【例 5-9】 GL&KL 公司生产销售 A 产品，单位售价 50 元/件，单位变动成本 20 元/件，固定成本为 5 000 万元，公司预计销售量为 300 万件。

要求：（1）计算边际贡献总额、单位边际贡献和边际贡献率指标；（2）评价生产计划是否可行？

解：（1）根据各指标计算公式，计算相关指标：

边际贡献总额 = 销售收入 - 变动成本总额

= 300 × 50 - 300 × 20

= 9 000（万元）

单位边际贡献 = 单价 - 单位变动成本

= 50 - 20

= 30（元）

边际贡献率 = 30 ÷ 50 × 100%

= 60%

（2）可行性评估：在销售量 300 万件时，边际贡献总额为 9 000 万元，大于固定成本 5 000 万元，可实现利润 4 000 万元。结论：计划可行。

2. 当进行多产品决策时，边际贡献与变动成本之间存在如下关系

综合边际贡献率 = 1 - 综合变动成本率

综合边际贡献率反映了多产品组合给企业做出贡献的能力，该指标通常越大越好。

【例 5-10】 GL&KL 公司生产销售 A 产品和 B 产品两种产品，单位售价分别为 50 元/件和 100 元/件，单位变动成本分别为 20 元/件和 60 元/件，预计销售量分别为 300 万件和 100 万件，固定成本为 5 000 万元。

要求：计算综合变动成本率、边际贡献率指标。

解：由于 A、B 产品的销售量不一样，所以不能简单如下计算综合变动成本：

综合变动成本 = 20 + 60 = 80（元）

综合变动成本率 = 80 ÷（50 + 100）× 100% = 53.33%

这是错误的计算方法，应该这样计算。

解法一：

边际贡献总额 =（50 × 300 + 100 × 100）-（20 × 300 + 60 × 100）
= 13 000（元）

综合边际贡献率 = 13 000 ÷（50 × 300 + 100 × 100）× 100%
= 52%

综合变动成本率 = 1 - 52% = 48%

解法二：

根据 A、B 产品的销售量，按照 3∶1 可以将全部销售量组合完毕，组合成一个联合单位产品，即 3 个 A 产品和 1 个 B 产品的组合。计算联合单位产品的有关指标：

综合变动成本 = 20 × 3 + 60 = 120（元）

综合变动成本率 = 120 ÷（50 × 3 + 100）× 100%
= 48%

综合边际贡献率 = 1 - 48% = 52%

企业可以通过边际分析对现有产品组合进行有关优化决策，如计算现有各条产品线或各种产品的边际贡献并进行比较，增加边际贡献或边际贡献率高的产品组合，减少边际贡献或边际贡献率低的产品组合。

（二）安全边际分析

安全边际分析，是指通过分析正常销售额超过盈亏临界点销售额的差额，衡量企业在保本的前提下，能够承受因销售额下降带来的不利影响的程度和企业抵御营运风险的能力。安全边际分析主要包括安全边际和安全边际率两个指标。

安全边际，是指实际销售量或预期销售量超过盈亏平衡点销售量的差额，体现企业营运的安全程度。有关公式如下：

安全边际 = 实际销售量或预期销售量 - 保本点销售量

安全边际率，是指安全边际与实际销售量或预期销售量的比值，公式如下：

$$安全边际率=\frac{安全边际}{实际销售量或预期销售量}\times 100\%$$

【例5-11】 以【例5-9】资料为例，计算安全边际的业务量、销售额和安全边际率。

解：盈亏平衡点的业务量 =5 000÷（50-20）≈167（万件）

盈亏平衡点的销售额 =50×167=8 350（万元）

安全边际的业务量 =300-167=133（万件）

安全边际的销售额 =50×133=6 650（万元）

安全边际率 =133÷300×100% =44.33%

安全边际主要用于衡量企业承受营运风险的能力，尤其是销售量下降时承受风险的能力，也可以用于盈利预测。安全边际或安全边际率的数值越大，企业发生亏损的可能性越小，抵御营运风险的能力越强，盈利能力越大。

（三）边际分析工具方法的评价

边际分析方法的主要优点是：可有效地分析业务量、变动成本和利润之间的关系，通过定量分析，直观地反映企业营运风险，促进提高企业营运效益。

其主要缺点是：决策变量与相关结果之间关系较为复杂，所选取的变量直接影响边际分析的实际应用效果。

第5节　内部转移定价

一、内部转移定价的概述

（一）内部转移定价的含义

内部转移定价，是指企业内部转移价格的制定和应用方法。

内部转移价格，是指企业内部分公司、分厂、车间、分部等责任中心之间相互提供产品（或服务）、资金等内部交易时所采用的计价标准。

责任中心，是指企业内部独立提供产品（或服务）、资金等的责任主体。

（二）内部转移定价的目标和应用范围

企业应用内部转移定价工具方法的主要目标，是界定各责任中心的经济责任，计量其绩效，为实施激励提供可靠依据。

内部转移定价主要适用于具有一定经营规模、业务流程相对复杂、设置了多个责任中心且责任中心之间存在内部供求关系的企业。

（三）内部转移定价的原则

企业应用内部转移定价工具方法，一般应遵循以下原则：

（1）合规性原则。内部转移价格的制定、执行及调整应符合相关会计、财务、税收等法律法规的规定。

(2) 效益性原则。企业应用内部转移定价工具方法，应以企业整体利益最大化为目标，避免为追求局部最优而损害企业整体利益的情况；同时，应兼顾各责任中心及员工利益，充分调动各方积极性。

(3) 适应性原则。内部转移定价体系应当与企业所处行业特征、企业战略、业务流程、产品（或服务）特点、业绩评价体系等相适应，使企业能够统筹各责任中心利益，对内部转移价格达成共识。

二、内部转移定价的应用环境

企业应用内部转移定价工具方法，应遵循成本管理和营运管理章节中对应用环境的一般要求。

企业一般由绩效管理委员会或类似机构负责搭建内部交易和内部转移价格管理体系，制定相关制度，审核、批准内部转移定价方案，并由财务、绩效管理等职能部门负责编制和修订内部转移价格、进行内部交易核算、对内部交易价格执行情况进行监控和报告等内部转移价格的日常管理。

企业应建立与所采用的内部转移定价体系相适应的内部交易管理信息系统，并及时获取所需的内部转移价格，灵活确定有关定价方式，客观反映各责任中心绩效。

三、内部转移定价的应用程序

企业应用内部转移定价工具方法，一般按照明确责任中心、制定与实施转移价格、分析与评价内部转移价格等程序进行。

(一) 明确责任中心

企业应根据所属行业的特征、业务流程、组织结构等情况和实际需要明确各责任中心及其主要责任。

一般情况下，企业可将直接对外销售或有一定销售决策权的责任单位设置为内部利润中心，内部利润中心是既对成本费用负责、又对利润负责的责任中心；将中间产品（或服务）、辅助产品（或服务）的提供方设置为内部成本中心，内部成本中心是主要对成本费用负责的责任中心。企业出于管理需要，也可以将中间产品（或服务）、辅助产品（或服务）的提供方设置为模拟的内部利润中心，该中心除降低成本外还承担优化品种结构、提高产品（或服务）质量、降低资金占用等责任。

(二) 制定与实施转移价格

企业绩效管理委员会或类似机构应根据各责任中心的性质和业务特点，分别确定适当的内部转移定价形式。内部转移定价通常分为价格型、成本型和协商型。

1. 价格型

价格型内部转移定价，是指以市场价格为基础制定的、由成本和毛利构成内部转移价格的方法，一般适用于内部利润中心。计算公式：

内部转移价格 = 成本 + 利润

= 成本（1 + 成本利润率）

责任中心所提供的产品（或服务）经常外销且外销比例较大的，或所提供的产品（或服务）有外部活跃市场可靠报价的，可以外销价或活跃市场报价作为内部转移价格。

责任中心一般不对外销售且外部市场没有可靠报价的产品（或服务），或企业管理层和有关各方认为不需要频繁变动价格的，可以参照外部市场价或预测价制定模拟市场价作为内部转移价格。

没有外部市场但企业出于管理需要设置为模拟利润中心的责任中心，可以在生产成本基础上加一定比例毛利作为内部转移价格。

2. 成本型

成本型内部转移定价，是指以标准成本等相对稳定的成本数据为基础，制定内部转移价格的方法，一般适用于内部成本中心。标准成本的制定参见第 4 章第 3 节标准成本法有关内容。

3. 协商型

协商型内部转移定价，是指企业内部供求双方为使双方利益相对均衡，通过协商机制制定内部转移价格的方法，主要适用于分权程度较高的情形。协商价的取值范围通常较宽，一般不高于市场价，不低于变动成本。

除以外销价或活跃市场报价制定的内部转移价格可能随市场行情波动而变动较频繁外，其余内部转移价格应在一定期间内保持相对稳定，以使需求方责任中心的绩效不受供给方责任中心绩效变化的影响。

企业可以根据管理需要，核算各责任中心资金占用成本，将其作为内部利润的减项，或直接作为业绩考核的依据。

责任中心占用的资金一般指货币资金，也可以包括原材料、半成品等存货以及应收款项等。占用资金的价格一般参考市场利率或加权资本成本制定。

（三）分析与评价内部转移价格

金融企业的转移价格

企业应及时对内部转移定价形成的结果进行汇总分析，作为考核责任中心绩效的依据；同时，应监测内部转移定价体系运行情况，协调、裁决交易中的争议，保障内部转移定价体系运转顺畅。此外，企业应定期开展内部转移定价应用评价工作，根据内外部环境变化及时修订、调整定价策略。

（四）内部转移定价工具方法的评价

内部转移定价的主要优点：能够清晰反映企业内部供需各方的责任界限，为绩效评价和激励提供客观依据，有利于企业优化资源配置。

内部转移定价的主要缺点：可能受到相关因素影响，内部转移定价体系产生的定价结果不合理，造成信息扭曲，误导相关方行为，从而损害企业局部或整体利益。

第6节　多维度盈利能力分析

一、多维度盈利能力分析的概述

多维度盈利能力分析，是指企业对一定期间内的经营成果，按照区域、产品、部门、客户、渠道、员工等维度进行计量，分析盈亏动因，从而支持企业精细化管理、满足内部营运管理需要的一种分析方法。

多维度盈利能力分析主要适用于市场竞争压力较大、组织结构相对复杂或具有多元化产品（或服务）体系的企业。企业应用多维度盈利能力分析工具方法，还应具备一定的信息化程度和管理水平。

二、多维度盈利能力分析的应用环境

企业应用多维度盈利能力分析工具方法，应遵循营运管理一节中对应用环境的一般要求。

企业应用多维度盈利能力分析工具方法，应按照多维度建立内部经营评价和成本管理制度，并按照管理最小颗粒度进行内部转移定价、成本分摊、业绩分成、经济增加值计量等。

管理最小颗粒度，是指企业根据实际管理需要与管理能力所确定的最小业务评价单元。

企业应用多维度盈利能力分析，通常需构建多维度盈利能力分析信息系统、模块或工具，制定统一的数据标准和规范，及时、准确、高效地获取各维度管理最小颗粒度相关信息。

三、多维度盈利能力分析的应用程序

企业进行多维度盈利能力分析，一般按照确定分析维度、建立分析模型、制定数据标准、收集数据、加工数据、编制分析报告等程序进行。

（一）确定分析维度

企业应根据组织架构、管理能力，以及绩效管理、销售管理、渠道管理、产品管理、生产管理、研发管理等管理需求，确定盈利能力分析各维度的类别，通常包括区域、产品、部门、客户、渠道、员工等。

（二）建立分析模型

企业应以营业收入、营业成本、利润总额、净利润、经济增加值（EVA）等核心财务指标为基础，构建多维度盈利能力分析模型，见表5－4。

业财融合程度较高的企业可将与经营业绩直接相关的业务信息，如销售量、市场份额、用户数等，纳入多维盈利能力分析模型。

表 5－4　　多维度盈利能力分析模型示例

项目	区域		产品		部门		……
	大区	城市	型号	批次	XX 部	XX 部	……
市场占比							
销售量							
销售收入							
减：销售折扣与折让							
营业收入							
减：营业成本							
营业毛利							
减：销售费用							
管理费用							
财务费用							
……							
营业利润							
……							
利润总额							
减：所得税							
净利润							
……							
经济增加值（EVA）							
……							

注：本表可根据企业管理决策需要，增加或减少显示项目。
经济增加值（EVA），在下文第 7 章第 3 节有专门介绍。

金融企业在构建多维度盈利能力分析模型时，可加入经风险调整后的经济增加值（EVA）、风险调整资本回报率（RAROC）等指标。

（三）制定数据标准

企业应根据盈利能力分析各维度的分类规则和所构建的分析模型制定统一的基础数据标准和数据校验规则，保证各维度盈利能力分析数据基础的一致性和准确性，并通过系统参数配置、数据质量管控等在信息系统中予以实施。

（四）收集和加工数据

企业应根据管理最小颗粒度确定数据源的获取标准，并从信息系统中收集基础数据。有条件的企业可建立数据仓库或数据集市，形成统一规范的数据集。

企业根据管理需求对收集的数据进行加工，一般包括以下几个方面：

1. 按照管理最小颗粒度进行内部转移定价、成本分摊、业绩分成及经济增加值计量等，并根据盈利能力分析模型，生成管理最小颗粒度盈利信息

（1）企业应遵循内部转移定价的一般要求，确定内部转移价格。

（2）企业应遵循“谁受益、谁负担”原则，通过建立科学有效的成本归集路径，将实际发生的完全成本基于业务动因相对合理地分摊到管理最小颗粒度。

（3）企业应依据业绩匹配原则，合理选择佣金法、量价法、比例法等方法，对业务协同产生的业绩进行分成。

（4）企业应遵循经济增加值法的一般要求，计量经济增加值。

2. 企业根据设定的数据标准，按管理最小颗粒度与区域、产品、部门、客户、渠道、员工等维度的归属关系进行分类汇总，生成各维度盈利信息

企业应根据管理需求，进一步整理、分析多维度盈利能力分析信息，综合使用趋势分析法、比率分析法、因素分析法等方法，从不同维度进行盈利能力分析，编制多维度盈利能力分析报告。企业应根据报告使用者需求确定多维度盈利能力分析报告的具体内容，一般包括多维度盈利目标及其在报告期实现程度、整体盈亏的多维分析、各维度具体盈亏状况及其驱动因素分析（如区域下各产品、渠道盈利分析等）、各维度下经营发展趋势分析及风险预警、下一步的建议措施（如优化资源配置）等。

（五）编制分析报告

企业编制多维度盈利能力分析报告时，可采用排序法、矩阵法、气泡图、雷达图等方法对各维度盈利能力进行评估与分类。

（1）排序法，是指将一定期间内各维度下的指标值进行排序，既可以按利润贡献度排序，也可以按综合指标总分排序，由高到低或按设定的标准分段。

（2）矩阵法，是指将一定期间内各维度下的指标值纳入盈利矩阵的相应位置，以表示其盈利能力的类型。通常盈利矩阵以成本类指标为横坐标，以利润类指标为纵坐标，组合成四个象限。

【例 5－12】 GL&KJ 公司有甲、乙两个产品，完成利润分别为 200 000 元和 300 000 元，成本分别为 700 000 元和 600 000 元。

要求：根据资料，绘制矩阵法图。

解：根据矩阵法的基本要求，绘制矩阵法图如图 5－6 所示。

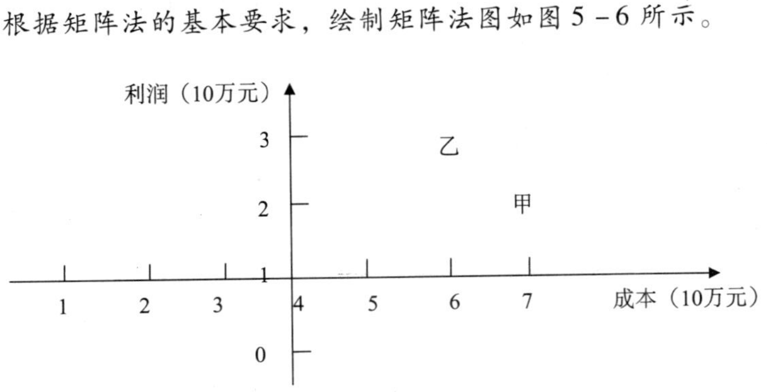

图 5－6　矩阵法图

特别提示

为了提高可视化程度，也可以以一个产品的利润类，或者成本类指标为坐标点绘制图，如图 5－7 所示。

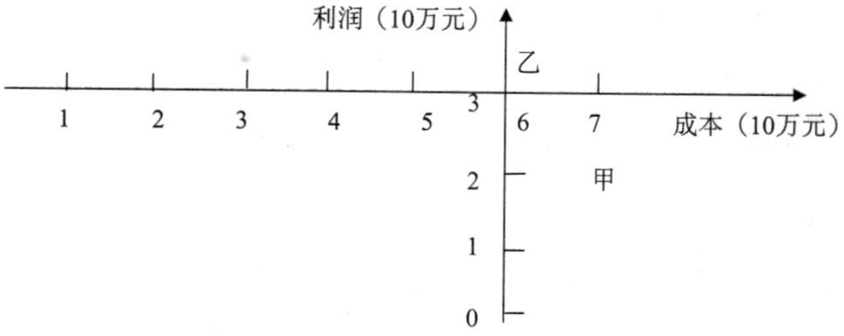

图 5－7　矩阵法图

把乙产品的数值作为坐标原点，可视化最佳，一看就知道甲产品指标完成情况较差，利润在乙产品下面，成本又大于乙产品。

（3）气泡图（bubble chart）是可用于展示三个变量之间的关系，是指将一定期间内各维度下的指标值按其数值大小，以气泡大小列示于坐标图中，以直观表示其盈利能力。如图 5－8 所示。

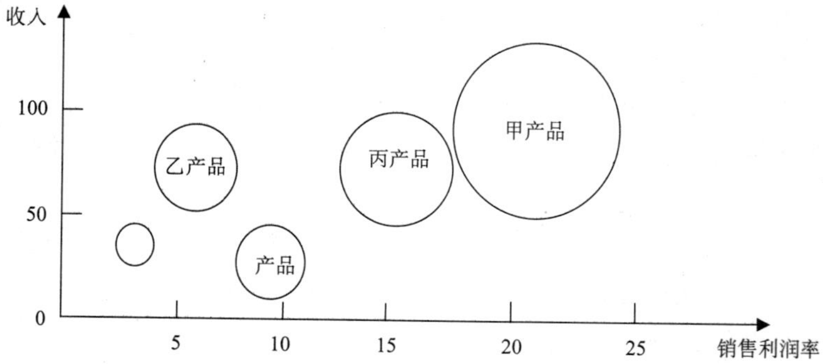

图 5－8　气泡图

（4）雷达图（radar chart），又可称为戴布拉图、蜘蛛网图（spider chart），是指将一定期间内各维度下重要指标值纳入雷达形状的图中，同时展示各维度下盈利能力。如图 5－9 所示。

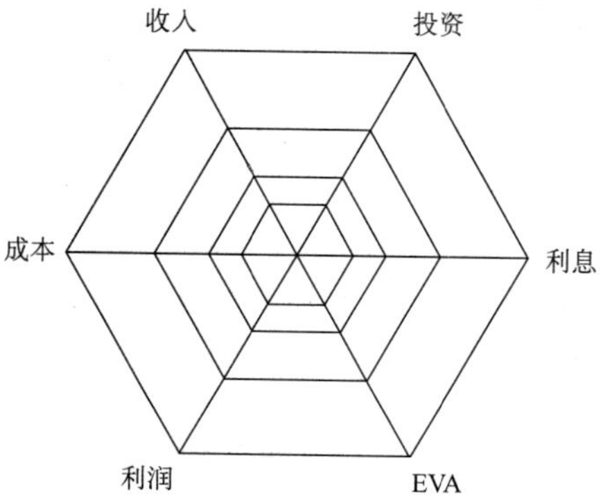

图 5－9　雷达图

雷达图上应该标上具体金额，按照一定金额确定雷达坐标距离。

随堂练习

资料：GL&KJ 公司有甲、乙两个项目，实际数据见表 5－5：

表 5－5　盈亏平衡分析计算表　单位：元

项目	收入	成本	利息	利润	EVA	投资
甲	1 000 000	700 000	100 000	200 000	200	50 000 000
乙	1 200 000	600 000	300 000	300 000	300	40 000 000

要求：根据甲、乙实际资料，绘制雷达图，简单对比评价完成优劣。

（六）多维度盈利能力分析工具方法评价

多维度盈利能力分析的主要优点：可以灵活地支持企业实现精细化内部管理，为客户营销、产品管理、外部定价、成本管控、投资决策、绩效考核等提供相关、可靠的信息。

其主要缺点：对企业管理能力、内部治理的规范性和数据质量等要求较高。

第 7 节　标杆管理

一、标杆管理的概述

（一）标杆管理的含义

标杆管理又称“基准管理”，是一项有系统的、持续性的评估过程，通过不断地将组织流程与全球企业领导者，或者目标企业相对比，获得企业改善营运绩效的信息。其本质是不断寻找最佳实践，以此为基准不断地“测量分析与持续改进”。

（二）标杆管理的作用

标杆管理法是美国施乐公司于 1979 年首创，西方管理学界将其与企业再造、战略联盟一起并称为 20 世纪 90 年代三大管理方法。

标杆管理的背景故事

标杆管理方法较好地体现了现代知识管理中追求竞争优势的本质特性。标杆管理是创造模版的工具，它可以帮助企业创造自身的管理模式或工作模版，是实现管理创新并获得竞争优势的最佳工具。作用主要有：

（1）企业可以参照最佳实践结果，搭便车，避免走弯路。

（2）审视企业所处环境、地位，明确自己优势、劣势。

（3）企业可以建立自己的标准，确定合适的发展方向。

（4）为企业进行重大决策时，提供依据和思路。

二、标杆管理方法

（一）标杆管理的要素

标杆管理的要素是界定标杆管理定义、分类和程序的基础。标杆管理主要有以下三个要素：

（1）标杆管理实施者，即发起和实施标杆管理的组织。

（2）标杆伙伴，也称标杆对象，即定为“标杆”被学习借鉴的组织，是任何乐于通过与标准管理实施者进行信息和资料交换而开展合作的内外部组织或单位。

（3）标杆管理项目，也称标杆管理内容，即存在不足，通过标杆管理向他人学习借鉴以谋求提高的领域。

（二）标杆环

“标杆环”由立标、对标、达标、创标四个环节构成，前后衔接，形成持续改进、围绕“创建规则”和“标准本身”的不断超越、螺旋上升的良性循环。如图5－10所示：

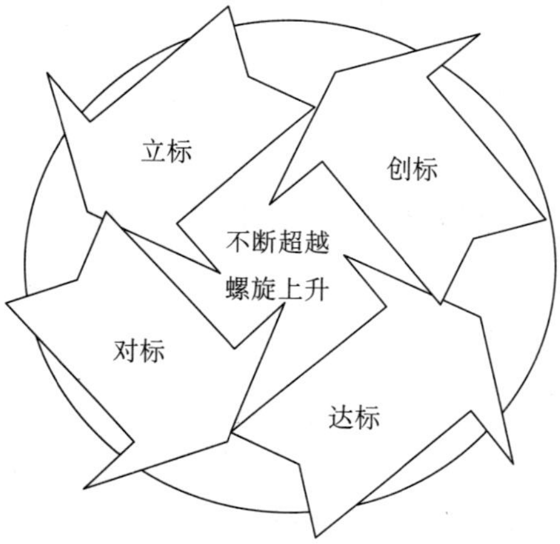

图5－10　标杆环

（1）立标，有两重含义，其一为选择业内外最佳的实践方法，以此作为基准、作为学习对象。其二是在企业内部培养、塑造最佳学习样板，可以是具体方法、某个流程、某个管理模式、甚至是某个先进个人，成为企业内部其他部门或个人的榜样，即试点工作。

（2）对标，对照标杆测量分析，发现自身的短板、寻找差距，并分析与尝试自身的改进方法，探索达到或超越标杆水平的方法与途径。

（3）达标，改进落实，在实践中达到标杆水平或实现改进成效。

（4）创标，运用标杆四法创新并实施知识沉淀，形成超越最初选定的标杆对象，形成新的、更先进的实践方法，进入标杆环，直至成为行业标杆。

知识链接

标杆管理按照对标的对象和范围，大致可以分为两大类，具体内容如图 5－11 所示。

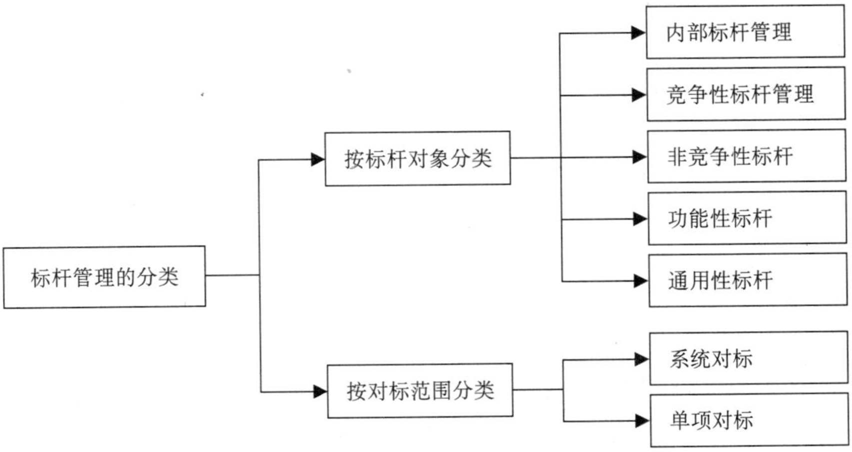

图 5－11 标杆管理的分类

（三）标杆管理的工具方法评价

标杆管理的主要优点：榜样的力量是无穷的，一般也不容易失误。

其主要缺点：总是跟随在后面。

标杆管理陷阱

本章小结

我们常说，细节决定成败。营运管理就是对企业日常业务的细节进行管理，是为了保证日常业务活动按照企业战略目标和预算管理的要求进行，可以说，这些管理做不好，没有按预算执行完成任务，那么再好的战略都是空中楼阁、纸上谈兵。

对细节的重视，使管理趋于密实，对决策而言，关键在于细节。

本章主要介绍了：

（1）营运管理的概念、原则和应用程序；

（2）本量利分析的计算公式、图示方法和分析方法；

（3）敏感分析的计算公式、分析方法和作用；

（4）边际分析的计算公式、分析方法和作用；

（5）标杆管理的作用和运用。

名人名言

计划，就是探索未来、制定行动计划。

——管理学家 H. 法约尔

对制度的道德评价和选择优先于对个人的道德评价和选择。

——罗尔斯

管理的定义很简单，过去、现在、未来都是沟通。

——松下幸之助

练　习　题

1. 填空题

根据表中资料，计算并填制下表 5 - 6。

表 5 - 6　　盈亏平衡分析计算表

序号	固定成本	单价	单位变动成本	边际贡献率	盈亏平衡点（量）	盈亏平衡点（额）
1	6 000	100	40			
2	6 000	100		60%		
3	6 000		40	40%		
4		100		30%	200	

2. 单项选择题

(1) 本量利分析的基本公式为（　　）。

A. 营业利润 = （单价 - 单位变动成本） × 业务量 - 固定成本

B. 营业利润 = 单价 × 业务量 - 变动成本 - 固定成本

C. 营业利润 = 收入 - 费用

D. 营业利润 = 收入 - 成本

(2) PDCA 管理原则的阶段 C 是指（　　）。

A. 检查 check　　B. 指挥 command

C. 协调 coordinate　　D. 控制 control

(3) 营运管理领域应用的管理会计工具方法，不包括（　　）。

A. 成本分析　　B. 敏感性分析

C. 边际分析　　D. 标杆管理

(4) 本量利分析中的量，是指（　　）。

A. 生产量　　B. 投产量

C. 销售量　　D. 以上都对

3. 多项选择题

(1) 营运管理的工具方法主要有（　　）。

A. 本量利分析　　B. 敏感分析
C. 边际分析　　D. 标杆管理
(2) PDCA 管理原则的阶段有（　　）。
A. 计划　　B. 实施
C. 检查　　D. 处理
(3) 营运计划的应遵循的原则有（　　）原则。
A. 系统性　　B. 平衡性
C. 灵活性　　D. 连续性
(4) 营运管理监控的基本任务有（　　）。
A. 发现偏差　　B. 分析偏差
C. 纠正偏差　　D. 制定计划
(5) 单一产品的盈亏平衡点（　　）。
A. 盈亏平衡点的业务量 = 固定成本 ÷（单价 - 单位变动成本）
B. 盈亏平衡点的销售额 = 单价 × 盈亏平衡点的业务量
C. 盈亏平衡点的销售额 = 固定成本 ÷（1 - 变动成本率）
D. 盈亏平衡点的销售额 = 固定成本 ÷ 边际贡献率

4. 判断题

(1) 边际贡献率与变动成本率的关系为，边际贡献率 = 1 - 变动成本率。（　　）
(2) 当边际贡献总额等于固定成本时，利润等于 0，表明企业保本。（　　）
(3) 在敏感分析中，敏感程度的因素大小顺序是不变的，依次为单价、单位变动成本、销售量和固定成本。（　　）
(4) 雷达图也常用于标杆管理对标分析。（　　）

5. 问答题

(1) 简述营运管理的原则有哪些？各原则的基本内容是什么？
(2) 营运管理监控的基本任务是什么？

6. 计算分析题

(1) GL&KL 公司生产销售 B 产品，单位售价 100 元/件，单位变动成本 50 元/件，固定成本为 5 000 万元，所得税税率 20%，如果公司的目标税后利润为 1 000 万元。计算目标利润的单一因素敏感分析，并填制表 5 - 7。

表 5 - 7　　敏感分析计算表

项目	单价	单位变动成本	固定成本	所得税税率	税后利润	利润变化	敏感系数
变动前							
单价上升 10%							
单位变动成本下降 10%							
固定成本下降 10%							
所得税税率下降 10%							

（2）GL&KL公司甲产品销售单价10元，单位变动成本5元，固定成本4 000元，销售量1 000件。

试求：

①变动成本率、边际贡献、边际贡献率、保本量、保本额、盈亏临界点作业率、安全边际、安全边际率为多少？

②试求各因素保本的最大变动值。

③试进行敏感分析。

（3）GL&KL公司甲产品销售单价10元，单位变动成本5元，销售量1 000件，乙产品销售单价20元，单位变动成本12元，销售量2 000件，固定成本4 000元。

试求：加权边际贡献率、保本额为多少？

7. 案例应用分析

阅读材料

卡洛斯·戈恩——“成本杀手”

1954年出生的卡洛斯·戈恩（Carlos Ghosn），是站在汽车圈金字塔尖的人物，职业简历非常出色：1978年，加入米其林集团公司，1989年任米其林北美分部CEO；1996年，出任雷诺汽车公司副总裁；2018年被指控隐瞒收入时，一人兼任日产、雷诺、三菱三家知名汽车公司的董事长，光鲜的职业履历曾让他日进斗金。

不说戈恩隐瞒个人收入，说一说他被誉为“成本杀手”，多次通过大刀阔斧的改革挽救公司于危机之中的传奇：

1. 挽雷诺于既倒

戈恩进入雷诺的这一年，公司跌入赤字深渊，为减少成本，他制定了一个在3年内削减200亿法郎（约合24亿美元）成本的计划。

有员工惊问：“是不是加错了一个零？把20亿写成200亿了？”简直就是天方夜谭。

戈恩提出了5个改革措施：

（1）减少剩余生产力，关闭亏损严重的比利时必尔波尔多工厂；

（2）重新编组生产工程技术机构；

（3）将供应商由原来的300家减少到150家；

（4）把主要组装线数量从5条减到3条；

（5）促进产品技术革新。

改革的第二年，雷诺便成功地实现了财政扭亏为盈。

2. 扶日产之将倾

1999年，在日产汽车面临连年的亏损，濒临破产之际，日产和雷诺成为了汽车联盟，戈恩再次对日产汽车进行了成本控制，强行推行大裁员计划，对供应商体系进行缩减，整合零部件供应商，使成本下降了20%。

两年内，日产汽车便扭亏为盈，被认为是日产汽车的“救命恩人”，成为全球汽车产业中令人瞩目的传奇人物。

2016 年三菱汽车加入了雷诺与日产的汽车联盟。从此，戈恩身兼数职，既是日产汽车的代表董事兼董事长，还是雷诺汽车 CEO 兼董事长、三菱汽车董事长。

在 2018 年《财富》世界 500 强上榜企业，日产、雷诺分别排在第 54 名、第 134 名。

问题：

（1）减少供应商和降低成本有什么关系？

（2）“主要组装线数量从 5 条减到 3 条”，这个措施有何意义？

第6章 投融资管理

教学目标

学习本章后，你应该能够：

1. 写出投融资管理的内涵、原则、程序；

2. 运用投融资管理工具的方法——贴现现金流法、项目管理、情景分析、约束资源优化等。

教学要求

知识要点	能力要求	相关知识
投融资管理	（1）投融资管理的应用环境 （2）投融资管理的应用程序	（1）投融资管理的概念 （2）投融资管理的原则
投融资管理工具方法	（1）投融资管理工具方法的理解 （2）投融资管理工具方法的运用	（1）贴现现金流法 （2）项目管理 （3）情景分析 （4）约束资源优化

世界上没有不能分析的事物，只是：一、情况不同；二、性质不同。许多基本范畴，特别是对立统一的法则，对各种事物都是适用的。这样来研究问题、看问题，就有了一贯的完整的世界观和方法论。

——毛泽东

基本概念

投资管理　融资管理　价值创造原则　战略导向原则　风险匹配原则　进度控制　财务控制　变更控制　贴现现金流法　资本成本　项目管理　可行性研究　项目立项　项目计划　项目实施　项目验收　项目后评价　项目财务管理　挣值法　成本偏差　成本效益法　价值工程法　情景分析　约束资源优化　约束资源

导入案例

融集资金 G——柳梢听得黄鹂语，此是春来第一声

元代杨载《到京师》诗云：

柳梢听得黄鹂语，此是春来第一声。

自然的法则是万物生长靠太阳，市场的法则是人人生活靠金钱！马克思说："货币是一切权力的权力。"正所谓"长袖善舞，多钱善贾"，要办企业，就要有钱，用钱买设备、买材料、支付人员薪酬等，取得 G 就是办企业的"第一声"。

工业企业的资本运动，如图 6－1 所示：

↓资金筹资和投资 ↑资金分配

G ———— W …… P …… W′ ———— G′(G+ΔG)

图 6－1 工业企业的资本运动

自给自足的小农经济像陶渊明，乐而忘忧尚可，但是在市场经济下绝不然。列宁说："人们忘记了：对于市场，重要的绝不是生产者的安乐生活，而是生产者拥有货币资金。"

那么，企业的货币资金从那里来呢？企业资金投入的渠道只有两个，一是借入，二是自有资金。借入资金形成债务性融资，自有资金就是股权性融资。企业取得资金后要先垫付资金，购买生产三要素：劳动工具、劳动对象和劳动力，完成供应过程；劳动者工人利用劳动工具加工材料进行生产，进入生产过程，产品加工完成入库，完成生产过程；产品销售，收回货款，完成销售过程。收入补偿费用，计算财务成果，分配红利，一部分资金退出企业，完成一次循环，资金周而复始的循环，就是资金周转。这个过程中，G 犹如种子，W、P、W' 就是发芽、生长、开花，而 G' 就像花之果实，正是"花开还在花落处"。

资金在循环中表现出四个特性：垫付性、周转性、补偿性和增值性。财务工作中有个岗位叫"出纳"，出纳之纳字，为"收入、收进"之意。所以，"出纳"就是管理钱款收支的。"出纳"，"出纳"，"出"在先，"纳"在后，没有"出"，就没有"纳"！所以，没有垫付资金就无法周转；资金不周转无法取得收入；无收入无法补偿垫付资金；无补偿何谈增值？但资金的根本特性是增值性，马克思认为资金循环的共同点是价值增值，这即是动机——"以实在货币为起点和终点的流通形式 G…G'，最明白地表示出资本主义生产的动机就是赚钱"，又是目的——"生产过程只是为了赚钱而不可缺少的中间环节，只是为了赚钱而必须干的倒霉事。"

"路的尽头不是终结，而是超越。"（叔本华）G' 也一样，G' 中的 ΔG 如果全部分配，资本的下一个循环就是简单再生产；ΔG 分配一部分，留存

一部分，那么下一个循环就称为扩大的再生产。资金运动只有起点，没有终点；只有逗号，没有句号。

阅读思考：

(1) 筹资的动机是什么？

(2) 如果企业各方面的管理都很到位，投资还不赚钱，说明什么呢？

点评：资金决定行动。

资金运动过程的第一步就是融资，资金决定行动，在市场经济下一切管理会计活动都要用资金体现出来，包括投资。货币资金既是起点，也是终点，所以，融资是企业经营活动的起点。

第1节　投融资管理概论

一、投融资管理的概述

(一) 投融资管理的目标

企业加强投融资管理，是为了健全投融资决策机制，降低投融资风险，提高投资效益。投融资管理包括投资管理和融资管理。

投资管理，是指企业根据自身战略发展规划，以企业价值最大化为目标，对将资金投入营运进行的管理活动。

融资管理，是指企业为实现既定的战略目标，在风险匹配的原则下，对通过一定的融资方式和渠道筹集资金进行的管理活动。

企业融资的规模、期限、结构等应与经营活动、投资活动等的需要相匹配。

(二) 投融资管理的原则

企业进行投融资管理，一般应遵循以下原则：

(1) 价值创造原则。投融资管理应以持续创造企业价值为核心。

(2) 战略导向原则。投融资管理应符合企业发展战略与规划，与企业战略布局和结构调整方向相一致。

(3) 风险匹配原则。投融资管理应确保投融资对象的风险状况与企业的风险综合承受能力相匹配。

(三) 投融资管理的工具方法

投融资管理领域应用的管理会计工具方法，一般包括贴现现金流法、项目管理、情景分析、约束资源优化等。

知识图说

投融资的关系，从投资来说先有投资决策，后有融资决策。在导入案例中可以看到，从资金运动来说，却相反，给人一种必须先筹资，再投资的假象。世上没有免费的午餐，资金使用是有代价的——资本成本率。如果先筹资，再投资，要是找不到可行的投资项目，或者项目的实施还需要时间，那就要白白地花费融资成本了？没有融资，再好的投资决策只能是画饼充饥；没有好投资项目，融资也产生不了效益。因此，资本成本率就是投融资的桥梁和纽带，两者密切相连。同时也反映出管理会计和财务管理的关系，如图6－2所示①。

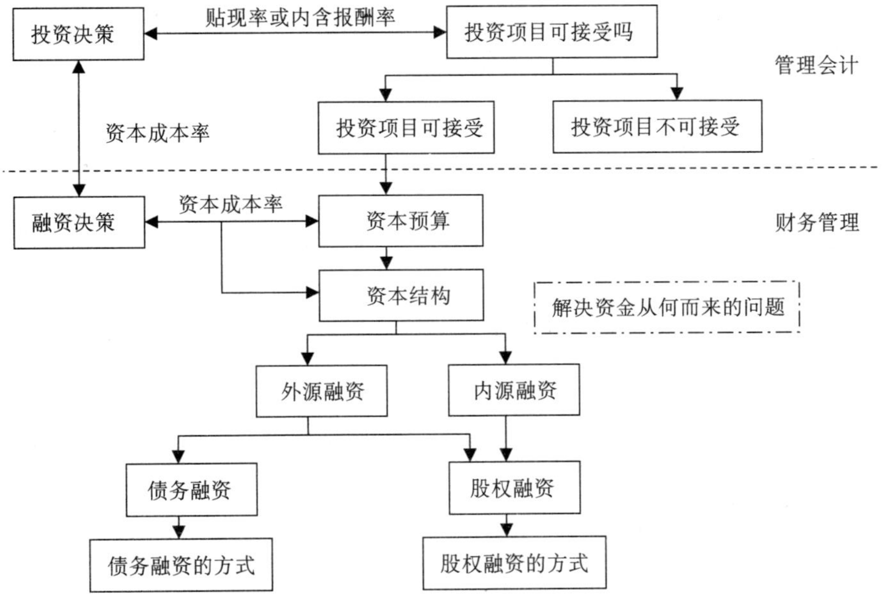

图6－2　投融资的关系

二、投资管理程序

（一）投资管理机构

企业应建立健全投资管理的制度体系，根据组织架构特点，设置能够满足投资管理活动所需的，由业务、财务、法律及审计等相关人员组成的投资委员会或类似决策机构，对重大投资事项和投资制度建设等进行审核，有条件的企业可以设置投资管理机构，组织开展投资管理工作。

（二）投资管理工具方法的程序

企业应用投资管理工具方法，一般按照制定投资计划、进行可行性分析、

① 胡玉明主编．管理会计应用指引详解与实务［M］．经济科学出版社，2018：205.

实施过程控制和投资后评价等程序进行。如图 6－3 所示：

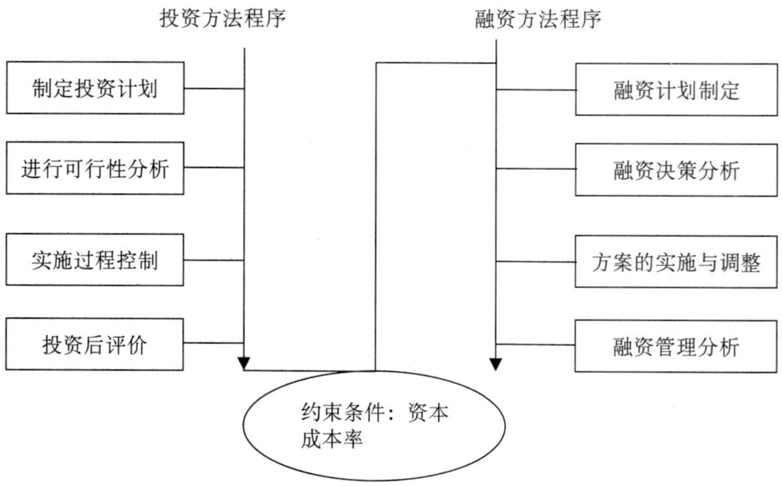

图 6－3　投融资方法程序及关系图

1. 制定投资计划

企业投资管理机构应根据战略需要，定期编制中长期投资规划，并据此编制年度投资计划。

（1）中长期投资规划一般应明确指导思想、战略目标、投资规模、投资结构等。

（2）年度投资计划一般包括编制依据、年度投资任务、年度投资任务执行计划、投资项目的类别及名称、各项目投资额的估算及资金来源构成等，并纳入企业预算管理。

2. 可行性分析

投资可行性分析的内容一般包括该投资在技术和经济上的可行性、可能产生的经济效益和社会效益、可以预测的投资风险、投资落实的各项保障条件等。

3. 过程控制

企业进行投资管理，应当将投资控制贯穿于投资的实施全过程。投资控制的主要内容一般包括进度控制、财务控制、变更控制等。

进度控制，是指对投资实际执行进度方面的规范与控制，主要由投资执行部门负责。

财务控制，是指对投资过程中资金使用、成本控制等方面的规范与控制，主要由财务部门负责。

变更控制，是指对投资变更方面的规范与控制，主要由投资管理部门负责。

4. 投资后评价

投资项目实施完成后，企业应对照项目可行性分析和投资计划组织开展投资后评价。投资后评价的主要内容一般包括投资过程回顾、投资绩效和影响评价、投资目标实现程度和持续能力评价、经验教训和对策建议等。

（三）投资报告

投资报告应根据投资管理的情况和执行结果编制，反映企业投资管理的实施情况。投资报告主要包括以下两部分内容：

(1) 投资管理的情况说明，一般包括投资对象、投资额度、投资结构、投资风险、投资进度、投资效益及需要说明的其他重大事项等；

(2) 投资管理建议，可以根据需要以附件形式提供支持性文档。

投资报告是重要的管理会计报告，应确保内容真实、数据可靠、分析客观、结论清楚，为报告使用者提供满足决策需要的信息。

企业可定期编制投资报告，反映一定期间内投资管理的总体情况，一般至少应于每个会计年度编制一份；也可根据需要编制不定期投资报告，主要用于反映重要项目节点、特殊事项和特定项目的投资管理情况。

企业应及时进行回顾和分析，检查和评估投资管理的实施效果，不断优化投资管理流程，改进投资管理工作。

三、融资管理程序

（一）融资管理机构

企业应建立健全融资管理的制度体系，融资管理一般采取审批制。

企业应设置满足融资管理所需的，由业务、财务、法律及审计等相关人员组成的融资委员会或类似决策机构，对重大融资事项和融资管理制度等进行审批，并设置专门归口管理部门牵头负责融资管理工作。

（二）融资管理工具方法的程序

企业应用融资管理工具方法，一般按照融资计划制定、融资决策分析、融资方案的实施与调整、融资管理分析等程序进行，具体如图6－3所示。

1. 融资计划制定

企业对融资安排应实行年度统筹、季度平衡、月度执行的管理方式，根据战略需要、业务计划和经营状况，预测现金流量，统筹各项收支，编制年度融资计划，并据此分解至季度和月度融资计划。必要时根据特定项目的需要，编制专项融资计划。

年度融资计划的内容一般包括编制依据、融资规模、融资方式、资本成本等；季度和月度融资计划的内容一般包括年度经营计划、企业经营情况和项目进展水平、资金周转水平、融资方式、资本成本等。

企业融资计划可作为预算管理的一部分，纳入企业预算管理。

2. 融资决策分析

企业应根据融资决策分析的结果编制融资方案，融资决策分析的内容一般包括资本结构、资本成本、融资用途、融资规模、融资方式、融资机构的选择依据、偿付能力、融资潜在风险和应对措施、还款计划等。

3. 融资方案的实施与调整

融资方案经审批通过后，进入实施阶段，一般由归口管理部门具体负责落实。如果融资活动受阻或者融资量无法达到融资需求目标，归口管理部门应及时对融资方案进行调整，数额较大时应按照融资管理程序重新报请融资委员会或类似决策机构审批。

4. 融资管理分析

企业融资完成后，应对融资进行统一管理，必要时应建立融资管理台账。企业应定期进行融资管理分析，内容一般包括还款计划、还款期限、资本成本、偿付能力、融资潜在风险和应对措施等。还款计划应纳入预算管理，以确保按期偿还融资。

（三）融资报告

融资报告应根据融资管理的执行结果编制，反映企业融资管理的情况和执行结果。融资报告主要包括以下两部分内容：

（1）融资管理的情况说明，一般包括融资需求测算、融资渠道、融资方式、融资成本、融资程序、融资风险及应对措施、需要说明的重大事项等；

（2）融资管理建议，可以根据需要以附件形式提供支持性文档。

融资报告是重要的管理会计报告，应确保内容真实、数据可靠、分析客观、结论清楚，为报告使用者提供满足决策需要的信息。

企业可定期编制融资报告，反映一定期间内融资管理的总体情况，一般至少应于每个会计年度出具一份；也可根据需要编制不定期报告，主要用于反映特殊事项和特定项目的融资管理情况。

企业应及时进行融资管理回顾和分析，检查和评估融资管理的实施效果，不断优化融资管理流程，改进融资管理工作。

第2节　贴现现金流法

一、贴现现金流法的概述

（一）贴现现金流法含义

贴现，是指对未来现金流量值，求其指定时间的价值为多少，或者求值过程。

贴现现金流法，是以明确的假设为基础，选择恰当的贴现率对预期的各期现金流入、流出进行贴现，通过贴现值的计算和比较，为财务合理性提供判断依据的价值评估方法。

（二）贴现现金流法适用范围

贴现现金流法一般适用于在企业日常经营过程中，与投融资管理相关的资产价值评估、企业价值评估和项目投资决策等。

贴现现金流法也适用于其他价值评估方法不适用的企业，包括正在经历重大变化的企业，如债务重组、重大转型、战略性重新定位、亏损或者处于开办期的企业等。

二、贴现现金流法的应用环境

企业应用贴现现金流法，应对企业战略、行业特征、外部信息等进行充分了解。

（一）企业战略

企业应用贴现现金流法，应从战略层面明确贴现现金流法应用的可行性，并根据实际情况，建立适宜贴现现金流法开展的沟通协调程序和操作制度，明确信息提供的责任主体、基本程序和方式，确保信息提供的充分性和可靠性。同时，企业应考虑评估标的未来将采取的会计政策和评估基准日时所采用的会计政策在重要方面是否基本一致。

（二）内外部环境

企业应用贴现现金流法，应确认内外部环境对贴现现金流法的应用可提供充分支持，如现金流入和现金流出的可预测性、贴现率的可获取性，以及所有数据的可计量特征等。通常需要考虑以下内容：

（1）国家现行的有关法律法规及政策、国家宏观经济形势有无重大变化，各方所处地区的政治、经济和社会环境有无重大变化；

（2）有关利率、汇率、税基及税率等是否发生重大变化；

（3）评估标的的所有者和使用者是否完全遵守有关法律法规，评估标的在现有的管理方式和管理水平的基础上，经营范围、方式与目前方向是否保持一致；

（4）有无其他不可抗拒因素及不可预见因素对企业造成重大不利影响。

三、贴现现金流法的应用程序

（一）贴现现金流法程序

企业应用贴现现金流法，一般按以下程序进行：

（1）估计贴现现金流法的三个要素，即，贴现期、现金流、贴现率；

（2）在贴现期内，采用合理的贴现率对现金流进行贴现；

（3）进行合理性判断；

（4）形成分析报告。

（二）贴现现金流法的三个要素

1. 贴现期

企业应充分考虑标的特点、所处市场因素波动的影响以及有关法律法规的规定等，合理确定贴现期限，确保贴现期与现金流发生期间相匹配。

贴现期可采用项目已有限期，亦可采用分段式，如以 5 年作为一个期间段。企业在进行资产价值评估时，尤其要注意标的资产的技术寿命期限对合同约定期限或者法定使用期限的影响。

2. 贴现现金流

企业应用贴现现金流法，应当说明和反映影响现金流入和现金流出的事项和因素，既要反映现金流的变化总趋势，也要反映某些重要项目的具体趋势。

（1）现金流量。现金流量（cash flows），是指投资项目在其计算期内各项现金流入量（cash inflows）与现金流出量（cash outflows）的统称。现金流入量减现金流出量的差量，也称为净现金流量（net cash flow，缩写为 NCF）。某年的净现金流量公式：

某年净现金流量 = 该年现金流入量 - 该年现金流出量

= 净利润 + 折旧

知识图说

企业的现金像一个水池，称为现金池，犹如上下都有一个水龙头，上面水龙头进水，叫流入；下面水龙头出水，叫流出。进水 100 万元现金流入量减去出水 50 万元现金流出量是正数，是为现金净流入量；进水 50 万元现金流入量减去出水 100 万元现金流出量，就为现金净流出量。

现金流量的计算原理，可用资金运动和资产负债表、利润表的关系即财务会计的观点表现出来，见图 6 - 4 所示。

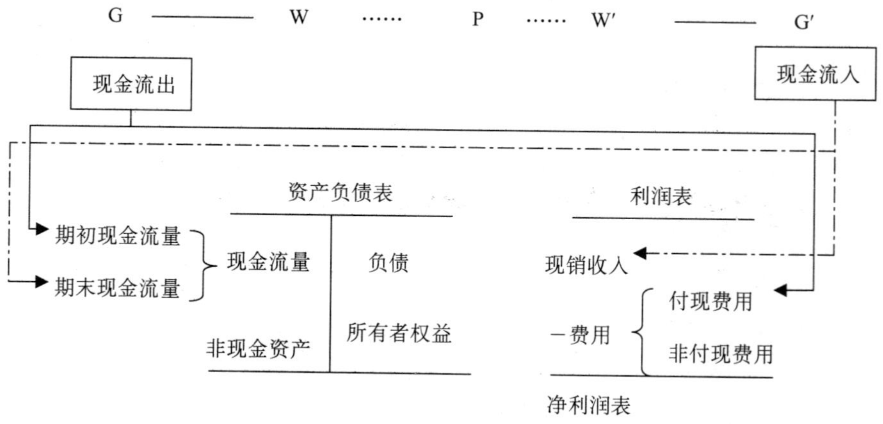

图 6 - 4　现金流量与资产负债表、利润表的关系图

从图 6 - 4 中可知，在资金周转中，有：

本期现金流入量累计——现销收入

本期现金流出量累计——付现费用

所以，有：

净现金流量 = 现金流量期末结余 - 现金流量期初结余

= （本期现金流入量累计 - 本期现金流出量累计 + 现金流量期初结余） - 现金流量期初结余

= 现销收入 - 付现费用

= 净利润 + 非付现费用

= 净利润 + 折旧

现金流量的计算原理，也可用本量利图即管理会计的观点直观的表现出来，具体如图 6－5 所示。

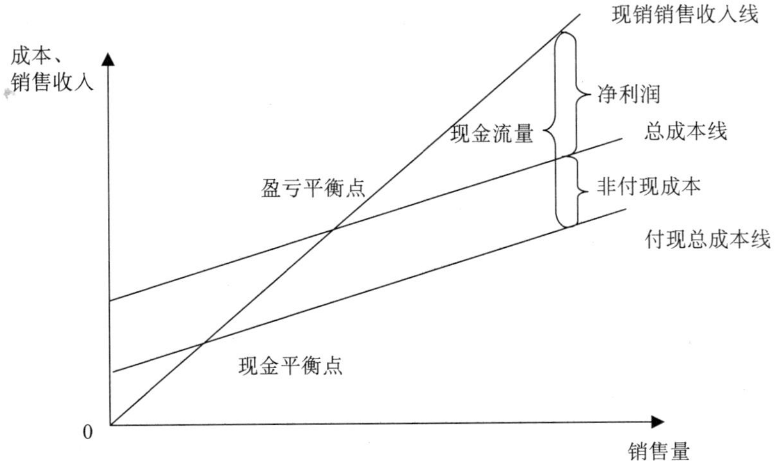

图 6－5　简化现金式本量利图

从图 6－5 中可知：总成本 = 付现总成本 + 非付现成本

因此有：净利润 = 现销销售收入 － 总成本

= 现销销售收入 －（付现总成本 + 非付现成本）

= 现金净流量 － 非付现成本

所以有：净现金流量 = 净利润 + 非付现成本

这也是会计上编制现金流量表间接法的基本原理。

【例 6－1】 GL&KJ 公司欲投资乙项目，建设期为一年，投资 1 000 000 元，第一年末垫付流动资金 400 000 元，在最后一年收回。第二年有净利润 500 000 元，连续 10 年。请填制甲项目的现金流量简表。

解：甲项目折旧每年 100 000 元，则第二年末开始连续 10 年的现金流量为 600 000 元，编制现金流量表见表 6－1。

表 6－1　　甲项目现金流量表　　单位：元

期数	现金流量
0	－1 000 000
1	－400 000
2	600 000
3	600 000
4	600 000
5	600 000

续表

期数	现金流量
6	600 000
7	600 000
8	600 000
9	600 000
10	600 000
11	1 000 000

随堂练习

计算填空，见表6－2：

表6－2　　经营期年现金流量关系练习　　单位：元

序	现金流量	营业收入	营业成本	所得税费用	净利润	折旧
1		1 000 000	500 000	125 000		200 000
2	600 000	1 000 000	500 000	125 000		
3	500 000		500 000	125 000		200 000

（2）企业贴现现金流法应用的方面。

- 资产价值评估

企业应用贴现现金流法进行资产价值评估，要基于行业市场需求情况、经营风险、技术风险和管理难度等，分析与之有关的预期现金流，以及与收益有关的成本费用、配套资产等；并合理区分标的资产与其他配套资产或者作为企业资产的组成部分，所获得的收益和所受的影响；同时，要准确评估标的资产使用权和收益权的完整性，并评估其对资产预测现金流所产生的影响。

企业应用贴现现金流法进行企业价值评估，一般按照以下程序进行：

①从相关当事方获取标的企业未来经营状况和收益状况的预测资料，充分考虑并分析标的企业的资本结构、经营状况、历史业绩、发展前景和影响标的企业生产经营的宏观经济因素、标的企业所在行业发展状况与前景，以及未来各种可能性发生的概率及其影响，合理确定预测假设和权重，进行未来收益预测。

②确定预测现金流中的主要参数的合理性，一般包括主营业务收入、毛利率、营运资金、资本性支出、成本及费用构成等，尤其要注意企业会计盈余质量对企业估值所产生的影响，需要调整并减少企业的非经常性损益、重组成本、非主营业务对会计报表的影响。

③确定预测现金流，应区分以企业整体还是以所有者权益作为企业价值评估的基础。通常，企业整体价值评估采用企业自由现金流作为预测现金流

的基础；企业所有者权益价值评估采用股权自由现金流作为预测现金流的基础。

自由现金流（free cash flow，缩写 FCF），就是企业产生的、在满足了再投资需要之后剩余的现金流量，这部分现金流量是在不影响公司持续发展的前提下可供分配给企业资本供应者的最大现金额。简单地说，自由现金流量，是指企业经营活动产生的现金流量扣除资本性支出（capital expenditures，缩写 CE）的差额。自由现金流是一种财务方法，用来衡量企业实际持有的能够回报股东的现金。指在不危及公司生存与发展的前提下可供分配给股东（和债权人）的最大现金额。

自由现金流可分为企业自由现金流（free cash flow of firm，缩写 FCFF）和企业股权自由现金流（free cash flow of equity，简写 FCFE）。

企业自由现金流，是指企业扣除了所有经营支出、投资需要和税收之后的，在清偿债务之前的剩余现金流量。计算公式为：

FCFE = 净利润 + 折旧与摊销 − 资本性支出 − 营运资本追加额 − 债务本金偿还 + 新发行债务

股权自由现金流，是指扣除所有开支、税收支付、投资需要以及还本付息支出之后的剩余现金流量。计算公式为：

FCFF = 息税前利润 − 税金 + 折旧与摊销 − 资本性支出 − 追加营运资本

- 项目投资决策

企业应用贴现现金流法进行项目投资决策，需要充分考虑并分析项目的资本结构、经营状况、历史业绩、发展前景，影响项目运行的市场行业因素和宏观经济因素，并要明确区分项目的预测现金流，同时要合理区分标的项目与其他项目，或者作为企业的组成部分，所获得的收益和所受到的影响，尤其要注意可能存在的关联交易，包括关联交易性质及定价原则等对预测现金流的影响。

资产价值评估的估值方法，项目投资决策需要计算的估值、净现值、净现值率、投资回收期、内含报酬率等在以后《管理会计》和《高级管理会计》中进行介绍。

3. 贴现率

贴现率是反映当前市场货币时间价值和标的风险的回报率。贴现率的设定要充分体现标的特点，通常应当反映评估基准日类似地区同类标的平均回报水平和评估对象的特定风险。同时，贴现率应当与贴现期、现金流相匹配，当使用非年度的时间间隔（比如按月或按日）进行分析时，年度名义贴现率应调整为相应期间的实际贴现率。

（1）资产价值评估采用的贴现率，通常根据与资产使用寿命相匹配的无风险报酬率进行风险调整后确定。无风险报酬率通常选择对应期限的国债利率，风险调整因素有政治风险、市场风险、技术风险、经营风险和财务风险等。

（2）进行企业价值评估采用的贴现率，需要区分是以企业整体还是以所有者权益作为价值评估的基础。通常，企业整体价值评估采用股权资本成本和债务资本成本的加权平均资本成本作为贴现率的确定依据；企业所有者权益价值评估采用股权资本成本作为贴现率的确定依据。

资本成本，是指筹集和使用资金的成本率，或进行投资时所要求的必要报酬率，一般用相对数即资本成本率表达。

企业的股权资本成本通常以资本资产定价模型为基础进行估计，综合考虑控制权程度、股权流动性、企业经营情况、历史业绩、发展前景和影响标的企业生产经营的宏观经济因素、标的企业所在行业发展状况与前景等调整因素。

（3）项目投资决策采用的贴现率，应根据市场回报率和标的项目本身的预期风险来确定。一般地，可以按照标的项目本身的特点，适用资产价值评估和企业价值评估的贴现率确定方法，但要注意区分标的项目与其他项目，或者作为企业组成部分所产生的风险影响，对贴现率进行调整。

（三）进行贴现的计算

贴现现金流法的三个要素，贴现期、现金流、贴现率确定以后，就可以在贴现期内，采用合理的贴现率对现金流进行贴现了。基本的计算公式：

各期的现值 P_t = 当期现金流量 × 折现率计算的当期一元现值系数

$$=\frac{CF_t}{(1+i)^t} \qquad (t=0,1,2,\cdots,n)$$

$$=CF_t \times (P/F, i, t) \qquad (t=0,1,2,\cdots,n)$$

现值合计 P = 各期现值之和

$$=\sum_{t=0}^{n} P_t \qquad (t=0,1,2,\cdots,n)$$

式中：P，为现值；

CF，为现金流量；

i，为折现率、利率；

t，为某一期；

$(P/F, i, t)$，为一元现值系数。

知识链接

复利现值的计算

1. 复利的现值

复利，是指“利上加利”，俗称“利滚利”，即“本生利，利成本”，对本金计算利息，也对前期的利息计算利息的计息方法。

复利现值，是复利终值的对称概念，指未来一定时间的特定资金按复利计算的现在价值。其计算公式可由复利终值公式推导出来：

已知：$F_n = P(1+i)^n$

得：

$$P = \frac{F_n}{(1+i)^n} = F_n \times (1+i)^{-n}$$

式中 $(1+i)^{-n}$为复利现值系数（Present Value Interest Factor），或称1元的复利现值，用符号（P/F，i，n）表示，计算时可查复利现值系数表。

【例 6-2】 若计划在3年以后得到400元，利息率为8%，现在应存入多少钱？

解：$P = F_n \times (1+i)^{-n}$

$= F_n \times (P/F, 8\%, 3)$

$= 400 \times 0.794$

$= 317.6$（元）

2. 普通年金现值

年金，是指等期等额的收付款项。

普通年金，是指一定时间内，每期期末等额的收付款项。

普通年金现值，是指在一定时间内，每期期末等额收付款项的复利现值之和。

【例 6-3】 欲在3年中每年年末取出100元，3年刚好取完，假设银行年利率为10%。问现在向银行存入多少钱？

分析计算：年金现值见下图6-6所示。

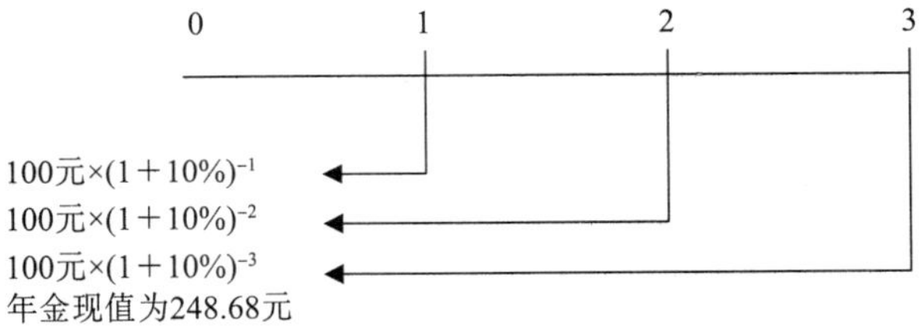

图 6-6 年金现值时间轴计算图

如在期数为 n 的情况下，现金流量时间轴图如6.7所示：

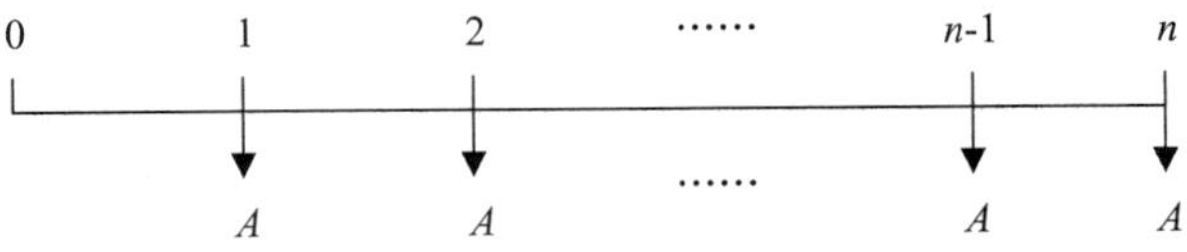

图 6-7 普通年金现金流量时间轴图

可设：年金现值为 P，有：

$P = A(1+i)^{-1} + A(1+i)^{-2} + \cdots + A(1+i)^{-n}$ ①式

将①式等式两边同乘以 $(1+i)$，得：

$P(1+i) = A + A(1+i)^{-1} + \cdots + A(1+i)^{-(n-1)}$ ②式

上述两式相减②式－①式，得：

$P(1+i) - P = A - A(1+i))^{-n}$

所以：

$$P = A \cdot \frac{1-(1+i)^{-n}}{i}$$

式中$\frac{1-(1+i)^{-n}}{i}$为普通年金现值系数（Present Value Interest Factor of Annuity），可表示为（P/A，i，n）[①]，计算时可查年金现值系数表。【例 6－3】计算可以简化为：

$$P = 100 \times (P/A,\ 10\%,\ 3)$$
$$= 100 \times 2.487$$
$$= 248.7\ （元）$$

【例 6－4】 以【例 6－1】为例，如果确定的折现率为 10%。计算现值为多少？

解：查附录中一元现值系数表，计算过程和结果，见表 6－3 所示。

表 6－3 **甲项目现金流量表** 单位：元

期数（t）	现金流量（CF_t）	一元现值系数（P/F，i，t）	现值（P_t）
0	－1 000 000	1	－1 000 000
1	－400 000	0.909	－363 600
2	600 000	0.826	495 600
3	600 000	0.751	450 600
4	600 000	0.683	409 800
5	600 000	0.620	372 000
6	600 000	0.564	338 400
7	600 000	0.513	307 800
8	600 000	0.466	279 600
9	600 000	0.424	254 400
10	600 000	0.385	231 000
11	1 000 000	0.350	350 000
合计	5 000 000	—	2 125 600

根据计算公司的净现值为 2 125 600 元，可以参照设定的标准进行评价。

随堂练习

如果折现率为 5%，请计算表 6－4 中 A、B、C 三个项目现值，并填空：

① 复利现值系数也可以用 PV 等符号表示；年金现值系数也可用 $PVIFA_{i,n}$ 等符号表示。

表 6－4　　贴现的计算　　单位：元

项目	1	2	3	4	5	合计
一元现值系数						—
A 项目	300 000	300 000	300 000	300 000	300 000	
A 项目现值						
B 项目	500 000	400 000	300 000	200 000	100 000	
B 项目现值						
C 项目	100 000	200 000	300 000	400 000	500 000	
C 项目现值						

（四）贴现现金流法合理性判断

企业应用贴现现金流法进行价值评估，一般从以下方面进行合理性判断：

1. 客户要求

当客户提出的特殊要求不符合市场价值为基础的评估对有关贴现期、现金流或贴现率的相关规定时，其估值结果是基于客户特殊要求下的投资价值而不是市场价值。

2. 评判标准

贴现现金流法作为一项预测技术，评判标准不在于贴现现金流预测最终是否完全实现，而应关注预测时的数据对贴现现金流预测的支持程度。

（五）贴现现金流法的分析报告

贴现现金流法分析报告的形式可以根据业务的性质、服务对象的需求等确定，也可在资产评估报告中整体呈现。当企业需要单独提供贴现现金流法分析报告时，应确保内容的客观与详实。

贴现现金流法分析报告一般包括以下内容：

1. 假设条件

贴现现金流法分析报告应当对贴现现金流法应用过程中的所有假设进行披露。

2. 数据来源

贴现现金流法分析报告应当清楚地说明并提供分析中所使用的有关数据及来源。

3. 实施程序

编制贴现现金流法分析报告一般按照以下程序进行：

（1）合理选择评估方法；

（2）评估方法的运用和逻辑推理；

（3）主要参数的来源、分析、比较和测算；

（4）对评估结论进行分析，形成评估结论。

4. 评估者身份

当以内部评估人员身份开展评估工作时，评估人员与控制资产的实体之间的关系应当在评估报告中披露；当以外部评估人员身份开展评估工作且以盈利为目的为委托方工作时，评估人员应当对这种关系予以披露。

（六）贴现现金流法的评价

贴现现金流法的主要优点是：结合历史情况进行预测，并将未来经营战略融入模型，有助于更全面的反映企业价值。

其主要缺点是：测算过程相对较为复杂，对数据采集和假设的验证要求繁复，资本成本、增长率、未来现金流量的性质等变量很难得到准确的预测、计算，往往会使得实务中的评估精度大大降低。

第3节　项目管理

一、项目管理的概述

（一）项目管理的含义

项目管理，是指通过项目各参与方的合作，运用专门的知识、工具和方法，对各项资源进行计划、组织、协调、控制，使项目能够在规定的时间、预算和质量范围内，实现或超过既定目标的管理活动。

项目管理适用于以一次性活动为主要特征的项目活动，如一项工程、服务、研究课题、研发项目、赛事、会展或活动演出等；也可以适用于以项目制为主要经营单元的各类经济主体。

（二）项目管理的原则

企业进行项目管理时，一般应遵循以下原则：

1. 注重实效，协同创新

项目应围绕项目管理的目标，强调成本效益原则，实现项目各责任主体间的协同发展、自主创新。

2. 按级负责，分工管理

项目各责任主体，应当根据管理层次和任务分工的不同，有效行使管理职责，履行管理义务，确保项目取得实效。

3. 科学安排，合理配置

严格按照项目的目标和任务，科学合理编制预算，严格执行预算。

二、项目管理的基本程序

企业应用项目管理工具方法一般按照可行性研究、项目立项、项目计划、项目实施、项目验收和项目后评价等程序进行。

1. 可行性研究

可行性研究，是指通过对项目在技术上是否可行、经济上是否合理、社会和环境影响是否积极等进行科学分析和论证，以最终确定项目投资建设是否进入启动程序的过程。

企业一般可以从投资必要性、技术可行性、财务可行性、组织可行性、经济可行性、环境可行性、社会可行性、风险因素及对策等方面开展项目的可行性研究。

2. 项目立项

项目立项，是指对项目可行性研究进行批复，并确认列入项目实施计划的过程。经批复的可行性研究报告是项目立项的依据，项目立项一般应在批复的有效期内完成。

3. 项目计划

项目计划，是指项目立项后，在符合项目可行性报告批复相关要求的基础上，明确项目的实施内容、实施规模、实施标准、实施技术等计划实施方案，并据此编制项目执行预算的书面文件。

通常情况下，项目执行预算超过可行性研究报告项目预算的 10% 时，或者项目实施内容、实施规模、实施地点、实施技术方案等发生重大变更时，应重新组织编制和报批可行性报告。经批复的项目计划及项目执行预算应作为项目实施的依据。

项目可行性报告的内容一般包括项目概况、市场预测、产品方案与生产规模、厂址选择、工艺与组织方案设计、财务评价、项目风险分析，以及项目可行性研究结论与建议等。

4. 项目实施

项目实施，是指按照项目计划，在一定的预算范围内，保质保量按时完成项目任务的过程。通常，应重点从质量、成本、进度等方面，有效控制项目的实施过程。

（1）质量控制。企业应遵循国家规定及行业标准，建立质量监督管理组织、健全质量管理制度、形成质量考核评价体系和反馈机制等，实现对项目实施过程的质量控制。

（2）成本控制。成本控制应贯穿于项目实施的全过程。企业可以通过加强项目实施阶段的投资控制，监督合同执行，有效控制设计变更，监督和控制合同价款的支付，实现项目实施过程的成本控制。

（3）进度控制。企业应通过建立进度控制管理制度，编制项目实施进度计划，制定项目实施节点；实行动态检测，完善动态控制手段，定期检查进度计划，收集实际进度数据；加强项目进度偏差原因分析，及时采取纠偏措施等，实现对项目实施过程的进度控制。

5. 项目验收

项目验收，是指项目完成后，进行的综合评价、移交使用、形成资产的整个过程。

项目验收一般应由可行性研究报告的批复部门组织开展，可以从项目内容的完成情况、目标的实现情况、经费的使用情况、问题的整改情况、项目成果的意义和应用情况等方面进行验收。

6. 项目后评价

项目后评价，是指通过对项目实施过程、结果及其影响进行调查研究和全面系统回顾，与项目决策时确定的目标以及技术、经济、环境、社会指标进行对比，找出差别和变化，据以分析原因、总结经验、提出对策建议，并通过信息反馈，改善项目管理决策，提高项目管理效益的过程。

企业应比对项目可行性报告的主要内容和批复文件开展项目后评价，必要时应参照项目计划的相关内容进行对比分析，进一步加强项目管理，不断提高决策水平和投资效益。

三、项目财务管理

项目财务管理，是指基于项目全生命周期的项目财务活动的归口管理工作，是对项目营运过程中财务资源使用的全流程管理活动。

在项目营运过程中，企业应当重视并严格执行项目预算管理、项目执行成本控制、项目会计核算、资金管理与项目结算、项目决算和项目经济后评价等。企业可根据项目规模、周期、经费额度等指定专人负责上述工作，并参与项目论证与评估等工作。

（一）项目预算管理

企业进行项目预算管理，一般应从项目预算编制、预算执行控制、项目预算调整等方面开展。

1. 项目预算编制

企业应基于项目的重要性和成本效益考虑，制定项目预算管理制度，可以指定项目预算管理分管领导、设置项目概预算专职人员。

企业应依据总量控制、分项预算的总体框架，按照需要与可能、局部与全局、重点与一般、当前与长远相结合的编制原则，编制项目预算。

企业应在充分调研和论证的基础上，强调项目预算编制的明细化和标准化，明确预算的编制内容、编制依据和编制方法，实现项目预算与会计核算科目的配比性。

2. 预算执行控制

企业应分解落实项目实施各阶段的预算执行计划，明确项目各阶段的预算控制目标。

在项目执行过程中，企业应以项目预算执行计划和目标为依据，定期对项目预算执行情况进行核查、比对、分析。

3. 项目预算调整

企业应依据外部环境变化、项目实施进展和项目方案优化要求等，不断修正和完善项目各阶段的预算执行计划和预算控制目标。

在项目预算管理中，企业可采用滚动预算方式，以项目执行前一阶段的预算调整，作为下一阶段项目预算控制的目标，按照时间（如年、月、日）或项目单元编制，依次分解，滚动预算。

（二）项目执行成本控制

企业进行项目执行成本控制，一般应从项目费用定额表、项目合同管理、项目执行成本变更等方面开展。

(1) 项目费用定额管理。企业应根据项目自身特点，制定项目费用定额表，如物资消耗费、工时定额等，形成项目执行成本控制的依据。

(2) 项目合同管理。项目执行过程中涉及合同管理时，财务管理人员一般可以参与合同的论证、签订、审查和履行、变更、解除等，负责审查并履行合同支付职能，定期了解合同方的资信和履约能力，建立合同管理台账。

(3) 项目执行成本变更管理。项目执行成本原则上不得随意变更，因特殊情况需要调整时，需根据相应的批报程序，报原审核部门核定，按照先批准、后变更的原则进行处理。

(三) 项目会计核算

项目执行过程中，应按照国家统一的会计制度进行会计核算。项目收支应分项目、分要素进行明细核算，确保会计核算制度与项目预算管理相衔接。

(四) 资金管理与项目结算

企业应建立健全资金管理和项目结算制度，设立项目专款账户对资金的使用进行管理，正确区分会计期间，规范成本列支，统一对项目进行收支与结算。项目结算一般包括项目月度结算、年度结算和完工结算。

(五) 项目决算

企业应建立项目决算审计制度，明确项目决算报表内容、格式要求和填报口径，严格执行项目决算数据材料的收集、审核、汇总，形成项目决算报告，同时提交审计部门进行项目审计。

项目决算报告一般包括项目决算说明书、项目决算报表、项目成果和费用支出的对比分析等。项目决算报告和项目审计意见应作为项目验收的依据。

(六) 项目经济后评价

企业应在对比项目可行性研究的基础上进行项目经济后评价，并编制项目经济后评价报告。

经济后评价报告一般包括项目资金收入和使用情况、重新测算项目的财务评价指标、经济评价指标等。经济后评价应通过投资增量效益的分析，突出项目对经济价值和社会价值的作用和影响。

四、项目管理的工具方法

项目管理的工具方法一般包括挣值法、成本效益法、价值工程法等。

(一) 挣值法

1. 挣值法的含义

挣值，是指项目实施过程中已完成工作的价值，用分配给实际已完成工作的预算来表示。计算公式：

挣值 = 已完成工程量 × 预算成本单价

　　 = 已完成工程量（百分比）× 计划成本

挣值法，是一种通过分析项目实施与项目目标期望值之间的差异，从而判断项目实施的成本、进度绩效的方法。

2. 挣值法的运用

挣值法广泛适用于项目管理中的项目实施、项目后评价等阶段。挣值法的评价基准包括成本基准和进度基准，通常可以用于检测实际绩效与评价基准之间的偏差。

（1）进度偏差，是在某个给定时点上，测量并反映项目提前或落后的进度绩效指标。

进度偏差可以采用绝对数，表示为挣值与计划成本之差，公式为：

偏差量 = 挣值 − 计划成本

= （已完成工程量 − 计划工程量） × 预算成本单价

也可采用相对数，表示为挣值与计划成本之比，公式为：

$$\text{偏差率}=\frac{\text{挣值}}{\text{计划成本}}$$

企业应用挣值法开展项目管理时，既要监测挣值的增量，以判断当前的绩效状态；又要监测挣值的累计值，以判断长期的绩效趋势。

计划成本，是指根据批准的进度计划或预算，到某一时点应当完成的工作所需投入资金的累计值。企业应用挣值法进行项目管理，应当把项目预算分配至项目计划的各个时点。

（2）成本偏差，是在某个给定时点上，测量并反映项目预算亏空或预算盈余的成本绩效指标。

成本偏差可以采用绝对数，表示为挣值与实际成本之差，公式为：

偏差量 = 挣值 − 实际成本

= （预算成本单价 − 实际成本单价） × 已完成工程量

也可采用相对数，表示为挣值与实际成本的比值，公式为：

$$\text{偏差率}=\frac{\text{挣值}}{\text{实际成本}}$$

实际成本，是指按实际进度完成的成本支出量。企业应用挣值法开展项目管理时，实际成本的计算口径必须与计划成本和挣值的计算口径保持一致。

知识链接

为了理解挣值的内涵，也可以从连环替代法（差额分析法）上分析挣值，有计算公式：

计划成本 = 预算成本单价 × 计划工程量　①

第一次替代：

挣值 = 预算成本单价 × 已完成工程量　②

偏差量 = ② − ①

= 挣值 − 计划成本

= （已完成工程量 − 计划工程量） × 预算成本单价

这个偏差量，就是量差。

第二次替代：

实际成本 = 实际成本单价 × 已完成工程量　　③

偏差量 = ② - ③

= 挣值 - 实际成本

= （预算成本单价 - 实际成本单价） × 已完成工程量

这个偏差量，从严格意义上说是为价差。

【例 6 - 5】 河洛建筑公司承建洛邑大学教学楼 D 楼，合同价 2 000 万元，总工期 10 个月，前 4 个月各月完成费用情况及挣值计算见表 6 - 5。（为了计算方便，假设预算单位成本都为 5 元/立方米）

表 6 - 5　　完成费用及挣值计算表

月数	计划工程量/m^3	计划成本	已完成工程量/m^3	实际成本单价/元/m^3	实际成本	挣值
1	400 000	200 万元	400 000	5.25	210 万元	200 万元
2	460 000	230 万元	414 000	5.195	215 万元	207 万元
3	360 000	180 万元	432 000	3.935	170 万元	216 万元
4	600 000	300 万元	660 000	4.3939	290 万元	330 万元
合计	1 820 000	910 万元	1 906 000	4.643	885 万元	953 万元

已完成工程量，可以用绝对值表示，也可以用相对值表示，即已完成百分比。所以，也可以进行简化计算。

【例 6 - 6】 资料同【例 6 - 5】，要求计算进度偏差和成本偏差。

解：根据进度偏差公式：偏差量 = 挣值 - 计划成本

成本偏差公式：偏差量 = 挣值 - 实际成本

则有：计算结果见表 6 - 6。

表 6 - 6　　完成费用及挣值计算表

月数	计划成本	已完成工程量	实际成本	挣值	进度偏差	成本偏差
1	200 万元	100%	210 万元	200 万元	0	0
2	230 万元	90%	215 万元	207 万元	-23 万元	-8 万元
3	180 万元	120%	170 万元	216 万元	36 万元	46 万元
4	300 万元	110%	290 万元	330 万元	30 万元	40 万元
合计	910 万元	104.73%	885 万元	953 万元	43 万元	78 万元

注：表中“已完成工程量”为当月标准考核的已完成工作量，非为按照合同价的已完成工程量，累计应完成工程量（百分比）为 910 ÷ 2 000 = 45.5%，累计已完成工程量（百分比）为 953 ÷ 2 000 = 47.65%。合计栏中的 104.73% 为 953 ÷ 910 倒推计算。

第 1 个月，进度偏差为 0，说明进度完全按照计划；成本偏差为 0，说明成本也按照计划。

第 2 个月，进度偏差为 - 23 万元，说明进度没有达到；成本偏差为 - 8

万元，说明成本超支。

第 3 个月，进度偏差为 36 万元，说明进度提前；成本偏差为 46 万元，说明成本节约。

第 4 个月，同第 3 个月一样。

也可以对进度偏差率和成本偏差率进行分析，偏差率小于 1，说明完成的不好；偏差率大于 1，说明完成的情况比较好。

综上所述，挣值法有 3 个基本参数，计划成本、实际成本、挣值，公式见表 6－7：

表 6－7　　挣值法主要参数及计算公式

参数	计算公式
计划成本	计划成本 = 计划工作量 × 预算单价
挣值	挣值 = 实际工作量 × 预算单价
实际成本	实际成本 = 实际工作量 × 实际单价

挣值法还有 4 个重要指标，成本偏差、进度偏差、成本偏差率和进度偏差率，评价见表 6－8。

表 6－8　　挣值法绩效指标评价

绩效指标	计算公式	结果说明
成本偏差	成本偏差 = 挣值 - 实际成本	>0，实际成本未超过预算
		<0，实际成本已超过预算
		=0，实际成本与原计划一致
进度偏差	进度偏差 = 挣值 - 计划成本	>0，实际进度超过计划进度
		<0，实际进度延后于计划进度
		=0，实际进度与原计划一致
成本偏差率	成本偏差率 = 挣值/实际成本	>1，实际成本未超过预算
		<1，实际成本已超过预算
		=1，实际成本与原计划一致
进度偏差率	进度偏差率 = 挣值/计划成本	>1，实际进度超过计划进度
		<1，实际进度延后于计划进度
		=1，实际进度与原计划一致

3. 挣值法的评价

挣值法的主要优点是：

（1）通过对项目当前运行状态的分析，可以有效地预测出项目的未来发展趋势，严格地控制项目的进度和成本；

（2）在出现不利偏差时，能够较快地检测出问题所在，留有充足的时间对问题进行处理和对项目进行调整。

其主要缺点是：

（1）片面注重用财权的执行情况判断事权的实施效益；

（2）属于事后控制方法，不利于事前控制；

（3）存在用项目非关键路径上取得的挣值掩盖关键路径上进度落后的可能性，影响项目绩效判断的准确性。

（二）成本效益法

1. 成本效益法的含义

成本效益法，是指通过比较项目不同实现方案的全部成本和效益，以寻求最优投资决策的一种项目管理工具方法。其中，成本指标可以包括项目的执行成本、社会成本等；效益指标可以包括项目的经济效益、社会效益等。

成本效益法属于事前控制方法，适用于项目可行性研究阶段。

2. 成本效益法的程序

企业应用成本效益法，一般按照以下程序进行：

（1）确定项目中的收入和成本；

（2）确定项目不同实现方案的差额收入；

（3）确定项目不同实现方案的差额费用；

（4）制定项目不同实现方案的预期成本和预期收入的实现时间表；

（5）评估难以量化的社会效益和成本。

【例 6－7】 GL&KJ 公司有 A、B 两个方案，A 方案有环境污染，离市区比较近；B 方案无环境污染问题，离县区比较近，两方案按照程序确定收入和成本等后，编制的差量现金流量表见表 6－9。试进行可行性选择。

表 6－9　A、B 方案现金流量表　单位：元

期数	A 方案现金流量	B 方案现金流量	A 和 B 方案现金流量差
0	－1 000 000	－1 000 000	0
1	600 000	100 000	500 000
2	600 000	200 000	400 000
3	600 000	300 000	300 000
4	600 000	400 000	200 000
5	600 000	500 000	100 000
6	600 000	600 000	0
7	600 000	700 000	－100 000
8	600 000	800 000	－200 000
9	600 000	900 000	－300 000
10	600 000	1 000 000	－400 000
合计	5 000 000	4 500 000	500 000

解：由表 6－5 可知，A 方案的经济效益优于 B 方案，但是 A 方案有环境污染，离市区比较近，有在未来被关停的不确定因素，因此，绿水青山就是金山银山，从环境保护考虑，应选择 B 方案。

3. 成本效益法的评价

成本效益法的主要优点是：

（1）普适性较强，是衡量管理决策可行性的基本依据；

（2）需考虑评估标的经济与社会、直接与间接、内在与外在、短期与长期等各个维度的成本和收益，具有较强的综合性。

其主要缺点是：

（1）属于事前评价，评价方法存在的不确定性因素较多；

（2）综合考虑了项目的经济效益、社会效益等各方面，除了经济效益以外的其他效益存在较大的量化难度。

（三）价值工程法

1. 价值工程法的含义

价值工程法（value engineering，简称 VE）又称为价值分析（value analysis，简称 VA），是指对研究对象的功能和成本进行系统分析，比较为获取的功能而发生的成本，以提高研究对象价值的管理方法。表达式为：

$$价值（V）=\frac{功能（F）}{成本（C）}$$

式中：价值，是指对象所具有的功能与获得该功能所发生的费用之比。

功能（function），是指对象满足某种需求的效用或属性。

成本（cost），是指按功能计算的全部成本费用，即产品周期成本，即产品从研制、生产、销售、使用过程中全部耗费的成本之和。

衡量价值的大小主要看功能（F）与成本（C）的比值如何。人们一般对商品有个“价廉物美”的要求，“物美”实际上就是反映商品的性能，质量水平；“价廉”就是反映商品的成本水平，顾客购买时考虑“合算不合算”就是针对商品的价值而言的。

价值工程法可广泛适用于项目设计与改造、项目实施等阶段。

2. 价值工程的特点和途径

价值工程的特点以提高价值为目的，要求以最低的寿命周期成本实现产品的必要功能；以功能分析为核心；以有组织、有领导的活动为基础；以科学的技术方法为工具。

价值工程的基本分析，如图 6－8 所示：

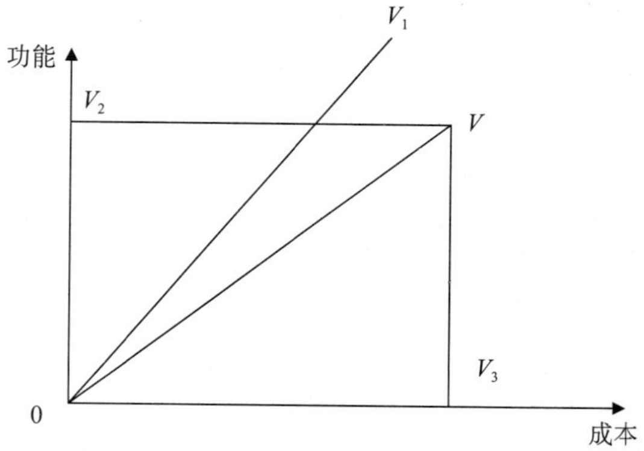

图 6－8 功能和成本关系图

提高价值的基本途径有 5 种：

（1）提高功能，降低成本，大幅度提高价值，即 F↑ C↓ =V↑↑，图中大于 V 线角度的新价值线，如 V_1 线；

（2）功能不变，成本降低，提高价值，即 F→ C↓ =V↑，图中平行于成本轴的线，如 V_2；

（3）功能有所提高，成本保持不变，从而提高价值，即 F↑ C→ =V↑，图中平行于功能轴的线，如 V_3；

（4）功能略有下降，成本大幅度降低，从而提高价值，即 F↓ C↓↓ = V↑；

（5）以成本的适当提高换取功能的大幅度提高，从而提高价值，即 F↑↑ C↑ =V↑。

知识链接

麦尔斯——价值工程之父

1932 年，价值工程之父劳伦斯·戴罗斯·麦尔斯（Lawrence D. Miles）从美国内布拉斯加州大学工程学院毕业，获得电机工程方面的学位，进入美国通用电气公司（GE），开始了漫长而又富有成就的职业生涯。他在通用电气公司的工作充分展示了他的才能，随后 6 年先后获得 12 项专利。在此期间，麦尔斯逐渐产生了对不必要成本的认识并开始研究优化工作方法。

价值工程，又称价值分析，是一门新兴的管理技术，是降低成本提高经济效益的有效方法。在“二战”之后，由于原材料供应短缺，采购工作常常碰到难题。经过实际工作中孜孜不倦地探索，麦尔斯发现有一些相对不太短缺的材料可以很好地替代短缺材料的功能，并将研究成果《价值分析》于 1947 年发表在《美国机械师》期刊上，成为价值工程的首创。1961 年美国价值工程协会成立时他当选为该协会第一任会长。

麦尔斯逐渐总结出一套解决采购问题行之有效的方法，并且把这种方法的思想及应用推广到其他领域，例如，将技术与经济价值结合起来研究生产和管理的其他问题，这就是早期的价值工程。1955 年这一方法传入日本后与全面质量管理相结合，得到进一步发扬光大，成为一套更加成熟的价值分析方法。麦尔斯发表的专著《价值分析的方法》使价值工程很快在世界范围内产生巨大影响。

麦尔斯在长期实践过程中，总结了一套开展价值工作的原则，用于指导价值工程活动的各步骤的工作。这些原则是：

（1）分析问题要避免一般化，概念化，要作具体分析。

（2）收集一切可用的成本资料。

（3）使用最好、最可靠的情报。

（4）打破现有框框，进行创新和提高。

(5) 发挥真正的独创性。

(6) 找出障碍，克服障碍。

(7) 充分利用有关专家，扩大专业知识面。

(8) 对于重要的公差，要换算成加工费用来认真考虑。

(9) 尽量采用专业化工厂的现成产品。

(10) 利用和购买专业化工厂的生产技术。

(11) 采用专门生产工艺。

(12) 尽量采用标准。

(13) 以“我是否这样花自己的钱”作为判断标准。

这 13 条原则中，第 (1) 条至第 (5) 条是属于思想方法和精神状态的要求，提出要实事求是，要有创新精神；第 (6) 条至第 (12) 条是组织方法和技术方法的要求，提出要重专家、重专业化、重标准化；第 (13) 条则提出了价值分析的判断标准。

3. 价值工程法的程序

企业应用价值工程法，一般按照以下程序进行，见表 6 – 10：

表 6 – 10　价值工程的程序

步骤	内容	描　述
1	准备阶段	选择价值工程的对象并明确目标、限制条件和分析范围； 根据价值工程对象的特点，组成价值工程工作小组； 制定工作计划，包括具体执行人、执行日期、工作目标等。
2	分析阶段	收集整理与对象有关的全部信息资料； 通过分析信息资料，简明准确地表述对象的功能、明确功能的特征要求，并绘制功能系统图； 运用某种数量形式表达原有对象各功能的大小，求出原有对象各功能的当前成本，并依据对功能大小与功能当前成本之间关系的研究，确定应当在哪些功能区域改进原有对象，并确定功能的目标成本。
3	创新阶段	依据功能系统图、功能特性和功能目标成本，通过创新性的思维和活动，提出实现功能的各种不同方案； 从技术、经济和社会等方面评价所提出的方案，看其是否能实现规定的目标，从中选择最佳方案； 将选出的方案及有关的经济资料和预测的效益编写成正式的提案。
4	实施阶段	组织提案审查，并根据审查结果签署是否实施的意见； 根据具体条件及内容，制定实施计划，组织实施，并指定专人在实施过程中跟踪检查，记录全程的有关数据资料，必要时，可再次召集价值工程工作小组提出新的方案； 根据提案实施后的技术经济效果，进行成果鉴定。

特别提示

价值工程已发展成为一门比较完善的管理技术，在实践中已形成了一套科学的实施程序。这套实施程序实际上是发现矛盾、分析矛盾和解决矛盾的过程，通常是围绕以下7个合乎逻辑程序的问题展开的：

（1）这是什么？

（2）这是干什么用的？

（3）它的成本多少？

（4）它的价值多少？

（5）有其他方法能实现这个功能吗？

（6）新的方案成本多少？功能如何？

（7）新的方案能满足要求吗？顺序回答和解决这七个问题的过程，就是价值工程的工作程序和步骤，即：选定对象，收集情报资料，进行功能分析，提出改进方案，分析和评价方案，实施方案，评价活动成果。

4. 举例

【例6-8】 GL&KJ公司生产的甲产品由A、B、C三个零件组装而成。功能和成本资料见表6-11：

表6-11　　功能、成本资料及价值计算表

项　目	技术使用年限	成本C	价值V
甲产品	3	4 400	0.0007
A零件	5	900	0.0056
B零件	7	2 000	0.0035
C零件	3	1 500	0.002

要求：试进行价值工程分析。

解：这里的技术使用年限就是功能，对比甲产品的技术使用年限，很显然A和B零件的技术使用年限的功能就富裕；或者说由于C零件的功能不足，造成甲产品的技术使用寿命不长。

（1）计算各个零件的价值：

$V_{甲} = 3 \div 4\ 400 = 0.0007$

$V_A = 5 \div 900 = 0.0056$

$V_B = 7 \div 2\ 000 = 0.0035$

$V_C = 3 \div 1\ 500 = 0.002$

（2）最基本的解决途径：

①提高C零件的功能到5年，总成本保持不变。则：

$V_C = 5 \div 1\ 500 = 0.0033$

$V_{甲} = 5 \div 4\ 400 = 0.0009$

②甲产品功能不变，在A、B价值不变的情况下，降低A、B零件的功能和成本。则：

V_A成本 $= 3 \div 0.0056 = 535.71$（元）

V_B成本＝3÷0.0035＝857.14（元）

$V_甲$＝3÷（535.71＋857.14＋1 500）＝0.001

第二个方法优于第一个方法。

5. 价值工程法的评价

价值工程法主要优点是：

（1）把项目的功能和成本联系起来，通过削减过剩功能、补充不足功能使项目的功能结构更加合理化；

（2）着眼于项目成本的整体分析，注重有效利用资源，有助于实现项目整体成本的最优化。

其主要缺点是；要求具有较全面的知识储备，不同性质的价值工程分析对象涉及的其他领域的学科性质，以及其他领域的广度和深度等都存在很大差别，导致功能的内涵、结构和系统特征必然具有实质性区别。

第4节　情景分析

一、情景分析的概述

情景分析，是指在对企业经营管理中未来可能出现的相关事件情景进行假设的基础上，结合企业管理要求，通过模拟等技术，分析相关方案发生的可能性、相应后果和影响，以做出最佳决策的方法。

情景分析一般适用于企业的投融资决策，也可用于战略目标制定、风险评估等。

二、情景分析的应用环境

企业应用情景分析工具方法，应重点考虑对决策事项有重大影响的事件情景，评价事件情景与分析方案、决策事项关联程度，并将情景分析建立在合理假设的基础上。

企业应用情景分析工具方法，应考虑与决策事项有关的参数、边界条件等的完整性及可获取性，尤其应考虑宏观环境因素的可测性，如产业政策、行业状况等。

三、情景分析的应用程序

企业应用情景分析工具方法，一般按照确认决策事项、确认影响因素、设定情景、分析方案和分析实施后果等程序进行。

（一）确认决策事项

企业应用情景分析工具方法，应根据决策目标和决策需求确定决策事项。同时，决策事项应存在多种可量化的影响因素及其不同的实现路径。

（二）确认影响因素

企业应用情景分析工具方法，应对决策事项的影响因素进行全面分析，并根据重要性原则明确决策事项的主要影响因素，以此作为设置情景的主要内外部影响因素。

（1）在进行投融资决策时，通常应考虑投资额、资本成本等影响因素；

（2）在进行战略目标制定时，通常应考虑消费者信心指数、市场占有率等影响因素；

（3）在进行风险评估时，通常应考虑利率、汇率等产生可承受最大损失的影响因素。

（三）设定情景

企业通常应根据决策事项设定不同的情景，这些情景应能提供有意义的测试环境，以便后续制定多个可选择方案。

（1）根据历史情况设定情景时，通常可以选取最优、最差或基准的历史情况作为情景，或者以历史特殊事件作为情景，如重复进行的标准历史事件；

（2）根据其他假设设定情景时，通常使用人为假设、专家认定或者数据模拟等方法来设定情景。

（四）分析方案

企业应在情景设定的基础上，建立影响因素与决策目标之间的逻辑关系。通过搜集相关数据，对不同情景下决策事项的总体发展状况进行分析，或对不同情景下决策事项可能产生的经济后果进行测算，制定出各种情景下的对策和实施方案。企业应建立情景变化监测机制，及时调整情景分析中的主要影响因素，修正对策和实施方案。

（五）分析实施后果

企业在应用情景分析工具方法后，通过梳理总结决策事项、影响因素、情景设定、情景分析结果、应对措施设置等，并考虑情景假设设定的基本原则及理由，不断完善情景分析工具方法。

【例 6－9】 GL&KJ 公司在评估 A 投资项目的风险时进行的情景分析，分析情况见表 6－12：

表 6－12　A 投资项目未来情景分析

项目	因素	最佳情景	基准情景	最差情景
影响因素	市场需求	不断提升	不变	下降
	经济增长	增长 10% ~15%	增长 < 10%	负增长
发生概率		0.3	0.6	0.1
结　果		回收期 5 年	回收期 10 年	回收期 30 年

从表 6－7 的情景分析看，A 方案的未来情景还是有利情况多一些，不利的可能性只有一成。

（六）情景分析工具方法评价

情景分析的主要优点：注重情景发展的多种可能性，降低决策失误对企业造成的影响，对决策事项的可参考性较强。

其主要缺点：情景假设的主观性较强，对于情景数据的准确性、逻辑性及因果关系的建立要求较高。

第5节 约束资源优化

一、约束资源优化的概述

约束资源优化，是指企业通过识别制约其实现生产经营目标的瓶颈资源，并对相关资源进行改善和调整，以优化企业资源配置、提高企业资源使用效率的方法。

约束资源，是指企业拥有的实际资源能力小于需要的资源能力的资源，即制约企业实现生产经营目标的瓶颈资源，如流动资金、原材料、劳动力、生产设备、技术等要素及要素投入的时间安排等。

约束资源优化一般适用于企业的投融资管理和营运管理等领域。

知识链接

约束理论（TOC）

约束理论（Theory of Constraints，TOC），是企业识别并消除在实现目标过程中存在的制约因素（即约束）的管理理念和原则。

20世纪90年代，以色列物理学家、企业管理顾问伊利亚胡·高德拉特博士（Dr. Eliyahu Goldratt）开始质疑“省钱就是赚钱”的传统理念，提出了“目标不是省钱而是赚钱”的新观点。这也正是管理会计创造价值的思想。

高德拉特的约束理论是在开创的优化生产技术（Optimized Production Technology，OPT）基础上进一步发展起来的管理哲理，该理论提出了在制造业经营生产活动中定义和消除制约因素的一些规范化方法，以支持连续改进（Continuous Improvement），以帮助企业识别出在实现目标的过程中存在着哪些制约因素，并进一步指出如何实施必要的改进以消除这些约束，从而更有效地实现企业目标。

约束理论假设所有系统均在努力实现某项目标，而某项目标都受一个制约因素的约束。约束因素会延长产品的总周期时间。约束管理的目的就是降低周期时间，优化系统效率。高德拉特认为，在任何给定时刻，一个系统里只存在一个约束因素，但这个瓶颈制约了整个系统的产出。①

TOC 的九条生产作业计划制定原则：

（1）不要平衡生产能力，而要平衡物流；

（2）非瓶颈资源的利用水平不是由自身潜力所决定，而是由系统的约束来决定；

（3）资源的利用与活力不是一码事；

（4）瓶颈损失 1 小时，相当于整个系统损失 1 小时；

（5）非瓶颈上节约了 1 小时，无实际意义；

（6）瓶颈制约了系统的产销率和库存；

（7）转运批量可以不等于 1，而且在大多数情况下不应该等于加工批量；

（8）加工批量不是固定的，应该是随时间而变化；

（9）优先权只能根据系统的约束来设定，提前期是作业计划的结果（不是预先设定的）。

二、约束资源优化的应用环境

企业应用约束资源优化工具方法，约束资源的缺口一般应相对稳定。

企业应用约束资源优化工具方法，相关数据一般应完整并可获取，必要时提供信息技术的支持。

三、约束资源优化的应用程序

企业应用约束资源优化工具方法，一般按照识别约束资源、寻找突破方法、协同非约束资源、评价实施效果等程序进行。

（一）识别约束资源

企业应用约束资源优化工具方法，应识别出管理过程中制约既定目标实现的约束资源，并对约束资源进行定量分析。在约束资源难以进行定量分析时，可以通过内部评审法、专家评价法等，识别出管理过程中的约束资源。

内部评审法，是指企业通过内部组织开展评议、审查识别约束资源的方法。企业通常应组建满足约束资源识别所需的，由财务部门、生产部门和其他相关部门人员组成的内部评审小组或类似评审组织，通过集中研讨等方式，识别出管理过程中的约束资源。

专家评价法，是指利用专家的经验、知识等识别约束资源的方法。对于企业既定目标的实现形成重大制约影响的约束资源，企业通常采用此方法进行综合评判。

（二）寻找突破方法

在识别约束资源的基础上，企业应比较约束资源的资源能力差距，搜集约束资源的相关数据等信息，系统分析约束资源形成的原因和涉及的实施责

① ［美］美国管理会计师协会（IMA）．舒新国，赵澄译．财务决策（英汉双语－第四版）（下册）［M］．北京：经济科学出版社，1413.

任主体，制定约束资源优化的实施方案，建立实现约束资源优化的长效机制，促进约束资源的资源能力提升。

（1）当约束资源是流动资金时，通常采取企业资金内部调剂、缩短应收账款回收周期、加快存货周转、延长付款周期等方法消除流动资金缺口，也可以通过外部融资扩大企业的资金来源，如债务融资、权益融资等。

（2）当约束资源是原材料时，通常采取设置库存缓冲，确保原材料的及时供应等方法消除原材料缺口。

（3）当约束资源是劳动力时，通常采取招聘新员工、增设新岗位、其他岗位借调等方法消除劳动力瓶颈。

（4）当约束资源是生产设备时，通常采取提前安排设备购置计划、或寻找委托加工方式补充产能的不足。

（5）当约束资源是技术时，通常采取技术研发、引进新技术等方法来消除技术瓶颈。

（6）当约束资源是要素投入的时间时，通常在明确各项作业的关键路线和关键工序的基础上，重新安排各项作业的工作流程，利用时间缓冲进行优化，确保要素投入的时间不受影响。

（三）协同非约束资源

企业应根据约束资源优化的解决方法和解决方案，重新安排其他资源和活动，确保非约束资源的协同利用。通常情况下，企业需要根据约束资源的运作节奏，调整和改变原有的管理政策和其他资源的配置，利用倒排的方法对其他资源进行调整，确保非约束资源的运作与约束资源同步，实现各个环节的衔接，协调整个管理流程。

（四）评价实施效果

企业应评价并确认原有约束资源的资源能力得到改善，确保原有约束资源不再制约企业实现既定目标，重新梳理各项作业流程，识别新的约束资源，寻找相应的突破方法，进一步实现资源优化配置。

【例6-10】 GL&KJ公司生产甲产品，是多步骤装配式生产方式，由第一、第二、第三车间分别生产的A、B、C零件组装而成，人力资源及本月生产情况如图6-9所示：

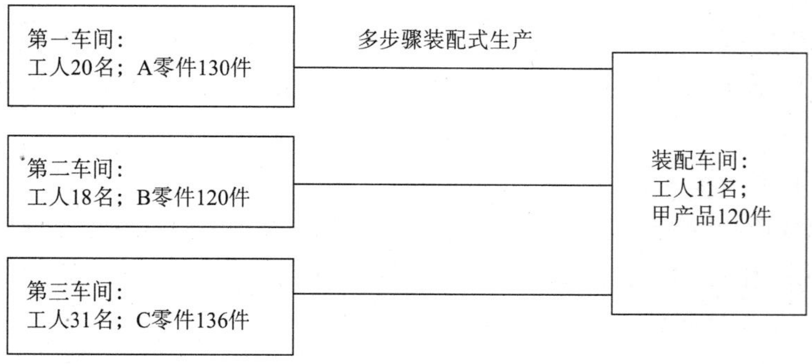

图6-9 甲产品生产方式及资料

解：图中资料显示，第一、第二、第三车间 A、B、C 零件的产量，B 零件为 120 件最少，甲产品产量也是 120 件。

(1) 识别约束资源。如果装配车间的能力并没有发挥出最大，那么，本月甲产品最大的生产量就由 B 零件的产量所决定为 120 件，即约束资源就是第二车间的生产能力。要提高甲产品产量的话，只有提高第二车间 B 零件的产量。

(2) 寻找突破方法。只有提高第二车间的生产能力，增加 B 零件的产量。

(3) 协同非约束资源。可以从第二车间挖掘人力资源潜力，或者从第三车间进行协调人力资源，调出工人增加第二车间生产能力。

(4) 评价实施效果。第二车间的约束资源得到改善，提高了企业甲产品生产能力。

(五) 工具方法评价

约束资源优化的主要优点：促进企业不断地发现、分析和解决企业发展的关键瓶颈，提高企业资源配置效率。

其主要缺点：涉及多个部门、多个责任主体，协调沟通难度大；对相关数据的量化要求较高。

本章小结

融资是为了投资，投资是为了实现企业的战略目标，投资成功与否就决定着企业的未来战略目标能不能实现的问题，可以毫不夸张地说，一个投资项目的优劣会关系到企业存亡，成也投资，败也投资。

掌握投融资的方法会让我们在选择投融资方案时，在一定的假设条件下，方案的可行与否，优劣差异。本章主要介绍了：

(1) 投融资管理的概念、原则和应用程序；

(2) 贴现现金流法含义、原则、方法和运用；

(3) 项目管理的含义、原则、方法和运用；

(4) 情景分析含义、原则、方法和运用；

(5) 约束资源优化含义、原则、方法和运用。

名人名言

如果让我在拥有利润信息和现金流量信息之间做一个比较选择，那么今天我就选择现金流量。

——美国前证券管理委员会主席哈罗德·威廉斯（Harold Williams）

归根到底，企业流入与流出的现金流量都是会计上据以计量及投资者和债权人据以制定决策的最基本的活动。现金之所以取得这种重要地位，是因为它代表着综合购买力，这种购买力能在交换经济社会很容易转让给任何个人或组织，以取得他们所期望得到的货品和劳务，来满足他们自己的特定需要。

——著名会计学家埃尔登·S·亨德里克森

规则，是用来让你们学会经验；而经验，则是让你们拿来打破规则的。

——法国作家马克·李维

练 习 题

1. 单项选择题

(1) 下列属于投融资管理的工具方法是（　　）。

A. 挣值法　　B. 成本效益法

C. 价值工程法　　D. 贴现现金流法

(2) 偏差量＝挣值－实际成本公式，表示的是（　　）。

A. 成本偏差　　B. 成本进度

C. 进度偏差　　D. 偏差率

(3) 下列表示进度偏差绝对值的公式是（　　）。

A. 偏差量＝挣值－实际成本　　B. 偏差率＝挣值÷实际成本

C. 偏差量＝挣值－计划成本　　D. 偏差率＝挣值÷计划成本

(4) 净现金流量为（　　）。

A. 现金流入量　　B. 现金流出量

C. 净利润＋折旧　　D. 净利润

2. 多项选择题

(1) 投融资管理的原则包括（　　）原则。

A. 价值创造　　B. 战略导向

C. 风险匹配　　D. 成本收益

(2) 投融资管理领域应用的管理会计工具方法有（　　）。

A. 贴现现金流法　　B. 项目管理

C. 情景分析　　D. 约束资源优化

(3) 企业应用贴现现金流法首先估计贴现现金流法的要素有（　　）。

A. 贴现期　　B. 现金流

C. 贴现率　　D. 银行存款

(4) 企业进行项目管理应遵循原则有（　　）。

A. 注重实效，协同创新　　B. 按级负责，分工管理

C. 科学安排，合理配置　　D. 时间价值，成本效益

(5) 项目管理的工具方法包括（　　）。

A. 挣值法　　B. 成本效益法
C. 价值工程法　　D. 贴现现金流法

（6）下列表示成本偏差的公式有（　　）。
A. 偏差量 = 挣值 - 实际成本　　B. 偏差率 = 挣值 ÷ 实际成本
C. 偏差量 = 挣值 - 计划成本　　D. 偏差率 = 挣值 ÷ 计划成本

（7）一般情况下，净现金流量等于（　　）。
A. 该年现金流入量 - 该年现金流出量　　B. 净利润 + 折旧
C. 银行存款余额　　D. 银行存款 + 库存现金

3. 判断题

（1）挣值法是判断项目实施的成本、进度绩效的投融资管理的工具方法。（　　）

（2）进度偏差是在某个给定时点上测量并反映项目提前或落后的进度绩效指标。（　　）

（3）成本偏差是在某个给定时点上测量并反映项目预算亏空或预算盈余的成本绩效指标。（　　）

（4）约束资源优化一般适用于企业的投融资管理和营运管理等领域。（　　）

4. 问答题

（1）投资报告的主要内容有哪些？
（2）融资报告的主要内容有哪些？
（3）企业应用贴现现金流法的基本程序有哪些？
（4）贴现现金流法分析报告包括的内容有哪些？
（5）什么是情景分析？有什么优缺点？
（6）什么是约束资源优化？有什么优缺点？

5. 计算分析题

（1）河洛建筑公司承建洛邑大学教学楼 A 楼，合同价 2 000 万元，总工期 12 个月，前 5 个月相关资料见表 6 - 13。（假设预算单位成本都为 5 元/立方米）

表 6 - 13　　相关资料及挣值计算表

月数	计划工程量/m^3	计划成本	已完成工程量/m^3	实际成本单价/元/m^3	实际成本	挣值
1	400 000		410 000	5		
2	450 000		420 000	5.2		
3	380 000		320 000	4		
4	500 000		550 000	4.5		
5	460 000		450 000	5.5		
合计						

要求：

①计算各月挣值；

②计算进度偏差量和偏差率；

③计算成本偏差量和偏差率。

（2）GL&KJ公司有甲、乙两个方案，甲方案无环境污染、无噪声问题，而乙方案离居民区和学校污染比较近，有噪声；两方案按照程序确定收入和成本等后，编制的差量现金流量表见表6－14。

表6－14　　甲、乙方案现金流量表　　单位：元

期数	甲方案现金流量	乙方案现金流量	甲和乙方案现金流量差
0	－1 000 000	－1 000 000	0
1	100 000	1 000 000	－900 000
2	200 000	900 000	－700 000
3	300 000	800 000	－500 000
4	400 000	700 000	－300 000
5	500 000	600 000	－100 000
6	600 000	500 000	100 000
7	700 000	400 000	300 000
8	800 000	300 000	500 000
9	900 000	200 000	700 000
10	1 000 000	100 000	900 000
合计	4 500 000	4 500 000	0

要求：

①如果不考虑社会因素，试选择最优方案？

②如果考虑社会因素，哪个方案是可行方案？

③如果折现率为5%，试分别计算甲、乙方案和两方案现金流量差的贴现值为多少？

第7章 绩效管理

教学目标

学习本章后，你应该能够：

1. 写出绩效管理的内涵、应用环境、应用程序；

2. 叙述、构思和应用绩效管理的工具方法——关键绩效指标法、经济增加值法、平衡计分卡、绩效棱柱模型、股权激励。

教学要求

知识要点	能力要求	相关知识
绩效管理	（1）绩效管理的应用环境 （2）绩效管理的应用程序	（1）绩效管理的概念 （2）绩效管理的原则
绩效管理工具方法	（1）绩效管理工具方法的理解 （2）绩效管理工具方法的运用	（1）关键绩效指标法 （2）经济增加值法 （3）平衡计分卡 （4）绩效棱柱模型 （5）股权激励

科学的发生和发展，一开始就是由生产决定的。

——恩格斯

基本概念

绩效　绩效管理　绩效评价　激励管理　关键绩效指标法　经济增加值法　平衡计分卡　绩效棱柱模型　股权激励　利益相关者

导入案例

企业的财务绩效

财务报表分析在20世纪初由美国银行家所倡导，大致在1910年，在美国银行担任贷款业务的亚历山大·沃尔（Alexander Wall）以比率分析法，首先设计了用流动比率（Current Ratio）分析偿还能力的指标，随后相继提出了快速比率（Quick Ratio）、负债比率、固定比率等各项比率指标，逐步把经营分析技术充实起来。亚历山大·沃尔在《信用晴雨表研究》和《财务报表比率分析》著作中提出了信用能力指数概念，将流动比率、产权比率、固定资产比率、存货周转率、应收账款周转率、固定资产周转率、自有资金周转率7项财务比率用线性关系结合起来，并分别给定各自的分数比重，然后通过与标准比率进行比较，确定各项指标的得分及总体指标的累计分数，从而对企业的信用水平作出评价。后人将其称为沃尔比重评分法。

财务分析的目标，包括企业财务效益状况、资产营运状况、偿债能力状况和发展能力状况四个方面的内容。日本学者小川洌在《分析数值的阅读方法》一书中认为，财务分析的目标有收益性、稳定性、成长性和生产性四个方面。稳定性即偿债能力，成长性即营运能力，生产性是指投入产出比，这是盈利能力之基础。

这四个内容应该是同等重要的，但是我们在分析时，一到景气时就极力推崇资产营运能力，一到萧条时，偿债能力就抬头，这样反复循环，但只考虑资产营运能力，不考虑其他，会造成“盈余破产”。资产营运能力和盈利能力之间的关系经常被作为课题研究，即：有盈利能力的公司也有资产营运能力，这在某种意义上说是真实的；然而事实上也有相反的情况，有的公司牺牲盈利这一面，而把重点放在资产营运能力上，例如，在重视资产营运能力，忽视盈利性的场合，就会发生资产周转率、销售成长率提高，而销售利润率、净资产利润率下降的情况。当然，作为债务人主要分析的是公司的偿债能力，投资人分析的是公司的收益能力。正如凯恩斯（J. M. Keynes）说的：“我们分析的目的，不在提供一种机械或一种盲目操作的方法，使我们可以得到正确无误的答案，而在于为我们自己提供一项有组织、有秩序的方法，来思考各项特定的问题；而且，当我们对这些复杂因素逐一加以孤立，得出暂时性的结论之后，必须再回过头来考虑这些因素彼此之间可能存在的相互作用。这就是经济思考的性质”。财务分析同样也不能重彼轻此。

阅读思考：

（1）绩效考核能否做到各个财务指标的完全平衡？

（2）绩效考核如何兼顾长短期绩效的相结合？

点评：管理就要出成效。

企业经营管理是有目标的，在经营管理活动中，就要对活动结果进行分析、考核、评价，进行绩效管理，以保证企业经营目标的实现。

第 1 节　绩效管理概论

一、绩效管理的概述

（一）绩效管理的含义

绩效（performance），是指对应职位的工作职责所达到的阶段性结果及其过程中可评价的行为表现。

绩效管理（performance management），是指企业与所属单位（部门）、员工之间就绩效目标及如何实现绩效目标达成共识，并帮助和激励员工取得优异绩效，从而实现企业目标的管理过程。其作用如图 7－1 所示：

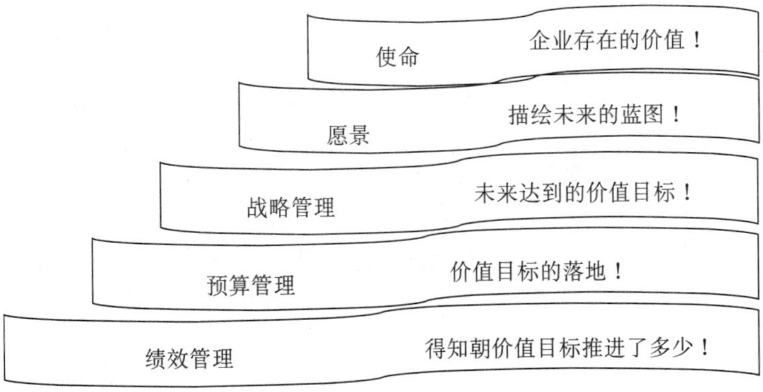

图 7－1　绩效管理的作用

绩效管理的核心是绩效评价和激励管理。加强绩效管理，是为了激发和调动员工积极性，增强价值创造力。

绩效评价，是指企业运用系统的工具方法，对一定时期内企业营运效率与效果进行综合评判的管理活动。绩效评价是企业实施激励管理的重要依据。

激励管理，是指企业运用系统的工具方法，调动企业员工的积极性、主动性和创造性，激发企业员工工作动力的管理活动。激励管理是促进企业绩效提升的重要手段。

绩效评价的发展阶段

（二）绩效管理的原则

企业进行绩效管理，一般应遵循以下原则：

（1）战略导向原则。绩效管理应为企业实现战略目标服务，支持价值创造能力提升。

（2）客观公正原则。绩效管理应实事求是，评价过程应客观公正，激励实施应公平合理。

（3）规范统一原则。绩效管理的政策和制度应统一明确，并严格执行规定的程序和流程。

（4）科学有效原则。绩效管理应做到目标符合实际，方法科学有效，激励与约束并重，操作简便易行。

（三）绩效管理的工具方法

绩效管理领域应用的管理会计工具方法，一般包括关键绩效指标法、经济增加值法、平衡计分卡、股权激励等。

企业可根据自身战略目标、业务特点和管理需要，结合不同工具方法的特征及适用范围，选择一种适合的绩效管理工具方法单独使用，也可选择两种或两种以上的工具方法综合运用。

二、绩效管理的应用环境

企业管理的环境，领导重视、机构健全、制度保证、信息通畅，如图7－2所示：

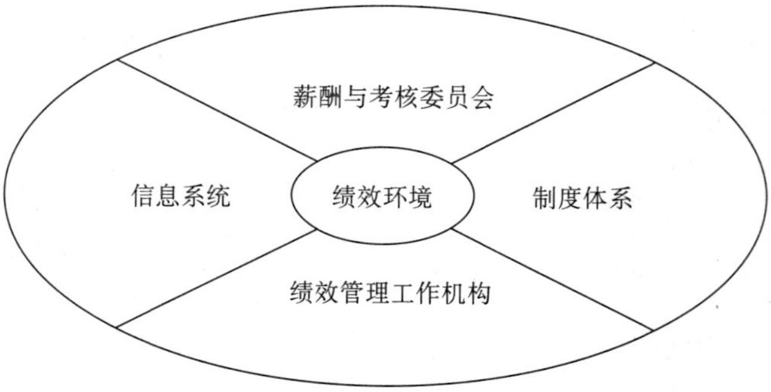

图7－2　绩效管理的环境

1. 薪酬与考核委员会

企业进行绩效管理时，应设立薪酬与考核委员会或类似机构，主要负责审核绩效管理的政策和制度、绩效计划与激励计划、绩效评价结果与激励实施方案、绩效评价与激励管理报告等，协调解决绩效管理工作中的重大问题。

2. 绩效管理工作机构

薪酬与考核委员会或类似机构下设绩效管理工作机构，主要负责制定绩效管理的政策和制度、绩效计划与激励计划，组织绩效计划与激励计划的执行与实施，编制绩效评价与激励管理报告等，协调解决绩效管理工作中的日常问题。

3. 绩效管理制度体系

企业应建立健全绩效管理的制度体系，明确绩效管理的工作目标、职责分工、工作程序、工具方法、信息报告等内容。

4. 绩效管理信息系统

企业应建立有助于绩效管理实施的信息系统，为绩效管理工作提供信息支持。

三、绩效计划与激励计划的制定

企业应用绩效管理工具方法，一般按照制定绩效计划与激励计划、执行绩效计划与激励计划、实施绩效评价与激励、编制绩效评价与激励管理报告等程序进行。

企业应根据战略目标，综合考虑绩效评价期间宏观经济政策、外部市场环境、内部管理需要等因素，结合业务计划与预算，按照上下结合、分级编制、逐级分解的程序，在沟通反馈的基础上，编制各层级的绩效计划与激励计划。如图 7－3 所示：

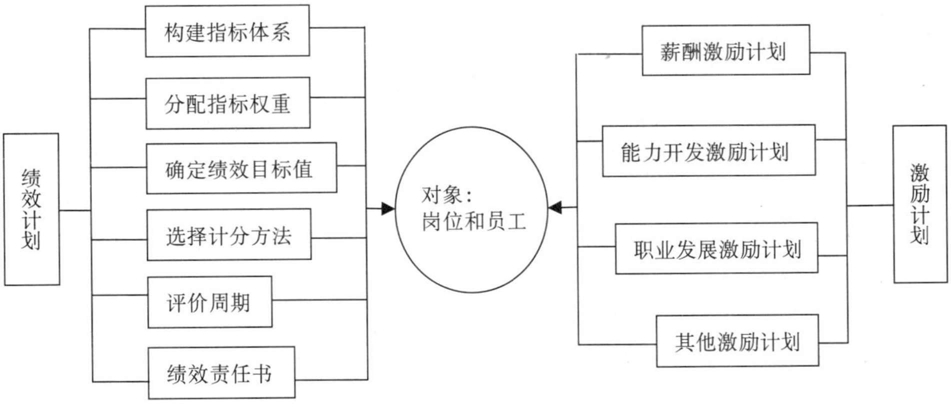

图 7－3　绩效与激励计划

（一）绩效计划

绩效计划是企业开展绩效评价工作的行动方案，包括构建指标体系、分配指标权重、确定绩效目标值、选择计分方法和评价周期、拟定绩效责任书等一系列管理活动。制定绩效计划通常从企业级开始，层层分解到所属单位（部门），最终落实到具体岗位和员工。

1. 构建指标体系

企业可单独或综合运用关键绩效指标法、经济增加值法、平衡计分卡等工具方法构建指标体系。指标体系应反映企业战略目标实现的关键成功因素，具体指标应含义明确、可度量。

2. 分配指标权重

指标权重的确定可选择运用主观赋权法和客观赋权法，也可综合运用这两种方法。

（1）主观赋权法，是利用专家或个人的知识与经验来确定指标权重的方法，如德尔菲法、层次分析法等。

德尔菲法（也称专家调查法），是指邀请专家对各项指标进行权重设置，将汇总平均后的结果反馈给专家，再次征询意见，经过多次反复，逐步取得比较一致结果的方法。

层次分析法，是指将绩效指标分解成多个层次，通过下层元素对于上层元素相对重要性的两两比较，构成两两比较的判断矩阵，求出判断矩阵最大特征值所对应的特征向量作为指标权重值的方法。

（2）客观赋权法，是从指标的统计性质入手，由调查数据确定指标权重的方法，如主成分分析法、均方差法等。

主成分分析法，是指将多个变量重新组合成一组新的相互无关的综合变量，根据实际需要从中挑选出尽可能多地反映原来变量信息的少数综合变量，进一步求出各变量的方差贡献率，以确定指标权重的方法。

均方差法，是指将各项指标定为随机变量，指标在不同方案下的数值为该随机变量的取值，首先求出这些随机变量（各指标）的均方差，然后根据不同随机变量的离散程度确定指标权重的方法。

3. 确定绩效目标值

绩效目标值的确定可参考内部标准与外部标准。内部标准有预算标准、历史标准、经验标准等；外部标准有行业标准、竞争对手标准、标杆标准等。

4. 选择计分方法

绩效评价计分方法可分为定量法和定性法。

（1）定量法。定量法主要有功效系数法和综合指数法等。

①功效系数法，是指根据多目标规划原理，将所要评价的各项指标分别对照各自的标准，并根据各项指标的权重，通过功效函数转化为可以度量的评价分数，再对各项指标的单项评价分数进行加总，得出综合评价分数的一种方法。该方法的优点是从不同侧面对评价对象进行计算评分，满足了企业多目标、多层次、多因素的绩效评价要求，缺点是标准值确定难度较大，比较复杂。功效系数法的计算公式为：

$$\text{绩效指标总得分} = \sum \text{单项指标得分}$$

$$\text{单项指标得分} = \text{本档基础分} + \text{调整分}$$

$$\text{本档基础分} = \text{指标权重} \times \text{本档标准系数}$$

$$\text{调整分} = \text{功效系数} \times (\text{上档基础分} - \text{本档基础分})$$

$$\text{上档基础分} = \text{指标权重} \times \text{上档标准系数}$$

$$\text{功效系数} = \frac{\text{实际值} - \text{本档标准值}}{\text{上档标准值} - \text{本档标准值}}$$

对评价标准值的选用，应结合评价的目的、范围、企业所处行业、企业规模等具体情况，参考国家相关部门或研究机构发布的标准值确定。

②综合指数法，是指根据指数分析的基本原理，计算各项绩效指标的单项评价指数和加权评价指数，据以进行综合评价的方法。该方法的优点是操作简单，容易理解，缺点是标准值存在异常时影响结果的准确性。综合指数

法的计算公式为：

绩效指标总得分 = $\sum$（单项指标评价指数 × 该项评价指标的权重）

（2）定性法。定性法主要有素质法和行为法等。

①素质法，是指评估员工个人或团队在多大程度上具有组织所要求的某种基本素质、关键技能和主要特质的方法。

②行为法，是指专注于描述与绩效有关的行为状态，考核员工在多大程度上采取了管理者所期望或工作角色所要求的组织行为的方法。

5. 评价周期

绩效评价周期一般可分为月度、季度、半年度、年度、任期。月度、季度绩效评价一般适用于企业基层员工和管理人员，半年度绩效评价一般适用于企业中高层管理人员，年度绩效评价适用于企业所有被评价对象，任期绩效评价主要适用于企业负责人。

6. 拟定绩效责任书

绩效计划制定后，评价主体与被评价对象一般应签订绩效责任书，明确各自的权利和义务，并作为绩效评价与激励管理的依据。绩效责任书的主要内容包括绩效指标、目标值及权重、评价计分方法、特别约定事项、有效期限、签订日期等。绩效责任书一般按年度或任期签订。

（二）激励计划

1. 激励计划的含义和分类

激励计划，是企业为激励被评价对象而采取的行动方案，包括激励对象、激励形式、激励条件、激励周期等内容。

激励计划按激励形式可分为薪酬激励计划、能力开发激励计划、职业发展激励计划和其他激励计划。

（1）薪酬激励计划按期限可分为短期薪酬激励计划和中长期薪酬激励计划。短期薪酬激励计划主要包括绩效工资、绩效奖金、绩效福利等。中长期薪酬激励计划主要包括股票期权、股票增值权、限制性股票以及虚拟股票等。

（2）能力开发激励计划主要包括对员工知识、技能等方面的提升计划。

（3）职业发展激励计划主要是对员工职业发展做出的规划。

（4）其他激励计划包括良好的工作环境、晋升与降职、表扬与批评等。

2. 激励计划的制定和审核

绩效是让马儿跑，激励是让马吃好，激励计划的制定应以绩效计划为基础，采用多元化的激励形式，兼顾内在激励与外在激励、短期激励与长期激励、现金激励与非现金激励、个人激励与团队激励、正向激励与负向激励，充分发挥各种激励形式的综合作用。

绩效计划与激励计划制定完成后，应经薪酬与考核委员会或类似机构审核，报董事会或类似机构审批。经审批的绩效计划与激励计划应保持稳定，一般不予调整，若受国家政策、市场环境、不可抗力等客观因素影响，确需调整的，应严格履行规定的审批程序。

四、绩效计划与激励计划的执行

审批后的绩效计划与激励计划，应以正式文件的形式下达执行，确保与计划相关的被评价对象能够了解计划的具体内容和要求。

绩效计划与激励计划下达后，各计划执行单位（部门）应认真组织实施，从横向和纵向两方面落实到各所属单位（部门）、各岗位员工，形成全方位的绩效计划与激励计划执行责任体系。

绩效计划与激励计划执行过程中，企业应建立配套的监督控制机制，及时记录执行情况，进行差异分析与纠偏，持续优化业务流程，确保绩效计划与激励计划的有效执行。

（1）监控与记录。企业可借助信息系统或其他信息支持手段，监控和记录指标完成情况、重大事项、员工的工作表现、激励措施执行情况等内容。收集信息的方法主要有观察法、工作记录法、他人反馈法等。

（2）分析与纠偏。根据监控与记录的结果，重点分析指标完成值与目标值的偏差、激励效果与预期目标的偏差，提出相应整改建议并采取必要的改进措施。

（3）编制分析报告。分析报告主要反映绩效计划与激励计划的执行情况及分析结果，其频率可以是月度、季度、年度，也可根据需要编制。

绩效计划与激励计划执行过程中，绩效管理工作机构应通过会议、培训、网络、公告栏等形式，进行多渠道、多样化、持续不断地沟通与辅导，使绩效计划与激励计划得到充分理解和有效执行。

五、绩效评价与激励的实施

绩效管理工作机构应根据计划的执行情况定期实施绩效评价与激励，按照绩效计划与激励计划的约定，对被评价对象的绩效表现进行系统、全面、公正、客观地评价，并根据评价结果实施相应的激励。

评价主体应按照绩效计划收集相关信息，获取被评价对象的绩效指标实际值，对照目标值，应用选定的计分方法，计算评价分值，并进一步形成对被评价对象的综合评价结果。

收集信息方法主要有：

（1）观察法，是指通过直接观察员工在工作中的表现并予以记录的方法。

（2）工作记录法，是指通过日常工作记录或财务管理、生产经营等业务系统产生的数据，予以收集信息的方法。

（3）他人反馈法，是指收集其他人员对被评价对象的评价信息的方法。

绩效评价过程及结果应有完整的记录，结果应得到评价主体和被评价对象的确认，并进行公开发布或非公开告知。公开发布的主要方式有召开绩效发布会、企业网站绩效公示、面板绩效公告等；非公开发布一般采用一对一书面、电子邮件函告或面谈告知等方式进行。

评价主体应及时向被评价对象进行绩效反馈，反馈内容包括评价结果、差距分析、改进建议及措施等，可采取反馈报告、反馈面谈、反馈报告会等形式进行。

绩效结果发布后，企业应依据绩效评价的结果，组织兑现激励计划，综合运用绩效薪酬激励、能力开发激励、职业发展激励等多种方式，逐级兑现激励承诺。

六、绩效评价与激励管理报告

（一）绩效评价

绩效管理工作机构应定期或根据需要编制绩效评价与激励管理报告，对绩效评价和激励管理的结果进行反映。

绩效评价与激励管理报告是企业管理会计报告的重要组成部分，应确保内容真实、数据可靠、分析客观、结论清楚，为报告使用者提供满足决策需要的信息。

（二）绩效报告的分类

1. 按照绩效报告的内容分类

绩效报告按照内容分类，分为绩效评价报告和激励管理报告

（1）绩效评价报告，是根据评价结果编制，反映被评价对象的绩效计划完成情况，通常由报告正文和附件构成。

①报告正文主要包括以下两部分：一是，评价情况说明，包括评价对象、评价依据、评价过程、评价结果、需要说明的重大事项等；二是，管理建议。

②报告附件包括评价计分表、问卷调查结果分析、专家咨询意见等报告正文的支持性文档。

（2）激励管理报告，是根据激励计划的执行结果编制，反映被评价对象的激励计划实施情况。

①激励管理报告主要包括以下两部分：一是，激励情况说明，包括激励对象、激励依据、激励措施、激励执行结果、需要说明的重大事项等；二是，管理建议。

②其他有关支持性文档可以根据需要以附件形式提供。

2. 按照报告编制的时间分类。绩效评价与激励管理报告可分为定期报告、不定期报告。

定期报告，主要反映一定期间被评价对象的绩效评价与激励管理情况。每个会计年度至少出具一份定期报告。

不定期报告，根据需要编制，反映部分特殊事项或特定项目的绩效评价与激励管理情况。

（三）绩效报告的报送和改进

绩效评价与激励管理报告应根据需要及时报送薪酬与考核委员会或类似机构审批。

企业应定期通过回顾和分析，检查和评估绩效评价与激励管理的实施效

果，不断优化绩效计划和激励计划，改进未来绩效管理工作。

第2节　关键绩效指标法

一、关键绩效指标法的概述

（一）关键绩效指标法的含义

关键绩效指标法，是指基于企业战略目标，通过建立关键绩效指标（Key PerformanceIndicator，简称KPI）体系，将价值创造活动与战略规划目标有效联系，并据此进行绩效管理的方法。

关键绩效指标，是对企业绩效产生关键影响力的指标，是通过对企业战略目标、关键成果领域的绩效特征分析，识别和提炼出的最能有效驱动企业价值创造的指标。

（二）关键绩效指标法的适用范围

关键绩效指标法可单独使用，也可与经济增加值法、平衡计分卡等其他方法结合使用。

关键绩效指标法的应用对象可为企业、所属单位（部门）和员工。

二八定律

二、关键绩效指标法的应用环境

企业应用关键绩效指标法，应遵循绩效管理一节中对应用环境的一般要求，见上文图7-2所示。

企业应用关键绩效指标法，应综合考虑绩效评价期间宏观经济政策、外部市场环境、内部管理需要等因素，构建指标体系。

企业应有明确的战略目标。战略目标是确定关键绩效指标体系的基础，关键绩效指标反映战略目标，对战略目标实施效果进行衡量和监控。

企业应清晰识别价值创造模式，按照价值创造路径识别出关键驱动因素，科学地选择和设置关键绩效指标。

三、关键绩效指标法的应用程序

（一）应用程序

企业应用关键绩效指标法，一般按照制定以关键绩效指标为核心的绩效计划、制定激励计划、执行绩效计划与激励计划、实施绩效评价与激励、编制绩效评价与激励管理报告等程序进行。

企业按绩效管理一节有关规定的管理活动制定绩效计划，包括构建指标体系、分配指标权重、确定绩效目标值、选择计分方法和评价周期、拟定绩效责任书等。

（二）构建指标体系

企业构建关键绩效三级指标体系，一般按照以下程序进行：

（1）制定企业级关键绩效指标。企业应根据战略目标，结合价值创造模式，综合考虑内外部环境等因素，设定企业级关键绩效指标。

（2）制定所属单位（部门）级关键绩效指标。根据企业级关键绩效指标，结合所属单位（部门）关键业务流程，按照上下结合、分级编制、逐级分解的程序，在沟通反馈的基础上，设定所属单位（部门）级关键绩效指标。

（3）制定岗位（员工）级关键绩效指标。根据所属单位（部门）级关键绩效指标，结合员工岗位职责和关键工作价值贡献，设定岗位（员工）级关键绩效指标。

（三）指标选取

1. 指标分类

企业的关键绩效指标一般可分为结果类和动因类两类指标。

结果类指标，是反映企业绩效的价值指标，主要包括投资回报率、净资产收益率、经济增加值、息税前利润、自由现金流等综合指标。

动因类指标，是反映企业价值关键驱动因素的指标，主要包括资本性支出、单位生产成本、产量、销量、客户满意度、员工满意度等。

有关指标计算，详见本章第 4 节中评价指标计算说明的知识链接。

2. 指标选取

关键绩效指标应含义明确、可度量、与战略目标高度相关。指标的数量不宜过多，每一层级的关键绩效指标一般不超过 10 个。

关键绩效指标选取的方法主要有：关键成果领域分析法、组织功能分解法和工作流程分解法。

关键成果领域分析法，是基于对企业价值创造模式的分析，确定企业的关键成果领域，并在此基础上进一步识别关键成功要素，确定关键绩效指标的方法。

组织功能分解法，是基于组织功能定位，按照各所属单位（部门）对企业总目标所承担的职责，逐级分解和确定关键绩效指标的方法。

工作流程分解法，是按照工作流程各环节对企业价值贡献程度，识别出关键业务流程，将企业总目标层层分解至关键业务流程相关所属单位（部门）或岗位（员工），确定关键绩效指标的方法。

3. 指标权重

关键绩效指标的权重分配应以企业战略目标为导向，反映被评价对象对企业价值贡献或支持的程度，以及各指标之间的重要性水平。

单项关键绩效指标权重一般设定在 5% ~30% 之间，对特别重要的指标可适当提高权重。对特别关键、影响企业整体价值的指标可设立“一票否决”制度，即如果某项关键绩效指标未完成，无论其他指标是否完成，均视为未完成绩效目标。

（四）绩效目标值

企业确定关键绩效指标目标值，一般参考以下标准：

（1）依据国家有关部门或权威机构发布的行业标准或参考竞争对手标准。

（2）参照企业内部标准，包括企业战略目标、年度生产经营计划目标、年度预算目标、历年指标水平等。

（3）不能按前两项方法确定的，可根据企业历史经验值确定。

关键绩效指标的目标值确定后，应规定因内外部环境发生重大变化、自然灾害等不可抗力因素对绩效完成结果产生重大影响时，对目标值进行调整的办法和程序。一般情况下，由被评价对象或评价主体测算确定影响额度，向相应的绩效管理工作机构提出调整申请，报薪酬与考核委员会或类似机构审批。

绩效评价计分方法和周期的选择、绩效责任书的签订、激励计划的制定，绩效计划与激励计划的执行、实施及编制报告参照绩效管理一节。

（五）工具方法评价

关键绩效指标法的主要优点是：

（1）使企业业绩评价与战略目标密切相关，有利于战略目标的实现；

（2）通过识别的价值创造模式把握关键价值驱动因素，能够更有效地实现企业价值增值目标；

（3）评价指标数量相对较少，易于理解和使用，实施成本相对较低，有利于推广实施。

KPI 的问题

其主要缺点是：关键绩效指标的选取需要透彻理解企业价值创造模式和战略目标，有效识别核心业务流程和关键价值驱动因素，指标体系设计不当将导致错误的价值导向或管理缺失。

第 3 节　经济增加值法

一、经济增加值法的概述

（一）经济增加值法的含义

经济增加值法，是指以经济增加值（economic value added，简称 EVA）为核心，建立绩效指标体系，引导企业注重价值创造，并据此进行绩效管理的方法。

经济增加值，是指税后净营业利润扣除全部投入资本的成本后的剩余收益。

【例 7－1】 GL&KJ 公司本年净利润 100 万元，总投入资本 1 000 万元，如银行利率 10%。进行传统绩效考核方法和 EVA 绩效考核方法对比分析。

解：传统绩效考核方法和 EVA 绩效考核方法的对比计算，见表 7－1。

表 7－1　　传统绩效考核方法和 EVA 绩效考核方法的对比表

项　目	传统绩效考核方式	EVA 绩效考核方式
净利润（万元）	100	100
总投入资本（万元）	1 000	1 000
投资回报率	10%	
资本成本率		10%
资本成本（万元）		100
EVA		0

从传统的绩效考核方法看，公司有盈利，投资回报率为 10%；如果考虑机会成本（银行利率），公司投资回报为 0。这里的机会成本是指进行了投资所放弃银行存款的利息额。因此，考虑机会成本就是 EVA 的基本思路，具体运用时，相关指标还需要修正。

所以，经济增加值及其改善值是全面评价经营者有效使用资本和为企业创造价值的重要指标。经济增加值为正，表明经营者在为企业创造价值；经济增加值为负，表明经营者在损毁企业价值。

知识链接

EVA 的产生和理念

EVA 是经济增加值模型（economic value added）的简称，是思腾思特（Stern Stewart）咨询公司——1982 年由约尔·思腾（Joel Stern）与贝内特·斯图尔特（G. Bennett Stewart）合伙成立——开发的一种新型的价值分析工具和业绩评价指标，是基于剩余收益思想发展起来的新型价值模型。

剩余收益（residual income，RI）是 20 世纪 50 年代通用电气公司为了克服投资报酬率（return on investment，ROI）指标在业绩计量方面的局限性提出的指标。其公式为：

剩余收益＝经营收益－资本成本
　　　　＝经营收益－（资本成本率×经营资产）
　　　　＝经营资产×（经营收益/经营资产－资本成本率）
　　　　＝经营资产×（ROI－资本成本率）

EVA 业绩评价指标的提出是财务评价思想的一次创新，1990 年思腾思特咨询公司首次提出后迅速在世界范围内获得广泛的运用。该指标的创新之处在于全面考虑了企业的资本成本，同时从企业价值增值这一根本目的出发，对依据 GAAP（Generally Accepted Accounting Principle，公认会计准则）得出的利润进行调整，因此可以更为准确地评价企业业绩。

思腾思特咨询公司认为无论是会计收益，还是经营现金流量指标都具有明显的缺陷，会计收益没有考虑权益资本的机会成本，难以反映真实经营业绩，而经营现金流量虽然能正确反映企业长期业绩，但却不是衡量企业年度经营业绩的有效指标。

EVA 的本质是企业经营产生的“经济”利润。相对于人们重视的企业“会计”利润而言，EVA 理念认为，企业所占用股东资本也是有成本的，所以在衡量企业业绩时，必须考虑到股本的成本。EVA 的基本理念是资本获得的收益至少要能补偿投资者承担的风险，也就是说，股东必须赚取至少等于资本市场上类似风险投资回报的收益率。这样就可以用来激励管理层增加股东财富的财务管理目标，而不是追求短期利润的目标，所以 EVA 也被称为附加股东价值（additional shareholder value，ASV）。

EVA 度量的是“资本利润”，而不是通常的“会计利润”。EVA 从出资人角度出发，度量资本在一段时期内的净收益。只有净收益高于资本的社会平均收益，资本才能“增值”，因而符合价值管理的财务目标。而传统的会计利润所衡量的是企业一段时间内产出和消耗的差异，而不关注资本的投入规模、投入时间、投入成本和投资风险等重要因素。

思腾思特咨询公司还进一步提出了 4M 概念来阐释 EVA 体系，即评价指标（measurement）、管理体系（management）、激励制度（motivation）和理念体系（mindset）。

但是，正如美国著名会计学教授杰罗尔德·L. 齐默尔曼（Jerold L. Zimmerman）所说，EVA“只解决了 2/3”的问题。因此，我们有必要对 EVA 业绩评价指标进行再度思考，既要看到它相对于传统评价指标的先进性，更要清楚地认识到其自身所固有的缺陷，为进一步改进企业业绩评价体系指明方向。

（二）经济增加值法的适用范围

经济增加值法较少单独应用，一般与关键绩效指标法、平衡计分卡等其他方法结合使用。

企业应用经济增加值法进行绩效管理的对象，可为企业及其所属单位（部门）（可单独计算经济增加值）和高级管理人员。

二、经济增加值法的应用环境

国资委《经济增加值考核细则》

企业应用经济增加值法，应遵循绩效管理一节中对应用环境的一般要求，见上文图 7-2 所示。

企业应用经济增加值法应注意以下事项：

企业应用经济增加值法，应树立价值管理理念，明确以价值创造为中心的战略目标，建立以经济增加值为核心的价值管理体系，使价值管理成为企业的核心管理制度。

企业应综合考虑宏观环境、行业特点和企业的实际情况，通过价值创造模式的识别，确定关键价值驱动因素，构建以经济增加值为核心的指标体系。

企业应建立清晰的资本资产管理责任体系，确定不同被评价对象的资本资产管理责任。

企业应建立健全会计核算体系，确保会计数据真实可靠、内容完整，并及时获取与经济增加值计算相关的会计数据。

企业应加强融资管理，关注筹资来源与渠道，及时获取债务资本成本、股权资本成本等相关信息，合理确定资本成本。

企业应加强投资管理，把能否增加价值作为新增投资项目决策的主要评判标准，以保持持续的价值创造能力。

三、经济增加值法的应用程序

企业应用经济增加值法，一般按照制定以经济增加值指标为核心的绩效计划、制定激励计划、执行绩效计划与激励计划、实施绩效评价与激励、编制绩效评价与激励管理报告等程序进行。

（一）制定绩效计划

企业要按绩效管理一节有关规定的管理活动制定绩效计划。绩效计划是企业开展业绩评价工作的行动方案，包括构建指标体系、分配指标权重、确定业绩绩效目标值、选择计分方法和评价周期、拟定业绩绩效责任书等。

1. 构建指标体系

（1）构建指标体系的程序。构建经济增加值指标体系，一般按照以下程序进行：

①制定企业级经济增加值指标体系。首先应结合行业竞争优势、组织结构、业务特点、会计政策等情况，确定企业级经济增加值指标的计算公式、调整项目、资本成本等，并围绕经济增加值的关键驱动因素，制定企业的经济增加值指标体系。

②制定所属单位（部门）级经济增加值指标体系。根据企业级经济增加值指标体系，结合所属单位（部门）所处行业、业务特点、资产规模等因素，在充分沟通的基础上，设定所属单位（部门）级经济增加值指标的计算公式、调整项目、资本成本等，并围绕所属单位（部门）经济增加值的关键驱动因素，细化制定所属单位（部门）的经济增加值指标体系。

③制定高级管理人员的经济增加值指标体系。根据企业级、所属单位（部门）级经济增加值指标体系，结合高级管理人员的岗位职责，制定高级管理人员的经济增加值指标体系。

（2）计算公式。经济增加值的计算公式为：

经济增加值 = 税后净营业利润 − 平均资本占用 × 加权平均资本成本

其中：税后净营业利润，衡量的是企业的经营盈利情况；

平均资本占用，反映的是企业持续投入的各种债务资本和股权资本；

加权平均资本成本，反映的是企业各种资本的平均成本率。

（3）会计项目调整。计算经济增加值时，需要进行相应的会计项目调整，以消除财务报表中不能准确反映企业价值创造的部分。会计调整项目的选择应遵循价值导向性、重要性、可控性、可操作性与行业可比性等原则，根据企业实际情况确定。

【例7-2】 GL&KJ公司2××0年至2××3年有关资料和EVA的计算过程见表7-2。

表7-2 **附加经济价值计算表** 单位：万元

项目	2××0年	2××1年	2××2年	2××3年
税前利润①	800	1 000	1 100	1 200
所得税费用②	200	250	275	300
净利润③=②-①	600	750	825	900
会计调整④	50	60	40	50
资本成本⑤	250	260	240	270
EVA⑥=③+④-⑤	400	550	625	680

常用的调整项目有：

①研究开发费、大型广告费等一次性支出但收益期较长的费用，应予以资本化处理，不计入当期费用。

②反映付息债务成本的利息支出，不作为期间费用扣除，计算税后净营业利润时扣除所得税影响后予以加回。

③营业外收入、营业外支出具有偶发性，将当期发生的营业外收支从税后净营业利润中扣除。

④将当期减值损失扣除所得税影响后予以加回，并在计算资本占用时相应调整资产减值准备发生额。

⑤递延税金不反映实际支付的税款情况，将递延所得税资产及递延所得税负债变动影响的企业所得税从税后净营业利润中扣除，相应调整资本占用。

⑥其他非经常性损益调整项目，如股权转让收益等。

知识链接

利润形成的过程

为什么需要调整计算EVA值呢？可以回顾一下在财务会计中利润形成的过程。

利润是指企业在一定时期内进行经营活动取得的经营成果。工业企业的利润总额包括营业利润、投资净收益和营业外收支净额等部分。企业利润总额扣除应负担的所得税后的利润就是企业的净利润。利润形成就是广义资金分配的过程，计算公式如下：

营业利润=营业收入-营业成本-税金及附加-销售费用-管理费用

－研发费用－财务费用－资产减值损失－信用减值损失
＋其他收益＋投资收益＋净敞口套期收益＋公允价值变动收益
＋资产处置收益

利润总额＝营业利润＋营业外收入－营业外支出

净利润＝利润总额－所得税费用

税后净营业利润等于会计上的税后净利润加上利息支出等会计调整项目后得到的税后利润。

平均资本占用是所有投资者投入企业经营的全部资本，包括债务资本和股权资本。其中债务资本包括融资活动产生的各类有息负债，不包括经营活动产生的无息流动负债。股权资本中包含少数股东权益。

资本占用除根据经济业务实质相应调整资产减值损失、递延所得税等，还可根据管理需要调整研发支出、在建工程等项目，引导企业注重长期价值创造。

加权平均资本成本是债务资本成本和股权资本成本的加权平均，反映了投资者所要求的必要报酬率。

（4）加权平均资本成本的计算。加权平均资本成本的计算公式如下：

$$K_{WACC}=K_D\times\frac{DC\ (1-T)}{TC}+K_S\times\frac{EC}{TC}$$

其中：TC 代表资本占用；

EC 代表股权资本；

DC 代表债务资本；

T 代表所得税税率；

K_{WACC}代表加权平均资本成本；

K_D代表债务资本成本；

K_S代表股权资本成本。

在计算加权资金成本的各种个别资金所占比重的权数选择，可以有账面价值、市场价值、目标价值等。

①账面价值权数。账面价值权数，是以个别资本的会计账面价值为基础来计算资本权数，确定各种资本的比重。这个权数资料容易取得，但股票、债券市价变化大时，计算结果不准确。

②市场价值权数。市场价值权数，是以个别资本的市价为基础来计算资本权数的比重。这个权数计算结果反映了现在的情况，但市价资料不易取得，且不能反映未来情况。

③目标价值权数。目标价值权数，是以个别资本的未来价值为基础来计算资本权数的比重。这个权数对公司未来决策有益，但主观性较大。

【例 7－3】 GL&KJ 公司账面价值共 800 万元，其中长期借款 300 万元，应付长期债券 120 万元，普通股 300 万元，留存盈利 80 万元；其成本分别为：6%，9%，11%，11%。

问：该公司的综合资金成本率为多少？

解：根据加权资金成本公式：

$$K_{WACC}=\frac{300}{800}\times 6\%+\frac{120}{800}\times 9\%+\frac{300}{800}\times 11\%+\frac{80}{800}\times 11\%=8.825\%$$

这是按照账面价值确定权数计算的资金成本。

【例 7－4】 上例【例 7－3】中，若普通股市价比账面上升 2%，长期债券市价比账面下降 3%，其余不变，综合资金成本率为多少？

解：普通股市价为：300 万元 ×（1＋2%）＝306 万元

长期债券市价为：120 万元 ×（1－3%）＝116.4 万元

总资金额为：300 万元＋116.4 万元＋306 万元＋80 万元＝802.4 万元

$$K_{WACC}=\frac{300}{802.4}\times 6\%+\frac{116.4}{802.4}\times 9\%+\frac{306}{802.4}\times 11\%+\frac{80}{802.4}\times 11\%=8.831\%$$

这是按照市场价值确定权数计算的资金成本。

债务资本成本是企业实际支付给债权人的税前利率，反映的是企业在资本市场中债务融资的成本率。如果企业存在不同利率的融资来源，债务资本成本应使用加权平均值。

股权资本成本是在不同风险下，所有者对投资者要求的最低回报率。通常根据资本资产定价模型确定，计算公式为：

$$K_S=R_f+\beta\ (R_m-R_f)$$

其中：R_f为无风险收益率；

R_m为市场预期回报率，R_m-R_f为市场风险溢价；

β 是企业股票相对于整个市场的风险指数。

（5）β 值的计算与确定※①。上市企业的 β 值，可采用回归分析法或单独使用最小二乘法等方法测算确定，也可以直接采用证券机构等提供或发布的 β 值；非上市企业的 β 值，可采用类比法，参考同类上市企业的 β 值确定。

β 值确定方法：

①最小二乘法，是指通过最小化误差的平方和，找到一组数据的最佳函数匹配的方法。

②回归分析法，是指在掌握大量观察数据的基础上，利用数理统计方法建立因变量与自变量之间的回归关系函数表达式的方法。

③类比法（也称比较类推法），是指由一类事物所具有的某种属性，推测与其类似的事物应具有这种属性的方法。

单项资产的贝塔系数，是指可以反映单项资产收益率与市场平均收益率之间变动关系的一个量化指标，它表示单项资产收益率的变动受市场平均收益率变动的影响程度，换句话说，就是相对于市场组合的平均风险而言，单项资产系统风险的大小。贝塔系数的定义式如下：

$$\text{单项资产的贝塔系数}=\frac{\text{某项资产的系统风险}}{\text{市场组合的风险}}$$

① ※，为选学内容，可以根据学生程度安排教与学。

$$= r\frac{\sigma_i\sigma_m}{\sigma_m^2}$$

即有：$\beta_i = r\frac{\sigma_i}{\sigma_m}$　　（$i = 1, 2, \cdots, n$）

其中：β_i：第 i 项资产的贝塔系数；

r：第 i 项资产的收益率与市场组合收益率的相关系数；

σ_i：第 i 项资产收益率的标准差，表示该资产的风险大小；

σ_m：市场组合收益率的标准差，表示市场组合的风险。

β 值的具体计算举例：

①方法一：

依据回归方程 $y = a + bx$ 和若干期（n）的历史资料，根据最小二乘法建立回归线性方程组如下：

$$\begin{cases} \sum y = na + b\sum x \\ \sum xy = a\sum x + b\sum x^2 \end{cases}$$

解联立方程得 a、b 值的求解公式如下：

$$a = \frac{\sum y - b\sum x}{n}$$

$$b = \frac{n\sum xy - \sum x\sum y}{n\sum x^2 - (\sum x)^2}$$

知识链接

公式的简捷求法：

回归方程：$y = a + bx$

两边求和：$\sum y = na + b\sum x$

每项乘以 x：$\sum xy = a\sum x + b\sum x^2$

解联立方程：$\begin{cases} \sum y = na + b\sum x \\ \sum xy = a\sum x + b\sum x^2 \end{cases}$

即可求得 a、b。

b 就是 β 系数。

【例 7－5】 已知甲股票和市场收益率的资料见表 7－3，将资料按 a、b 值求解公式要求整理列入表 7－3。

表 7－3　回归分析工作底稿

年份	市场收益率% x	甲股票收益率% y	xy	x^2
2××2	11.580	7.99	92.5242	134.0964
2××3	11.530	7.97	91.8941	132.9409
2××4	11.630	8.00	93.0400	135.2569
2××5	11.680	8.06	94.1408	136.4224
2××6	11.900	8.20	97.5800	141.6100
$n=5$	$\sum x=58.32$	$\sum y=40.22$	$\sum xy=469.1791$	$\sum x^2=680.3266$
平均值	11.664	8.044		

要求：按回归分析法计算 a、b 值，列出回归分析方程。

解：将表中数据代入上述 a、b 值的公式，求得：

$a=0.46$

$b=0.65$

得：$y=0.46+0.65x$

这里的 b 就是 β 系数。

②方法二：

解：根据表 7－3 表中资料，计算整理见表 7－4。

表 7－4　分析工作底稿

年份	市场收益率 x	甲收益率 y	$x_i-\bar{x}$	$y_i-\bar{y}$	$(x_i-\bar{x})(y_i-\bar{y})$	$(x_i-\bar{x})^2$	$(y_i-\bar{y})^2$
2××2	11.580	7.99	－0.84	－0.54	0.004536	0.007056	0.002916
2××3	11.530	7.97	－0.134	－0.74	0.009916	0.017956	0.005476
2××4	11.630	8.00	－0.034	－0.44	0.001496	0.001156	0.001936
2××5	11.680	8.06	0.16	0.16	0.000256	0.000256	0.000256
2××6	11.900	8.20	0.236	0.156	0.036816	0.055696	0.024336
$n=5$	$\sum x=58.32$	$\sum y=40.22$	－1.084	－1.404	0.05296	0.08212	0.03492
平均值	11.664	8.044					
标准差	0.14328	0.09343					

要求：按照贝塔系数的定义公式，求贝塔系数为多少？

首先，求相关系数 r：

$$r=\sum_{i=1}^{n}(x_i-\bar{x})(y_i-\bar{y})\div\sqrt{\sum_{i=1}^{n}(x_i-\bar{x})^2\sum_{i=1}^{n}(y_i-\bar{y})^2}$$

$$=0.05296\div\sqrt{0.08212\times0.03492}$$

$$=0.98898$$

其次，求标准差，不知道概率情况下，用估计的方法，即：

$$\sigma_x^2 = \frac{\sum_{i=1}^{n}(x_i - \bar{x})^2}{n-1}$$

$$\sigma_x = \sqrt{\sigma_x^2}$$

σ_y和σ_x见表中计算结果。

最后，求贝塔系数，按定义公式，即：

$$\beta = r\sigma_y \div \sigma_x$$
$$= 0.98898 \times 0.09343 \div 0.14328$$
$$= 0.65$$

知识链接

在实务中，贝塔系数是由证券投资机构等定期计算并发布，供投资者参考。表 7-5 是美国一些公司以标准普尔500种股票的综合指数为市场组合来估计各个股票的贝塔系数。贝塔系数是度量一种证券对于市场组合变动的反应程度的指标。

表 7-5　　美国部分公司贝塔系数估计值①

类型	股票	贝塔系数
高贝塔值股票	eBay	2.53
	CA 公司	2.03
	戴尔公司	1.64
平均贝塔值股票	家得宝	1.26
	Bed，Bath & Beyond	1.2
	通用电气	0.99
低贝塔值股票	麦格劳-希尔	0.65
	3M	0.53

随堂练习

根据表 7-6 资料，计算填空：

表 7-6　　资本资产定价模型关系式

R_i	R_f	β_i	R_m	R_f
	6%	2	10%	
	6%	1	10%	
15%		2		5%
20%	10%	0.5		

① ［美］斯蒂芬·A. 罗斯等著. 吴世农等译. 公司理财（第九版）［M］. 机械工业出版社，2012：234.

企业级加权平均资本成本确定后，应结合行业情况、不同所属单位（部门）的特点，通过计算（能单独计算的）或指定（不能单独计算的）的方式确定所属单位（部门）的资本成本。

通常情况下，企业对所属单位（部门）所投入资本即股权资本的成本率是相同的，为简化资本成本的计算，所属单位（部门）的加权平均资本成本一般与企业保持一致。

经济增加值法指标体系通常包括经济增加值、经济增加值改善值、经济增加值回报率、资本周转率、产量、销量、单位生产成本等。

2. 分配指标权重

应用经济增加值法建立的绩效评价体系，应赋予经济增加值指标较高的权重。单项指标权重一般设定在 5% ~30% 之间，EVA 可以选上限，或者更高一些。

3. 确定业绩绩效目标值

经济增加值目标值根据经济增加值基准值（简称 EVA 基准值）和期望的经济增加值改善值（简称期望的 ΔEVA）确定。

EVA 目标值 = EVA 基准值 + 期望的 ΔEVA

企业在确定 EVA 基准值和期望的 ΔEVA 值时，要充分考虑企业规模、发展阶段、行业特点等因素。其中，EVA 基准值可参照上年实际完成值、上年实际完成值与目标值的平均值、近几年（比如前 3 年）实际完成值的平均值等确定。期望的 ΔEVA 值，根据企业战略目标、年度生产经营计划、年度预算安排、投资者期望等因素，结合价值创造能力改善等要求综合确定。

绩效评价计分方法和周期的选择、绩效责任书的签订，参照绩效管理一节内容。

下面再举一个例子，掌握经济增加值（EVA）的有关知识。由于会计利润中已经扣除了利息费用，资本成本中包括利息费用的扣除项，一项费用不能连扣除两次，因此，计算经济增加值（EVA）要在调整加回来，或者也可直接用下式进行：

经济增加值（EVA）= 利润总额 - 所得税费用 - 平均股本资本总额 × 平均资本成本

【例 7-6】 甲乙两个企业有关资料和 EVA 的计算过程见表 7-7。（所得税税率为 25%）

表 7-7　　经济增加值计算表

项　目	甲企业	乙企业
利润总额（万元）	140	16
加：利息费用（万元）	24.9	6
减：所得税费用（万元）	35	4
息前税后利润（万元）	129.9	18

续表

项　目	甲企业	乙企业
减：资金成本（万元）	106.4	13.2
平均总资产 TC（万元）	830	120
乘：综合加权平均资金成本率 K_{WACC}（%）	12.8	11
资本权重 EC/TC（%）	70	37.5
平均资本成本率 K_S	14%	16%
负债权重 DC/TC（%）	30	62.5
平均负债成本率 K_D	10%	8%
经济增加值 EVA（万元）	23.66	4.8

表 7－6 中，有关指标的计算过程：

甲企业利息费用＝平均总资产×负债权重×平均负债成本率
＝830×30%×10%
＝24.9（万元）

乙企业利息费用＝120×62.5%×8%
＝6（万元）

甲企业 EVA＝140＋24.9－35－830×（70%×14%＋30%×10%）
＝23.66（万元）

乙企业 EVA＝16＋6－4－120×（37.5%×16%＋62.5%×8%）
＝4.8（万元）

由于经济增加值都为正值，说明甲乙企业有经济效益。那么甲乙企业哪一个更优一些呢？可以计算经济增加值率进行对比分析，即有公式：

$$经济增加值率=\frac{经济增加值}{总资本占用}=\frac{EVA}{TC}$$

则：甲企业经济增加值率＝23.66÷830×100%
＝3.85%

乙企业经济增加值率＝4.8÷120×100%
＝4%

由计算结果看出，乙企业的经济增加效益更佳一些。

【例 7－7】 GL&KJ 公司 20××年利润表中显示的净利润为 5 000 000 元，实际利息费用为 600 000 元，本年度计提资产减值损失 100 000 元；资产负债表中显示的全年负债资本 10 000 000 元，其中短期借款 5 000 000 元，利率 5%，长期借款 5 000 000 元，利率 7%，所有者权益 90 000 000 元。假如公司的贝塔系数 β 为 2，市场利率为 7%，一年期国库券利率为 3%。计算 GL&KJ 公司 20××年 EVA 为多少？

解：

(1) 计算税后净营业利润。

净利润 = 5 000 000 元。

分析可知，本题中利息费用和资产减值损失是调整事项。

则：调整后税后净营业利润 = 净利润 + 利息费用 + 资产减值损失

= 5 000 000 + 600 000 + 100 000

= 5 700 000（元）

(2) 计算平均资本占用和加权平均资本成本。

①计算负债资本和资本成本：

债务资本 = 5 000 000 + 5 000 000 = 10 000 000（元）

加权负债资本成本 = （5% ×5 000 000 + 7% ×5 000 000） ÷10 000 000 = 6%

②计算调整后所有者权益资本：

所有者权益 = 90 000 000 元

"资产减值损失"作为减项列入"利润表"，相关的减值准备列入资产负债表中，会计分录：

借：资产减值损失　　100 000

　　贷：相关的减值准备　　100 000

因此，在计算 EVA 时，既要调整"利润表"项目，也要调整"资产负债表"项目。在计算税后净营业利润应该加回，但加回后，也就意味着留存收益增加了，同时要调整所有者资本。特别注意此调整并非按照原始程序进行的调整。

调整后所有者权益资本 = 90 000 000 + 100 000 = 90 100 000（元）

所有者权益资本成本 = 3% + 2 × （7% − 3%） = 11%

根据①和②计算结果，计算平均资本占用和加权平均资本成本。

则：平均资本占用 = 10 000 000 + 90 100 000 = 100 100 000（元）

加权平均资本成本 = （6% ×10 000 000 + 11% ×90 100 000） ÷100 100 000

= 10. 5%

(3) EWA = 5 700 000 − 10. 5% ×100 100 000

= 5 700 000 − 10 510 500

= −4 810 500（元）

从 EVA 来看，公司占用大量资本，但是效益却不是非常理想，不仅没有效益，反而为负值 −4 810 500 元。所以，EVA 指标能在一定程度上修正传统指标对绩效的扭曲，同时 EWA 指标更注重长期价值，引导管理者关注长远利益。

（二）制定激励计划

经济增加值法的激励计划按激励形式可分为薪酬激励计划、能力开发激励计划、职业发展激励计划和其他激励计划。应用经济增加值法建立的激励体系，应以经济增加值的改善值为基础。

(1) 薪酬激励计划主要包括目标奖金、奖金库和基于经济增加值的股票期权。

①目标奖金。目标奖金是达到经济增加值目标值所获得的奖金，只对经济增加值增量部分实施奖励。

②奖金库。奖金库是基于对企业经济增加值长期增长目标实施的奖励。企业设立专门的账号管理奖金，将以经济增加值为基准计算的奖金额存入专门账户中，以递延奖金形式发放。

③股票期权。根据经济增加值确定股票期权的行权价格和数量，行权价格每年以相当于企业资本成本的比例上升，授予数量由当年所获得的奖金确定。

（2）能力开发激励计划主要包括对员工知识、技能等方面的提升计划。

（3）职业发展激励计划主要是对员工职业发展做出的规划。

（4）其他激励计划包括良好的工作环境、晋升与降职、表扬与批评等。

绩效计划和激励计划制定后，执行、实施及编制报告参照绩效管理一节内容。

企业应用经济增加值法，应循序渐进，在企业及部分所属单位试点的基础上，总结完善后稳步推开。

（三）工具方法评价

经济增加值法的主要优点：

（1）考虑了所有资本的成本，更真实地反映了企业的价值创造能力；

（2）实现了企业利益、经营者利益和员工利益的统一，激励经营者和所有员工为企业创造更多价值；

（3）能有效遏制企业盲目扩张规模以追求利润总量和增长率的倾向，引导企业注重长期价值创造。

其主要缺点：

（1）仅对企业当期或未来 1 ~ 3 年价值创造情况的衡量和预判，无法衡量企业长远发展战略的价值创造情况；

（2）计算主要基于财务指标，无法对企业的营运效率与效果进行综合评价；

（3）不同行业、不同发展阶段、不同规模等的企业，其会计调整项和加权平均资本成本各不相同，计算比较复杂，影响指标的可比性。

第 4 节　平衡计分卡

一、平衡计分卡的概述

平衡计分卡，是指基于企业战略，从财务、客户、内部业务流程、学习与成长四个维度，将战略目标逐层分解转化为具体的、相互平衡的绩效指标体系，并据此进行绩效管理的方法。

平衡计分卡通常与战略地图等其他工具结合使用。

平衡计分卡适用于战略目标明确、管理制度比较完善、管理水平相对较高的企业。

平衡计分卡的应用对象可为企业、所属单位（部门）和员工。

二、平衡计分卡的应用环境

企业应用平衡计分卡工具方法，应遵循绩效管理一节中对应用环境的一般要求，见上文图7－2所示。

企业应用平衡计分卡工具方法，应有明确的愿景和战略。

平衡计分卡应以战略目标为核心，全面描述、衡量和管理战略目标，将战略目标转化为可操作的行动。

平衡计分卡可能涉及组织和流程变革，具有创新精神、变革精神的企业文化有助于成功实施平衡计分卡。

企业应对组织结构和职能进行梳理，消除不同组织职能间的壁垒，实现良好的组织协同，既包括企业内部各级单位（部门）之间的横向与纵向协同，也包括与投资者、客户、供应商等外部利益相关者之间的协同。

企业应注重员工学习与成长能力的提升，以更好地实现平衡计分卡的财务、客户、内部业务流程目标，使战略目标贯彻到每一名员工的日常工作中。

平衡计分卡的实施是一项复杂的系统工程。企业一般需要建立由战略管理、人力资源管理、财务管理和外部专家等组成的团队，为平衡计分卡的实施提供机制保障。

企业应建立高效集成的信息系统，实现绩效管理与预算管理、财务管理、生产经营等系统的紧密结合，为平衡计分卡的实施提供信息支持。

上述内容可总结概括，如图7－4所示。

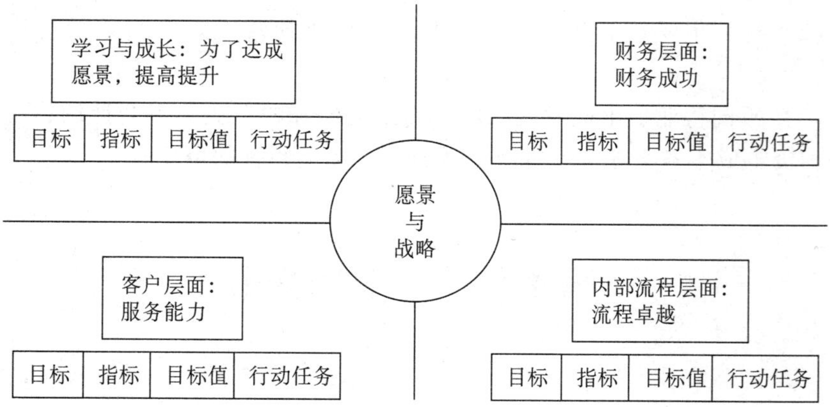

图7－4　平衡计分法

知识链接

平衡计分卡

朗德瑞的跨国公司平衡计分卡①

朗德瑞（Landry）把平衡计分卡运用到跨国公司，增加了第五个角度，使之能够涵盖组织独特的国际问题，例如政治风险、转移价格、汇率问题以及保护和市场统计等。如图 7－5 所示：

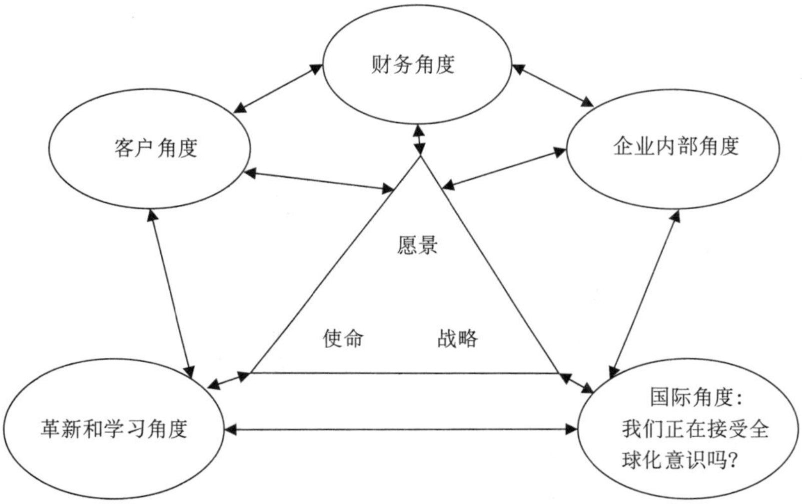

图 7－5　适合国际组织的平衡计分法

朗德瑞还说明了如何将其应用到美国最有名气的跨国公司——通用电气（GE）公司中，见表 7－8：

表 7－8　GE 平衡计分卡的国际角度

重要的成功要素	业绩衡量
客户支持	国际客户满意度
	国际客户的维持
	为国际客户提供高质量服务
全球投资能力	进入新的国际市场的数量
	引进国际市场的新产品数量
	在国外开设或扩展的工厂
建立强有力的全球工作团队	雇用本土员工的强度
	跨文化培训
	文化和工作轮换
	语言培训

① ［英］克里斯托弗·诺比斯，罗伯特·帕克著．薛清梅等译．比较国际会计（第八版）［M］．大连：东北财经大学出版社，2005：412－414.

三、平衡计分卡的应用程序

（一）战略目标

企业应用平衡计分卡工具方法，一般按照制定战略地图、制定以平衡计分卡为核心的绩效计划、制定激励计划、制定战略性行动方案、执行绩效计划与激励计划、实施绩效评价与激励、编制绩效评价与激励管理报告等程序进行。

企业首先应制定战略地图，即基于企业愿景与战略，将战略目标及其因果关系、价值创造路径以图示的形式直观、明确、清晰地呈现。

战略地图基于战略主题构建，战略主题是反映企业价值创造的关键业务流程，每个战略主题包括相互关联的1~2个目标。

（二）绩效计划

战略地图制定后，应以平衡计分卡为核心编制绩效计划。绩效计划是企业开展绩效评价工作的行动方案，包括构建指标体系、分配指标权重、确定绩效目标值、选择计分方法和评价周期、签订绩效责任书等一系列管理活动。制定绩效计划通常从企业级开始，层层分解到所属单位（部门），最终落实到具体岗位和员工。

1. 评估指标

平衡计分卡指标体系的构建应围绕战略地图，针对财务、客户、内部业务流程和学习与成长四个维度的战略目标，确定相应的评价指标。

构建平衡计分卡指标体系的一般程序：

（1）制定企业级指标体系。根据企业层面的战略地图，为每个战略主题的目标设定指标，每个目标至少应有1个指标。

（2）制定所属单位（部门）级指标体系。依据企业级战略地图和指标体系，制定所属单位（部门）的战略地图，确定相应的指标体系，协同各所属单位（部门）的行动与战略目标保持一致。

（3）制定岗位（员工）级指标体系。根据企业、所属单位（部门）级指标体系，按照岗位职责逐级形成岗位（员工）级指标体系。

平衡计分卡指标体系构建时，应注重短期目标与长期目标的平衡、财务指标与非财务指标的平衡、结果性指标与动因性指标的平衡、企业内部利益与外部利益的平衡。平衡计分卡每个维度的指标通常为4~7个，总数量一般不超过25个。

2. 指标体系

平衡计分卡指标体系构建时，企业应以财务维度为核心，其他维度的指标都与核心维度的一个或多个指标相联系。通过梳理核心维度目标的实现过程，确定每个维度的关键驱动因素，结合战略主题，选取关键绩效指标。

财务维度以财务术语描述了战略目标的有形成果。企业常用指标有：投资资本回报率、净资产收益率、经济增加值、息税前利润、自由现金流、资产负债率、总资产周转率等。

客户维度界定了目标客户的价值主张。企业常用指标有：市场份额、客户满意度、客户获得率、客户保持率、客户获利率、战略客户数量等。

内部业务流程维度确定了对战略目标产生影响的关键流程。企业常用指标有：交货及时率、生产负荷率、产品合格率、存货周转率、单位生产成本等。

学习与成长维度确定了对战略最重要的无形资产。企业常用指标有：员工保持率、员工生产率、培训计划完成率、员工满意度等。指标的含义和计算公式，见下面知识链接：

知识链接

组织思想学派

组织理论诞生之初至今的七大学派，见表 7－9。每个阶段的组织都需要解决当时历史环境下面临的问题，而且就个体而言，如果没有跟组织建立良好合作关系的能力，就会被组织淘汰。

表 7－9　组织思想学派

学派	代表人物及著作	观点
科学管理	泰勒（Frederick Winslow Taylor）《科学管理原理》（1911）	解决如何让劳动效率最大化，但是完全忽视了“人”
人际关系	切斯特·巴纳德（Chester Irving Barnard）《经理人员的职能》（1938）、《组织与管理》（1948）	解决怎样让人感受到人的价值
层级制	马克斯·韦伯（Max Weber）《新教伦理与资本主义精神》（1904－1906）	解决组织中的所有成员既能分担责任，同时又能感受到价值
权利、冲突和决策理论	菲利普·塞尔兹尼克（Philip Selznick）《法律、社会和工业正义》（1969 年）	解决组织内部因权利、冲突和决策所带来的组织效率变化
权变理论学派	琼·伍德沃德（Joan Woodward）《经营管理和工艺技术》、《工业组织：理论和实践》、《工业组织：行为和控制》	技术造成组织类型的巨大的不同，解决技术出现后多变环境技术对组织的巨大冲击
系统管理学派	理查德·约翰逊（Richard A. Johnson）、卡斯特（Fremont E. Kast）和罗森茨韦克（James E. Rosenzweig）《系统理论与管理》（1963）；卡斯特和罗森茨韦克《组织与管理——系统方法与权变方法》（1970）	开放理论系统可以解释一切事物，却难以用于预测
制度学派	凡勃伦（ThorsteinB. Veblen）《有闲阶级论》（1899）和《企业论》（1904）；康芒斯（John R. Commons）《制度经济学》（1934）；米切尔（Wesley C. Mitchell）《经济周期》（1913）、《经济周期问题及其背景》（1927）	组织是历史独特的一部分，有自己的目标和影响模式

知识链接

评价指标计算说明

1. 投资资本回报率，是指企业一定会计期间取得的息前税后利润占其所使用的全部投资资本的比例，反映企业在会计期间有效利用投资资本创造回报的能力。一般计算公式如下：

投资资本回报率＝［税前利润(1－所得税税率)＋利息支出］/投资资本平均余额×100%

投资资本平均余额＝(期初投资资本＋期末投资资本)/2

投资资本＝有息债务＋所有者（股东）权益

2. 净资产收益率（也称权益净利率），是指企业一定会计期间取得的净利润占其所使用的净资产平均数的比例，反映企业全部资产的获利能力。一般计算公式如下：

净资产收益率＝净利润/平均净资产×100%

3. 经济增加值回报率，是指企业一定会计期间内经济增加值与平均资本占用的比值。一般计算公式：

经济增加值回报率＝经济增加值/平均资本占用×100%

4. 息税前利润，是指企业当年实现税前利润与利息支出的合计数。一般计算公式如下：

息税前利润＝税前利润＋利息支出

5. 自由现金流，是指企业一定会计期间经营活动产生的净现金流超过付现资本性支出的金额，反映企业可动用的现金。一般计算公式如下：

自由现金流＝经营活动净现金流－付现资本性支出

6. 资产负债率，是指企业负债总额与资产总额的比值，反映企业整体财务风险程度。一般计算公式如下：

资产负债率＝负债总额/资产总额×100%

7. 总资产周转率，是指营业收入与总资产平均余额的比值，反映总资产在一定会计期间内周转的次数。一般计算公式如下：

总资产周转率＝营业收入÷总资产平均余额

8. 存货周转率，是指企业营业收入与存货平均余额的比值，反映存货在一定会计期间内周转的次数。一般计算公式如下：

存货周转率＝营业收入÷存货平均余额

9. 资本周转率，是指企业在一定会计期间内营业收入与平均资本占用的比值。一般计算公式如下：

资本周转率＝营业收入÷平均资本占用×100%

10. 资本性支出，是指企业发生的、其效益涉及于两个或两个以上会计年度的各项支出。

11. 产量，是指企业在一定时期内生产出来的产品的数量。

12. 销量，是指企业在一定时期内销售商品的数量。

13. 单位生产成本，是指生产单位产品而平均耗费的成本。

14. 客户满意度，是指客户期望值与客户体验的匹配程度，即客户通过对某项产品或服务的实际感知与其期望值相比较后得出的指数。客户满意度收集渠道主要包括问卷调查、客户投诉、与客户的直接沟通、消费者组织的报告、各种媒体的报告和行业研究的结果等。

15. 员工满意度，是指员工对企业的实际感知与其期望值相比较后得出的指数。主要通过问卷调查、访谈调查等方式，从工作环境、工作关系、工作内容、薪酬福利、职业发展等方面进行衡量。

16. 市场份额，是指一个企业的销售量（或销售额）在市场同类产品中所占的比重。

17. 客户获得率，是指企业在争取新客户时获得成功部分的比例。该指标可用客户数量增长率或客户交易额增长率来描述，一般计算公式如下：

客户数量增长率 =（本期客户数量 - 上期客户数量）÷上期客户数量×100%

客户交易额增长率 =（本期客户交易额 - 上期客户交易额）÷上期客户交易额×100%

18. 客户保持率，是指企业继续保持与老客户交易关系的比例。该指标可用老客户交易增长率来描述，一般计算公式如下：

老客户交易增长率 =（老客户本期交易额 - 老客户上期交易额）÷老客户上期交易额×100%

19. 客户获利率，是指企业从单一客户得到的净利润与付出的总成本的比率。一般计算公式如下：

单一客户获利率 = 单一客户净利润÷单一客户总成本×100%

20. 战略客户数量，是指对企业战略目标实现有重要作用的客户的数量。

21. 交货及时率，是指企业在一定会计期间内及时交货的次数占其总交货次数比例。一般计算公式：

交货及时率 = 及时交货的订单个数÷总订单个数×100%

22. 生产负荷率，是指投产项目在一定会计期间内的产品产量与设计生产能力的比例。一般计算公式如下：

生产负荷率 = 实际产量设计生产能力×100%

23. 产品合格率，是指合格产品数量占总产品数量的比例。一般计算公式为：

产品合格率 = 合格产品数量÷总产品数量×100%

24. 员工流失率，是指企业一定会计期间内离职员工占员工平均人数的比例。一般计算公式如下：

员工流失率 = 本期离职员工人数÷员工平均人数×100%

员工保持率 = 1 - 员工流失率

25. 员工生产率，是指员工在一定会计期间内创造的劳动成果与其相应员工数量的比值。该指标可用人均产品生产数量或人均营业收入进行衡量。一般计算公式如下：

人均产品生产数量＝本期产品生产总量÷生产人数

人均营业收入＝本期营业收入÷员工人数

26. 培训计划完成率，是指培训计划实际执行的总时数占培训计划总时数的比例。一般计算公式如下：

培训计划完成率＝培训计划实际执行的总时数÷培训计划总时数×100%

企业可根据实际情况建立通用类指标库，不同层级单位和部门结合不同的战略定位、业务特点选择适合的指标体系。

3. 指标权重

平衡计分卡指标的权重分配应以战略目标为导向，反映被评价对象对企业战略目标贡献或支持的程度，以及各指标之间的重要性水平。

企业绩效指标权重一般设定在5%～30%之间，对特别重要的指标可适当提高权重。对特别关键、影响企业整体价值的指标可设立“一票否决”制度，即如果某项绩效指标未完成，无论其他指标是否完成，均视为未完成绩效目标。

平衡计分卡绩效目标值应根据战略地图的因果关系分别设置。首先确定战略主题的目标值，其次确定主题内的目标值，然后基于平衡计分卡评价指标与战略目标的对应关系，为每个评价指标设定目标值，通常设计3～5年的目标值。

平衡计分卡绩效目标值确定后，应规定因内外部环境发生重大变化、自然灾害等不可抗力因素对绩效完成结果产生重大影响时，对目标值进行调整的办法和程序。一般情况下，由被评价对象或评价主体测算确定影响程度，向相应的绩效管理工作机构提出调整申请，报薪酬与考核委员会或类似机构审批。

绩效评价计分方法和周期的选择、绩效责任书的签订、激励计划的制定，参照绩效管理一节。

（三）战略性行动方案

绩效计划与激励计划制定后，企业应在战略主题的基础上，制定战略性行动方案，实现短期行动计划与长期战略目标的协同。战略性行动方案的制定主要包括以下内容：

（1）选择战略性行动方案。制定每个战略主题的多个行动方案，并从中区分、排序和选择最优的战略性行动方案。

（2）提供战略性资金。建立战略性支出的预算，为战略性行动方案提供资金支持。

（3）建立责任制。明确战略性行动方案的执行责任方，定期回顾战略性行动方案的执行进程和效果。

（四）执行绩效计划与激励计划

绩效计划与激励计划执行过程中，企业应按照纵向一致、横向协调的原则，持续地推进组织协同，将协同作为一个重要的流程进行管理，使企业和员工的目标、职责与行动保持一致，创造协同效应。

绩效计划与激励计划执行过程中，企业应持续深入地开展流程管理，及时识别存在问题的关键流程，根据需要对流程进行优化完善，必要时进行流程再造，将流程改进计划与战略目标相协同。

绩效计划与激励计划的执行、实施及编制报告参照绩效管理一节。

平衡计分卡的实施是一项长期的管理改善工作，在实践中通常采用先试点后推广的方式，循序渐进，分步实施。

（五）平衡计分卡工具方法的评价

平衡计分卡的主要优点：

（1）战略目标逐层分解并转化为被评价对象的绩效指标和行动方案，使整个组织行动协调一致；

（2）从财务、客户、内部业务流程、学习与成长四个维度确定绩效指标，使绩效评价更为全面完整；

（3）将学习与成长作为一个维度，注重员工的发展要求和组织资本、信息资本等无形资产的开发利用，有利于增强企业可持续发展的动力。

其主要缺点：

（1）专业技术要求高，工作量比较大，操作难度也较大，需要持续地沟通和反馈，实施比较复杂，实施成本高；

（2）各指标权重在不同层级及各层级不同指标之间的分配比较困难，且部分非财务指标的量化工作难以落实；

（3）系统性强、涉及面广，需要专业人员的指导、企业全员的参与和长期持续地修正与完善，对信息系统、管理能力有较高的要求。

第 5 节　绩效棱柱模型

一、绩效棱柱模型的概述

（一）绩效棱柱模型的含义

绩效棱柱模型（performance prism），是指从企业利益相关者角度出发，以利益相关者满意为出发点，利益相关者贡献为落脚点，以企业战略、业务流程、组织能力为手段，用棱柱的五个构面构建三维绩效评价体系，并据此进行绩效管理的方法。

绩效棱柱模型是由克兰菲尔德学院教授 Andy Neely 与安达信咨询公司于 2000 年联合开发的三维绩效框架模型，用棱柱的五个构面分别代表组织绩效存在内在因果关系的五个关键要素。

利益相关者，是指有能力影响企业或者被企业所影响的人或者组织，通常包括股东、债权人、员工、客户、供应商、监管机构等。如图 7－6 所示。

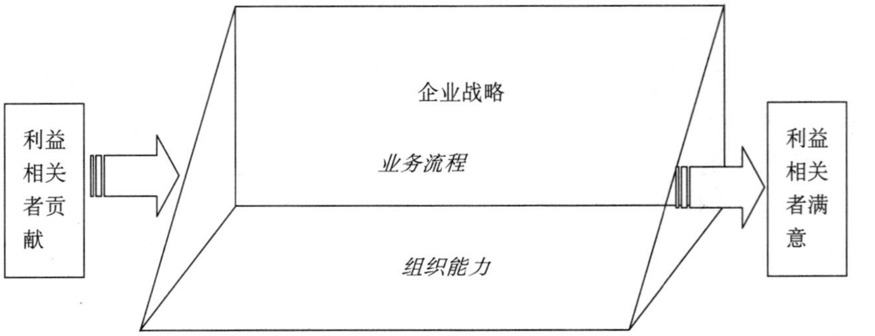

图 7－6　绩效棱柱模型

（二）绩效棱柱模型的适用范围

绩效棱柱模型适用于管理制度比较完善，业务流程比较规范，管理水平相对较高的大中型企业。绩效棱柱模型的应用对象可为企业和企业各级所属单位（部门）。

二、绩效棱柱模型的应用环境

企业应用绩效棱柱模型工具方法，应遵循绩效管理一节中对应用环境的一般要求，见上文图 7－2 所示。

企业应坚持主要利益相关者价值取向，建立有效的内外部沟通协调机制，与利益相关者建立良好的互动关系。

企业应根据主要利益相关者的需求制定战略，优化关键流程，提升组织能力，在满足主要利益相关者需求的基础上分享其做出的贡献。

企业应用绩效棱柱模型工具方法，一般需要建立由负责战略、人力资源、财务、客户和供应商等有关部门及外部专家等组成的项目团队。

企业应对人力资源管理、客户关系管理、供应商关系管理、财务管理等系统进行集成，为绩效棱柱模型的实施提供信息支持。

三、绩效棱柱模型的应用程序

（一）应用程序

企业应用绩效棱柱模型工具方法，应遵循绩效管理一节中对应用程序的一般要求。

企业在制定绩效计划时，可采用绩效棱柱模型工具方法。在应用该方法时，一般按照明确主要利益相关者、绘制利益相关者地图、优化战略和业务流程以及提升能力、制定以绩效棱柱模型为核心的绩效计划等程序进行。

1. 明确主要利益相关者

企业应结合自身的经营环境、行业特点、发展阶段、商业模式、业务特点等因素界定利益相关者范围，进一步运用态势分析法、德尔菲法等方法确定绩效棱柱模型的主要利益相关者。

2. 绘制利益相关者地图

企业应根据确定的主要利益相关者，绘制基于绩效棱柱模型的利益相关者地图。利益相关者地图是以利益相关者满意为出发点，按照企业战略、业务流程、组织能力依次展开，并以利益相关者贡献为落脚点的平面展开图。

利益相关者地图可将绩效棱柱模型五个构面以图示形式直观、明确、清晰地呈现出来。

3. 优化战略和业务流程以及提升能力

绘制利益相关者地图后，企业应及时查找现有的战略、业务流程和组织能力在满足主要利益相关者满意方面存在的不足和差距，进一步优化战略和业务流程，提升组织能力，制定行动方案并有效地实施。

4. 制定以绩效棱柱模型为核心的绩效计划

绘制利益相关者地图后，企业还应以绩效棱柱模型为核心编制绩效计划。绩效计划是企业开展绩效评价工作的行动方案，包括构建指标体系、分配指标权重、确定绩效目标值、选择计分方法和评价周期、签订绩效责任书等一系列管理活动。

企业应围绕利益相关者地图，构建绩效棱柱模型指标体系。指标体系的构建应坚持系统性、相关性、可操作性、成本效益原则。各项指标应简单明了，易于理解和使用。主要内容如下：

（1）制定企业级指标体系。根据企业层面的利益相关者地图，分别设计出各个构面的绩效评价指标。

（2）制定所属单位（部门）级指标体系。根据企业级利益相关者地图和指标体系，绘制所属单位（部门）级利益相关者地图，制定相应的指标体系。

绩效棱柱模型指标体系包括以下内容：①利益相关者满意评价指标；②企业战略评价指标；③业务流程评价指标；④组织能力评价指标；⑤利益相关者贡献评价指标。

五个方面的具体指标，见表 7－10：

表 7－10　　绩效棱柱模型指标体系

项 目	利益相关者满意	企业战略	业务流程	组织能力	利益相关者贡献
与投资者（包括股东和债权人）相关	总资产报酬率、净资产收益率、派息率、资产负债率、流动比率等	可持续增长率、资本结构、研发投入比率等	标准化流程比率、内部控制有效性等	总资产周转率、管理水平评分等	融资成本率等

续表

项目	利益相关者满意	企业战略	业务流程	组织能力	利益相关者贡献
与员工相关	员工满意度、工资收入增长率、人均工资等	员工职业规划、员工福利计划等	员工培训有效性、培训费用支出率等	员工专业技术水平、人力资源管理水平等	员工生产率、员工保持率等
与客户相关	客户满意度、客户投诉率等	品牌意识、客户增长率等	产品合格率、准时交货率等	售后服务水平、市场管理水平等	客户忠诚度、客户毛利水平等
与供应商相关	逾期付款次数等	供应商关系质量等	采购合同履约率、供应商的稳定性等	采购折扣率水平、供应链管理水平等	供应商产品质量水平、按时交货率等
与监管机构相关	社会贡献率、资本保值增值率等	政策法规认知度、企业的环保意识等	环保投入率、罚款与销售比率等	节能减排达标率等	当地政府支持度、税收优惠程度等

表内的指标，有一些是要在《中级财务会计》《报表分析》等后续课程中详细介绍的，不再赘述。

企业分配绩效棱柱模型指标权重，应以主要利益相关者价值为导向，反映所属各单位或部门、岗位对主要利益相关者价值贡献或支持的程度，以及各指标之间的重要性水平。首先根据重要性水平分别对主要利益相关者分配权重，权重之和为100%；然后对不同主要利益相关者五个构面分别设置权重，权重之和100%；单项指标权重一般设定在5%～30%之间，对特别重要的指标可适当提高权重。

企业设定绩效棱柱模型的绩效目标值，应根据利益相关者地图的因果关系，以利益相关者满意指标目标值为出发点，逐步分解得到企业战略、业务流程、组织能力的各项指标目标值，最终实现利益相关者贡献的目标值。各目标值应符合企业实际，具有可实现性和挑战性，使被评价对象经过努力可以达到。

绩效棱柱模型绩效目标值确定后，因内外部环境发生重大变化、自然灾害等不可抗力因素对绩效完成结果产生重大影响时，企业应规定对目标值进行调整的办法和程序。一般情况下，由被评价对象或评价主体测算确定影响额度，向相应的绩效管理工作机构提出调整申请，报薪酬与考核委员会或类似机构审批。

绩效棱柱模型的实施是一项长期管理改善工作，企业在实践中通常可采用先试点后推广的方式，循序渐进分步实施。

（二）绩效棱柱模型工具方法的评价

绩效棱柱模型的主要优点是：坚持主要利益相关者价值取向，使主要利益相关者与企业紧密联系，有利于实现企业与主要利益相关者的共赢，为企业可持续发展创造良好的内外部环境。

其主要缺点是：涉及多个主要利益相关者，对每个主要利益相关者都要从五个构面建立指标体系，指标选取复杂，部分指标较难量化，对企业信息系统和管理水平有较高要求，实施难度大、门槛高。

本章小结

一般讲财务人员有财务思维的惯性，业务人员具有业务思维。在企业目标的制定、预算的编制、业绩的考核等上，则应该是两者的统一，换句话说就是一个优秀的 CFO，或者 CEO，则必须既要有财务思维，又要有业务思维。所以，管理会计必须要做到业财融合。

那么，财务思维与业务思维有什么区别吗？主要有三大区别：

1. 财务思维重短期，业务思维重长期

如果画一个图，横轴是时间，纵轴是现金流的话，任何一个业务、一个企业的发展都是一个 S 形，一开始现金流为负，慢慢减少亏损，然后损益平衡，然后开始赚钱。有的企业是“小 S”，有的是“中 S”，有的是“大 S”，好比不同的物种生长周期不一样。

当年的现金流情况是财务思维的重点，而完整生命周期则是业务思维的表现。

2. 总量最大化与效率最大化

财务追求比率（效率）最大化，业务追求总量最大化。如果把一个企业的活动分成简单的两块，一块生产制造，一块营销销售，做出来，卖出去。生产制造效率最大化是好事，但是营销销售效率最大化后，当每千元广告投入利润、人均利润等效率指标最大化的时候，公司的总利润没有得到最大化，因为所有的投入在遵循边际效用递减的规律，总利润最大化的那一点必定发生在效率指标最大化之后。

3. 决策的相关成本原则

业务思维遵循决策的相关成本原则。所谓相关成本就是这项成本会随着你的决策的变化而变化，相反，不随这个决策的变化而变化的成本，对于这个决策来讲就是不相关的成本。

而财务思维在决策时考虑了不相关的成本，比如沉没成本，还有不该分摊的固定成本。

总而言之，财务与业务相背离，相冲突，往往就是两方掌握的信息和资源不同导致。财务要按照准则、税法来处理业务关系，业务则要根据实际情况，做种种变通。不可能要求每个业务部门都熟悉准则和税法条文，所以只有财务人员去更多的了解当事的业务，了解公司整体运营，了解整个行业的特点及公司所处的位置，才能在两者的权衡中，找到一个合适点。

绩效管理的各种方法就是要既考虑了财务思维，又考虑了业务思维，做到了两者统一的方法。

本章主要介绍了：

（1）绩效管理的概念、原则和应用程序；

（2）关键绩效指标法的计算公式和分析方法；

（3）经济增加值法的计算公式、分析方法和运用；

（4）平衡计分卡的分析方法和运用；

（5）绩效棱柱模型方法和运用。

名人名言

管理是一种实践，其本质不在于知而在于行；其验证不在于逻辑，而在于成果；其唯一权威就是成就。

——彼得·德鲁克

不能描述，就不能衡量。

——诺顿和卡普兰

企业文化是企业上下一致共同遵循的价值体系，是一种员工都清楚的行为准则。

——泰伦斯·狄尔（Terrence E. Deal）和艾伦·肯尼迪（Allon A. Kennedg）

在企业中，组织良好且忠诚的职工是一项远比物质更为重要的资产……而传统资产负债表却忽视报告这项“资产”，这是一种缺陷。

——美国著名会计学者佩顿（Willian A. Paton）

如果一个国家的人民缺乏赋予这些制度以真实生命力的广泛的现代人的心理基础，如果运用这些现代管理制度的人，自己的素质和能力还没有经历一个向现代化的转变过程，其国家现代化的失败和畸形发展的悲剧是不可避免的。再完美的现代制度和管理方法，再先进的技术和工艺，也会在传统人的手中变成废纸一张。

——美国社会学家 A. 英格尔斯（A. Ingalls）

在资本一词的使用上，我们必须严谨，人类自身的生产技能绝不属于资本范畴。世间的资本，只是人类改造自然界的各生产要素外面包裹的一层盔甲而已。

——约翰·贝茨·克拉克

练 习 题

1. 单项选择题

（1）在下列各项中，经济增加值的公式是（　　）。

A. 经济增加值 = 税后净营业利润 - 平均资本占用 × 加权平均资本成本
B. 经济增加值 = 税后净营业利润 - 全部成本
C. 经济增加值 = 净利润 - 平均资本占用 × 加权平均资本成本
D. 经济增加值 = 利润总额 - 平均资本占用 × 加权平均资本成本

(2) 平衡计分卡指标体系构建的核心维度是（　　）维度。
A. 财务　　B. 客户
C. 内部业务流程　　D. 学习与成长

(3) 绩效管理领域应用的管理会计工具方法，一般包括（　　）。
A. 标准成本法　　B. 战略地图
C. 多维度盈利能力分析　　D. KPI

(4) 绩效棱柱模型工具方法可以用（　　）图显示评价体系。
A. 雷达图　　B. 绩效棱柱模型
C. 蛛网图　　D. 战略地图

2. 多项选择题

(1) 企业进行绩效管理，一般应遵循以下（　　）原则。
A. 战略导向　　B. 客观公正
C. 规范统一　　D. 科学有效

(2) 绩效管理的核心包括（　　）。
A. 绩效评价　　B. 激励管理
C. 绩效　　D. 利润最大化

(3) 绩效管理领域应用的管理会计工具方法包括（　　）。
A. 关键绩效指标法　　B. 经济增加值法
C. 平衡计分卡　　D. 股权激励
E. 绩效棱柱模型

(4) 平衡计分卡是从（　　）维度，将战略目标逐层分解转化为具体的、相互平衡的绩效指标体系，并据此进行绩效管理的方法。
A. 财务　　B. 客户
C. 内部业务流程　　D. 学习与成长

(5) 企业的关键绩效指标一般可分为（　　）指标。
A. 结果类　　B. 动因类
C. 作业类　　D. 成本类

3. 判断题

(1) 关键绩效指标法只可单独使用，不能与平衡计分卡等其他方法结合使用。（　　）

(2) 平衡计分卡可单独使用，也可与战略地图等其他工具结合使用。（　　）

(3) EVA 指标考虑了机会成本，不利于管理者考虑企业长远发展。（　　）

(4) EVA 指标的基本思路就是自有资金也要考虑成本。（　　）

4. 问答题

（1）什么是关键绩效指标法？有什么优缺点？

（2）什么是平衡计分法？有什么优缺点？

（3）什么是绩效棱柱模型？有什么优缺点？

5. 计算分析题

（1）根据表 7－11 资料，计算填空题。

表 7－11　　资本资产定价模型关系式

R_i	R_f	β_i	R_m	R_f
	5%	1.5	10%	
15%	5%		10%	
15%		0.5		5%
15%	10%	0.5		

（2）GL&KJ 公司 20××年利润总额为 5 000 000 元，实际利息费用为 400 000 元；全年负债资本 10 000 000 元，其中短期借款 7 000 000 元，利率 5%，长期借款 3 000 000 元，利率 7%，所有者权益 50 000 000 元。假如公司的贝塔系数为 1.5，市场利率为 7%，一年期国库券利率为 3%。所得税税率为 25%。计算 GL&KJ 公司 20××年 EWA 为多少？

（3）GL&KJ 公司 20××年利润表中显示的净利润为 5 000 000 元，实际利息费用为 500 000 元；全年负债资本 10 000 000 元，其中短期借款 3 000 000 元，利率 5%，长期借款 7 000 000 元，利率 7%，所有者权益 10 000 000 元。假如公司的贝塔系数为 1，市场利率为 7%，一年期国库券利率为 3%。计算 GL&KJ 公司 20××年 EWA 为多少？

6. 案例应用分析

阅读材料

威廉·麦克奈特与 15% 规则

3M 公司（3M Company）是全球性的多元化科技企业，为国际公认的研发领域的企业先驱。100 多年以来，3M 开发了近七万种产品，从家庭用品到医疗产品，从运输、建筑到商业、教育和电子、通信等各个领域。

尽管威廉·麦克奈特（William L. McKnight）不是 3M 公司的创始人，但是他在 3M 公司创造出一种全新的模式：一家将创新变成系统的、可重复的过程的公司。1929 年，麦克奈特开始担任 3M 公司 CEO，并于 1949 年开始担任董事长。麦克奈特常常被看作是 3M 公司文化的塑造者。

麦克奈特在 1940 年左右写下这样一段话——“切勿随便扼杀任何新的构想，要鼓励实验性的涂鸦，如果你在人的四周竖起围墙，那你得到的只是羊。”这段话很好地诠释了 3M 对鼓励创新的重视程度。

1948 年，3M 公司推出了著名的“15% 规则”（15 percent，也称“酿私酒”政策）——研发人员每星期可以拿出 15% 的工作时间（一个整天）用于研究自己感兴趣的东西。而这个规则的正式推出，与 3M 公司创立以来不断探索新产品的历程关系密切。

当时，采纳这种政策需要有很大的勇气和冒很大的风险。那个年代讲究科学管理和规范时间与动作，员工被当做一部机器里能移动的零件，老板们最不想让他们做的事情就是思考。但是，麦克奈特和 3M 的其他领导人认识到，行业研究人员是不同的类型，最好以不同的规则来管理。麦克奈特鼓励自由实验，希望创造一个不断从内部激发自我突破和依靠员工个人首创精神推动组织进化的创新机器。

“15% 规则”给 3M 带来了丰厚回报。给 3M 带来了数以十亿美元计的营业收入，帮助公司招来了善于发明而又雄心勃勃的员工，加强了 3M 作为“创新公司”的品牌建设。3M 很多知名的产品，如 Post – it 报事贴、思高洁（Scotchgard）面料防水剂和微孔（Micropore）医用胶带，改进磁带生产工艺都来自于“15% 规则”。

“15% 规则”鼓舞了其他公司直接效仿。最有名的，是谷歌公司让它的工程师把 20% 的工作时间用来做自己的项目。3M 的决策的更大意义是，向一个充满疑虑的世界展示了知识经济中最重要也是最违反直觉的原则之一：公司可以通过放弃控制来提升业绩。

3M 公司每年为公司从事研究工作的科学家颁发“起源基金”（Genesis Grants），奖金额高达 10 万美元。这些钱由同事决定去向，而且要用于“公司中所有讲求实际、思想传统的人都不会投资的”项目。公司还规定每个部门销售额的 30% 应来自最近四年推出的新产品。

3M 在演化过程中逐步形成了独特的核心理念，比如，“不得扼杀任何新产品创意”“绝对正直”“尊重个人首创精神及个人成长”“宽容诚实的错误”“产品质量及可靠性”“我们的真正业务是解决问题”等等。这些理念成为 3M 长盛不衰的根本信条及企业家精神的灵魂。

2003 年，威廉·麦克奈特被《财富》杂志选入美国“有史以来十位最伟大的 CEO”。评语是“在 3M 公司，他给予萌芽中的创意自由成长的空间，但坚持这些创意必须依靠自己生存下来。他用自己设计的结构为企业带来了好运气。”

（资料来源：十分钟 3M 简史——小玩意儿做成了大生意 http：//www. sohu. com/a/123981227_ 460357）

问题：

（1）简述平衡计分卡中学习与成长维度的重要性。

（2）绩效管理有没有统一模式？设计一下，不同类别的员工应该如何评价？

第 8 章 风险管理

教学目标

学习本章后，你应该能够：

1. 写出风险管理的内涵、原则；
2. 叙述、构思、运用风险管理的工具方法——风险矩阵、风险清单等。

教学要求

知识要点	能力要求	相关知识
风险管理	（1）风险管理的理论 （2）风险管理的运用	（1）风险管理的定义 （2）风险管理的原则 （3）风险管理的应用环境
风险管理工具方法	（1）风险管理工具方法的内容 （2）风险管理工具方法的运用	（1）风险矩阵 （2）风险清单

人们需要的不是知识，而是确定性。

——温斯顿·丘吉尔（Winston Churchill）

基本概念

风险　风险管理　企业风险　融合性原则　全面性原则　重要性原则　平衡性原则　风险偏好　风险容忍度　风险矩阵　风险清单　风险矩阵坐标

导入案例

风险管理的产生与发展

对于企业来说，最大的风险归于一点就是马克思在《资本论》中说的销售过程，商品转换成货币为商品的“惊险的跳跃”，“这个跳跃如果不成功，摔坏的不是商品，但一定是商品的所有者”。虽然企业经营时，对企业外部的经济环境、法律环境、金融环境、税收环境等一一进行了细致的研究，市场调研、风险评估等可行性报告作了一次又一次，化各种经营风险和财务风险于无有，但是产品制造出来了却卖不出去，看似风不起、险不深，却“摔死了商品的所有者”。所以人们所能预料的事都也只是冰山一角，正如梅菲定律认为的，你预料之中的事没有发生，而预料之外的事却接连发生。因此企业要注意风险管理。

风险防范的意识很早就有了，比如“君子不立危墙之下”。但风险管理是从 1930 年才开始萌芽，起源于美国。由于受到 1929—1933 年世界经济危机的影响，美国约有 40% 左右的银行和企业破产，经济倒退了约 20 年。美国企业为应对经营上的危机，许多大中型企业都在内部设立了保险管理部门，负责安排企业的各种保险项目。可见，当时的风险管理主要依赖保险手段转移风险。

1938 年以后，美国企业对风险管理开始采用科学的方法，并逐步积累了丰富的经验。20 世纪 50 年代风险管理发展成为一门学科，风险管理一词也才形成。

1970 年以后逐渐掀起了全球性的风险管理运动。随着企业面临的风险复杂多样和风险费用的增加，法国从美国引进了风险管理并在法国国内传播开来。与法国同时，日本也开始了风险管理研究。随后，美国、英国、法国、德国、日本等国家先后建立起全国性和地区性的风险管理协会。1983 年在美国召开的风险和保险管理协会年会上，世界各国专家学者云集纽约，共同讨论并通过了“101 条风险管理准则”，它标志着风险管理的发展已进入了一个新的发展阶段。

阅读思考：

(1) 风险能否完全避免？为什么？

(2) 如果风险可以避免，应该如何规避？

点评：小心驶得万年船。

风险无处不在。一方面，认识风险是为了规避风险，使企业能够持续经营；另一方面，发生风险了，企业能够积极应对，化风险于无形，保证企业渡过困难，按照既定目标经营。

第 1 节　风险管理概论

一、风险的概述

（一）风险的概念及类型

风险（risk），是指事物的不确定性。

风险按照产生的环境分类，分为外部风险和内部风险两大类。风险的具体类型，如图 8－1 所示：

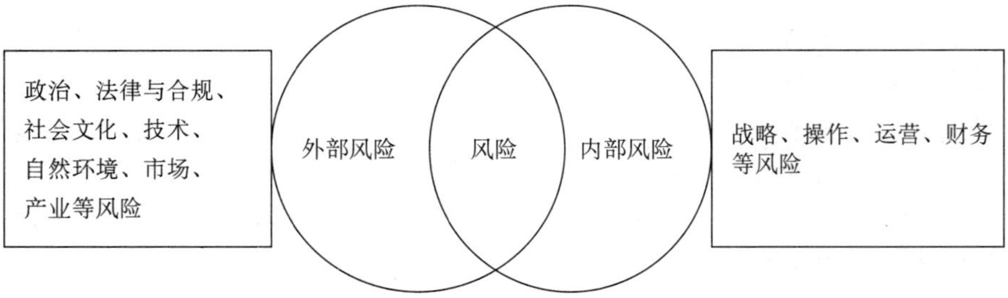

图 8－1　风险的类型

1. 外部风险

（1）政治风险。政治风险，是指完全或部分由政府官员行使权力和政府组织的行为而产生的不确定性。

政府的直接干预也可能产生政治风险。直接干预包括：不履行合同、货币不可兑换、不利的税法、关税壁垒、没收资产或限制将利润带回母国等。

政治风险也指企业因一国政府或人民的举动而遭受损失的风险。

政治风险常常分为：外汇管制的规定；进口配额和关税；组织结构及要求最低持股比例；限制向东道国的银行借款；没收资产等。

（2）法律风险与合规风险。法律风险，是指企业在经营过程中因自身经营行为的不规范或者外部法律环境发生重大变化而造成的不利法律后果的可能性。通俗来讲，法律风险就是基于法律的原因可能发生的危险及其他不良后果，即在法律上是不安全的。

法律风险通常包括以下三方面：法律环境因素，包括立法不完备、执法不公正等；市场主体自身法律意识淡薄，在经营活动中不考虑法律因素等；交易相对方的失信、违约或欺诈等。

合规风险，是指因违反法律或监管要求而受到制裁、遭受金融损失以及因未能遵守所有适用法律、法规、行为准则或相关标准而给企业信誉带来的损失的可能性。

合规风险侧重于行政责任和道德责任的承担，而法律风险则侧重于民事责任的承担。

（3）社会文化风险。社会文化风险，是指文化这一不确定性因素的影响给企业经营活动带来损失的可能。

从社会文化风险成因来看，社会文化风险存在并作用于企业经营的更深领域，主要有以下方面：

①跨国经营活动引发的文化风险。跨国经营使企业面临东道国文化与母国文化的差异，这种文化的差异直接影响着管理的实践，构成经营中的文化风险。在一种特定文化环境中行之有效的管理方法，应用到另一种文化环境中，也许会产生截然相反的结果。

随着经济全球化进程的加快，各国公司、企业跨文化的经济活动日益频繁，大量跨国公司的出现使一个公司内部的跨文化经营管理活动大量增加。由于文化不同，跨国经营管理中产生了许多误会和不必要的摩擦，影响了公司工作的有效运行。文化因素是各国企业特别是跨国经营企业走向经济全球化时面临的巨大挑战，企业必须具备识别和处理文化风险的能力，才能立于不败之地。

②企业并购活动引发的文化风险。并购活动导致企业双方文化的直接碰撞与交流。在并购活动中许多企业往往把注意力集中在金融、财务和法律方面，很少关注组织文化可能带来的问题。而许多并购案例证明，文化整合恰恰是并购过程中最困难的任务。尤其对于跨国并购而言，面临组织文化与民族文化的双重风险。

③组织内部因素引发的文化风险。组织文化的变革、组织员工队伍的多元化背景会导致个人层面的文化风险。越来越多的组织从不同的国家和地区招募员工，广泛开展跨国跨地区的经济合作与往来，从而使组织内部的价值观、经营思想与决策方式不断面临冲击、更新与交替，进而在组织内部引发多种文化的碰撞与交流。

即使没有并购和跨国经营，企业也会面临组织文化与地区文化、外来文化的交流问题以及组织文化的更新问题。所以，由于员工队伍多元化、组织文化变革等内部因素引发的文化风险虽然不如并购和跨国经营中的风险显著，但由于其具有潜伏性和持续性，也会给企业的经营活动造成十分重要的影响。

（4）技术风险。技术风险，是指企业技术在创新过程中，由于技术本身的复杂性和其他相关因素变化产生的不确定性而导致技术创新遭遇失败的可能性，包括纯技术风险及其他过程中由于技术方面的因素所造成的风险。

从技术活动过程所处的不同阶段考察，技术可以划分为技术设计风险、技术研发风险和技术应用风险。

（5）自然环境风险。自然环境风险，是指企业由于其自身或影响其业务的其他方造成的自然环境破坏而承担损失的风险。包括企业自身对自然环境造成的直接影响；企业与客户和供应商之间的联系而对自然环境造成的间接影响。

（6）市场风险。市场风险可以考虑以下几个方面：

一是，产品或服务的价格及供需变化带来的风险。主要产品或服务的价格出人意料地上涨或下跌，可能使业务面临风险。

二是，能源、原材料、配件等物资供应的充足性、稳定性和价格的变化带来的风险。从供应者角度考察产品或服务价格及供需关系的变化就可能带来这一风险。

三是，主要客户、主要供应商的信用风险。企业生产产品或提供劳务，并将其提供给客户，同时企业会允许客户一定时间内付款，这一过程被称为赊欠。赊欠会产生不予支付的风险。因而，主要客户信用风险主要体现为对方在账款到期时不予支付的风险。而企业的生产经营需要各种生产要素，如果供应商不能按照双方合同或协议的要求按时、保质、保量地提供这些生产要素，就产生了供应商的信用风险。

四是，税收政策和利率、汇率、股票价格指数的变化带来的风险。

税收风险，是指由于税收政策变化使企业税后利润发生变化产生的风险。

利率风险，是指因利率提高或降低而产生预期之外损失的风险。

汇率风险，也称货币风险，是由汇率变动的可能性，以及一种货币对另一种货币的价值发生变动的可能性导致的。

股票价格风险，是指股票价格变动影响企业股票或其他资产投资者的风险。

五是，潜在进入者、竞争者、与替代品的竞争带来的风险。

（7）产业风险。产业风险，是指在特定产业中与经营相关的风险。这一风险与企业选择在哪个产业中经营直接相关。

在考虑企业可能面对的产业风险时，以下几个因素是非常关键的：

①产业（产品）生命周期阶段。产业会经历导入期、成长期、成熟期及衰退期。处于不同时期的产业具有不同的产业风险。在导入期，产业风险非常高；在成长期，因为增长可以弥补风险，所以在此阶段可以冒险；在成熟期，企业面临周期性品牌出现的风险；在衰退期企业经营主要的悬念是什么时间产品将完全退出市场。

②产业波动性。波动性是与变化相关的一个指标。波动性产业是指供需迅速变化上下起伏的产业。波动性产业具有较大的不确定性，使计划和决策变得更难。波动性产业一般包括电子业、软件业、房地产业和建筑业。

③产业集中程度。在产业集中度高的产业，在位企业具有竞争优势，特别是在受政府保护的垄断产业中，某些国家公用事业公司或国家政府所管理的公司面临很小的竞争压力和风险，而在这样的产业中，新进入者就面临着很高的进入障碍和风险。在产业集中度低的产业中，产业内竞争激烈，企业面临着共同的产业风险。

2. 内部风险

（1）战略风险。战略风险的内涵可以从两个方面展开：

从战略风险可能导致的结果来看，有整体性损失和战略目标无法实现两种结果。整体性损失包括经济利益损失和非经济利益损失，非经济利益损失指竞争优势减弱、综合排名降低、战略实施能力削弱等。如果将战略目标分财务类目标和非财务类目标，实际上整体性损失等同为战略目标无法实现，并且能够比较具体地反映战略风险的影响结果。

从战略风险产生的原因来看，战略风险产生于外部环境和战略管理行为及战略成功必要条件。外部环境，如宏观经济和产业环境也可指未预料的外部事件。战略管理行为指战略性决策行为、战略管理活动中的战略行为或一系列未预料的内部事件。战略成功必要条件指企业资源、能力等。这些都是引起战略风险的可能原因。

我国《企业内部控制应用指引第2号——发展战略》从企业制定与实施

发展战略角度阐明企业战略风险具体体现在以下三个方面：

一是，缺乏明确的发展战略或发展战略实施不到位，可能导致企业盲目发展，难以形成竞争优势，丧失发展机遇和动力。

二是，发展战略过于激进，脱离企业实际能力或偏离主业，可能导致企业过度扩张，甚至经营失败。

三是，发展战略因主观原因频繁变动，可能导致资源浪费，甚至危及企业的生存和持续发展。

（2）运营风险。运营风险，是指企业在运营过程中，由于外部环境的复杂性和变动性以及主体对环境的认知能力和适应能力的有限性，而导致的运营失败或使运营活动达不到预期的目标的可能性及其损失。

运营风险并不是指某一种具体特定的风险，而是包含一系列具体的风险。运营风险综合了影响公司正常运营的各种内外部风险。

运营风险至少要考虑以下几个方面：①企业产品结构、新产品研发方面可能引发的风险；②企业新市场开发，市场营销策略（包括产品或服务定价与销售渠道，市场营销环境状况等）方面可能引发的风险；③企业组织效能、管理现状、企业文化，高、中层管理人员和重要业务流程中专业人员的知识结构、专业经验等方面可能引发的风险；④期货等衍生产品业务中发生失误带来的风险；⑤质量、安全、环保、信息安全等管理中发生失误导致的风险；⑥因企业内、外部人员的道德风险或业务控制系统失灵导致的风险；⑦给企业造成损失的自然灾害等风险；⑧企业现有业务流程和信息系统操作运行情况的监管、运行评价及持续改进能力方面引发的风险。

（3）操作风险。操作风险，是指由于员工、过程、基础设施和技术或对运作有影响的类似因素（包括欺诈活动）的失误而导致亏损的风险。

从本质上来说，许多已经识别出的风险是操作方面的。操作风险可组合成以下几种风险：

①员工。员工风险包括员工的雇用、培训和解雇所涉及的风险。主要的问题是要确保有足够的员工，他们有恰当的能力并且愿意执行企业所要求的任务。员工包括确定公司战略方向、控制资源分配的高级管理层和其他各运营部门的中低层员工。

②技术。企业是否存在和实施支持经营活动所必需的系统，是否定期为系统进行检查和评估，是否找出系统运行不佳的情况，系统不佳是否导致企业发生亏损，以及企业是如何确保系统是最新和能够应对经营风险的？

③舞弊。企业是否拥有保护自身不受舞弊影响的方法。

④外部依赖。企业越来越依赖基础设施、电话、交通系统和能源供应商。如果这些供应商出现问题，企业如何保护各部门运作不会受到影响？

⑤过程/程序。企业未能制定程序操作要求，可能会导致员工在运营操作时采取不正确的行动。

⑥外包。外包通常被看做是减少成本和将企业资源集中在“核心业务”的方法。但是，很多企业越来越担心将公司的关键业务过程外包可能会导致

失控。

（4）财务风险。财务风险，是指公司财务结构不合理、融资不当使公司可能丧失偿债能力而导致投资者预期收益下降和陷入财务困境甚至破产的风险[①]。财务风险是企业在财务管理过程中必须面对的一个现实问题，财务风险是客观存在的，企业管理者对财务风险只有采取有效措施来降低风险，而不可能完全消除风险。

知识链接

风险搭配

企业的风险是能够体现在会计报表中的，可以通过分析会计报表了解企业的风险情况，当然也可以进行风险搭配制定财务战略。比如把战略风险和财务风险搭配，在逻辑上可有四种组合，如图 8－2 所示：

图 8－2　战略风险与财务风险的搭配

高战略风险，低财务风险，总体风险中等，收益较高，所以这种搭配，权益投资人期望，债权人也期望。

高战略风险，高财务风险，总体风险高，收益可能会很高，但是债权人的利息收入和企业收益无关，所以这种搭配，很难有债权人愿意借款。办法是找与财务风险无关的风投。

低战略风险，低财务风险，总体风险低，收益就会低，所以这种搭配，债权人满意，但是权益投资人不满意，因为投资报酬率低，挣得钱都付了利息。

低战略风险，高财务风险，总体风险中等，收益较低，所以这种搭配，权益投资人在产品稳定的情况下，在高杠杆下运行也是可以接受的，债权人在低战略风险的现金流量稳定的情况下，是可以提供贷款的。

① 财务风险有狭义和广义之分，狭义财务风险为筹资风险；广义财务风险指财务活动中的全部风险，即筹资、投资、营运和分配过程中的风险。本教材财务风险为狭义概念。

战略风险和财务风险的搭配是制定资本结构的一项战略原则，也即是在不同的情况下要采取不同的财务战略。具体可参阅第 1 章课后阅读材料《资产负债表与企业战略》和第 6 章图 6－4 有关内容。

（二）风险管理的概念

风险管理（risk management），是指企业为实现风险管理目标，对企业风险进行有效识别、评估、预警和应对等管理活动的过程。风险管理的发展过程，是其内容不断完善和重视的过程，如图 8－3 所示：

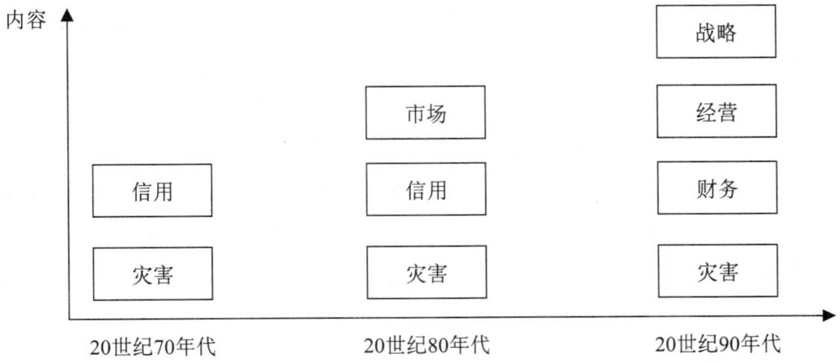

图 8－3　风险管理的发展演变

企业风险，是指对企业的战略与经营目标实现产生影响的不确定性。

特别提示

需要注意的是，企业风险管理并不能替代内部控制。

（三）风险管理的原则

企业进行风险管理，一般应遵循以下原则：

1. 融合性原则

企业风险管理应与企业的战略设定、经营管理与业务流程相结合。

2. 全面性原则

企业风险管理应覆盖企业所有的风险类型、业务流程、操作环节和管理层级与环节。

3. 重要性原则

企业应对风险进行评价，确定需要进行重点管理的风险，并有针对性地实施重点风险监测，及时识别、应对。

4. 平衡性原则

企业应权衡风险与回报、成本与收益之间的关系。

企业可根据风险的来源、影响、性质、责任主体等不同标准，建立符合风险管理需要的，满足系统性、完整性、层次性、可操作性、可扩展性等要求的风险分类框架。

（四）风险管理的工具方法

风险管理领域应用的管理会计工具方法，一般包括风险矩阵、风险清单等。

企业可结合自身的风险管理目标和实际情况，单独或综合应用不同风险管理工具方法。

二、风险管理的应用环境

（一）风险管理意识

企业应强化风险管理意识，形成与本企业经营状况相适应的风险管理理念，培育和塑造良好的风险管理文化，建立风险管理培训、传达、监督和激励约束机制，将风险管理意识转化为员工的共同认识和自觉行动。

（二）风险管理组织架构

企业应根据相关法律法规的要求和风险管理的需要，建立组织架构健全、职责边界清晰的风险管理结构，明确董事会、监事会、管理层、业务部门、风险管理责任部门等在风险管理中的职责分工，建立风险管理决策、执行、监督与评价等职能既相互分离与制约，又相互协调的运行机制。

（三）风险管理制度体系

企业应建立健全能够涵盖风险管理主要环节的风险管理制度体系。通常包括风险管理决策制度、风险识别与评估制度、风险监测预警制度、应急处理制度、风险管理评价制度、风险管理考核制度等。

（四）风险管理信息系统

企业应加强信息技术在风险管理中的应用，建立与业务财务相融合的信息系统。

三、风险管理的应用程序

企业应用风险管理工具方法，一般按照设定目标，识别和分析风险，对风险进行检测、预警和应对，沟通风险信息，考核和评价风险管理等程序进行。如图 8－4 所示：

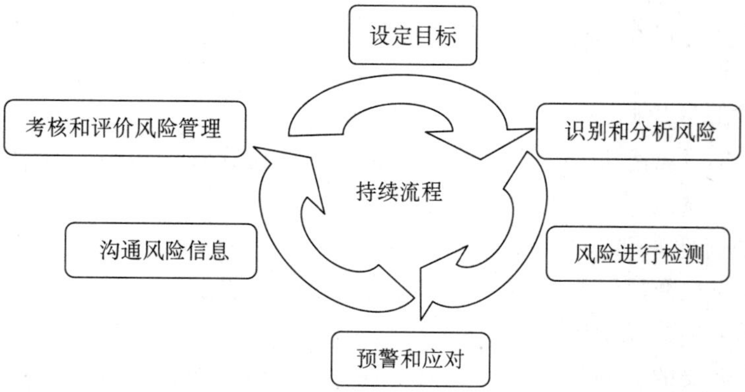

图 8－4　风险管理程序

（一）设定目标

风险管理目标是在确定企业风险偏好的基础上，将企业的总体风险和主要风险控制在企业风险容忍度范围之内。

风险偏好，是指企业愿意承担的风险及相应的风险水平；风险容忍度，是指企业在风险偏好的基础上，设定的风险管理目标值的可容忍波动范围。

（二）识别和分析风险

企业应根据风险形成机制，识别可能影响风险管理目标实现的内外部风险因素和风险事项。

企业应在风险识别的基础上，对风险成因和特征、风险之间的相互关系，以及风险发生的可能性、对目标影响程度和可能持续的时间进行分析。

知识链接

海恩法则

海恩法则[①]（Heinrich's Law），又称海因里希法则、海因里希安全法则，或者海因里希事故法则，是德国飞机涡轮机的发明者德国人帕布斯·海恩提出的一个在航空界关于安全飞行的法则。

海恩法则指出：每一起严重事故的背后，必然有29次轻微事故和300起未遂先兆以及1 000起事故隐患。要想消除这一起严重事故，就要把这1 000起事故隐患控制住。

细节决定成败，因为细节的公式为：

1%的正确≠100%的成功；但是，1%的错误＝100%的失败。

（三）风险检测

企业应在风险评价的基础上，针对需重点关注的风险，设置风险预警指标体系对风险的状况进行监测，并通过将指标值与预警临界值的比较，识别预警信号，并进行预警分级。风险度量值可以采用直观方法（如专家意见）和概率方法，概率的方法后面专门介绍。

（四）预警和应对

企业应针对已发生的风险或已超过监测预警临界值的风险，采取风险接受、风险规避、风险转移、风险分担、风险转换、风险对冲、风险补偿、风险降低等策略，把风险控制在风险容忍度之内。应对风险策略类型见表8－1：

① 又有一说法是美国著名安全工程师海因里希（Herbert William Heinrich）提出的，通过分析工伤事故的发生概率，为保险公司的经营提出的法则。

表 8-1 应对风险策略类型

类型	含义
风险接受	是指能够承担风险造成的损失。
风险规避	是指在经营活动存在风险损失的可能性较大时，采取主动放弃或加以改变，以避免的风险的策略。
风险转移	是指通过合同或非合同的方式将风险转嫁给另一个人或单位的一种风险处理方式。比如参与保险等。
风险分担	是指在与合作方共同承担风险。
风险转换	是指风险无法转移，将承担的风险转换为另一种危害较小的风险。
风险对冲	是指通过投资或购买与标的资产收益波动负相关的某种资产或衍生产品，来冲销标的资产潜在的风险损失的一种风险管理策略。
风险补偿	是指事前（损失发生以前）对风险承担的价格补偿，即提高回报。
风险降低①	是指通过利用政策和措施，将承担的风险损失最大程度的减小。

（五）沟通风险信息

企业应在企业内部各管理层级、责任单位、业务环节之间，以及企业与外部投资者、债权人、客户、供应商、中介机构和监管部门等有关方面之间，传递和反馈风险管理各环节的相关信息。

企业应建立风险管理报告制度，明确报告的内容、对象、频率和路径。

（六）考核和评价风险管理

企业应根据风险管理职责设置风险管理考核指标，并纳入企业绩效管理，建立明确的、权责利相结合的奖惩制度，以保证风险管理活动的持续性和有效性。

风险管理部门应定期对各职能部门和业务部门的风险管理实施情况和有效性进行考核，形成考核结论并出具考核报告，及时报送企业管理层和绩效管理部门。

企业应定期对风险管理制度、工具方法和风险管理目标的实现情况进行评价，识别是否存在重大风险管理缺陷，形成评价结论并出具评价报告。

三、风险的计量

（一）概率

概率，是对随机事件发生的可能性的度量，一般以一个在 0～1 之间的实数表示一个事件发生的可能性大小。越接近 1，该事件更可能发生；越接近 0，则该事件更不可能发生，其是客观论证，而非主观验证。

没有无“风险”的投资，只是风险还没有出现。因此，在衡量风险这样对事件发生可能性大小的量化需要引入“概率”。

（二）概率分布

概率分布，主要用以表述随机变量取值的概率规律。

随机变量分为离散型随机变量与连续型随机变量两种。所谓离散型随机

① 风险降低，从广义上讲包括上面提到的七种策略，这里应该指除上述七种策略外的狭义内容。

变量，是指有些随机变量，它全部可能取到的不相同的值是有限个或可列无限多个，也可以说概率以一定的规律分布在各个可能值上。而如果分布在无数个可能值上，则为连续型随机变量。正态分布是一种很重要的连续型随机变量的概率分布。我们知道，正态分布图形的主要特征是曲线为对称的钟形。如图 8－5 所示：

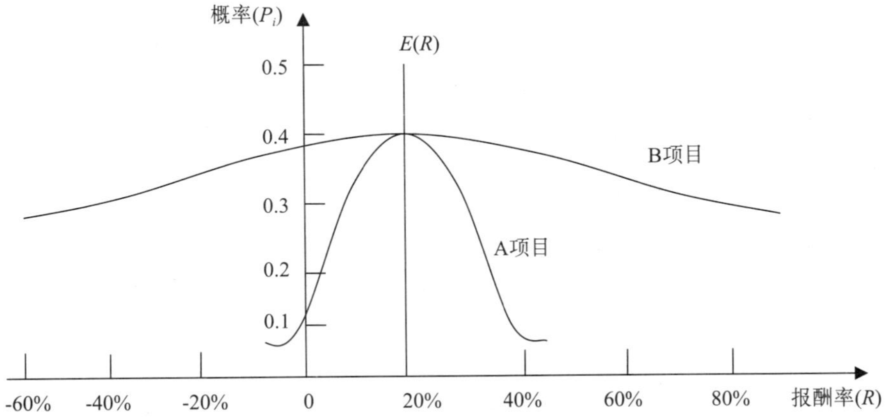

图 8－5　正态分布图

在正态分布钟形图中，以均值为平面钟口的中心——均值，钟口越小，风险越小；钟口越大，风险越大。

实际上，并非所有的问题都是正态分布，但在统计学理论上，当样本很大时，其样本平均数都呈正态分布。所以，正态分布在分析上广泛使用。

因此，在单项资产的风险计算上，也认为其呈正态分布规律。

【例 8－1】 GL&KJ 公司资料见表 8－2：

表 8－2　项目未来经济情况表

状况	概率（P_i）	A 项目报酬率/%	B 项目报酬率/%
好	0.3	30	90
一般	0.4	20	20
不好	0.3	10	－50
合计	1		

A、B 项目的收益率分布呈正态分布。那么，如何评估 GL&KJ 公司 A、B 项目的风险呢？从概率分布上看，A 方案的报酬比较集中；而 B 方案的报酬却较分散。从感觉上，是不是 B 的风险更大一些呢？那么从定量分析是不是如此呢？

衡量风险的指标，主要有正态分布下的投资收益率的方差、标准差和标准离差率。

（三）期望报酬率

所谓期望收益率，就是估计未来收益率的各种可能结果，然后，用它们出现的概率对这些估计值做加权平均。公式为：

$$E(R) = \sum_{i=1}^{n} R_i P_i$$

式中：$E(R)$：期望收益率；

R_i：i种状态的报酬率；

P_i：i种状态的概率。

（四）收益率的方差

方差（Variance）用来度量随机变量和均值之间的偏离程度。一般用符号σ^2表示，公式为：

$$\sigma^2 = \sum_{i=1}^{n} [R_i - E(R)]^2 P_i$$

（五）收益率的标准差

标准差（Standard Deviation）也是反映资产收益率的各种可能值与其期望值之间的偏离程度的指标。标准差等于方差的开方，计算公式为：

$$\sigma = \sqrt{\sum_{i=1}^{n} [R_i - E(R)]^2 P_i}$$

标准差和方差都是用绝对数来衡量资产的风险大小，在预期收益率相等的情况下，标准差或方差越大，则风险越大；标准差或方差越小，则风险越小。

因此，【例 8－1】CG 公司 A 项目有关指标的计算，见表 8－3。

表 8－3　A 项目有关指标计算表

概率（P_i）	A 项目报酬率/%（R_i）	R_iP_i	$[R_i-E(R)]^2$	$[R_i-E(R)]^2P_i$
1 列	2 列	3 列＝1 列×2 列	4 列＝（2 列－期望值）^{2}	5 列＝4 列×1 列
0.3	30	9	0.01	0.003
0.4	20	8	0	0
0.3	10	3	0.01	0.003
期望值/% $E(R)$		20		
方差（σ^2）				0.006
标准差/%（σ）				7.7

CG 公司 B 项目有关指标的计算，见表 8－4。

表 8－4　B 项目有关指标计算表

概率（P_i）	B 项目报酬率/%（R_i）	R_iP_i	$[R_i-E(R)]^2$	$[R_i-E(R)]^2P_i$
1 列	2 列	3 列＝1 列×2 列	4 列＝（2 列－期望值）^{2}	5 列＝4 列×1 列
0.3	90	27	0.49	0.147
0.4	20	8	0	0
0.3	－50	－15	0.49	0.147
期望值/% $E(R)$		20		
方差（σ^2）				0.294
标准差/%（σ）				54

根据计算结果可知：B 方案的风险大于 A 方案。

标准差或方差指标衡量的是风险的绝对大小，因此不适用于比较具有不同预期收益率的资产的风险。

（六）收益率的标准离差率

标准离差率，是资产收益率的标准差与期望值之比，也可称为变异系数（Coefficient of Variance）。用符号 V 表示，其计算公式为：

$$V=\frac{\sigma}{E\ (R)}$$

标准离差率是一个相对指标，它表示某资产每单位预期收益中所包含的风险的大小。一般情况下，标准离差率越大，资产的相对风险越大；标准离差率越小，资产的相对风险越小。标准离差率指标可以用来比较预期收益率不同的资产之间的风险大小。

当 $E(R)$ 相同时，σ 越大，风险越大；$E(R)$ 不同时，利用 σ 不能确定风险。

当 $E(R)$ 不同时，V 越大，风险越大。

特别提示

当均值相同时，可按标准差评价风险；当均值不同时，用变化系数评价风险。

当不知道或者很难估计未来收益率发生的概率以及未来收益率的可能值时，可以利用收益率的历史数据去近似地估算预期收益率及其标准差。标准差可用下列公式进行估算：

$$标准差=\sqrt{\frac{\sum_{i=1}^{n}(R_i-\overline{R})^2}{n-1}}$$

其中：R_i：数据样本中各期的收益率的历史数据；

$\overline{R}$：各历史数据的算术平均值；

n：样本中历史数据的个数。

【例 8－2】 CG 公司资料见表 8－5：

表 8－5　股票未来经济情况表

状况	概率（P_i）	甲项目报酬率%	乙项目报酬率%
牛市	0.3	60	30
一般	0.4	30	20
熊市	0.3	－20	10
合计	1		

要求：以标准离差率，分析甲、乙项目风险？

解：计算如下：

(1) 计算期望值：

甲的期望报酬率 $E(R)=0.3\times60\%+0.4\times30\%+0.3\times(-20\%)=24\%$

乙的期望报酬率 $E(R)=0.3\times30\%+0.4\times20\%+0.3\times10\%=20\%$

甲、乙的期望报酬率不相同。

(2) 计算方差：

甲的方差 $=(60\%-24\%)^2\times0.3+(30\%-24\%)^2\times0.4+(-20\%-24\%)^2\times0.3=9.84$

乙的方差 $=(30\%-20\%)^2\times0.3+(20\%-20\%)^2\times0.4+(10\%-20\%)^2\times0.3=6$

(3) 计算标准差：

甲的标准差 $\sigma=3.13$

乙的标准差 $\sigma=2.45$

(4) 计算标准离差率：

甲的标准离差率 $V=3.13\div24\%=13.04$

乙的标准离差率 $V=2.45\div20\%=12.25$

根据计算可知，甲方案的风险较大。

第2节　风险矩阵

一、风险矩阵的概述

(一) 风险矩阵的概念

风险矩阵（risk matrix），是指按照风险发生的可能性和风险发生后果的严重程度，将风险绘制在矩阵图中，展示风险及其重要性等级的风险管理工具方法。

风险矩阵的基本原理是，根据企业风险偏好，判断并度量风险发生的可能性和后果严重程度，计算风险值，以此作为主要依据，在矩阵中描绘出风险重要性等级。

(二) 风险矩阵的适用范围

企业应用风险矩阵，应明确应用主体（企业整体、下属企业或部门），确定所要识别的风险，定义风险发生可能性和后果严重程度的标准，以及定义风险重要性等级及其表示形式。

风险矩阵适用于表示企业各类风险重要性等级，也适用于各类风险的分析评价和沟通报告。

二、风险矩阵的应用环境

企业应用风险矩阵工具方法，应遵循风险管理一节中对应用环境的一般要求。

企业应用风险矩阵工具方法时，还需要注意：

企业应用风险矩阵工具方法，应综合考虑所处的外部环境、企业内部的财务和业务情况，以及企业风险管理目标、风险偏好、风险容忍度、风险管理能力等。

企业应用风险矩阵工具方法，由风险管理责任部门负责风险矩阵工具方法的培训、组织、协调、指导，并根据由相关职能部门和业务部门负责绘制的风险矩阵列示的风险重要性等级，汇总编制企业整体的风险矩阵。必要时，企业可组建由相关职能部门和业务部门组成的跨部门风险管理团队，对风险发生可能性和后果严重程度做出客观、全面的分析和评价。

三、风险矩阵的应用程序

（一）应用程序

企业应用风险矩阵工具方法，一般按照绘制风险矩阵坐标图（包括确定风险矩阵的横纵坐标、制定风险重要性等级标准、分析与评价各项风险、在风险矩阵中描绘出风险点），沟通报告风险信息和持续修订风险矩阵图等程序进行。

1. 绘制风险矩阵坐标图

（1）确定风险矩阵的横纵坐标。风险矩阵坐标，是以风险后果严重程度为横坐标、以风险发生可能性为纵坐标的矩阵坐标图。企业可根据风险管理精度的需要，确定定性、半定量或定量指标来描述风险后果严重程度和风险发生可能性。

（2）制定风险重要性等级标准。风险后果严重程度的横坐标等级可定性描述为“微小”“较小”“较大”“重大”等（也可采用 1、2、3、4 等 M 个半定量分值），风险发生可能性的纵坐标等级可定性描述为“不太可能”“偶尔可能”“可能”“很可能”等（也可采用 1、2、3、4 等 N 个半定量分值），从而形成 M × N 个方格区域的风险矩阵图，如图 8－6 所示：

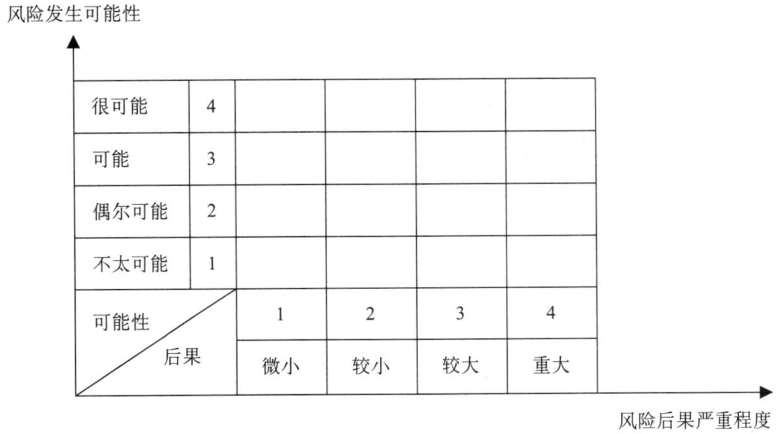

图 8－6　风险矩阵图

也可以根据需要通过定量指标更精确地描述风险后果严重程度和风险发生可能性，见表8－6。

表8－6　风险重要性等级判断参考标准

风险值	风险等级代码	风险级别描述	等级含义
1～4	Ⅰ	可忽视的风险	无需采取控制措施
5～8	Ⅱ	可接受的风险	可考虑建立规章制度，定期检查
9～12	Ⅲ	可关注的风险	采取明确的预警监控和应对措施
13～16	Ⅳ	重大的风险	需配置资源，积极应对

企业在确定风险重要性等级时，应综合考虑风险后果严重程度和发生可能性，以及企业的风险偏好，将风险重要性等级划分为可忽视的风险、可接受的风险、要关注的风险和重大的风险等级别。

对于使用半定量和定量指标描绘的矩阵，企业可将风险后果严重程度和发生可能性等级的乘积（即风险值）划分为与风险重要性等级相匹配的区间。为了突出风险矩阵的可视化效果，企业可以将不同重要性等级的风险用不同的标识进行区分。

（3）分析与评价各项风险。企业在逐项分析和评价需在风险矩阵中展示的风险时，注意考虑各风险的性质和企业对该风险的应对能力，对单个风险发生的可能性和风险后果严重程度的量化应注重参考相关历史数据。企业在综合职能部门和业务部门等相关方意见后，得到每一风险发生的可能性和后果严重程度的评分结果。

（4）描绘出风险点。企业应将每一风险发生的可能性和后果严重程度的评分结果组成的唯一坐标点标注在建立好的风险矩阵图中，标明各点的含义并给风险矩阵命名，完成风险矩阵的绘制。

风险控制"金丝雀"

【例8－3】 GL&KJ公司有A、B、C三个项目，根据专家评议，A项目分析发生可能性为很可能，B、C两个项目都为可能；A、B项目风险后果都为重大，C项目为较大。要求，用风险矩阵描述三个项目风险。

解：根据三个项目风险等级标准和分析评价的风险，对应风险矩阵图中的分值，计算三个项目的得分：

A项目得分 $=4\times4=16$（分）

B项目得分 $=4\times3=12$（分）

C项目得分 $=3\times3=9$（分）

描述出风险点，绘制风险矩阵图，如图8－7所示：

由图8－5很直观的看出，A项目风险最大，B项目次之，C项目最小。

风险发生可能性

很可能	4				16
可能	3			9	12
偶尔可能	2				
不太可能	1				
可能性 / 后果		1	2	3	4
		微小	较小	较大	重大

风险后果严重程度

图 8－7　风险点图

2. 沟通报告风险信息

企业应将绘制完成的风险矩阵及时传递给企业管理层、各职能部门和业务部门。企业还可将风险矩阵纳入企业风险管理报告，以切实指导风险预警和应对活动，提高风险管理效果。

3. 修订风险矩阵图

企业应根据风险管理的需要或企业管理层的要求，定期或不定期地更新风险矩阵所展示的各类风险及其重要性等级。

（二）风险矩阵工具方法的评价

风险矩阵的主要优点：为企业确定各项风险重要性等级提供了可视化的工具。

其主要缺点：

（1）需要对风险重要性等级标准、风险发生可能性、后果严重程度等做出主观判断，可能影响使用的准确性；

（2）应用风险矩阵所确定的风险重要性等级是通过相互比较确定的，因而无法将列示的个别风险重要性等级通过数学运算得到总体风险的重要性等级。

第 3 节　风险清单

一、风险清单的概述

风险清单，是指企业根据自身战略、业务特点和风险管理要求，以表单形式进行风险识别、风险分析、风险应对措施、风险报告和沟通等管理活动的工具方法。

风险清单适用于各类企业及企业内部各个层级和各类型风险的管理。

企业应用风险清单工具方法的主要目标，是使企业从整体上了解自身风险概况和存在的重大风险，明晰各相关部门的风险管理责任，规范风险管理流程，并为企业构建风险预警和风险考评机制奠定基础。

二、风险清单应用环境

企业应用风险清单工具方法，应遵循风险管理一节中对应用环境的一般要求。

风险清单应由企业风险管理部门牵头组织实施，明确风险清单编制的对象和流程，建立培训、指导、协调、考核和监督机制。各部门对与本部门相关的风险清单的有效性负直接责任，有效性包括风险清单使用的效率和效果等。

三、风险清单应用程序

企业应用风险清单工具方法，一般按照编制风险清单、沟通与报告、评价与优化等程序进行。

（一）编制风险清单

企业一般按企业整体和部门两个层级编制风险清单。企业整体风险清单的编制一般按照构建风险清单基本框架、识别风险、分析风险、制定重大风险应对措施等程序进行；部门风险清单的编制可根据企业整体风险清单，梳理出与本部门相关的重大风险，依照上述流程进行。中小企业编制风险清单，也可不区分企业整体和部门。

企业风险清单基本框架，一般包括风险识别、风险分析、风险应对三部分。风险识别部分主要包括风险类别、风险描述、关键风险指标等要素；风险分析部分主要包括可能产生的后果、关键影响因素、风险责任主体（以下简称“责任主体”）、风险发生可能性、风险后果严重程度、风险重要性等级等要素；风险应对部分主要包括风险应对措施等要素。企业构建风险清单基本框架时，可根据管理需要，对风险识别、风险分析、风险应对中的要素进行调整。

企业整体风险清单见表8－7：

表8－7　　企业整体风险清单

风险识别								风险分析						风险应对
风险类别						风险描述	关键风险指标	可能产生的后果	关键影响因素	风险责任主体	风险发生可能性	风险后果严重程度	风险重要性等级	风险应对措施
一级		二级		…										
编号	名称	编号	名称	编号	名称									
1	战略	1.1												
		1.2												
		…												

续表

风险识别								风险分析						风险应对
风险类别						风险描述	关键风险指标	可能产生的后果	关键影响因素	风险责任主体	风险发生可能性	风险后果严重程度	风险重要性等级	风险应对措施
一级		二级		…										
编号	名称	编号	名称	编号	名称									
2	营运	2.1												
		2.2												
		…												
3	财务	3.1												
		3.2												
		…												
…														

部门风险清单见表 8－8：

表 8－8　　部门风险清单

风险识别								风险分析						风险应对
风险类别						风险描述	关键风险指标	关键影响因素	可能产生的后果	风险责任主体	风险发生可能性	风险后果严重程度	风险重要性等级	风险应对措施
一级		二级		…										
编号	名称	编号	名称											
1	业务 1	1.1	流程 1											
		1.2	流程 2											
		…												
2	业务 2	2.1												
		2.2												
		…												
…														

应用案例

表 8－9 是河南北方永盛摩托车有限责任公司的安全风险清单的应用案例。

表 8－9　　安全风险清单

风险点名称	区域/名称	主要危险因素	管理措施	风险等级/后果	管控周期	责任人
电脑	6S 管理 蓝区	1. 违章电脑操作 2. 电脑病毒 3. 长时间使用身体损害 4. 下班未关机和电源	1. 加强安全意识 2. 加强检查管理	1. 数据丢失 2. 引发火灾 3. 工厂瘫痪	一天	赵某
	电脑			蓝色		
电梯	6S 管理 蓝区	1. 电梯维护不良 2. 人员超载 3. 物体排放不规范、不稳定	1. 加强监督管理 2. 要求物体摆放规范 3. 禁止上下超载	1. 人员伤害 2. 挤压伤害	一天	钱某
	电梯			蓝色		
车辆	办公室 蓝区	1. 安全教育不足、疲劳驾驶、超速、酒后驾车 2. 未按规定保养车辆	1. 加强安全教育 2. 执行车辆管理规定、程序 3. 加强监督管理程序	1. 车辆损失 2. 人员伤亡	一天	孙某
	车辆管理			蓝色		
办公楼	6S 管理 蓝区	1. 吸烟 2. 消防器材摆放位置不正确 3. 消防器材失效 4. 不良人员擅自出入公司 5. 缺少应急疏散标识	1. 消防器材规范摆放 2. 加强检查及时对失效的消防器材进行更换 3. 出入门刷卡，录像记录，执行门厅管理办法 4. 制定配置应急疏散通道，方向标识，管理方案	1. 引发火灾 2. 财产损失 3. 人员伤亡	一天	李某
	办公楼			蓝色		

表中的 6S 管理，即整理（Seiri）、整顿（Seiton）、清扫（Seiso）、清洁（Seiketsu）、素养（Shitsuke）、安全（Security）。简单内容如下：整理：要与不要，一留一弃；整顿：科学布局，取用快捷；清扫：清除垃圾，美化环境；清洁：清洁环境，贯彻到底；素养：形成制度，养成习惯；安全：安全操作，以人为本。

风险管理部门应从全局角度识别可能影响风险管理目标实现的因素和事项，建立风险信息库，在各相关部门的配合下共同识别风险。风险识别过程应遵循全面系统梳理、全员参与、动态调整的原则，对识别出的风险进行详细描述，明确关键风险指标等。

风险管理部门应对识别出的风险进行归类、编号，根据风险性质、风险指标是否可以量化等进行归类，并以此为基础填制完成风险清单基本框架中风险类别、风险描述、关键风险指标等要素。

（二）沟通与报告

风险管理部门应根据已填列的风险识别部分的内容，在与相关部门沟通后，分析各类风险可能产生的后果，确定引起该后果的关键影响因素及责任主体，并填制完成风险清单基本框架中可能产生后果、关键影响因素、风险责任主体等要素。

各责任主体可基于风险偏好和风险应对能力，逐项分析风险清单中各类风险发生的可能性和后果严重程度，确定风险重要性等级，并填制风险发生可能性、风险后果严重程度、风险重要性等级等要素。

风险重要性等级的确定方法和标准可见风险矩阵一节的有关内容。

风险管理部门应以风险重要性等级结果为依据确定企业整体的重大风险，报企业风险管理决策机构批准后反馈给相关责任主体。

（三）评价与优化

风险管理部门应会同各责任主体结合企业的风险偏好、风险管理能力等制定相应的风险管理应对措施，填制风险清单基本框架中风险应对措施要素，由此填制完成企业整体风险清单。

风险管理部门及各责任主体可对企业整体重大风险进行进一步的分析，也可直接对各部门相关的业务流程进行细化分解，形成相关部门的风险清单。各部门应用本风险清单进行风险管理的程序与企业整体风险清单类似，但应加强流程细节分析，突出具体应对措施，力求将风险管理切实落到业务流程和岗位责任人。

风险管理部门应将风险清单所呈现的风险信息及时传递给相关责任主体，确保各责任主体准确理解相关的风险信息，有效开展风险管理活动。为提高风险清单应用的有效性，风险管理部门可将其纳入企业风险管理报告。

风险管理部门应会同各责任主体定期或不定期地根据企业内外部环境变化，对风险清单是否全面识别风险并准确分类、是否准确分析风险成因及后果、是否采取了恰当的风险应对措施等进行评估，及时对风险清单进行更新调整。

（四）风险清单工具方法的评价

风险清单的主要优点：能够直观反映企业风险情况，易于操作，能够适应不同类型企业、不同层次风险、不同风险管理水平的风险管理工作。

风险清单的主要缺点：风险清单所列举的风险往往难以穷尽，且风险重要性等级的确定可能因评价的主观性而产生偏差。

本章小结

风险就如同隐藏在海面下的暗礁，稍有疏忽就会让企业这条船触礁搁浅，甚至船破沉没。企业要掌握各种情况，分析企业所处的环境，面对的不确定，查明“暗礁”，及时化解风险，顺利实现企业战略目标，正所谓：“小心驶得万年船。”

本章主要介绍了：

（1）风险管理的含义、原则；

（2）风险管理的应用环境和应用程序；

（3）风险矩阵的含义、应用环境和应用程序；

（4）风险清单的含义、应用环境和应用程序。

名人名言

在数字中找不到安全。

——美国经济学家特伯（W. S. Tabor）

天下唯一确定的是不确定性。

——鲁宾（Robert Rubin）

不确定性指我们对世界没有完整的描述，而我们完全相信这种完整的描述将是真实的。代替对世界完整的描述的是，我们认为世界处于一系列状态中的一种或者另一种。世界的每一种状态是一个对所有相关目的的完整描述。我们的不确定性在于不知道哪一种状态是真实的状态。

——诺贝尔经济学奖获得者肯尼斯·约瑟夫·阿罗（Kenneth J. Arrow）

市场不是万能的上帝，它既没有心脏，也没有大脑；既无理智也无良心。

——萨缪尔森

经济问题容易引起个人感情。在牵涉到根深蒂固的个人信仰和偏见时，血压上升，语言刺耳，而某些偏见又都是薄薄披上一层合理化外衣的特殊经济利益。

——萨缪尔森

微软离破产永远只有18个月。

——比尔·盖茨

练习题

1. 单项选择题

（1）在下列各项中，不属于风险管理的应对策略的是（　　）。

A. 风险转换　　B. 风险对冲

C. 风险补偿　　D. 风险偏好

（2）属于风险管理领域应用的管理会计工具方法是（　　）。

A. 风险矩阵　　B. 风险偏好

C. 风险降低　　D. 风险转移

（3）属于风险管理领域应用的管理会计工具方法是（　　）。

A. 风险清单　　B. 风险规避

C. 风险转移　　D. 风险分担

（4）不属于风险管理的应对策略的是（　　）。

A. 风险接受　　B. 风险规避

C. 风险转移　　D. 风险清单

（5）现有甲和乙两个投资项目，已知甲的期望报酬率40%，乙的期望报酬率20%，甲的标准差为40%，乙的标准差为50%，那么（　　）。

A. 甲项目的风险程度大于乙项目的风险程度

B. 甲项目的风险程度小于乙项目的风险程度
C. 甲项目的风险程度等于乙项目的风险程度
D. 不能确定

2. 多项选择题

(1) 风险管理的原则包括（　　）。

A. 融合性原则　　B. 全面性原则
C. 重要性原则　　D. 平衡性原则

(2) 风险管理领域应用的管理会计工具方法，一般包括（　　）。

A. 风险矩阵　　B. 风险清单
C. 风险程度　　D. 风险偏好

(3) 风险管理的应对策略一般有（　　）。

A. 风险接受　　B. 风险规避
C. 风险转移　　D. 风险分担

3. 判断题

(1) 企业内部控制可以替代风险管理。（　　）

(2) 风险容忍度，是指企业愿意承担的风险及相应的风险水平。（　　）

(3) 风险偏好，是指企业在风险的基础上，设定的风险管理目标值的可容忍波动范围。（　　）

(4) 风险接受，是指能够承担风险造成的损失。（　　）

4. 问答题

(1) 企业应用风险管理工具方法的程序有哪些？

(2) 风险管理的应对策略有哪些？

(3) 风险矩阵的含义和原理是什么？

5. 计算分析题

A 和 B 公司资料见表 8－10：

表 8－10　　股票未来经济情况表

状况	概率（P_i）	A 股票报酬率/%	B 股票报酬率/%
牛市	0.4	20	25
一般	0.4	10	20
熊市	0.2	5	10
合计	1		

请计算 A、B 股票的标准差后，评估 A、B 公司股票的风险。

第9章 管理会计报告与信息系统

教学目标

学习本章后，你应该能够：

1. 了解企业管理会计报告的含义和分类；
2. 编制管理会计报告；
3. 了解管理会计信息系统的含义、原则、应用环境、应用程序和模块的内容。

教学要求

知识要点	能力要求	相关知识
企业管理会计报告	(1) 企业管理会计报告的内容 (2) 企业管理会计报告的流程	(1) 战略层管理会计报告 (2) 经营层管理会计报告 (3) 业务层管理会计报告
管理会计信息系统	(1) 管理会计信息系统的应用环境 (2) 管理会计信息系统的应用程序	(1) 管理会计信息系统的概念 (2) 管理会计信息系统的原则 (3) 管理会计信息系统的模块内容

"了解自己的数字"是工商企业的一条基本准则。

——比尔·盖茨（Bill Grates）

基本概念

企业管理会计报告 战略层管理会计报告 综合业绩报告 价值创造报告 经营分析报告 风险分析报告 重大事项报告 例外事项报告 经营层管理会计报告 业务层管理会计报告 管理会计信息系统 系统集成原则 数据共享原则 规则可配原则 灵活扩展原则 安全可靠原则 管理会计信息系统的模块

导入案例

会计是一个信息系统

控制论开拓者维纳（Norbert Wiener）[①] 说："信息是我们适应外部世界，并且使这种适应为外部世界感到的过程中同外部世界进行交换的内容的名称。"其有一句名言："信息既不是物质，也不是能量。信息就是信息。"

信息论创始人申农（C. E. Shannon）在《通信的数学理论》中认为信息是"使人们对事物不确定性的减少或消除的东西"。信息是管理活动的核心，因为，管理工作的成效在一定程度上取决于对信息的掌握与利用。"管理的艺术在于驾驭信息"。据统计，经济信息中的70%是会计提供的。在产品成本中，信息成本所占的比例越来越大，美国1935年生产1美元产品要有15美分信息处理成本，1955年上升到25美分，1975年增加到36美分，而对一些市场调查依赖性很强的产品，如药品和化妆品的信息处理成本高达49.9%。

阅读思考：

（1）从决策的角度看，信息有没有价值？如何计量？

（2）从信息的收集角度看，信息是不是商品？

点评：信息是有价值的。

信息是有价值的，企业拥有信息，并利用信息，就能在市场竞争中站稳脚跟，获得超额收益；企业早获得信息，早一刻利用信息，就能在瞬息万变的市场中获得收益，或者及早转化风险，立于不败之地。决策离不开信息，离开信息的决策就是瞎指挥。

第1节　企业管理会计报告

一、企业管理会计报告的概述

（一）企业管理会计报告的含义

企业管理会计报告，是指企业运用管理会计方法，根据财务和业务的基础信息加工整理形成的，满足企业价值管理和决策支持需要的内部报告。

---

① 诸伯特·维纳（Norbert Wiener）：美国数学家、生物学家，其在1948年出版了《控制论》一书后创立了一门新兴科学——控制论（Cybernetics）。

（二）企业管理会计报告的目标

企业管理会计报告的目标是为企业各层级进行规划、决策、控制和评价等管理活动提供有用信息。

企业应建立管理会计报告组织体系，根据需要设置管理会计报告相关岗位，明确岗位职责。企业各部门都应履行提供管理会计报告所需信息的责任。

（三）企业管理会计报告的形式

企业管理会计报告的形式要件包括报告的名称、报告期间或时间、报告对象、报告内容以及报告人等。

1. 报告对象

企业管理会计报告的对象是对管理会计信息有需求的各个层级、各个环节的管理者。

2. 报告期间

企业可根据管理的需要和管理会计活动的性质设定报告期间。一般应以日历期间（月度、季度、年度）作为企业管理会计报告期间，也可根据特定需要设定企业管理会计报告期间。

3. 报告内容

企业管理会计报告的内容应根据管理需要和报告目标而定，易于理解并具有一定灵活性。

企业管理会计报告的编制、审批、报送、使用等应与企业组织架构相适应。

企业管理会计报告体系应根据管理活动全过程进行设计，在管理活动各环节形成基于因果关系链的结果报告和原因报告。

（四）企业管理会计报告的分类

心中有数

企业管理会计报告体系可按照多种标准进行分类：

1. 按照企业管理会计报告使用者所处的管理层级分类

按照企业管理会计报告使用者所处的管理层级分类可分为：

战略层管理会计报告、经营层管理会计报告和业务层管理会计报告。

2. 按照企业管理会计报告内容分类

按照企业管理会计报告内容分类可分为：综合企业管理会计报告和专项企业管理会计报告。

3. 按照管理会计功能分类

按照管理会计功能分类可分为：管理规划报告、管理决策报告、管理控制报告和管理评价报告。

4. 按照责任中心分类

按照责任中心分类可分为：投资中心报告、利润中心报告和成本中心报告。

5. 按照报告主体整体性程度分类

按照报告主体整体性程度分类可分为：整体报告和分部报告。

二、战略层管理会计报告

战略层管理会计报告，是为战略层开展战略规划、决策、控制和评价以及其他方面的管理活动提供相关信息的对内报告。战略层管理会计报告的报告对象是企业的战略层，包括股东大会、董事会和监事会等。

战略层管理会计报告包括但不仅限于战略管理报告、综合业绩报告、价值创造报告、经营分析报告、风险分析报告、重大事项报告、例外事项报告等。这些报告可独立提交，也可根据不同需要整合后提交。其内容见表 9－1：

表 9－1　战略层管理会计报告的具体内容

报告对象	报告分类	内　容
股东大会 董事会 监事会	战略管理报告	包括内外部环境分析、战略选择与目标设定、战略执行及其结果，以及战略评价等。
	综合业绩报告	包括关键绩效指标预算及其执行结果、差异分析以及其他重大绩效事项等。
	价值创造报告	包括价值创造目标、价值驱动的财务因素与非财务因素、内部各业务单元的资源占用与价值贡献，以及提升公司价值的措施等。
	经营分析报告	包括过去经营决策执行情况回顾、本期经营目标执行的差异及其原因、影响未来经营状况的内外部环境与主要风险分析、下一期的经营目标及管理措施等。
	风险分析报告	包括企业全面风险管理工作回顾、内外部风险因素分析、主要风险识别与评估、风险管理工作计划等。
	重大事项报告	是针对企业的重大投资项目、重大资本运作、重大融资、重大担保事项、关联交易等事项进行的报告。
	例外事项报告	是针对企业发生的管理层变更、股权变更、安全事故、自然灾害等偶发性事项进行的报告。

战略层管理会计报告应精炼、简洁、易于理解，报告主要结果、主要原因，并提出具体的建议。

三、经营层管理会计报告

经营层管理会计报告，是为经营管理层开展与经营管理目标相关的管理活动提供相关信息的对内报告。经营层管理会计报告的报告对象是经营管理层。

经营层管理会计报告主要包括全面预算管理报告、投资分析报告、项目可行性报告、融资分析报告、盈利分析报告、资金管理报告、成本管理报告、绩效评价报告等。其内容见表 9－2：

经营层管理会计报告应做到内容完整、分析深入。

四、业务层管理会计报告

业务层管理会计报告，是为企业开展日常业务或作业活动提供相关信息

表 9－2　　经营层管理会计报告的具体内容

报告对象	报告分类	内　容
经营管理层	全面预算管理报告	包括预算目标制定与分解、预算执行差异分析以及预算考评等。
	投资分析报告	包括投资对象、投资额度、投资结构、投资进度、投资效益、投资风险和投资管理建议等。
	项目可行性报告	包括项目概况、市场预测、产品方案与生产规模、厂址选择、工艺与组织方案设计、财务评价、项目风险分析，以及项目可行性研究结论与建议等。
	盈利分析报告	包括盈利目标及其实现程度、利润的构成及其变动趋势、影响利润的主要因素及其变化情况，以及提高盈利能力的具体措施等。企业还应对收入和成本进行深入分析。盈利分析报告可基于企业集团、单个企业，也可基于责任中心、产品、区域、客户等进行。
	融资分析报告	包括融资需求测算、融资渠道与融资方式分析及选择、资本成本、融资程序、融资风险及其应对措施和融资管理建议等。
	资金管理报告	包括资金管理目标、主要流动资金项目如现金、应收票据、应收账款、存货的管理状况、资金管理存在的问题以及解决措施等。企业集团资金管理报告的内容一般还包括资金管理模式（集中管理还是分散管理）、资金集中方式、资金集中程度、内部资金往来等。
	成本管理报告	包括成本预算、实际成本及其差异分析，成本差异形成的原因以及改进措施等。
	业绩评价报告	包括绩效目标、关键绩效指标、实际执行结果、差异分析、考评结果，以及相关建议等。

的对内报告。其报告的报告对象是企业的业务部门、职能部门以及车间、班组等。

业务层管理会计报告应根据企业内部各部门、车间或班组的核心职能或经营目标进行设计，主要包括研究开发报告、采购业务报告、生产业务报告、配送业务报告、销售业务报告、售后服务业务报告、人力资源报告等。其内容见表 9－3：

表 9－3　　业务层管理会计报告的具体内容

报告对象	报告分类	内　容
企业的业务部门、职能部门以及车间、班组	研究开发报告	包括研发背景、主要研发内容、技术方案、研发进度、项目预算等。
	采购业务报告	包括采购业务预算、采购业务执行结果、差异分析及改善建议等。采购业务报告要重点反映采购质量、数量以及时间、价格等方面的内容。
	生产业务报告	包括生产业务预算、生产业务执行结果、差异分析及改善建议等。生产业务报告要重点反映生产成本、生产数量以及产品质量、生产时间等方面的内容。
	配送业务报告	包括配送业务预算、配送业务执行结果、差异分析及改善建议等。配送业务报告要重点反映配送的及时性、准确性以及配送损耗等方面的内容。
	销售业务报告	包括销售业务预算、销售业务执行结果、差异分析及改善建议等。销售业务报告要重点反映销售的数量结构和质量结构等方面的内容。
	售后服务业务报告	包括售后服务业务预算、售后服务业务执行结果、差异分析及改善建议等。售后服务业务报告重点反映售后服务的客户满意度等方面的内容。
	人力资源报告	包括人力资源预算、人力资源执行结果、差异分析及改善建议等。人力资源报告重点反映人力资源使用及考核等方面的内容。

业务层管理会计报告应做到内容具体，数据充分。

五、企业管理会计报告的流程

企业管理会计报告流程包括报告的编制、审批、报送、使用、评价等环节。

1. 编制

企业管理会计报告由管理会计信息归集、处理并报送的责任部门编制。

2. 审批

企业应根据报告的内容、重要性和报告对象等，确定不同的审批流程。经审批后的报告方可报出。

3. 报送

企业应合理设计报告报送路径，确保企业管理会计报告及时、有效地送达报告对象。企业管理会计报告可以根据报告性质、管理需要进行逐级报送或直接报送。

4. 使用

企业应建立管理会计报告使用的授权制度，报告使用人应在权限范围内使用企业管理会计报告。

5. 评价

企业应对管理会计报告的质量、传递的及时性、保密情况等进行评价，并将评价结果与绩效考核挂钩。

企业应当充分利用信息技术，强化管理会计报告及相关信息集成和共享，将管理会计报告的编制、审批、报送和使用等纳入企业统一信息平台。

企业应定期根据管理会计报告使用效果以及内外部环境变化对管理会计报告体系、内容以及编制、审批、报送、使用等进行优化。

企业管理会计报告属内部报告，应在允许的范围内传递和使用。相关人员应遵守保密规定。

第2节　管理会计信息系统

一、管理会计信息系统的概述

（一）管理会计信息系统的概念

管理会计信息系统，是指以财务和业务信息为基础，借助计算机、网络通信等现代信息技术手段，对管理会计信息进行收集、整理、加工、分析和报告等操作处理，为企业有效开展管理会计活动提供全面、及时、准确信息支持的各功能模块的有机集合。

（二）管理会计信息系统的原则

企业建设和应用管理会计信息系统，一般应遵循以下原则：

1. 系统集成原则

管理会计信息系统各功能模块应集成在企业整体信息系统中，与财务和业务信息系统紧密结合，实现信息的集中统一管理及财务和业务信息到管理会计信息的自动生成。

2. 数据共享原则

企业建设管理会计信息系统应实现系统间的无缝对接，通过统一的规则和标准，实现数据的一次采集，全程共享，避免产生信息孤岛。

3. 规则可配原则

管理会计信息系统各功能模块应提供规则配置功能，实现其他信息系统与管理会计信息系统相关内容的映射和自定义配置。

4. 灵活扩展原则

管理会计信息系统应具备灵活扩展性，通过及时补充有关参数或功能模块，对环境、业务、产品、组织和流程等的变化及时做出响应，满足企业内部管理需要。

5. 安全可靠原则

应充分保障管理会计信息系统的设备、网络、应用及数据安全，严格权限授权，做好数据灾备建设，具备良好的抵御外部攻击能力，保证系统的正常运行并确保信息的安全、保密、完整。

（三）管理会计信息系统的适用范围

管理会计信息系统适用于已经具备一定的信息系统应用基础、在此基础上建设管理会计信息系统的企业，以及新建企业信息系统、并有意同时建设管理会计信息系统的企业。

二、管理会计信息系统的应用环境

企业建设管理会计信息系统，一般应具备以下条件：

（1）对企业战略、组织结构、业务流程、责任中心等有清晰定义；

（2）设有具备管理会计职能的相关部门或岗位，具有一定的管理会计工具方法的应用基础以及相对清晰的管理会计应用流程；

（3）具备一定的财务和业务信息系统应用基础，包括已经实现了相对成熟的财务会计系统的应用，并在一定程度上实现了经营计划管理、采购管理、销售管理、库存管理等基础业务管理职能的信息化。

三、管理会计信息系统的建设和应用程序

管理会计信息系统的建设和应用程序既包括系统的规划和建设过程；也包括系统的应用过程，即输入、处理和输出过程。如图 9－1 所示：

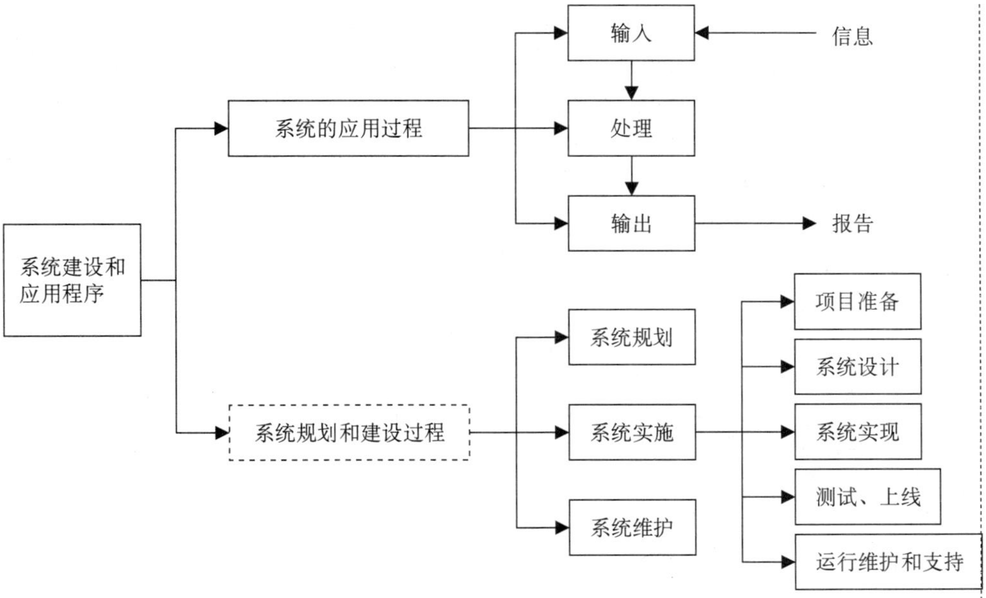

图 9－1　管理会计信息系统的建设和应用程序①

（一）系统的规划和建设过程

管理会计信息系统规划和建设过程一般包括系统规划、系统实施和系统维护等环节。

1. 系统规划

在管理会计信息系统的规划环节，企业应将管理会计信息系统规划纳入企业信息系统建设的整体规划中，遵循整体规划、分步实施的原则，根据企业的战略目标和管理会计应用目标，形成清晰的管理会计应用需求，因地制宜逐步推进。

2. 系统实施

在管理会计信息系统实施环节，企业应制定详尽的实施计划，清晰划分实施的主要阶段、有关活动和详细任务的时间进度。

实施阶段一般包括项目准备、系统设计、系统实现、测试和上线、运维及支持等过程。

（1）在项目准备阶段，企业主要应完成系统建设前的基础工作，一般包括确定实施目标、实施组织范围和业务范围，调研信息系统需求，进行可行性分析，制定项目计划、资源安排和项目管理标准，开展项目动员及初始培训等。

（2）在系统设计阶段，企业主要应对组织现有的信息系统应用情况、管理会计工作现状和信息系统需求进行调查，梳理管理会计应用模块和应用流程，据此设计管理会计信息系统的实施方案。

（3）在系统实现阶段，企业主要应完成管理会计信息系统的数据标准化

① 管理会计人员的主要工作是应用管理会计信息系统，为了突出把应用程序画在了上面。

建设、系统配置、功能和接口开发及单元测试等工作。

(4) 在测试和上线阶段，企业主要应实现管理会计信息系统的整体测试、权限设置、系统部署、数据导入、最终用户培训和上线切换过程。必要时，企业还应根据实际情况进行预上线演练。

3. 系统维护

企业应做好管理会计信息系统的运维和支持，实现日常运行维护支持及上线后持续培训和系统优化。

(二) 系统的应用过程

管理会计信息系统的应用程序一般包括输入、处理和输出三个环节。

1. 输入环节

输入环节，是指管理会计信息系统采集或输入数据的过程。管理会计信息系统需提供已定义清楚数据规则的数据接口，以自动采集财务和业务数据。同时，系统还应支持本系统其他数据的手工录入，以利于相关业务调整和补充信息的需要。

2. 处理环节

处理环节，是指借助管理会计工具模型进行数据加工处理的过程。管理会计信息系统可以充分利用数据挖掘、在线分析处理等商业智能技术，借助相关工具对数据进行综合查询、分析统计，挖掘出有助于企业管理活动的信息。

3. 输出环节

输出环节，是指提供丰富的人机交互工具、集成通用的办公软件等成熟工具，自动生成或导出数据报告的过程。数据报告的展示形式应注重易读性和可视化。

最终的系统输出结果不仅可以采用独立报表或报告的形式展示给用户，也可以输出或嵌入到其他信息系统中，为各级管理部门提供管理所需的相关、及时的信息。

管理会计信息系统的模块包括成本管理、预算管理、绩效管理、投资管理、管理会计报告以及其他功能模块。

四、管理会计信息系统的成本管理模块

(一) 成本管理模块的功能

成本管理模块应实现成本管理的各项主要功能，一般包括对成本要素、成本中心、成本对象等参数的设置，以及成本核算方法的配置，从财务会计核算模块、业务处理模块以及人力资源等模块抽取所需数据，进行精细化成本核算，生成分产品、分批次（订单）、分环节、分区域等多维度的成本信息，以及基于成本信息进行成本分析，实现成本的有效控制，为企业成本管理的事前计划、事中控制、事后分析提供有效的支持。

(二) 成本核算信息

成本核算主要完成对企业生产经营过程各个交易活动或事项的实际成本

信息的收集、归纳、整理，并计算出实际发生的成本数据，支持多种成本计算和分摊方法，准确地度量、分摊和分配实际成本。

成本核算的输入信息一般包括业务事项的记录和货币计量数据等。企业应使用具体成本工具方法（如完全成本法、变动成本法、作业成本法、目标成本法、标准成本法等），建立相应的计算模型，以各级成本中心为核算主体，完成成本核算的处理过程。成本核算处理过程结束后，应能够输出实际成本数据、管理层以及各个业务部门所需要的成本核算报告等。

（三）成本分析信息

成本分析主要实现对实际成本数据分类比较、因素分析比较等，发现成本和利润的驱动因素，形成评价结论，编制成各种形式的分析、评价指标报告等。

成本分析的输入信息一般包括成本标准或计划数据、成本核算子模块生成的成本实际数据等。企业应根据输入数据和规则，选择具体分析评价方法（如差异分析法、趋势分析法、结构分析法等），对各个成本中心的成本绩效进行分析比较，汇总形成各个责任中心及企业总体成本绩效报告，并输出成本分析报告、成本绩效评价报告等。

（四）成本预测信息

成本预测主要实现不同成本对象的成本估算预测。

成本预测的输入信息一般包括业务计划数据、成本评价结果、成本预测假设条件以及历史数据、行业对标数据等。企业应运用成本预测模型（如算术平均法、加权平均法、平滑指数法等）对下一个工作周期的成本需求进行预测，根据经验或行业可比数据对模型预测结果进行调整，并输出成本预测报告。

（五）成本控制信息

成本控制主要按照既定的成本费用目标，对构成成本费用的诸要素进行规划、限制和调节，及时纠正偏差，控制成本费用超支，把实际耗费控制在成本费用计划范围内。

成本控制的输入信息一般包括成本费用目标和政策、成本分析报告、预算控制等。企业应建立工作流审批授权机制，以实现费用控制过程，通过成本预警机制实现成本控制的处理过程，输出费用支付清单、成本控制报告等。

成本管理模块应提供基于指标分摊、基于作业分摊等多种成本分摊方法，利用预定义的规则，按要素、按期间、按作业等进行分摊。

五、管理会计信息系统的预算管理模块

（一）预算管理模块的功能

预算管理模块应实现的主要功能包括对企业预算参数设置、预算管理模型搭建、预算目标制定、预算编制、预算执行控制、预算调整、预算分析和评价等全过程的信息化管理。

（二）预算制定信息

预算目标和计划制定主要完成企业目标设定和业务计划的制定，实现预算的启动和准备过程。

预算目标和计划设定的输入信息一般包括企业远景与战略规划、内外部环境信息、投资者和管理者期望、往年绩效数据、经营状况预测以及公司战略举措、各业务板块主要业绩指标等。企业应对内外部环境和问题进行分析，评估预算备选方案，制定详细的业务计划，输出企业与各业务板块主要绩效指标和部门业务计划等。

（三）预算编制信息

预算编制主要完成预算目标设定、预算分解和目标下达、预算编制和汇总以及预算审批过程，实现自上而下、自下而上等多种预算编制流程，并提供固定预算、弹性预算、零基预算、滚动预算、作业预算等一种或多种预算编制方法的处理机制。

预算编制的输入信息一般包括历史绩效数据、关键绩效指标、预算驱动因素、管理费用标准等。企业应借助适用的预测方法（如趋势预测、平滑预测、回归预测等）建立预测模型，辅助企业制定预算目标，依据预算管理体系，自动分解预算目标，辅助预算的审批流程，自动汇总预算。最终输出结果应为各个责任中心的预算方案等。

预算管理模块应能提供给企业根据业务需要编制多期间、多情景、多版本、多维度预算计划的功能，以满足预算编制的要求。

（四）预算控制信息

预算执行控制主要实现预算信息模块与各财务和业务系统的及时数据交换，实现对财务和业务预算执行情况的实时控制等。

预算执行控制的输入信息一般包括企业各业务板块及部门的主要绩效指标、业务计划、预算执行控制标准及预算执行情况等。企业应通过对数据的校验、比较和查询汇总，比对预算目标和执行情况的差异；建立预算监控模型，预警和冻结超预算情形，形成预算执行情况报告；执行预算控制审核机制以及例外预算管理等。最终输出结果为预算执行差异分析报告、经营调整措施等。

（五）预算调整信息

预算调整主要实现对部分责任中心的预算数据进行调整，完成调整的处理过程等。

预算调整的输入信息一般包括企业各业务板块及部门的主要绩效指标、预算执行差异分析报告等。企业对预算数据进行调整，并依据预算管理体系，自动分解调整后的预算目标，辅助调整预算的审批流程，自动汇总预算。最终输出结果为各个责任中心的预算调整报告、调整后的绩效指标等。

预算分析和评价主要提供多种预算分析模型，实现在预算执行的数据基础上，对预算数和实际发生数进行多期间、多层次、多角度的预算分析，最终完成预算的业绩评价，为绩效考核提供数据基础。

预算分析和评价的输入信息一般包括预算指标及预算执行情况，以及业绩评价的标准与考核办法等数据。企业应建立差异计算模型，实现预算差异的计算，辅助实现差异成因分析过程，最终输出部门、期间、层级等多维度的预算差异分析报告等。

六、管理会计信息系统的绩效管理模块

（一）绩效管理模块的功能

绩效管理模块主要实现业绩评价和激励管理过程中各要素的管理功能，一般包括业绩计划和激励计划的制定、业绩计划和激励计划的执行控制、业绩评价与激励实施管理等，为企业的绩效管理提供支持。

绩效管理模块应提供企业各项关键绩效指标的定义和配置功能，并可从其他模块中自动获取各业务单元或责任中心相应的实际绩效数据，进行计算处理，形成绩效执行情况报告及差异分析报告。

（二）绩效计划和激励计划制定信息

业绩计划和激励计划制定主要完成绩效管理目标和标准的设定、绩效管理目标的分解和下达、业绩计划和激励计划的编制过程，以及计划的审批流程。

业绩计划和激励计划制定的输入信息一般包括企业及各级责任中心的战略关键绩效指标和年度经营关键绩效指标，以及企业绩效评价考核标准、绩效激励形式、条件等基础数据。处理过程一般包括构建指标体系、分配指标权重、确定业绩目标值、选择业绩评价计分方法以及制定薪酬激励、能力开发激励、职业发展激励等多种激励计划，输出各级考核对象的业绩计划、绩效激励计划等。

（三）绩效计划和激励计划执行控制信息

业绩计划和激励计划的执行控制主要实现与预算系统与各业务系统的及时数据交换，实现对业绩计划与激励计划执行情况的实时控制等。

业绩计划和激励计划的执行控制的输入信息一般包括绩效实际数据以及业绩计划和激励计划等。企业应建立指标监控模型，根据指标计算办法计算指标实际值，比对实际值与目标值的偏差，输出业绩计划和激励计划执行差异报告等。

（四）绩效评价和激励管理信息

业绩评价和激励实施管理主要实现对计划的执行情况进行评价，形成综合评价结果，向被评价对象反馈改进建议及措施等。

业绩评价和激励实施管理的输入信息一般包括被评价对象的业绩指标实际值和目标值、指标计分方法和权重等。企业应选定评分计算方法计算评价分值，形成被评价对象的综合评价结果，输出业绩评价结果报告和改进建议等。

七、管理会计信息系统的投资管理模块

投资管理模块主要实现对企业投资项目进行计划和控制的系统支持过程，一般包括投资计划的制定和对每个投资项目进行的及时管控等。

投资管理模块应与成本管理模块、预算管理模块、绩效管理模块和管理会计报告模块等进行有效集成和数据交换。

（一）投资计划的制定

投资管理模块应辅助企业实现投资计划的编制和审批过程。企业可以借助投资管理模块定义投资项目、投资程序、投资任务、投资预算、投资控制对象等基本信息；在此基础上，制定企业各级组织的投资计划和实施计划，实现投资计划的分解和下达。

投资管理模块应实现对企业具体投资项目的管控过程。企业可以根据实际情况，将项目管理功能集成到投资管理模块中，也可以实施单独的项目管理模块来实现项目的管控过程。

（二）投资项目的管控

项目管理模块主要实现对投资项目的系统化管理过程，一般包括项目设置、项目计划与预算、项目执行、项目结算与关闭、项目报告以及项目后审计等功能。

（1）项目设置。主要完成项目定义（如项目名称、项目期间、成本控制范围、利润中心等参数），以及工作分解定义、作业和项目文档等的定义和设置，为项目管理提供基础信息。

（2）项目计划与预算。主要完成项目里程碑计划、项目实施计划、项目概算、项目利润及投资测算、项目详细预算等过程，并辅助实现投资预算的审核和下达过程。

项目里程碑计划，一般包括对项目的关键节点进行定义，在关键节点对项目进行检查和控制，以及确定项目各阶段的开始和结束时间等。

（3）项目执行。主要实现项目的拨款申请，投资计量，项目实际发生值的确定、计算和汇总，以及与目标预算进行比对，对投资进行检查和成本管控。

（4）项目结算。通过定义的结算规则，运用项目结算程序，对项目实现期末结账处理。结算完成后，对项目执行关闭操作，保证项目的可控性。

（5）项目报告。项目管理模块应向用户提供关于项目数据的各类汇总报表及明细报表，主要包括项目计划、项目投资差异分析报告等。

（6）项目后审计。企业可以根据实际需要，在项目管理模块中提供项目后辅助审计功能，依据项目计划和过程建立工作底稿，对项目的实施过程、成本、绩效等进行审计和项目后评价。

八、管理会计信息系统的管理会计报告模块

管理会计报告模块应实现基于信息系统中财务数据、业务数据自动生成

管理会计报告，支持企业有效实现各项管理会计活动。

管理会计报告模块应为用户生成报告提供足够丰富、高效、及时的数据源，必要时应建立数据仓库和数据集市，形成统一规范的数据集，并在此基础上，借助数据挖掘等商务智能工具方法，自动生成多维度报表。

管理会计报告模块应为企业战略层、经营层和业务层提供丰富的通用报告模板。

管理会计报告模块应为企业提供灵活的自定义报告功能。企业可以借助报表工具自定义管理会计报表的报告主体、期间（定期或不定期）、结构、数据源、计算公式以及报表展现形式等。

系统可以根据企业自定义报表的模板自动获取数据进行计算加工，并以预先定义的展现形式输出。

管理会计报告模块应提供用户追溯数据源的功能。

用户可以在系统中对报告的最终结果数据进行追溯，可以层层追溯其数据来源和计算方法，直至业务活动。

管理会计报告模块可以独立的模块形式存在于信息系统中，从其他管理会计模块中获取数据生成报告；也可内嵌到其他管理会计模块中，作为其他管理会计模块重要的输出环节。

管理会计报告模块应与财务报告系统相关联，既能有效生成企业整体报告，也能生成分部报告，并实现整体报告和分部报告的联查。

本章小结

管理会计报告是对收集、分析信息进行的归总，是管理会计方法应用的结果的综合，是为决策提供的依据的。

本章主要介绍了：

（1）管理会计报告的含义、分类等；

（2）管理会计报告的内容；

（3）管理会计报告的编制程序；

（4）管理会计信息系统的含义、原则、应用环境、应用程序和模块的内容。

名人名言

信息既不是物质，也不是能量。信息就是信息。

——维纳（Norbert Wiener）

利润好像是温度计的刻度。我们通过读这个刻度，与其说是想知道今天的气温是多少度，不如说是想知道今天比昨天高多少度或低多少度。利润也和它完全相同，我们通过它来测定，与其说想知道本期利润是多少，不如说是想了解本期利润比前增加多少或减少多少。

——会计学家舒马雷恩巴哈

信息是能潜在影响个人决策的证据。

——威廉·R. 斯科特

信息的揭示方式和时间往往决定着会计信息的效用，当然也都是重要的，但时间问题比之方法问题更为重要。

——会计学家埃尔登·S. 亨德里克森

最低层次的思考，是对事物的知觉；最高层次的思考，是能将所有事物都看成是系统之一部分的完整直觉。

——柏拉图

信息可能被积累在文件中，但是，信息必须在恢复出来后才在决策中有用。

——著名经济学家肯尼斯·阿罗（Kenneth J. Arrow）

练　习　题

1. 单项选择题

（1）下列各项不属于战略层管理会计报告的是（　　）报告。

A. 价值创造　　B. 经营分析

C. 风险分析　　D. 投资分析

（2）下列各项不属于经营层管理会计报告的是（　　）报告。

A. 全面预算管理　　B. 投资分析

C. 项目可行性　　D. 经营分析

（3）下列各项不属于业务层管理会计报告的是（　　）报告。

A. 研究开发　　B. 售后服务业务

C. 人力资源　　D. 绩效评价

2. 多项选择题

（1）企业管理会计报告按照企业管理会计报告使用者所处的管理层级可分为（　　）管理会计报告。

A. 战略层　　B. 经营层

C. 业务层　　D. 高层和基层

（2）企业管理会计报告按照企业管理会计报告内容可分为（　　）管理会计报告。

A. 综合企业　　B. 专项企业

C. 工业企业　　D. 商业企业

（3）企业管理会计报告按照管理会计功能可分为（　　）报告。

A. 管理规划　　B. 管理决策
C. 管理控制　　D. 管理评价
(4) 企业管理会计报告按照责任中心可分为（　　）报告。
A. 投资中心　　B. 利润中心
C. 成本中心　　D. 经营中心
(5) 企业管理会计报告按照报告主体整体性程度可分为（　　）。
A. 整体报告　　B. 分部报告
C. 合并报告　　D. 基层报告
(6) 下列属于战略层管理会计报告的是（　　）报告。
A. 综合业绩　　B. 风险分析
C. 重大事项　　D. 例外事项
(7) 下列属于经营层管理会计报告的是（　　）报告。
A. 融资分析　　B. 盈利分析
C. 资金管理　　D. 成本管理
(8) 下列属于业务层管理会计报告的是（　　）报告。
A. 采购业务　　B. 生产业务
C. 配送业务　　D. 销售业务
(9) 管理会计信息系统的原则包括（　　）原则。
A. 系统集成　　B. 数据共享
C. 规则可配　　D. 灵活扩展
E. 安全可靠
(10) 管理会计信息系统的模块主要包括（　　）模块。
A. 成本管理　　B. 预算管理
C. 绩效管理　　D. 投资管理
E. 管理会计报告

3. 判断题

(1) 企业管理会计报告是指企业运用管理会计方法，根据财务和业务的基础信息加工整理形成的，满足企业价值管理和决策支持需要的外部报告。（　　）

(2) 企业管理会计报告的目标是为企业高层进行规划、决策、控制和评价等管理活动提供有用信息。（　　）

(3) 企业管理会计报告的对象是对管理会计信息有需求的各个层级、各个环节的管理者，包括班组长。（　　）

(4) 企业管理会计报告必须按照会计期定期报送。（　　）

4. 简答题

(1) 企业管理会计报告的含义和目标是什么？
(2) 企业建设管理会计信息系统应具备什么条件？

5. 扩展思考题

学习完了本书，可以回过头来想一想了。管理会计的内容丰富多样，可以成体系应用，也可以应用一些方法。对于大企业、大单位，有条件设置专门机构、专业岗位，可以采用成体系应用；对于一些没有条件中小微企业，开始应用一些方法，慢慢形成体系、制度。这里再介绍一个创新创业可行性分析的简单实用的方法——商业模式画布，如图9－2所示。

图9－2　商业模式画布

商业模式画布一般是从右往左去分析，边分析边画，来构建我们的商业模式。回答出这些问题，商业模式也就确定了：

（1）用户细分：面向的目标用户有哪些呢？

（2）价值主张：分别为这个目标用户提供了哪些价值呢？

（3）渠道通道：对这些目标用户，有什么样的渠道通道接触到提供的价值主张呢？

（4）用户关系：如果用户是两个以上，怎样不断的来维系两个目标以上用户群体之间的关系呢？

（5）收入来源：这样一个模式的收入来源从哪里来？

（6）核心资源：再来看价值主张的另一头，怎么来实现这个价值主张呢？首先，我们的核心资源有什么？

（7）关键业务：那基于这些核心资源就会引发相关的关键业务，也就是具体要做什么，具体的资源投在什么方面去做？

关键业务，要计算核心KPI，即做什么样的事情，用什么样的指标去衡量做的事情的好坏，需要去通过KPI来衡量。

（8）合作伙伴：如果满足不了用户的需求，那就需要去寻找合作伙伴了，需要什么样的合作伙伴？

（9）成本结构：基于此，关键业务，核心资源，合作伙伴就牵扯到了成本结构，成本结构对于这种商业引擎的商业模式有哪些呢？

在成本结构与收入来源之间，可以算出我们的ROI，即投入产出比，来衡量这一种商业模式是否合理可持续。

把这 9 个问题，一一解答，画到图中，商业模式就确定了。创办企业时选择商业模式，通过商业模式画布的分析就非常的清楚，非常的连贯，明晰各个区块有什么样的对应关系。

问题：

假如现在有同学想毕业后创业，开一家线上网购 + 线下实体的特色饭店，请在商业模式画布上，标上你认为的有关项目。（定性分析回答即可，如果需要定量画布，则还需要借助前面学习的有关方法计算画上去。）

附录一

一元复利现值系数（P/F，i，n）表

n	1%	2%	3%	4%	5%	6%	8%	10%	12%	14%	15%	16%	18%	20%	25%	30%	35%	40%	50%
1	0. 99	0. 98	0. 97	0. 961	0. 952	0. 943	0. 925	0. 909	0. 892	0. 877	0. 869	0. 862	0. 847	0. 833	0. 8	0. 769	0. 74	0. 714	0. 666
2	0. 98	0. 961	0. 942	0. 924	0. 907	0. 889	0. 857	0. 826	0. 797	0. 769	0. 756	0. 743	0. 718	0. 694	0. 64	0. 591	0. 548	0. 51	0. 444
3	0. 97	0. 942	0. 915	0. 888	0. 863	0. 839	0. 793	0. 751	0. 711	0. 674	0. 657	0. 64	0. 608	0. 578	0. 512	0. 455	0. 406	0. 364	0. 296
4	0. 96	0. 923	0. 888	0. 854	0. 822	0. 792	0. 735	0. 683	0. 635	0. 592	0. 571	0. 552	0. 515	0. 482	0. 409	0. 35	0. 301	0. 26	0. 197
5	0. 951	0. 905	0. 862	0. 821	0. 783	0. 747	0. 68	0. 62	0. 567	0. 519	0. 497	0. 476	0. 437	0. 401	0. 327	0. 269	0. 223	0. 185	0. 131
6	0. 942	0. 887	0. 837	0. 79	0. 746	0. 704	0. 63	0. 564	0. 506	0. 455	0. 432	0. 41	0. 37	0. 334	0. 262	0. 207	0. 165	0. 132	0. 087
7	0. 932	0. 87	0. 813	0. 759	0. 71	0. 665	0. 583	0. 513	0. 452	0. 399	0. 375	0. 353	0. 313	0. 279	0. 209	0. 159	0. 122	0. 094	0. 058
8	0. 923	0. 853	0. 789	0. 73	0. 676	0. 627	0. 54	0. 466	0. 403	0. 35	0. 326	0. 305	0. 266	0. 232	0. 167	0. 122	0. 09	0. 067	0. 039
9	0. 914	0. 836	0. 766	0. 702	0. 644	0. 591	0. 5	0. 424	0. 36	0. 307	0. 284	0. 262	0. 225	0. 193	0. 134	0. 094	0. 067	0. 048	0. 026
10	0. 905	0. 82	0. 744	0. 675	0. 613	0. 558	0. 463	0. 385	0. 321	0. 269	0. 247	0. 226	0. 191	0. 161	0. 107	0. 072	0. 049	0. 034	0. 017
11	0. 896	0. 804	0. 722	0. 649	0. 584	0. 526	0. 428	0. 35	0. 287	0. 236	0. 214	0. 195	0. 161	0. 134	0. 085	0. 055	0. 036	0. 024	0. 011
12	0. 887	0. 788	0. 701	0. 624	0. 556	0. 496	0. 397	0. 318	0. 256	0. 207	0. 186	0. 168	0. 137	0. 112	0. 068	0. 042	0. 027	0. 017	0. 007
13	0. 878	0. 773	0. 68	0. 6	0. 53	0. 468	0. 367	0. 289	0. 229	0. 182	0. 162	0. 145	0. 116	0. 093	0. 054	0. 033	0. 02	0. 012	0. 005
14	0. 869	0. 757	0. 661	0. 577	0. 505	0. 442	0. 34	0. 263	0. 204	0. 159	0. 141	0. 125	0. 098	0. 077	0. 043	0. 025	0. 014	0. 008	0. 003
15	0. 861	0. 743	0. 641	0. 555	0. 481	0. 417	0. 315	0. 239	0. 182	0. 14	0. 122	0. 107	0. 083	0. 064	0. 035	0. 019	0. 011	0. 006	0. 002
16	0. 852	0. 728	0. 623	0. 533	0. 458	0. 393	0. 291	0. 217	0. 163	0. 122	0. 106	0. 093	0. 07	0. 054	0. 028	0. 015	0. 008	0. 004	0. 001
17	0. 844	0. 714	0. 605	0. 513	0. 436	0. 371	0. 27	0. 197	0. 145	0. 107	0. 092	0. 08	0. 059	0. 045	0. 022	0. 011	0. 006	0. 003	0. 001
18	0. 836	0. 7	0. 587	0. 493	0. 415	0. 35	0. 25	0. 179	0. 13	0. 094	0. 08	0. 069	0. 05	0. 037	0. 018	0. 008	0. 004	0. 002	0
19	0. 827	0. 686	0. 57	0. 474	0. 395	0. 33	0. 231	0. 163	0. 116	0. 082	0. 07	0. 059	0. 043	0. 031	0. 014	0. 006	0. 003	0. 001	0
20	0. 819	0. 672	0. 553	0. 456	0. 376	0. 311	0. 214	0. 148	0. 103	0. 072	0. 061	0. 051	0. 036	0. 026	0. 011	0. 005	0. 002	0. 001	0
21	0. 811	0. 659	0. 537	0. 438	0. 358	0. 294	0. 198	0. 135	0. 092	0. 063	0. 053	0. 044	0. 03	0. 021	0. 009	0. 004	0. 001	0	0
22	0. 803	0. 646	0. 521	0. 421	0. 341	0. 277	0. 183	0. 122	0. 082	0. 055	0. 046	0. 038	0. 026	0. 018	0. 007	0. 003	0. 001	0	0
23	0. 795	0. 634	0. 506	0. 405	0. 325	0. 261	0. 17	0. 111	0. 073	0. 049	0. 04	0. 032	0. 022	0. 015	0. 005	0. 002	0. 001	0	0

续表

n	1%	2%	3%	4%	5%	6%	8%	10%	12%	14%	15%	16%	18%	20%	25%	30%	35%	40%	50%
24	0. 787	0. 621	0. 491	0. 39	0. 31	0. 246	0. 157	0. 101	0. 065	0. 043	0. 034	0. 028	0. 018	0. 012	0. 004	0. 001	0	0	0
25	0. 779	0. 609	0. 477	0. 375	0. 295	0. 232	0. 146	0. 092	0. 058	0. 037	0. 03	0. 024	0. 015	0. 01	0. 003	0. 001	0	0	0
26	0. 772	0. 597	0. 463	0. 36	0. 281	0. 219	0. 135	0. 083	0. 052	0. 033	0. 026	0. 021	0. 013	0. 008	0. 003	0. 001	0	0	0
27	0. 764	0. 585	0. 45	0. 346	0. 267	0. 207	0. 125	0. 076	0. 046	0. 029	0. 022	0. 018	0. 011	0. 007	0. 002	0	0	0	0
28	0. 756	0. 574	0. 437	0. 333	0. 255	0. 195	0. 115	0. 069	0. 041	0. 025	0. 019	0. 015	0. 009	0. 006	0. 001	0	0	0	0
29	0. 749	0. 563	0. 424	0. 32	0. 242	0. 184	0. 107	0. 063	0. 037	0. 022	0. 017	0. 013	0. 008	0. 005	0. 001	0	0	0	0
30	0. 741	0. 552	0. 411	0. 308	0. 231	0. 174	0. 099	0. 057	0. 033	0. 019	0. 015	0. 011	0. 006	0. 004	0. 001	0	0	0	0
31	0. 734	0. 541	0. 399	0. 296	0. 22	0. 164	0. 092	0. 052	0. 029	0. 017	0. 013	0. 01	0. 005	0. 003	0	0	0	0	0
32	0. 727	0. 53	0. 388	0. 285	0. 209	0. 154	0. 085	0. 047	0. 026	0. 015	0. 011	0. 008	0. 005	0. 002	0	0	0	0	0
33	0. 72	0. 52	0. 377	0. 274	0. 199	0. 146	0. 078	0. 043	0. 023	0. 013	0. 009	0. 007	0. 004	0. 002	0	0	0	0	0
34	0. 712	0. 51	0. 366	0. 263	0. 19	0. 137	0. 073	0. 039	0. 021	0. 011	0. 008	0. 006	0. 003	0. 002	0	0	0	0	0
35	0. 705	0. 5	0. 355	0. 253	0. 181	0. 13	0. 067	0. 035	0. 018	0. 01	0. 007	0. 005	0. 003	0. 001	0	0	0	0	0
36	0. 698	0. 49	0. 345	0. 243	0. 172	0. 122	0. 062	0. 032	0. 016	0. 008	0. 006	0. 004	0. 002	0. 001	0	0	0	0	0
37	0. 692	0. 48	0. 334	0. 234	0. 164	0. 115	0. 057	0. 029	0. 015	0. 007	0. 005	0. 004	0. 002	0. 001	0	0	0	0	0
38	0. 685	0. 471	0. 325	0. 225	0. 156	0. 109	0. 053	0. 026	0. 013	0. 006	0. 004	0. 003	0. 001	0	0	0	0	0	0
39	0. 678	0. 461	0. 315	0. 216	0. 149	0. 103	0. 049	0. 024	0. 012	0. 006	0. 004	0. 003	0. 001	0	0	0	0	0	0
40	0. 671	0. 452	0. 306	0. 208	0. 142	0. 097	0. 046	0. 022	0. 01	0. 005	0. 003	0. 002	0. 001	0	0	0	0	0	0
41	0. 665	0. 444	0. 297	0. 2	0. 135	0. 091	0. 042	0. 02	0. 009	0. 004	0. 003	0. 002	0. 001	0	0	0	0	0	0
42	0. 658	0. 435	0. 288	0. 192	0. 128	0. 086	0. 039	0. 018	0. 008	0. 004	0. 002	0. 001	0	0	0	0	0	0	0
43	0. 651	0. 426	0. 28	0. 185	0. 122	0. 081	0. 036	0. 016	0. 007	0. 003	0. 002	0. 001	0	0	0	0	0	0	0
44	0. 645	0. 418	0. 272	0. 178	0. 116	0. 077	0. 033	0. 015	0. 006	0. 003	0. 002	0. 001	0	0	0	0	0	0	0
45	0. 639	0. 41	0. 264	0. 171	0. 111	0. 072	0. 031	0. 013	0. 006	0. 002	0. 001	0. 001	0	0	0	0	0	0	0
46	0. 632	0. 402	0. 256	0. 164	0. 105	0. 068	0. 029	0. 012	0. 005	0. 002	0. 001	0. 001	0	0	0	0	0	0	0
47	0. 626	0. 394	0. 249	0. 158	0. 1	0. 064	0. 026	0. 011	0. 004	0. 002	0. 001	0	0	0	0	0	0	0	0
48	0. 62	0. 386	0. 241	0. 152	0. 096	0. 06	0. 024	0. 01	0. 004	0. 001	0. 001	0	0	0	0	0	0	0	0
49	0. 614	0. 378	0. 234	0. 146	0. 091	0. 057	0. 023	0. 009	0. 003	0. 001	0. 001	0	0	0	0	0	0	0	0
50	0. 608	0. 371	0. 228	0. 14	0. 087	0. 054	0. 021	0. 008	0. 003	0. 001	0	0	0	0	0	0	0	0	0

附录二

普通年金现值系数（*P/A*，*i*，*n*）表

n	1%	2%	3%	4%	5%	6%	8%	10%	12%	14%	15%	16%	18%	20%	22%	24%	25%	30%	35%	40%	45%	50%
1	0.99	0.98	0.97	0.961	0.952	0.943	0.925	0.909	0.892	0.877	0.869	0.862	0.847	0.833	0.819	0.806	0.799	0.769	0.74	0.714	0.689	0.666
2	1.97	1.941	1.913	1.886	1.859	1.833	1.783	1.735	1.69	1.646	1.625	1.605	1.565	1.527	1.491	1.456	1.44	1.36	1.289	1.224	1.165	1.111
3	2.94	2.883	2.828	2.775	2.723	2.673	2.577	2.486	2.401	2.321	2.283	2.245	2.174	2.106	2.042	1.981	1.952	1.816	1.695	1.588	1.493	1.407
4	3.901	3.807	3.717	3.629	3.545	3.465	3.312	3.169	3.037	2.913	2.854	2.798	2.69	2.588	2.493	2.404	2.361	2.166	1.996	1.849	1.719	1.604
5	4.853	4.713	4.579	4.451	4.329	4.212	3.992	3.79	3.604	3.433	3.352	3.274	3.127	2.99	2.863	2.745	2.689	2.435	2.219	2.035	1.875	1.736
6	5.795	5.601	5.417	5.242	5.075	4.917	4.622	4.355	4.111	3.888	3.784	3.684	3.497	3.325	3.166	3.02	2.951	2.642	2.385	2.167	1.983	1.824
7	6.728	6.471	6.23	6.002	5.786	5.582	5.206	4.868	4.563	4.288	4.16	4.038	3.811	3.604	3.415	3.242	3.161	2.802	2.507	2.262	2.057	1.882
8	7.651	7.325	7.019	6.732	6.463	6.209	5.746	5.334	4.967	4.638	4.487	4.343	4.077	3.837	3.619	3.421	3.328	2.924	2.598	2.33	2.108	1.921
9	8.566	8.162	7.786	7.435	7.107	6.801	6.246	5.759	5.328	4.946	4.771	4.606	4.303	4.03	3.786	3.565	3.463	3.019	2.665	2.378	2.143	1.947
10	9.471	8.982	8.53	8.11	7.721	7.36	6.71	6.144	5.65	5.216	5.018	4.833	4.494	4.192	3.923	3.681	3.57	3.091	2.715	2.413	2.168	1.965
11	10.367	9.786	9.252	8.76	8.306	7.886	7.138	6.495	5.937	5.452	5.233	5.028	4.656	4.327	4.035	3.775	3.656	3.147	2.751	2.438	2.184	1.976
12	11.255	10.575	9.954	9.385	8.863	8.383	7.536	6.813	6.194	5.66	5.42	5.197	4.793	4.439	4.127	3.851	3.725	3.19	2.779	2.455	2.196	1.984
13	12.133	11.348	10.634	9.985	9.393	8.852	7.903	7.103	6.423	5.842	5.583	5.342	4.909	4.532	4.202	3.912	3.78	3.223	2.799	2.468	2.204	1.989
14	13.003	12.106	11.296	10.563	9.898	9.294	8.244	7.366	6.628	6.002	5.724	5.467	5.008	4.61	4.264	3.961	3.824	3.248	2.814	2.477	2.209	1.993
15	13.865	12.849	11.937	11.118	10.379	9.712	8.559	7.606	6.81	6.142	5.847	5.575	5.091	4.675	4.315	4.001	3.859	3.268	2.825	2.483	2.213	1.995
16	14.717	13.577	12.561	11.652	10.837	10.105	8.851	7.823	6.973	6.265	5.954	5.668	5.162	4.729	4.356	4.033	3.887	3.283	2.833	2.488	2.216	1.996

续表

n	1%	2%	3%	4%	5%	6%	8%	10%	12%	14%	15%	16%	18%	20%	22%	24%	25%	30%	35%	40%	45%	50%
17	15.562	14.291	13.166	12.165	11.274	10.477	9.121	8.021	7.119	6.372	6.047	5.748	5.222	4.774	4.39	4.059	3.909	3.294	2.839	2.491	2.218	1.997
18	16.398	14.992	13.753	12.659	11.689	10.827	9.371	8.201	7.249	6.467	6.127	5.817	5.273	4.812	4.418	4.079	3.927	3.303	2.844	2.494	2.219	1.998
19	17.226	15.678	14.323	13.133	12.085	11.158	9.603	8.364	7.365	6.55	6.198	5.877	5.316	4.843	4.441	4.096	3.942	3.31	2.847	2.495	2.22	1.999
20	18.045	16.351	14.877	13.59	12.462	11.469	9.818	8.513	7.469	6.623	6.259	5.928	5.352	4.869	4.46	4.11	3.953	3.315	2.85	2.497	2.22	1.999
21	18.856	17.011	15.415	14.029	12.821	11.764	10.016	8.648	7.562	6.686	6.312	5.973	5.383	4.891	4.475	4.121	3.963	3.319	2.851	2.497	2.221	1.999
22	19.66	17.658	15.936	14.451	13.163	12.041	10.2	8.771	7.644	6.742	6.358	6.011	5.409	4.909	4.488	4.129	3.97	3.322	2.853	2.498	2.221	1.999
23	20.455	18.292	16.443	14.856	13.488	12.303	10.371	8.883	7.718	6.792	6.398	6.044	5.432	4.924	4.498	4.137	3.976	3.325	2.854	2.498	2.221	1.999
24	21.243	18.913	16.935	15.246	13.798	12.55	10.528	8.984	7.784	6.835	6.433	6.072	5.45	4.937	4.507	4.142	3.981	3.327	2.855	2.499	2.221	1.999
25	22.023	19.523	17.413	15.622	14.093	12.783	10.674	9.077	7.843	6.872	6.464	6.097	5.466	4.947	4.513	4.147	3.984	3.328	2.855	2.499	2.222	1.999
26	22.795	20.121	17.876	15.982	14.375	13.003	10.809	9.16	7.895	6.906	6.49	6.118	5.48	4.956	4.519	4.151	3.987	3.329	2.855	2.499	2.222	1.999
27	23.559	20.706	18.327	16.329	14.643	13.21	10.935	9.237	7.942	6.935	6.513	6.136	5.491	4.963	4.524	4.154	3.99	3.33	2.856	2.499	2.222	1.999
28	24.316	21.281	18.764	16.663	14.898	13.406	11.051	9.306	7.984	6.96	6.533	6.152	5.501	4.969	4.528	4.156	3.992	3.331	2.856	2.499	2.222	1.999
29	25.065	21.844	19.188	16.983	15.141	13.59	11.158	9.369	8.021	6.983	6.55	6.165	5.509	4.974	4.531	4.158	3.993	3.331	2.856	2.499	2.222	1.999
30	25.807	22.396	19.6	17.292	15.372	13.764	11.257	9.426	8.055	7.002	6.565	6.177	5.516	4.978	4.533	4.16	3.995	3.332	2.856	2.499	2.222	1.999
40	32.834	27.355	23.114	19.792	17.159	15.046	11.924	9.779	8.243	7.105	6.641	6.233	5.548	4.996	4.543	4.165	3.999	3.333	2.857	2.499	2.222	1.999
50	39.196	31.423	25.729	21.482	18.255	15.761	12.233	9.914	8.304	7.132	6.66	6.246	5.554	4.999	4.545	4.166	3.999	3.333	2.857	2.499	2.222	1.999

参考文献

[1] 余绪缨．管理会计 [M]．北京：中国财政经济出版社，1983.

[2] 管理会计基本指引 [S].

[3] 管理会计应用指引 [S].

[4] 中国注册会计师协会．公司战略与风险管理 [M]．北京：经济科学出版社，2015.

[5] 中国注册会计师协会．公司战略与风险管理 [M]．北京：中国财政经济出版社，2017.

[6] 黄旭．战略管理——思维与要径（第2版）[M]．北京：机械工业出版社，2015.

[7] 孙茂竹等．管理会计学（第六版）[M]．北京：中国人民大学出版社，2012.

[8] 胡玉明．管理会计研究 [M]．北京：机械工业出版社，2008.

[9] 郭晓梅．高级管理会计理论与实务（第二版）[M]．大连：东北财经大学出版社，2016.

[10] [美] 查尔斯·T. 亨格瑞等著．王立彦等译．成本与管理会计（第15版）[M]．北京：中国人民大学出版社，2016.

[11] [美] 查尔斯·T. 亨格瑞等著．潘飞等译．管理会计教程（第15版）[M]．北京：机械工业出版社，2012.

[12] [美] 卡尔·S. 沃伦等著．陈宋生等译．会计学：管理会计分册（第25版）[M]．北京：中国人民大学出版社，2016.

[13] [英] 英国皇家特许管理会计师公会（CIMA）．管理会计师的基本工具：支持企业取得可持续成功的工具和技术（中英对照版）[M]．上海：复旦大学出版社，2016.

[14] [美] 美国管理会计师协会．刘霄仑主译．管理会计公告（第1辑）[M]．北京：人民邮电出版社，2012.

[15] [美] 美国管理会计师协会．刘霄仑主译．管理会计公告（第2、3、4辑）[M]．北京：人民邮电出版社，2013.

[16] [美] 美国管理会计师协会（IMA）．舒新国，赵澄译．财务报告、规划、绩效与控制（英汉双语－第四版）（下册）[M]．北京：经济科学出版社．

[17] [美] 美国管理会计师协会（IMA）．舒新国，赵澄译．财务决策（英汉双语－第四版）（下册）[M]．北京：经济科学出版社．

[18] [美] 克里斯托弗·S. 查普曼，安东尼·G. 霍普伍德，迈克尔·D. 希尔兹著．王立彦等译．管理会计研究（一、二卷）[M]．中国人民大学出版社，2009.

[19] [美] H. 托马斯·约翰逊，罗伯特·S. 卡普兰著．金马工作室译．相关性的遗失：管理会计兴衰史 [M]．清华大学出版社，2004.

[20]［美］罗伯特·S. 卡普兰，罗宾·库珀著．刘俊勇等译．成本与效益［M］．中国人民大学出版社，2014.

[21]［日］秋山兼夫，田中秀春著．中国机械工业学会技术经济和管理现代化研究会译．价值工程函授教材［M］．内部发行，1982.

[22]［美］罗伯特·S. 卡普兰，安东尼·A. 阿特金森著．吕长江译．高级管理会计（第三版）［M］．大连：东北财经大学出版社，2012.

[23]［英］克里斯托弗·诺比斯，罗伯特·帕克著．薛清梅等译．比较国际会计（第11版）［M］．大连：东北财经大学出版社，2011.

[24] Michael L. Werner，Kumen H. Jones. Management Accounting（second edition）［M］．上海：立信会计出版社，2014.

[25]［美］斯蒂芬·P. 罗宾斯，玛丽·库尔特，戴维·A. 德森佐著．毛蕴诗主译．管理学：原理与实践（第10版）［M］．北京：机械工业出版社，2019.

[26]［英］格里·约翰逊，凯万·斯科尔斯著．王军等译．战略管理［M］．北京：人民邮电出版社，2004.

[27] 胡玉明主编．管理会计应用指引详解与实务［M］．北京：经济科学出版社，2018.

[28] 林万祥．成本会计研究［M］．北京：机械工业出版社，2008.

[29] 徐家林，蔡传里，王辉等．西方会计名家传略［M］．上海：立信会计出版社，2013.

[30] 宋小明．成本会计史研究［M］．上海：立信会计出版社，2014.

[31] 全国会计专业技术资格考试领导小组办公室编．管理会计［M］．大连：东北财经大学出版社，1995.

[32] 刘俊勇主编．管理会计研究重点文献导读［M］．北京：中国人民大学出版社，2019.

[33] 方振邦，刘琪．管理思想史（第3版）［M］．中国人民大学出版社，2019.

[34] 杨尚军．会计乐旅［M］．成都：西南交通大学出版社，2019.

[35] 杨尚军．会计混搭［M］．成都：西南交通大学出版社，2014.

[36] 杨尚军．会计物语［M］．成都：西南交通大学出版社，2008.

[37] 杨尚军．初级财务管理［M］．北京：中国财政经济出版社，2018.

[38] 杨尚军．初级会计学［M］．北京：北京大学出版社，2016.

[39] 杨尚军．成本会计学［M］．北京：北京大学出版社，2012.

[40] 杨尚军．基础会计［M］．北京：机械工业出版社，2007.

[41] 李晓晓．桂林L民宿成本管理研究［D］．河南科技大学，2019.

[42] 刘从容．基于EVA的中国医药集团业绩评价构建的研究［D］．河南科技大学，2020.

[43] 杨俊巧．基于BSC的ZK高新技术企业绩效评价体系研究［D］．河南科技大学，2020.